REVUE SÉNÉGALAISE DE DROIT
N° 39

Directeur de publication
Professeur Isaac Yankhoba NDIAYE

REVUE SÉNÉGALAISE DE DROIT
N°39

L'Harmattan
Sénégal

10 VDN, Sicap Amitié 3, Lotissement Cité Police, DAKAR

Direction@senharmattan.com
librairie@senlibrairie.com

ISBN : 978-2-336-48349-8
EAN : 9782336483498

Membres institutionnels

Ordre des avocats
Chambre des notaires
Ordre national des experts du Sénégal (ONES)
Ordre des huissiers
Ordre National des experts comptables et comptables agréés du Sénégal (ONECCAS)
Ordre des Commissaires-priseurs
Cour Suprême
Cour des Comptes
Médiature de la République
Comité Sénégalais des Droits de l'Homme

Bureau de l'ASERJ

- **Président** : Pr. Isaac Yankhoba NDIAYE
- **Vice-Président** : Me Mahmoudou Aly TOURE, Notaire
- **Secrétaire Général** : Me Corneille BADJI, Avocat
- **Secrétaire Général Adjoint** : M. Isma Daddis SAGNA, Expert maritime
- **Trésorier Général** : Pdt. Ibou SARR, Magistrat
- **Trésorier Adjoint** : Pr. Cheikh Abdou Wakhab NDIAYE

ASSOCIATION SENEGALAISE D'ETUDES ET DE RECHERCHES JURIDIQUES

Sommaire

Doctrine

La formation des contrats électroniques ou « digitalisés » : des principes classiques à l'épreuve de difficultés spécifiques assez inédites

Moussa THIOYE

Professeur à l'Université Toulouse Capitole, Doyen de la Faculté d'administration et communication, directeur du Master Droit de l'immobilier

Résumé : Né de la (r)évolution techn(olog)ique elle-même issue de la conjonction de l'informatique et l'internet, le commerce dit électronique a soulevé des questions essentielles dont celle relative à la formation du contrat numérisé ou digitalisé qui semble toujours obéir, en l'absence de toute véritable révolution juridique, à des principes classiques du droit commun des obligations conventionnelles même si ces principes ont dû, par une évolution juridique indéniable, être mis à l'épreuve d'exigences et de difficultés spécifiques fatalement créées ou exacerbées par la dématérialisation de l'*instrumentum.*

Mots-clés : Informatique – Internet – Commerce électronique – Contrat électronique – Contrat à distance – Formation – Consentement – Forme – Signature électronique – Offre – Publicité – Capacité – Preuve – (In)sécurité juridique

De la naissance du droit du numérique : du support en papier à la consécration du support électronique ou « digitalisé »[1]. Jusqu'à une époque récente, l'*instrumentum* n'était concevable et conçu que dans le sens de support en papier – manuscrit ou dactylographié – matérialisant l'accord de volontés des parties (voire l'acte juridique unilatéral) avec, à la fin du document, la signature autographe[2]. Mais, avec la multiplication des découvertes scientifiques et de leurs

---

[1] A noter que la numérisation est aussi désignée par l'anglicisme digitalisation « mais, pour certains, la digitalisation impliquerait, outre la numérisation, l'interconnexion permanente » (Ph. Le Tourneau, *Contrats du numérique informatiques et électroniques*, Dalloz, 12e éd., 2022/2023, n° 011.43)

[2] P.-Y. Gautier, X. Linant de Bellefonds, « De l'écrit électronique et des signatures qui s'y attachent », *JCP* G 2000, I, 236, spéc. n° 1.

applications concrètes (inventions ou innovations techniques et technologiques), les modes de communication (ou circulation des informations) ont aujourd'hui débordé avec, notamment, l'avènement de l'informatique (condensé d'information et d'automatique[3]) et, à sa suite, de l'internet[4] : avec les nouvelles technologies de l'information et de la communication (NTIC), les hommes sont, sans avoir quitté l'espace jadis quasi exclusif de la « plume » et du « *Bic* », entrés dans l'ère de la « souris » et du « clic »[5]. « Notre époque est dédiée, pour le meilleur et pour le pire, à la technologie, qui permet notamment aux êtres humains de communiquer entre eux par l'intermédiaire des ordinateurs et de se passer en un trait de temps, d'un point à un autre de la planète, des images, des sons et des textes »[6].

Traduisant une forme de triomphe ou de gloire du « système technicien »[7], ce nouvel élément a suscité la naissance de nouvelles disciplines juridiques au premier rang desquelles figurent, notamment, ce qu'il a été convenu d'appeler le droit de l'informatique et, plus spécialement, le droit de l'internet. En outre, la consécration du « clic », comme manifestation du consentement ou de l'action, est désormais une réalité : pour ne pas entraver le commerce (par voie) électronique et les contrats ou actes passés en ligne par des règles de formation, de preuve ou d'exécution qui ne leur seraient pas adaptées[8], il a été décidé, dans la plupart des systèmes juridiques actuels, de donner droit de cité

---

[3] V. Ph. Le Tourneau, *op. cit.*, n° 011.12 : n'ayant pas d'équivalent exact en anglais (où l'on parle de *data processing*, *information technology* ou *computer science*), le mot « informatique », selon un néologisme créé en 1962 par Philippe Dreyfus, est un « condensé d'information et d'automatique » et « combine du matériel (le *hardware*) et de l'immatériel (le *software*, constitué par les programmes, les logiciels et le progiciels) ».

[4] Abréviation de la formule en anglais d'*Internconnected Networks* signifiant « réseau interconnecté ».

[5] P.-Y. Gautier et X. Linant de Bellefonds, « De l'écrit électronique et des signatures qui s'y attachent », *loc. cit.*

[6] *Ibid. Adde* J. Huet, « Aspects juridiques du commerce électronique : approche internationale », *Les Petites Affiches*, 26 septembre 1997, p. 6 et s., spéc. n° 3.

[7] Selon l'expression de Jacques Ellul, cité par Ph. Le Tourneau, *op. cit.*, n° 011.93.

[8] Voir Ph. Le Tourneau, *op. cit.*, n° 012.11 et 012.35 : il convient de bien distinguer, d'une part, les contrats conclus par voie électronique (contrats électroniques ou contrats numériques) qui sont des contrats de droit commun dont la formation et, parfois, l'exécution sont électroniques et, d'autre part, les contrats de l'électronique ou contrats du numérique qui sont des contrats spéciaux dont l'objet est numérique (immatériel).

à l'écrit et à la signature électroniques. Même si l'on ne peut pas ne pas y voir une nouvelle manifestation de mimétisme juridique, l'Afrique ne fait pas exception à la règle même si le dispositif existant est, dans certains espaces juridiques, encore largement parcellaire et doit être nourri et étendu.

L'Afrique, le droit, le commerce et le numérique : entre théorie et pratique. La plupart des sociétés africaines traditionnelles ont été et demeurent des sociétés et des peuples de tradition orale[9] puisque, hormis le Nord musulman et l'Éthiopie, l'Afrique n'a jamais connu l'écriture ou ne l'a connue que très tardivement[10]. Toutefois, cette situation a beaucoup évolué, ne serait-ce que parce que l'Afrique subsaharienne a été l'une des terres fertiles d'exportation du droit et même des juristes occidentaux, « autant (…) par l'embrasement de la conquête que par le rayonnement de la pensée »[11].

En effet, à l'accession des anciennes colonies européennes à la souveraineté internationale, les nouveaux États africains se sont assez vite lancés dans une œuvre de législation écrite et, parfois, de codification. Et ce, même s'il y a eu, dans les faits, un incontestable phénomène de reconduite ou de perpétuation du droit de l'ancien colonisateur[12].

L'avènement, en Afrique, du droit du numérique ou digitalisé (composé de l'informatique et de l'électronique)[13] constitue une nouvelle manifestation du mimétisme d'institutions juridiques occidentales, une reproduction préconisée ou tentée au nom du progrès

---

[9] V. J. Vansina, « La tradition orale et sa méthodologie », *in* J. Ki-Zerbo (dir.), *Histoire générale de l'Afrique. I. Méthodologie et préhistoire africaine*, Jeune Afrique/Stock/Unesco, p. 167 et s. – L'absence d'écrit a néanmoins été suppléée par ce qu'il a été convenu d'appeler la mémoire africaine, « d'une fidélité et d'une précision presque prodigieuses » (A. H. Bâ, *Amkoullel l'enfant peul*, Actes Sud, 1991 ; rééd. J'ai lu, 2000, p. 11. *Adde :* A. H. Bâ, *La tradition vivante*, *in* J. Ki-Zerbo (dir.), *op. cit.,* p. 191 s.).

[10] En effet, certaines sociétés africaines ont pu se doter d'une écriture propre : v. I. Hrbek, « Sources écrites à partir du XVe siècle », *in J. Ki-Zerbo* (dir.), *op. cit.,* p. 137 et s., spéc. p. 139.

[11] E. Agostini, *Droit comparé*, Puf, 1988, n° 125, p. 243.

[12] Sur toutes ces questions, v. M. Thioye, « Part respective de la tradition et de la modernité dans les droits de la famille des pays d'Afrique Noire francophone », *RIDC*, n° 2-2005, p. 345 s., spéc. p. 352 et s.

[13] V. Ph. Le Tourneau, *op. cit.*, spéc. n° 011.132, évoquant une « main numérisée (digitalisée) ».

ou des impératifs de la mondialisation. Sans avoir effectivement commencé ou fini d'explorer les possibilités de relations contractuelles par voie électronique en réseau fermé avec les échanges de données informatisées (EDI) et les « services transactionnels » développés grâce au réseau Télétel et aux terminaux Minitel (aujourd'hui désactivés)[14], il semble que, du fait de la globalisation, les Africains aient été brutalement précipités (en théorie) dans le *World Wide Web*. Alors que l'écrit sur support en papier n'a toujours pas complètement évincé l'oralité de l'univers juridique africain[15], alors que l'accès à l'internet est encore très restreint dans le « continent noir », les relations économiques sur support électronique y sont pourtant apparues et s'y installent progressivement selon un phénomène qui n'est pas sans nous rappeler, *mutatis mutandis*, les paroles d'un poète sénégalais : « dans mon pays il est des arbres qui naissent un matin avec fruits aux branches dans un jardin jamais préparé »[16].

Notion de commerce électronique : d'une vision généraliste à une vision plus ou moins commercialiste. Le « commerce électronique » est entendu comme le commerce réalisé par le moyen des nouvelles technologies de l'information et de la communication et, plus précisément, par le moyen de l'internet. Dans un sens large et généraliste, le commerce juridique désigne ainsi l'ensemble des échanges numérisés ou digitalisés et, au-delà, « le fait pour une entreprise d'utiliser l'informatique, associée aux réseaux de télécommunications, pour interagir avec son environnement, ce qui couvre les fonctions les plus diverses de l'entreprise, qu'elles soient administratives ou financières, de production ou de commercialisation »[17]. Mais, dans une conception commercialiste plus stricte, le commerce électronique se réduit à l'exercice d'une activité économique commerciale par voie électronique, qu'il s'agisse du commerce interentreprises (« *business to business* » ou « *B to B* »), du commerce dit « résidentiel » auquel prennent part les consommateurs

---

[14] Sur ces outils annonciateurs du développement de l'internet et du commerce électronique, v. J. Huet, *art. préc.*, spéc. n° 3.

[15] Voir M. Thioye, *art. préc.*, *loc. cit.*

[16] A.-L. SALL, *Amantes d'aurores*, Les éditions feu de brousse, 1998, p. 83.

[17] J. Huet, *art. préc.*, n° 4.

(« *business to consumer* » ou « *B to C* ») ou du commerce entre entreprises et administrations[18].

Modalités d'exercice du commerce électronique : dématérialisation ou « digitalisation » totale ou partielle. Selon l'étendue et le degré de la dématérialisation ou digitalisation, le commerce électronique connaît deux modalités d'exercice qui couvrent à la fois les procédés de formation et d'exécution des contrats électroniques.

Dans la version la plus élaborée du commerce électronique, celui qui est dit « commerce en ligne », les contrats sont à la fois conclus et exécutés « *on line* », dans et par le réseau ; en effet, dans ces hypothèses, tout le contrat – par les droits ou prestations sur lesquels il porte – est « consommé directement » par le biais du réseau : fourniture de services de messagerie, fourniture de services financiers, fourniture de services de conseils juridiques ou autres, fourniture de logiciels ou progiciels divers (éducatifs, ludiques, etc.), téléchargement de musique, accès à des banques de données ou à des journaux électroniques, etc.[19] De la sorte, la dématérialisation ou digitalisation frappe, ici, tant le contrat lui-même que l'objet de celui-ci, tant sa formation que son exécution, tant et si bien que l'on pourrait légitimement voir dans l'émergence des contrats électroniques une véritable révolution, surtout si l'on y ajoute le jeu de l'intelligence artificielle avec, notamment, les « *smart contracts* » ou « contrats programmés »[20].

Dans une configuration moins dématérialisée du commerce électronique, seule la formation du contrat est faite par voie

---

[18] V. Fr. Collart Dutilleul et Ph. Delebecque, *Contrats civils et commerciaux*, Précis Dalloz, 11e éd., 2019, n° 96 ; S. Guinchard, M. Harichaux et R. de Tourdonnet, *Internet pour le droit*, Montchrestien, 2e éd., 2001, p. 219.

[19] V. J. Huet, *art. préc.*, n° 4; Fr. Collart Dutilleul et Ph. Delebecque, *op. cit.*, *loc. cit.*

[20] Avec « l'intelligence artificielle » (v. Ph. Le Tourneau, *op. cit.*, n° 011.13 et 011.45 : « il s'agit plutôt d'un artifice intellectuel », d'un mode de « prise de décision automatisée »), le contrat électronique peut être un « smart contrat » qui, malgré son appellation en anglais de « *smart contract* », n'est pas un contrat intelligent mais un simple « contrat programmé » puisqu' « il s'agit en réalité d'un logiciel qui exécute automatiquement un contrat rédigé par des juristes, en fonction de paramètres préétablis, sans l'intervention d'un tiers, le consentement ayant été donné à l'avance » ; « le contrat programmé optimise le contrat, tant dans sa phase de conclusion (en sécurisant et facilitant l'échange de documents entre toutes les parties), que dans sa phase d'exécution (en automatisant les transferts de fonds » », en étant « éventuellement encodé sur une chaîne de blocs (*blockchain*) » (Ph. Le Tourneau, *op. cit.*, n° 011.46).

électronique, le bien corporel ou le service (comme, par exemple, l'achat d'un produit ou la réservation d'un billet d'avion) ainsi commandé étant livré ou réalisé par un moyen classique (transport, voie postale, intervention sur place...). On parle, alors, de commerce « *off line* », la dématérialisation ou digitalisation ne touchant que la formation du contrat, l'exécution des obligations en résultant étant faite en dehors et sans le réseau, de sorte que l'on ne saurait voir dans l'apparition des contrats électroniques qu'une simple évolution, certes notable, d'un phénomène juridique classique.

Heurs et malheurs du commerce électronique : entre conviction et scepticisme. L'originalité du commerce électronique réside, surtout, dans la suppression des distances géographiques et la réduction du temps grâce à la dématérialisation ou digitalisation du réel. Un tel mécanisme présente incontestablement de nombreux avantages pour l'ensemble de ses acteurs, qu'il s'agisse des entreprises (accès à un marché mondial, réduction des coûts, notamment par la suppression des intermédiaires, etc.) ou des consommateurs (commande sans déplacement, grand choix de produits, disponibilité des services vingt-quatre heures sur vingt-quatre, possibilité de faire jouer la concurrence, etc.). Néanmoins, au-delà des faiblesses générales de l'internet (limites quant à l'information, limites quant à la communication, limites quant à la culture, limites quant aux pays en voie de développement…)[21], le développement du commerce électronique a été et, dans une moindre mesure, reste freiné par les craintes engendrées par la dématérialisation ou digitalisation des opérations et le remplacement du support en papier par un support électronique (sur écran). En effet, le contrat par l'internet étant dématérialisé ou digitalisé – à la différence des contrats traditionnels –, l'absence de support physique paraissait et paraît encore générateur d'insécurité juridique (en rapport avec l'insécurité technique). Néanmoins, prenant acte des garanties apportées par le « système technicien », il a été prévu des dispositions textuelles sur la preuve et la signature électroniques de nature à atténuer, voire à dissiper, les appréhensions et, par voie de conséquence, accroître les transactions électroniques et les services.

Les contrats électroniques, vecteur du commerce *via* l'internet. « Les relations commerciales, qui constituent un des domaines de communication les plus importants entre les hommes, bénéficient (...)

[21] V. Ph. Le Tourneau, *op. cit.*, n°s 011.81 et s.

de cette évolution (celle de nouvelles technologies) : les catalogues, les propositions (...), les accords de principe, les commandes de produits, la fourniture de services passent de plus en plus souvent par les réseaux »[22]. Ainsi, le cas échéant, le commerce électronique se concrétise par l'outil juridique – habillage d'une opération économique – que constitue le contrat.

A ce titre, un tel commerce pose, au-delà de certaines questions essentielles (notamment celles soulevées par le caractère immatériel des opérations en cause, celles relatives au statut des acteurs, celles relatives à la preuve de l'existence, du contenu et/ou de l'exécution des contrats, celles relatives aux modalités de paiement, celles relatives à la protection des consommateurs, celles relatives à l'internationalité des échanges, etc.), une importante problématique juridique touchant à la « refondation de l'acte juridique »[23], à la notion même de contrat[24] et, selon l'objet de la présente étude, à la formation de celui-ci. Et, à ce propos, on constate que la formation des contrats électroniques ou « digitalisés » obéit purement et simplement à des principes juridiques classiques (I) même si ceux-ci sont mis à l'épreuve de difficultés juridiques spécifiques assez inédites (II).

I – Un premier constat pertinent : la formation des contrats électroniques ou « digitalisés » sous l'empire de principes juridiques classiques

Une qualification classique : le contrat électronique, une nouvelle mais simple variété de contrat à distance. Le contrat conclu par le biais du « réseau des réseaux » met en relation des parties qui sont plus ou moins matériellement éloignées les unes des autres, à l'instar de ce qui se passe dans les traditionnels contrats par correspondance, qu'il s'agisse des contrats conclus par voie postale ou par voie électronique en réseau fermé avec les échanges de données informatisées (EDI), le Minitel (aujourd'hui déconnecté) ou encore la télévision interactive. Dès lors, le contrat électronique se ramène à une figure juridique déjà connue puisque, abstraction faite de son *instrumentum*, il n'est qu'une nouvelle variété du traditionnel « contrat à distance » (même si le commerce électronique est marqué par l'abolition des distances géographiques et par la réduction du temps[25]),

---

[22] J. Huet, *art. préc.*, n° 2.

[23] P.-Y. Gautier et X. Linant de Bellefonds, *art. préc.*, n° 3.

[24] V. J. Huet, *art. préc.*, n° 9.

[25] S. Guinchard et *alii*, *op. cit.*, p. 219.

« contrat par correspondance » ou « contrat entre absents »[26]. Ce qui montre, si besoin est, que le droit de l'informatique (et, à sa suite, le droit de l'internet) ou, aujourd'hui, le droit du numérique « ne s'est pas édifié sur une table rase : il emprunte l'essentiel de ses mécanismes au droit commun »[27]. D'ailleurs, comme l'a souligné, à juste titre, le professeur Philippe Le Tourneau[28], la notion de « contrat électronique » serait quelque part « impropre », voire « vicieuse », puisque ne désignant pas vraiment la nature ou le contenu du contrat spécial considéré (contrat de bail, contrat de vente, contrat de louage d'ouvrage, contrat de mandat, contrat de prêt, contrat de société, etc.), mais le support technique de formation et, quelquefois, d'exécution dudit contrat (support électronique, par opposition au support en papier). En effet, la notion d' « électronique », saisie ici en tant qu'outil pour le droit et non en tant qu'objet de droit[29], permet seulement d'évoquer, dans le champ contractuel, la « dématérialisation des contrats qui passent par un vecteur électronique » et qui sont, de la sorte, des « contrats conclus à distance par un canal télématique ou supposant le recours à ce qu'on a pris l'habitude de baptiser du nom de signature électronique »[30].

Même si son support est dématérialisé (à l'opposé du classique support en papier) et que la signature y attachée est numérisée ou digitalisée (à la différence de l'antique signature autographe), le contrat électronique reste avant tout un contrat et, qui plus est, un contrat ordinaire soumis au régime de la figure juridique classique qu'il réalise (vente, bail, louage d'ouvrage, prêt, etc.). Et, comme tel, il obéit au droit commun, notamment celui des contrats et des obligations conventionnelles en général (sans négliger le droit commun de tel ou

---

[26] V. J. Huet, *art. préc.*, n°s 4 et 9: « les opérations en cause constituent, nécessairement, des contrats à distance ». *Adde :* P.-Y. Gautier et X. Linant de Bellefonds, *art. préc.*, n° 2 : « il est clair que le contrat électronique est un contrat à distance ».

[27] Ph. Le Tourneau, *op. cit.*, n° 011.11.

[28] Ph. Le Tourneau, *op. cit.*, n° 012.12.

[29] Sur l'étude de l'informatique en tant qu'objet de droit, voir M. Vivant, « L'informatique dans la théorie générale du contrat », *D.* 1994, chron., p. 117 et s.

[30] M. Vivant, *art. préc.*, spéc. n° 1. *Adde* : Ph. Le Tourneau, *op. cit.*, n°s 012.11 et 012.35 : les contrats électroniques ou contrats numériques « relèvent du droit commun des contrats même si celui-ci a connu, à leur propos, quelques évolutions pour l'adapter à la forme numérique, principalement quant au consensualisme et au formalisme » ; « fondamentalement, la formation électronique ne modifie pas la nature du contrat ; il constitue simplement une variété, nouvelle lors de son apparition, des contrats à distance ».

tel contrat en particulier, le droit de la consommation, le droit de la concurrence, etc.)[31]. « Autant dire qu'il n'existe aucun "vide juridique", mais plutôt un trop-plein »[32].

Alors, sous réserve des aménagements et des adaptations qui se sont imposés (adaptations nécessitées par la technique) et dont les réformes (intervenues, en cours ou envisagées) ont essayé ou entendent essayer de tenir compte (en droit français: articles 1174[33], 1175[34], 1125 et suivants[35], 1365 et suivants[36] du Code civil ; en droit sénégalais : loi n° 2008-08 du 25 janvier 2008 sur les transactions électroniques, fortement inspirée du droit français, dont votre serviteur est le rédacteur), les règles de la théorie générale des obligations et des contrats ont vocation à gouverner la formation et l'exécution du contrat électronique. Il en va ainsi, en droit français, des articles 1100 et suivants du Code civil. Il s'ensuit que, vu sous l'angle du *negotium*, le contrat électronique constitue, comme tout contrat, « un accord de volontés entre deux ou plusieurs personnes destiné à créer, modifier, transmettre ou éteindre des obligations »[37].

Comme toute convention, le contrat électronique doit réunir, entre autres, les conditions qui sont nécessaires à la validité d'un contrat, en l'occurrence le consentement des parties, leur capacité de contracter et un contenu licite et certain (article 1128 du Code civil français[38] ;

---

[31] Cette remarque, valable pour les contrats internes, le serait également pour les contrats internationaux dans lesquels, « dans une assez large mesure, ce sont les principes du droit commun qui doivent s'appliquer » (voir J. Huet, *art. préc.*, spéc. n°s 6 et 7).

[32] Ph. Le Tourneau, *op. cit.*, n° 012.14.

[33] Texte issu de l'ordonnance n° 2016-131 du 10 février 2016 portant réforme du droit des contrats, du régime général et de la preuve des obligations (en remplacement de l'ancien article 1108-1).

[34] Texte issu de l'ordonnance n° 2016-131 du 10 février 2016 portant réforme du droit des contrats, du régime général et de la preuve des obligations (en remplacement de l'ancien article 1108-2).

[35] Textes issus de l'ordonnance n° 2016-131 du 10 février 2016 portant réforme du droit des contrats, du régime général et de la preuve des obligations (en remplacement des anciens articles 1369-1 et s.).

[36] Textes issus de l'ordonnance n° 2016-131 du 10 février 2016 portant réforme du droit des contrats, du régime général et de la preuve des obligations (en remplacement des anciens articles 1316 et s.).

[37] Art. 1101 du Code civil français ; art. 40, alinéa 1er, du Code sénégalais des obligations civiles et commerciales dit COCC.

[38] Aux termes de l'article 1128 du Code civil, les conditions nécessaires à la validité d'un contrat sont le consentement des parties (C. civ., art. 1129 et s.), leur capacité de

articles 41 et 42 du COCC sénégalais). Ainsi, s'agissant du processus de sa formation, le contrat électronique suppose, comme tout contrat, le passage par la phase incontournable que constitue l'échange des consentements, la rencontre d'une offre ferme et précise et d'une acceptation pure et simple (sur quelques difficultés particulières à ce sujet, voir *infra* II)[39]. Des « figures imposées » auxquelles peuvent

---

contracter (C. civ., art. 1145 et s.) et un contenu licite et certain du contrat (C. civ., art. 1162 et s.). Au nombre de quatre dans le Code civil de 1804, ces conditions de validité du contrat sont, avec la réforme opérée par l'ordonnance du 10 février 2016, aujourd'hui au nombre de trois puisque le nouvel article 1128 du Code civil, qui a succédé au mythique 1108, ne fait plus référence aux expressions sibyllines d' « objet certain qui forme la matière de l'engagement » et de « cause licite dans l'obligation ». Celles-ci sont, en effet, désormais formellement fondues dans la formule, somme toute assez plate, de « contenu licite et certain » du contrat (C. civ., art. 1162 à 1171). Ce contenu désigne d'abord les « stipulations » du contrat qui doivent être conformes à l'ordre public (C. civ., art. 1162) et, plus précisément, les obligations ou prestations qui doivent être possibles et déterminées ou déterminables (C. civ., art. 1163). Il désigne ensuite « son but, que ce dernier ait été connu ou non par toutes les parties », qui doit lui aussi être licite (C. civ., art. 1162) et qui, dans un contrat à titre onéreux, désigne la « contrepartie convenue » (C. civ., art. 1169). Il nous semble ainsi, avec cette définition du contenu du contrat, que si les notions de cause et d'objet ont été boutées hors des nouveaux textes (pour des raisons tenant, semble-t-il, au caractère « vieille France » de ces notions dans un contexte d'harmonisation européenne, d'internationalisation renforcée et même de mondialisation du droit des contrats), elles y demeurent conceptuellement et fonctionnellement (une réalité confirmée dans le rapport au Président de la République relatif à l'ordonnance n° 2016-131 du 10 février 2016 : « l'apport de la réforme sur ce point consiste donc dans la suppression de la référence à la cause, tout en consolidant dans la loi toutes les fonctions que la jurisprudence lui avait assignées »). Une lecture, par exemple, des articles 1135, 1162 et 1169 permet aisément à l'interprète de se rendre compte du maintien des fonctions classiques de la cause, voire de l'objet : selon l'article 1135, alinéa 2 ; « l'erreur sur le motif [« cause du contrat », « cause subjective » ou « mobile »] d'une libéralité, en l'absence duquel son auteur n'aurait pas disposé, est une cause de nullité » ; selon l'article 1162, « le contrat ne peut déroger à l'ordre public ni par ses stipulations [lesquelles renverraient à « l'objet des obligations » ou obligations], ni par son but [lequel renverrait à la « cause du contrat », au « mobile » que les juges sont traditionnellement amenés à apprécier au titre de la licéité de la cause], que ce dernier ait été connu ou non par toutes les parties » ; selon l'article 116 ; « un contrat à titre onéreux est nul lorsque, au moment de sa formation, la contrepartie convenue [laquelle renverrait à la « cause de l'obligation »] au profit de celui qui s'engage est illusoire ou dérisoire ».

[39] Qu'il s'agisse d'un contrat de gré à gré ou, plus fréquemment, d'un contrat d'adhésion, le contrat électronique peut être conclu dans le cadre d'un échange ponctuel et individualisé de courrier ou de messages électroniques entre les parties (le courrier électronique pouvant être un outil de négociations entre des correspondants et, éventuellement, le moyen d'expression d'une offre et d'une acceptation), dans le

s'ajouter des « figures plus ou moins libres » comme le recours à des négociations ou pourparlers (qu'ils soient informels ou encadrés par voie contractuelle) ou la conclusion de contrats préparatoires et/ou exploratoires (promesses de contrat, pacte de préférence, contrat de réservation, etc.).

En définitive, si l'on ne s'intéresse qu'à des questions de qualification et de taxinomie en matière de contrats, l'avènement du contrat électronique est loin d'avoir été une révolution juridique[40]. En effet, sous cet angle-là et seulement sous cet angle-là, il ne s'agirait, tout au plus, que d'une simple évolution d'un modèle juridique préexistant, voire d'une banale extension d'un moule connu et utilisé depuis longtemps : celui des traditionnels « contrats à distance », « contrats par correspondance » ou « contrats entre absents » (dont le contrat électronique a sensiblement pris le relais).

Cela dit, la « révolution technique » opérée par les NTIC a incontestablement généré des difficultés juridiques tout à fait nouvelles faisant que le contrat électronique détonne sensiblement dans le système actuel des contrats à distance.

II – Un second constat éloquent : la formation des contrats électroniques ou « digitalisés » à l'épreuve de difficultés juridiques spécifiques

Des difficultés inédites : le contrat électronique, une technique détonnant dans le système actuel des contrats à distance. Il va sans dire que les contrats conclus par voie électronique, même rangés dans la catégorie traditionnelle des contrats à distance, soulèvent des difficultés inédites liées à divers facteurs tels que, notamment, la complexité du « système technicien », la perplexité et le scepticisme qui accompagnent toutes les (r)évolutions techniques ou technologiques, le fait que les parties ne se connaissent pas souvent et sont matériellement très éloignées les unes des autres... Bref, le contrat électronique fait apparaître, de manière spécifique, des incertitudes en ce qui concerne, notamment, la distinction entre la simple publicité et l'offre, l'émission

---

cadre de forums (où peuvent être diffusées, à l'attention des abonnés, des annonces de fourniture de produits ou de services) ou à la suite d'offres faites sur des sites *web* (boutiques ou catalogues en ligne). Sur ces modalités, v. J. Huet, *art. préc.*, n°s 21 et s. ; P.-Y. Gautier et X. Linant de Bellefonds, *art. préc.*, n° 2.

[40] « Certes, l'informatique et l'électronique constituèrent *techniquement* un monde différent et nouveau lorsqu'ils apparurent, mais beaucoup moins *juridiquement* » (Ph. Le Tourneau, *op. cit.*, n° 012.11).

et la manifestation du consentement, le moment et le lieu de formation du contrat, la loi qui lui est applicable, la preuve de son existence, de son contenu ou de son (in)exécution, la protection du consommateur, le respect du droit de la concurrence, etc. (seules quelques questions relatives à la formation du contrat étant envisagées dans le cadre de cette étude[41]). Dès lors, « les règles de droit (traditionnelles), conçues pour des relations fondées sur la présence physique des intervenants et l'échange de documents rédigés sur des supports en papier, (ont dû et) doivent (encore) nécessairement évoluer pour s'adapter à la société de l'information »[42].

Difficultés de distinction entre offre et publicité. Par définition, le contrat ne se forme que par l'échange des consentements, c'est-à-dire par la rencontre des volontés concordantes de chacune des parties. Cet échange des consentements consiste dans la rencontre d'une offre et d'une acceptation, constituant respectivement les manifestations de volonté de celui qui propose et de celui qui accepte la conclusion du contrat. L'offre ou pollicitation (du latin *pollicere*, qui signifie proposer) peut se définir comme la manifestation unilatérale de volonté par laquelle une personne exprime, à l'égard d'autrui (personne déterminée, groupe de personnes ou public), sa volonté de contracter, un tel acte exprimant une volonté suffisamment ferme et précise pour que, le cas échéant, une simple acceptation suffise à former le contrat envisagé. Ainsi, l'offre suppose des caractères de précision (l'offre devant comporter tous les éléments essentiels du contrat projeté, à savoir les éléments qui « *impriment à un contrat sa coloration propre et en l'absence desquels ce dernier ne peut être caractérisé* »[43]) et de fermeté (l'offre devant être faite sans réserves) qui permettent de la distinguer, notamment, de la simple invitation à des pourparlers ou de la simple opération de publicité commerciale (cette dernière désignant « toute communication quelle qu'en soit la forme destinée à promouvoir la fourniture de biens ou de services »[44]).

---

[41] Sur questions relatives à la preuve et à l'exécution (paiement, livraison...), v. S. Guinchard et *alii*, *op. cit.*, p. 227 s.; J. Huet, *art. préc.*, n°s 29 et s.

[42] J. Huet, *art. préc.*, n ° 5.

[43] R.-J. Pothier, *Traité des obligations*, 1re partie, n°s 6 et s., p. 6, cité par Fr. Terré, Ph. Simler, Y. Lequette et Fr. Chénedé, *Droit civil. Les obligations*, Précis Dalloz, 12e éd., 2018, n° 166.

[44] G. Cornu (sous la dir.), *Vocabulaire juridique Henri Capitant*, Quadrige/PUF, mot « Publicité », n° 6.

En effet, dans la simple publicité, l'annonceur se contente d'informer, pour les séduire ou les fidéliser, les clients potentiels (prospects) ou acquis sur les qualités ou le prix d'un produit ou d'un service, sans que ce message (dont les procédés électroniques sont divers : courrier électronique, forums de discussion, bandeaux publicitaires, référencement du site par un moteur de recherche, vitrine ou boutique virtuelle grâce à un site Web spécialisé...) ne comporte nécessairement tous les éléments nécessaires à la conclusion d'un contrat[45]. A ce titre, la publicité *stricto sensu* est moins élaborée que l'offre juridique de contracter, même si toute offre est, tout au moins *de facto*, une sorte de publicité puisqu'elle est censée séduire et convaincre le ou les destinataires. Cela dit, destinée à vanter les qualités réelles ou supposées d'un produit ou d'un service, la publicité proprement dite (qui, à la différence de la simple information, doit avoir une destination économique[46]) est, en soi, toujours flatteuse, voire exagératrice ou hyperbolique, de sorte que la jurisprudence admet plutôt la pratique du *dolus bonus* qui, dès lors, ne pourrait pas entraîner la nullité d'un contrat éventuellement litigieux. Mais toute la difficulté est, en matière de publicité, de déterminer la limite au-delà de laquelle cette publicité devient « trompeuse » ou « de nature à induire en erreur »[47]. A ce propos, la chambre criminelle de la Cour de cassation française a pu rappeler, dans le célèbre arrêt *Samsonite* du 21 mai 1984, que « la publicité hyperbolique qui se traduit par la parodie ou l'emphase, dès lors qu'il est établi, par référence à l'optique du consommateur moyen et en tenant compte du degré de discernement et du sens critique de la moyenne des consommateurs, que l'outrance ou l'exagération de l'image publicitaire ne peut finalement tromper personne »[48].

---

[45] V. S. Guinchard et *alii, op. cit.*, p. 223 et s.

[46] Cass. com., 10 mai 2011, n° 10-18.173, *Bull. civ. IV*, n° 72 ; *Contrats, conc., consom.* 2011, comm. 157, note M. Malaurie-Vignal.

[47] V. Cass. com., 27 avril 2011, n° 10-15.648, *Contrats, conc., consom.* 2011, comm. n° 178, note G. Raymond : une pratique commerciale trompeuse au sens de l'article L. 121-1 I 2° a) et c) du Code de la consommation implique que la décision d'achat du produit par les consommateurs auxquels s'adresse la publicité litigieuse soit susceptible d'être altérée.

[48] Cass. crim., 21 mai 1984, n° 83-92.070, *Bull. crim.*, n° 184 ; D. 1985, p. 105, note S. Marguery : justifie sa décision de relaxe du prévenu la cour d'appel qui interprète l'article 44 de la loi du 27 décembre 1973 comme autorisant la "publicité hyperbolique" qui se traduit par la parodie ou l'emphase, dès lors qu'il est établi, par référence au discernement et au sens critique de la moyenne des consommateurs, que l'outrance ou l'exagération d'une telle publicité ne peut, en réalité, ni tromper, ni

Difficultés de détermination du moment et du lieu de la formation du contrat. Dans certains systèmes juridiques, le principe de l'autonomie de la volonté fait que, en règle ordinaire, le contrat se forme automatiquement et abstraitement par le seul consentement des parties sur les éléments essentiels, *solo consensu* (voir articles 79, 81 et 82 du COCC sénégalais). Il s'agit là d'un principe général posé, par exemple, par l'article 1113 (ancien article 1138, alinéa 1er) du Code civil français et qui trouve, en matière de vente, une application particulière à l'article 1583 du même code : « *elle* (la vente) *est parfaite entre les parties, et la propriété est acquise de droit à l'acheteur à l'égard du vendeur, dès qu'on est convenu de la chose et du prix, quoique la chose n'ait pas encore été livrée ni le prix payé* ». De la sorte, l'acceptation pure et simple (souvent plus formalisée s'agissant des contrats électroniques où il y a souvent une arborescence du processus de commande[49]) vient en principe sceller le contrat proposé à l'endroit et à l'instant mêmes où elle se joint à l'offre, cette question du lieu et du moment de la naissance de l'acte juridique pouvant être d'un grand intérêt pratique face à d'éventuels conflits de lois ou face à une éventuelle révocation de l'offre ou de l'acceptation.

Or, si ladite question ne pose pas de difficultés lorsque l'offrant et l'acceptant sont en présence l'un de l'autre, il en va autrement dans le cadre d'un contrat à distance du fait de l'éloignement matériel des parties et de l'absence de concomitance dans l'expression des volontés. A ce propos, on sait que la jurisprudence française classique avait adopté la théorie de l'émission ou de l'expédition : « *faute de stipulation contraire, le contrat est parfait non par la réception de l'acceptation mais par l'émission de celle-ci* »[50]. Néanmoins, il y a eu, avec l'ordonnance n° 2016-131 du 10 février 2016 portant réforme du droit des contrats, du régime général et de la preuve des obligations, un bris de cette célèbre jurisprudence traditionnelle puisque, selon le nouvel article 1121 du Code civil (en vigueur à compter du 1er octobre 2016 pour les contrats conclus à partir de cette date), l'acceptation pure

---

induire en erreur ceux auxquels elle s'adresse ; CA Paris, 16 nov. 2007, *Contrats, conc., consom.* 2008, comm. 55, obs. G. Raymond.

[49] En effet, dans un souci de protection du destinataire de l'offre, la procédure d'acceptation est souvent formalisée en combinant deux phases, une phase d'information et une phase d'acceptation de l'offre comportant elle-même plusieurs étapes successives avec, notamment, une acceptation initiale suivie d'une confirmation (v. S. Guinchard et *alii*, *op. cit.*, p. 226-227).

[50] Cass. com. 7 janvier 1981, n° 79-13.499, *Bull. civ. IV*, n° 14.

et simple (intégrale et inconditionnelle) ne vient, en principe, sceller le contrat qu'au lieu et au moment où l'acceptation est parvenue à l'offrant (théorie de la réception).

Toujours est-il que ce problème délicat, que l'on peut rencontrer dans tous les contrats à distance, est exacerbé en présence d'un contrat électronique, notamment en ce qui concerne le lieu de formation et, partant, l'éventuelle détermination de la loi applicable (au contrat[51]). En effet, puisque « le commerce électronique, *via* l'internet, se joue des frontières »[52], ces éléments risquent d'être très difficiles à identifier lorsque le pollicitant et l'acceptant ne résident pas dans le même État[53].

Difficultés de preuve. A la différence des contrats sur support en papier avec signature autographe, le contrat électronique est dématérialisé ou digitalisé et risque ainsi de poser des problèmes spécifiques quant à la preuve du contrat lui-même et/ou de son exécution. En effet, alors que les garanties du support en papier sont bien connues (intégrité, durabilité, possibilité d'apposer une signature sur le même support matériel que le texte de l'engagement ou de l'opération…), il y aurait une insécurité informatique et, donc, une insécurité juridique certaine : l'intégrité d'un document, sa durabilité, sa liaison avec un fichier comportant une signature étant entièrement subordonnées à l'efficacité des systèmes qui, même s'ils sont bien faits pour restituer l'information qu'on y inscrit, soumettent constamment celle-ci à des possibilités de traitement et, partant, à des risques d'altération.

Le support écrit informatique, pour s'aligner sur le support en papier en ce qui concerne lesdites garanties, a donc besoin d'un surcroît de sécurisation, d'un « plus », d'un « bonus », d'un « extra » : il faut que le fichier informatique représentatif de l'*instrumentum* connaisse un état fixe pendant le temps juridiquement nécessaire, au minimum celui requis pour l'exécution des obligations, au maximum celui imposé par les règles de prescription[54].

---

[51] Quant à la loi applicable à l'activité même de commerce électronique, « on peut poser en principe que le commerçant relève, principalement, de la loi du pays dans lequel il a son établissement et qui est celle du lieu d'origine de la fourniture du produit ou de la prestation de service » (J. Huet, *art. préc.*, n° 11).

[52] Fr. Collart Dutilleul, Ph. Delebecque, *op. cit.*, *loc. cit.*

[53] V. J. Huet, *art. préc.*, p. 6.

[54] V. P.-Y. Gautier et X. Linant de Bellefonds, *art. préc.*, n°s 18 et s.

D'où les exigences textuelles qui subordonnent la recevabilité et l'efficacité de l'écrit électronique comme preuve à certaines conditions particulières. Ainsi, aux termes de l'article 37 de la loi sénégalaise sur les transactions électroniques (qui reprend littéralement l'article 19 du Règlement n° 15/2002/CM/UEMOA ainsi que l'article 1316-1 du Code civil français), « l'écrit sous forme électronique est admis en preuve au même titre que l'écrit sur support papier et a la même force probante que celui-ci, sous réserve que puisse être dûment identifiée la personne dont il émane et qu'il soit établi et conservé dans des conditions de nature à en garantir l'intégrité ».

....

L'informatique et, grâce à elle, l'internet ont indéniablement constitué un tournant déterminant dans l'art de la communication (au sens de circulation des informations) entre les hommes, communication dont le commerce constitue un des secteurs les plus importants. En effet, la conjonction de ces deux outils a été à la source d'une (r)évolution technique comparable à celle suscitée, au XVe siècle, par l'invention de l'imprimerie. Ainsi, il a fallu, pour que les risques d'insécurité informatique liés à la dématérialisation des supports n'aboutissent pas à une insécurité juridique, déclencher une (r)évolution juridique subséquente, notamment pour « fixer les formes qui seules peuvent faire retrouver les traces des obligations et des preuves de la libération »[55]. Et c'est ainsi que, à côté de l'antique support en papier et à la traditionnelle signature autographe, l'espace du droit a dû « se brancher » et s'ouvrir au phénomène du « clic » ou de la « souris » par la consécration, certes encore perfectible dans beaucoup de systèmes juridiques, « de l'écrit électronique et des signatures qui s'y attachent »[56]. Mais, au-delà de ces questions de forme et de preuve qui sont, à n'en pas douter, celles qui attirent le plus souvent l'attention du justiciable ou du juriste, sont vite apparues d'autres problématiques comme, notamment, celles qui touchent à la notion, à la qualification... et au régime de formation du contrat électronique. A ce niveau-là, force a été de constater l'absence de toute véritable « révolution juridique », le contrat électronique n'étant qu'une variété du traditionnel contrat à distance et, partant, un acte avant tout soumis

---

[55] Jaubert, *rapport au Tribunat*, Locré, t. XII, p. 505, cité par P.-Y. Gautier et X. Linant de Bellefonds, *art. préc.*, n° 31.

[56] P.-Y. Gautier et X. Linant de Bellefonds, *art. préc.*

aux règles classiques du droit commun des obligations conventionnelles. Cela dit, « devant le fait technique accompli » que constitue l'internet, les législateurs, notamment, ont dû ou doivent se résoudre (bon gré, mal gré) à organiser une certaine « évolution juridique » pour répondre aux exigences et difficultés spécifiques créées ou exacerbées par la dématérialisation de l'*instrumentum*. Preuve, encore une fois, que si le droit des contrats électroniques « ne s'est pas édifié sur une table rase », il reste très symptomatique de ce phénomène par lequel, « par un choc en retour », les innovations numériques ou digitales ont suscité et continuent de déclencher « une remise en perspective de principes classiques » et même la naissance de nouvelles règles juridiques[57]. Et dans ce domaine, sans doute plus que dans tout autre secteur, théoriciens et/ou praticiens du contrat se doivent d'accorder leurs violons[58]. Le « son du droit », à la chaire comme au prétoire, en temps de concorde comme en période de crise, n'en sera que meilleur… et plus audible.

---

[57] Ph. Le Tourneau, *op. cit.*, n°s 011.11 et 012.34 et s.

[58] V. B. Caillaud et P. Le Cannu, « Théoriciens et praticiens - Réflexions sur l'interdépendance des juristes d'affaires », *in Les activités et les biens de l'entreprise*, Mélanges offerts à Jean Derruppé, *Litec*, 1991, p. 19 et s.

La force obligationnelle de l'avant-contrat en droit sénégalais

Jean-Louis CORREA et Ismael DIATTA[1]
Université Numérique Cheikh Hamidou Kane
UNCHK ex UVS

Le droit sénégalais offre peu d'occasions de débats passionnés et passionnants engageant la doctrine et le prétoire. Pas que les décisions de la Cour suprême manquent d'allant ou de cette vitalité apte à faire réagir la doctrine, mais bien plutôt pour l'absence de questionnement, par l'interprète, de prévisions juridiques questionnables[2].

Dans le dialogue entre le Palais et la Faculté[3], l'entité doctrinale[4] fait souvent montre d'un intérêt moindre pour l'œuvre judiciaire locale, préférant se délecter des productions similaires hexagonales. La fécondité du dialogue entre prétoire et doctrine demeure une déficience majeure marqueur des ressources intellectuelles modestes mobilisées pour l'entendement de la règle de droit sous nos tropiques[5].

S'il y a un sujet qui a pu échapper au constat lapidaire susmentionné, c'est bien l'avant-contrat qui, en droit sénégalais, entre dans cette

---

[1] Respectivement Maître de Conférences, Agrégé des Facultés de droit et Docteur en droit.

[2] A l'article 319 COCC, le législateur dispose que « Le droit de préemption d'origine conventionnelle résulte du pacte de préférence. Ce pacte est soumis aux règles des promesses de vente ». La soumission du pacte de préférence au régime de la promesse de vente est très discutable. S'engager à conclure un contrat et promettre de préférer un cocontractant sont deux choses différentes. D'ailleurs les modalités de mise en œuvre du pacte consacrées à l'article 320 sont révélatrices de la différence de nature entre la promesse de vente et le pacte de préférence. Si dans la promesse, le promettant a déjà donné son consentement au contrat, dans le pacte, ce dernier est tenu est tenu de faire connaître au bénéficiaire sa décision d'aliéner et les conditions du contrat qu'il projette de passer avec un tiers.

[3] J. Derrida, *L'Université sans condition*, Paris, Galilée, 2001, p. 80.

[4] C. Jamin, « L'entité doctrinale française », *D.* 1997, p. 167.

[5] A.-A. Diouf, S.-A. Ndiaye, L.-K. Ndione, B. Niang, « De l'utilité de la création d'un Centre d'Appui Pédagogique à la Faculté des sciences Juridiques et politiques de l'Université Cheikh Anta Diop », *RSD* n° 37, L'Harmattan, 2023, pp. 179 – 194. M. Thioye, « Le COCC, un « Code civil des français » sous les tropiques, » in Isaac Yankhoba Ndiaye, Jean-Louis Corréa, Abdoul Aziz Diouf, *Code des obligations civiles et commerciales du Sénégal (COCC) : cinquante après*, Dakar, L'Harmattan, 2018, vol. 2, pp. 595-613, p. 598 et s.

catégorie de sujets à débat sempiternel et à solutions toujours scrutées, en raison d'une réglementation pour le moins abscons. Cela a partie liée avec l'objet sur lequel porte le plus fréquemment l'avant-contrat, la matière immobilière. La place de la terre dans la cosmogonie africaine ravive l'ardeur du contentieux portant sur les promesses de vente immobilières, notamment[6].

Le législateur sénégalais a procédé, dans le Code des obligations civiles et commerciales (COCC), à une détermination de plusieurs avant-contrats. Si la promesse de contrat semble occuper la part belle de la législation, le pacte de préférence n'est pas en reste[7]. Par une réglementation à plusieurs détentes, le législateur consacre, dans la partie du Code relative à la vente, des règles applicables à l'avant-contrat mais revient aussi, dans les développements relatifs à la vente des immeubles immatriculés sur la question. Le contentieux de la promesse de vente portant sur cette catégorie d'immeubles à donner lieu à des interventions notables du juge, de précision de la nature véritable des mécanismes et institutions en cause[8] ou de rajout à la cacophonie juridique[9]. En plus du COCC, le législateur sénégalais consacre

---

[6] V. K. Polanyi, *La grande transformation*, Paris, Tel Gallimard, 2021, 463 p., p. 321 et s. ; A. Supiot, *L'esprit de Philadelphie, la justice sociale face au marché total*, Paris, Seuil, 2010, 179 p. spéc. pp. 75 et s. G. Kouassigan, *L'homme et la terre, droit fonciers coutumiers et droit de propriété en Afrique occidentale*, Collection office de recherche scientifique et technique d'outre-mer, n° 8, 1966, 289. V. E. Le Brie, E. Le Roy, F. Leimdorfer, *Enjeux fonciers en Afrique noire*, ORSTOM-Karthala, 1983, 431 p. p. 26 et s. On peut rajouter la conception de la terre en Amérique latine où dans certains espaces on considère la terre comme une mère. « Une mère, on la partage ».

[7] Le législateur sénégalais semble régler toutes les situations avant-contractuelles en référence à la promesse de contrat qui est la figure emblématique. V. art. 319 COCC. A côté de la promesse en tant que telle, on pourrait citer l'accord de principe ou *punctation* et le *gentleman agreement*.

[8] Cour suprême (Sénégal), Ch. Réunies, *aff. CBAO c/ express Transit*, arrêt n° 11 du 19 juin 2012, *Bulletin d'information* n° 4, p. 27.

[9] Cour suprême (Sénégal), arrêt n° 25 du 15 mars 2023, aff. J/23/RG/22, *Cheikh Tidiane Mbengue et Fatou Diaw C/ Aby Pouye et SN HLM*. Inédit. Dans cet arrêt, la Cour, tout en semblant d'avis que « les parties étaient convenues d'une promesse de vente sur le logement », à appliquer au litige l'article 326 COCC qui régit la promesse unilatérale de vente. Si « les parties étaient convenues », la promesse est alors synallagmatique et oblige les parties à parfaire le contrat, en application des dispositions des articles 323 et 382 COCC.

plusieurs situations relevant de l'avant-contractuel contenues soit dans des instruments de droit national[10] soit dans le droit communautaire[11].

La variété d'entendement de la notion illustre la fugacité de l'instrument. Tantôt considéré comme une période[12], tantôt comme une catégorie et une étape d'un processus[13], l'avant-contrat fait ainsi l'objet de plusieurs tentatives de définition[14]. D'un point de vue étymologique, l'avant de contrat est tout ce qui se réfère à l'origine, ce qui se situe avant le contrat, il s'agirait de tout accord conclu dans la phase précédant la formation effective du contrat. Venant du latin « *ab ante* », « avant » est un adverbe qui désigne à la fois une antériorité dans l'espace et une priorité dans l'ordre. Pour *Le Littré*, le terme *avant* indique la priorité d'ordre, de situation et de temps, la position par rapport à quelqu'un ou à quelque chose placé devant. Tel est bien le sens d'un avant-propos, d'un avant-bras, de l'avant-garde[15].

Dans le lexique des termes juridiques[16], l'avant-contrat est défini comme un accord de volontés par lequel deux ou plusieurs personnes s'engagent à réaliser dans l'avenir un contrat définitif[17]. Il désigne également un contrat préalable, préparatoire ou provisoire[18].

---

[10] Art. L 134 de la Loi n° 2009-23 du 8 juillet 2009 portant Code de la construction du Sénégal.

[11]A titre illustratif, il s'agit de l'Acte uniforme relatif au droit des sûretés qui aborde aux articles 92, 161 et 197 le droit de préférence conféré au titulaire d'une sûreté réelle mobilière ou immobilière et l'article 206 qui traite de la promesse d'hypothèque. Il y a également l'Acte uniforme sur le droit des sociétés commerciales et des groupements d'intérêt économique qui traite du droit de prévu aux article 573, 757.

[12] J.-M. Mousseron, *Les techniques contractuelles,* Paris, Ed. Francis Lefebvre, 2017.

[13] C. Poitevin, « L'avant-contrat en droit des contrats d'auteur », Avignon, Thèse mult., 2011, 470 p.

[14] Denis Mazeaud parle quant à lui du stade ante contractuel. Si l'on se réfère à cette origine, l'avant-contrat serait littéralement ce qui se situe avant le contrat ; v. D. Mazeaud, « Mystères et paradoxes de la période précontractuelle », in Mélanges offerts à Jacques Ghestin, *Le contrat au début du XXIe siècle*, LGDJ, 2001, p. 643.

[15] C. Poitevin, *L'avant-contrat en droit des contrats d'auteur*, *op. cit*., p. 15.

[16] *Lexique des termes juridiques*, Paris, Dalloz, 21e éd, 2013.

[17] Il s'agit généralement de la promesse de vente ou de prêt.

[18] Le sens juridique du terme avant-contrat est très équivoque et susceptible de plusieurs acceptions. Dans le dictionnaire juridique Gérard Cornu, il est défini comme « Expression doctrinale désignant soit de véritables contrats (de base) promesse pure et simple de contrat (ex. promesse de vente, de bail), contrat préliminaire à la vente d'immeuble à construire, soit plus généralement et plus vaguement toute espèce d'accord préliminaire passé lors de pourparlers, de façon souvent informelle (ainsi par téléphone) en vue de la conclusion ultérieure d'une convention en général plus formaliste, mais faisant déjà naître, au moins à titre provisoire, un engagement (accord

Le législateur sénégalais ne s'embarrasse pas d'une définition de l'avant-contrat. D'ailleurs, ce groupe de mots n'est pas identifiable dans sa législation. Au lieu de s'adresser au genre, il préfère interpeller directement l'espèce iconique. C'est ainsi que la promesse trouve plusieurs lieux de réglementation dans le COCC, que des textes de droit national y consacrent aussi des développements.

L'organisation générale de la promesse en droit sénégalais fait apparaître une option claire du législateur quant à la verdeur du lien créé. Toutes les dispositions y relatives révèlent la volonté du législateur d'attacher des conséquences juridiques à l'engagement pré-contractuel[19]. Tout de même, une certaine exégèse pourrait laisser penser que le lien avant-contractuel est peu engageant, liant peu. Les atermoiements relatifs à la jurisprudence portant sur l'avant-contrat ont suffisamment illustré la polysémie de certaines dispositions du COCC.

---

de principe, note de couverture en matière d'assurance) ». Dans le lexique des termes juridiques, l'avant-contrat y est défini comme un accord de volontés par lequel deux ou plusieurs personnes s'engagent à réaliser dans l'avenir un contrat définitif (par exemple une promesse, promesse de prêt *etc.*). Il désigne également un contrat préalable, préparatoire ou provisoire. Ces définitions du terme rendent bien compte des diversités d'opinions sur la question. La plupart des auteurs dans les manuels généraux ou spécifiques se contentent d'une définition vague de la notion. Sous la plume de Mousseron : « L'avant-contrat n'est pas une catégorie juridique mais est une période, une fraction de temps précédant la conclusion d'un contrat que les intéressés ont en ligne de mire avant d'en faire l'objet de leur accord de volontés. C'est le temps d'avant-contrat". Pour l'auteur, l'avant-contrat correspond à toute la période précontractuelle. Pour Claire Poitevin « Il y a dans ce terme l'idée d'une démarche, d'une progression qui représente la maturation d'un projet, sa construction, sa création. L'avant-contrat n'est pas qu'un cadre chronologique, c'est un cheminement. Il peut être ponctué de contrats ayant pour seul objectif de l'organiser, de le structurer, de le sécuriser ». Le professeur Mousseron va plus loin en considérant que l'avant-contrat prendrait en compte la période d'après contrat#. D'autres auteurs proposent une définition moins contestable en assimilant l'avant-contrat au contrat préparatoire. Traitant de la notion de contrat préparatoire, Peter Sarvary-Bene propose une définition très large de la notion, incluant la catégorie des avant-contrats. Pour l'auteur, le contrat préparatoire est « un contrat qui prépare, qui précède et rend possible le déroulement d'une opération, qui permet de faciliter le stade suivant, qui introduit progressivement. Ce ne sera pas un contrat définitif mais une étape qui permettra de conclure par la suite le contrat définitif ». Par ailleurs, dans certains manuels de droit traitant de l'avant-contrat, les auteurs se contentent d'énumérer ou d'étudier les figures précontractuelles qu'ils considèrent comme relevant de la catégorie ; v. J.-M. Mousseron, *Les techniques contractuelles*, *op. cit.*, p. 60.

[19] Citons l'article 83 COCC qui dispose « Celui qui s'engage à conclure un contrat est lié par sa promesse. Le bénéficiaire de la promesse doit lever l'option dans le délai prévu. Le contrat produit à ce moment tous ses effets ».

Fort opportunément, l'intervention salvatrice de la haute juridiction a permis de déterminer le contenu véritable des dispositions concernées. Il y a dans la force du lien avant-contractuel en droit sénégalais de ce que Sarvary-Bene pense de l'avant-contrat, un acte qui prépare, précède en rendant possible le déroulement d'une opération, facilitant le stade suivant, en introduisant progressivement. L'avant-contrat n'est pas un contrat définitif, mais une étape qui permettra de conclure par la suite le contrat définitif[20]. D'ailleurs, les différentes dispositions relatives aux avant-contrats dans le COCC partagent toutes cet attachement au lien qui sonne comme le rappel de la parenté existant entre la promesse et le contrat. L'avant-contrat lie tout comme le contrat lie[21].

Mais la conclusion d'un contrat précédée d'un avant-contrat, vu l'intelligibilité relative de la substance de l'avant-contrat, favorise souvent une alternative entre faire et ne pas faire, donner ou ne pas donner[22], mettant en doute la capacité du lien avant-contractuel à détenir la force contraignante nécessaire à soumettre son débiteur[23]. Il sera question de voir la marge que laisse la législation sénégalaise sur les avant-contrats quant aux possibilités de promettre à l'un et de vendre à l'autre, de réserver[24] ou d'accorder une priorité à quelqu'un et de faire autrement. Les dispositions qui inquiètent sont connues[25]. Sur cette base, proposer une lecture combinée des dispositions en cause de même que des décisions rendues par le juge afin de dégager un *logos* cohérent sur la réalité avant-contractuelle en vue d'une *praxis* uniforme. Où l'on peut comprendre l'objet de la présente étude tendant à démontrer que l'avant-contrat à un contenu obligationnel, qu'il s'en déduit une force contraignante.

---

[20] P. Sarvary-Bene, *Réflexions sur la notion de contrat préparatoire*, Montpellier, thése mult., 2015.

[21] Un rappel de l'article 323 COCC peut être ici fait. Cette disposition, parce que subtile, ne se laisse pas pénétrer du premier abord. Elle démontre dans quelles situations l'opération des parties passe de promesse à contrat définitif.

[22] J.-L. Corréa, « Contribution à l'étude de l'obligation de donner », *Annales africaines*, décembre 2014, vol. 2, pp. 226-252.

[23] V. Cour suprême (Sénégal), *Le GIE camping du Lac Rose c/ La coopérative d'habitat de la Senelec Bel-Air*, arrêt n° 22 du 17 février 2021.

[24] On peut citer ici les articles 134 et suivants du Code de la construction qui consacrent le contrat de réservation envisagé comme un avant-contrat à la verdeur contractuelle.

[25] J.-L. Corréa, « Regard critique sur les catégories contractuelles du Code des obligations civiles et commerciales (COCC) du Sénégal », *RIDC*, 2023, pp. 809-840.

Le pari intellectuel de la force contraignante de l'avant-contrat appelle dès lors une analyse de la nature et de la valeur de lien avant-contractuel et un examen des conséquences que le droit sénégalais y attache. La démarche consistera dans un premier temps à réfléchir sur l'essence même du lien avant-contractuel (I) pour ensuite revenir sur les suites qui s'évincent de ce lien (II).

I – L'essence du lien avant-contractuel

Méditer sur l'essence de l'avant-contrat appelle un effort de qualification de l'acte à partir des éléments en présence (A). Dans une suite logique, il s'agira d'analyser la nature et la teneur des obligations en résultant (B).

A – La qualification d'acte juridique

L'inventaire des interrogations sur l'avant-contrat fait état d'une large reconnaissance de sa nature contractuelle (1). En revanche, l'existence de l'avant-contrat en tant qu'acte juridique distinct du contrat "en formation" mérite réflexion (2).

1 – La nature contractuelle de l'avant-contrat

A la lecture de l'article 40 COCC, on est immédiatement saisi par la simplicité déconcertante avec laquelle le législateur a défini le contrat[26]. L'expression accord de volontés employée par le législateur mérite quelques précisions. Le contrat étant par excellence une espèce du genre acte juridique[27], la volonté recèle nécessairement une intention, la recherche délibérée de l'effet de droit que l'acte est destiné à produire.

Propulsé par la théorie de l'autonomie de la volonté sous couvert du principe de liberté contractuelle, l'avant-contrat est aujourd'hui une

---

[26] L'article 40 dispose en que « le contrat est un accord de volontés générateurs d'obligations ». Cette définition de la notion suscite plusieurs interrogations. D'abord, il est délicat de distinguer l'expression d'une volonté sérieuse suffisamment caractéristique d'une intention réelle de s'engager et un accord de pure complaisance n'impliquant aucun engagement ferme de la part de son auteur. Dès lors, la qualification de contrat devrait être écartée lorsque l'accord des volontés n'a pas donné naissance à des effets pourvus d'une force juridique obligatoire. De tels accords, dépourvus de sanctions juridiques, appartiennent au non-droit. v. H.-M. Moneboulou Minkada, « La question de la définition du contrat en droit privé : essai d'une théorie institutionnelle », *Juridical Tribune*, vol. 4, Issue 1, juin 2014, p. 89.

[27] J.-L. CORREA, « L'exécution forcée des obligations de faire », Acte de Colloque de la Faculté des sciences juridiques et politiques de l'Université de Douala sur « Le contrat au début du 21ème siècle : regards croisés Droit privé, Droit public, Common Law » les 02 et 03 juin 2015.

donnée positive qui prend place dans l'ordre juridique[28]. Dans ses formes les plus usitées, l'avant-contrat est le produit d'un accord de volontés visant tantôt à accorder l'exclusivité à une partie au contrat, on parle de pacte de préférence, de contrat de réservation ; tantôt obligeant les parties à faire ou à ne pas faire afin de garantir la réalisation d'une opération économiquement ou juridiquement plus importante. Suivant l'approche volontariste, sous couvert du principe de liberté contractuelle, il est juridiquement soutenable de qualifier l'avant-contrat de contrat puisqu'il est le produit d'un accord de volontés destiné à produire des obligations. Consacré dans plusieurs textes, notamment le Code des obligations civiles et commerciales et le Code de la construction, le régime de l'avant-contrat laisse apparaître un certain tiraillement entre sa nature d'accord précontractuel et son contenu obligationnel qui lui prête les vertus d'un contrat aux effets dirimants. Cette tergiversation sur la nature véritable de l'avant-contrat résulte de la présence dans la partie générale du COCC d'un texte annonciateur, mais qui ne renseigne pas suffisamment sur la valeur normative du mécanisme[29]. C'est dans la seconde partie du COCC, particulière au chapitre consacré à la vente où l'on a pu saisir le caractère contractuel de ces « modalités de formation du contrat »[30]. Même si le législateur n'utilise pas expressément le terme contrat pour qualifier les avant-contrats qu'il consacre, plusieurs arguments justifient l'idée que la doctrine et le prétoire se font de l'opération.

A propos du pacte de préférence, l'expression « droit de préemption d'origine conventionnelle » employée pour qualifier l'acte renseigne suffisamment sur la valeur normative de cet avant-contrat. Le pacte de préférence est le contrat par lequel une personne s'engage envers une autre, qui accepte, à ne conclure avec un ou des tiers un contrat

---

[28] V. art. 319 à 326 COCC, art. L. 134 Code de la construction, art. 92, 161, 197 et 206 AUS.

[29] A l'article 83 COCC, le législateur dispose : « Celui qui s'engage à conclure un contrat est lié par sa promesse. Le bénéficiaire de la promesse doit lever l'option dans le délai prévu. Le contrat produit à ce moment tous ses effets ». Dans la formulation du texte, on a l'impression que le législateur fait de promesse une modalité d'échange des consentements. Le terme « *lié* » est très évasif quant à la valeur de la promesse. On peut, certes, penser qu'il renvoie au « *lien irrévocable* » de l'article 96 COCC, mais il faut noter que l'existence d'un lien irrévocable ne suppose pas forcément l'existence d'un contrat. Il existe bien des actes qui lient leur auteur par l'effet d'une manifestation unilatérale de volonté en l'absence de tout rapport contractuel.

[30] Dans le COCC, c'est l'expression au titre laquelle le législateur consacre la promesse unilatérale et synallagmatique de vente ou d'achat.

déterminé avant de lui en avoir proposé la conclusion aux mêmes conditions[31]. Il s'agit d'un contrat éventuel, aucun consentement n'est encore donné. Le promettant ne s'engage qu'à préférer le bénéficiaire du pacte s'il décide de conclure le contrat[32]. Comme l'a très justement mis en évidence M. Rémy Libchaber, ce droit « change de nature avec le temps : platonique à sa formation, tant que le vendeur demeure dans l'expectative, il prend corps et devient exigible aussitôt que ce dernier s'est décidé à vendre[33]». Dans sa mise en œuvre, le pacte de préférence se présente souvent sous la forme d'une clause incluse dans un contrat. Il est plus fréquent dans les pactes d'actionnaires où il sert de moyen de contrôle de la société. Mais, quelle qu'en soit la forme, la nature contractuelle de cet avant-contrat ne souffre d'aucun grief sérieux, ni dans le fond encore moins dans le traitement des effets qui en résultent[34].

Par ailleurs, l'article 323 consacré à la promesse synallagmatique de vente assimile celle-ci à la vente lorsque le contrat peut être formé librement[35]. C'est dire que la promesse synallagmatique de contrat constitue un engagement ferme et sérieux de conclure le contrat. Sont identifiables les éléments essentiels de définition du contrat : un accord de volontés générateur d'obligations. Lorsque l'échange des consentements ne suffit pas à réaliser l'opération voulue, « le contrat de promesse synallagmatique oblige les parties à accomplir les formalités nécessaires pour la perfection de la vente ». A ce stade, même si le contrat n'est pas définitivement formé, celui-ci existe déjà en substance[36].

En sus du COCC, le Code de la construction a un parti pris contractuel explicite relativement à l'avant-contrat. Ledit Code, en ses articles 134 et suivants, à propos du contrat de réservation d'immeuble à construire, est sans ambages sur la nature contractuelle de cet avant-

---

[31] F. Terré, Ph. Simler, Y. Lequette, *Droit civil, Les obligations*, 10ème éd, 2009, p. 205.

[32] S. Piazzon, « Retour sur la violation du pacte de préférence », *RTD civ*. 2009 p. 433.

[33] R. Libchaber, obs. ss Civ. 3e, 14 févr. 2007, *Defrénois*, 2007. 1048.

[34] D. Mazeaud, « Exécution forcée en nature des avant-contrats », *RDC,* 01 octobre 2006 n° 4, p. 1080 ; D. Mazeaud, « La responsabilité du fait de la violation d'un pacte de préférence », *Gaz. Pal*. 1994. 1. doctr. 210.

[35] Article 323 COCC.

[36] Z. Konrad, « Du sérieux de la promesse. Remarques de droit comparé sur-la distinction des actes qui obligent de ceux qui n'obligent pas », *RIDC*, vol. 16 n° 1, janvier-mars 1964. pp. 33-44.

contrat[37]. Il en est de même de la promesse d'hypothèque consacrée à l'article 206 de l'Acte Uniforme sur le droit des sûretés[38].

Enfin, s'il était permis de douter des intentions du législateur de faire de l'avant-contrat plus qu'une simple modalité d'échange des consentements, le traitement des effets du lien avant-contractuel par le juge a permis de consolider la nature contractuelle de l'avant-contrat. Se fondant sur les arrêts de la Cour de cassation de 1993[39] et des Chambres réunies de la Cour suprême du 19 juin 2012[40], il n'est plus permis aux thomistes les plus irréductibles de douter de la nature contractuelle du lien avant-contractuel. A faire la glose des différents textes s'intéressant à l'avant-contrat, combinée à l'intervention du juge, l'entendement devient univoque.

Toutefois, si l'on doit considérer l'avant-contrat comme un acte devant concourir à la réalisation d'une opération plus grande, il s'analyserait en un contrat substantiellement imparfait parce que nécessitant une seconde manifestation de volonté pour la réalisation effective de l'opération à laquelle il participe. Un auteur[41] a pu dire à ce propos que « les avant-contrats sont dotés d'une force obligatoire moindre », parce qu'en réalité « le contrat n'achève vraiment de se former qu'en produisant des effets » renchérit Tosi[42].

Si en théorie la nature contractuelle de l'avant-contrat est soutenable, son autonomie par rapport au contrat qu'il prépare reste discutable.

2 – L'autonomie de l'avant-contrat

L'autonomie se dit d'une chose qui est en capacité de se fixer elle-même ses propres normes. L'autonomie recouvre deux réalités, la «

---

[37] Art. L 134 « La vente prévue à l'article L 131 peut être précédée d'un contrat préliminaire par lequel, en contrepartie d'un dépôt de garantie effectué à un compte spécial, le vendeur s'engage à réserver à un acheteur un immeuble ou une partie d'immeuble ».

[38] Art. 206.- « Tant que l'inscription n'est pas faite, l'acte d'hypothèque est inopposable aux tiers et constitue, entre les parties, une promesse synallagmatique qui les oblige à procéder à la publicité ».

[39] Cour de cassation du Sénégal, Chambre civile et commerciale, arrêt n° 107, audience du 04 juin 1993.

[40] Cour Suprême (Sénégal), Chambres réunies, n° 11 du 19 juin 2012, *CBAO c/ Express Transit*.

[41] J. Schmidt-Szalewski, « La force obligatoire à l'épreuve des avant-contrats », *RTD civ.* 2000, p. 25.

[42] J.-P. Tosi, *Le droit des obligations au Sénégal*, NEA, 1981, p. 61.

séparabilité » et « l'indépendance [43]». Appliquée à l'avant-contrat, l'autonomie permet de jauger la capacité de l'acte à se déterminer, à se soumettre à des règles propres et enfin à générer des effets de droit distincts de ceux du contrat envisagé. Dans ses diverses formules, l'avant-contrat présente cette contradiction d'être à la fois un contrat autonome et un contrat participant à la formation d'un autre contrat économiquement ou juridiquement plus important[44].

Cette incohérence résulte de la lettre de certaines dispositions du COCC. A titre illustratif, l'article 323 COCC dispose que la promesse synallagmatique… oblige les parties à parfaire « le contrat ». De quel contrat s'agit-il ? Il est fait référence, ici, au contrat de vente lui-même que les parties sont tenues de parfaire en accomplissant la formalité *ad validitatem* requise à cet effet. Dans le même sens, l'article 325 COCC consacré à la promesse unilatérale laisse entendre que le promettant aurait donné son consentement à la vente et n'attend que le bénéficiaire lève l'option pour former le contrat. L'accord du promettant considéré pour la validité de contrat de promesse unilatérale vaut également pour la vente elle-même[45]. Sous cet angle, l'avant-contrat apparaît comme une étape du processus de formation du contrat.

La position de la Cour suprême sur la question est par ailleurs claire. Dans l'arrêt des chambres réunies du 19 juin 2012, les juges ont décidé que « la promesse synallagmatique est un avant-contrat distinct de la vente ». Par conséquent, la promesse ne pouvait être soumise au formalisme de l'article 383 COCC. Pour un auteur, « la promesse

---

[43] G. Taouk, « L'autonomie de la clause en droit privé », Montpellier, thèse mult., 2021, p. 30.

[44] Aux termes de l'article 325 COCC « Lorsque toutes les conditions nécessaires à la formation de la vente sont fixées dans le contrat, la promesse de vente engage le vendeur et fait naître l'option au profit de l'acheteur ».

[45] D. Mazeaud, « Promesse unilatérale de vente : la Cour de cassation a ses raisons… », *D.* 2011, p. 1457. Pour l'auteur, le consentement du promettant au contrat promis est, par simple application de l'article 1134, alinéa 2, du Code civil, d'ores et déjà irrévocablement exprimé, tandis que le bénéficiaire devient titulaire d'un droit potestatif d'option qui lui confère un pouvoir exclusif sur la suite du processus contractuel et le destin du contrat promis. Pour que ce contrat soit formé, il suffit donc que le bénéficiaire exprime son consentement, lequel rencontrera alors le consentement du promettant, définitivement et irrévocablement exprimé via la promesse. Dans ce sens, la troisième chambre civile avait décidé dans un arrêt du 8 septembre 2010 qu' « en statuant ainsi, alors que le promettant avait définitivement consenti à vendre et que l'option pouvait être valablement levée après son décès, contre ses héritiers tenus de la dette contractée par leur auteur, sans qu'il y ait lieu d'obtenir l'autorisation du juge des tutelles…"

synallagmatique de vente, dont le législateur a pris soin de définir le régime juridique (définition et effets) à l'article 382 COCC présente une autonomie certaine par rapport à un contrat définitif qui, indubitablement, est formaliste. On peut donc raisonnablement considérer que si l'article 383 a consacré un formalisme contractuel, il s'agit bien du contrat de vente définitive[46]».

Dans le droit romain, sous l'ère de Justinien, la célèbre loi « *contractus* [47]» faisait une distinction entre la promesse et le contrat qu'il prépare. Ce texte vise ainsi l'hypothèse où les parties ont entendu subordonner la réalisation de la vente à la rédaction d'un acte écrit qu'elles se sont engagées à passer. Dans ce cas, nous sommes en présence de deux institutions différentes : une promesse de vente, en principe librement conclu et un contrat de vente qui sera parfait au moment de la rédaction de l'acte. Cette idée est aujourd'hui largement soutenue par la doctrine. Selon Daniel Manguy, « promettre de s'engager n'est pas s'engager »[48].

La distinction de l'avant-contrat du contrat préparé est plus caractéristique lorsque l'on est en présence d'accords précontractuels ayant pour objet l'encadrement des pourparlers. Qu'il s'agisse d'un accord de principe ou d'un contrat de négociation, ces accords sont de véritables contrats, juridiquement autonomes et aptes à produire des effets qui n'influent sur le contrat négocié que s'ils aboutissent à un résultat positif. Le principal problème sera d'interpréter l'intention des parties. La solution est souvent délicate en raison de l'imprécision des manifestations de volontés émises pendant les négociations. Or, même si on se trouve dans un acte à procédure qui tend à la réalisation d'une opération, l'accord auquel procède l'avant-contrat consacre des droits et des obligations différentes de ceux qui résulteraient de l'opération envisagée[49]. Le facteur le plus probant tient sans doute au degré de précision de l'accord des parties et au degré de la fermeté des volontés

---

[46] B. Diallo, « Promesse sous seings privé de vente d'immeuble immatriculé ne vaut ? Observation sur CS Sénégal n° 79 du 16 juin 2008 », *Aliou Bathily c/ Abdoul Diallo*, *Revue Droit et ville*, n° 71, 2011, p. 180.
[47] M. Biret, « Applications au Code civil des Institutes de Justinien et des cinquante livres du Digeste », Tome 2, Paris 1824, p. 145.
[48] D. Manguy, « L'efficacité de la rétractation de la promesse de contracter », *RTD civ.* 2004, p. 1.
[49] J.-F. Barbiéri, « Avant-contrat « obligatoire » ou simplement « préparatoire », contrat-cadre et conventions réglementées. Incidences de l'absence d'autorisation « préalable », *Revue des sociétés* 1997, p. 541.

exprimées par rapport au contrat projeté. Certes, l'utilité de l'avant-contrat réside dans la réalisation de l'opération envisagée, mais l'on sait que cette dernière n'est qu'éventuelle. La validité de l'avant-contrat ne saurait dépendre de la réussite du contrat en construction.

Cette distinction entre l'avant-contrat et le contrat qu'il prépare trouve ses limites lorsque l'on est en présence d'un avant-contrat difficilement dissociable du contrat en formation. Ces limites tiennent à des considérations d'ordre économique traduisant une connexité voire une interdépendance entre l'avant-contrat et le contrat[50]. L'analyse économique du contrat ne fait aucune distinction entre les étapes du processus contractuel[51]. L'avant-contrat est perçu comme un moyen permettant de réaliser une opération économique ; et de surcroît, lorsque l'avant-contrat contient les germes ou certains éléments essentiels du contrat préparé, il serait difficile de le distinguer du contrat final.[52]

La promesse unilatérale perd aussi son originalité, lorsqu'elle fait partie d'un ensemble contractuel, mettant à la charge des parties des obligations réciproques. En principe, l'accord global, en ce qu'il comporte des obligations symétriques, a bien la nature d'un contrat synallagmatique, mais la promesse incluse en son sein, dès lors qu'elle offre une option au bénéficiaire et ne le contraint pas à acheter, demeure

---

[50] I. Najjar, « Transaction et ensemble contractuel », *D.* 2006, p. 1396 ; S. Bros, « Les contrats interdépendants : actualités et perspectives », *D.* 2009, p. 960 ; H. Barbier, « Le point sur l'interdépendance contractuelle, son empire et ses fonctions », *RTD civ.* 2017, p. 846 ; D. Houtcieff, « Les causes de la caducité : caducité et contrats interdépendants », *RDC* 2, juin 2023, p. 115.

[51] E. Brousseau, « L'économiste, le juriste et le contrat », ericbrrousseau@campuserve.com, juin 2000 ; E. Brousseau, J.-M. Glachant, « Économie des contrats et renouvellement de l'analyse économique », *Revue d'Économie Industrielle,* n° spécial, Économie des Contrats : Bilan et Perspective, n° 92, Avril 2000, pp. 23-50.

[52] Les situations d'interdépendance contractuelle sont souvent appréciées en prenant appui sur une analyse économique et moins sur des éléments juridiques. En droit français, malgré l'article 1186 du Code civil, issu de l'ordonnance de 2016, qui distingue l'interdépendance objective de l'interdépendance subjective, la Cour de cassation continue de réaffirmer la jurisprudence de la Chambre mixte du 10 mai 2013 qui avait une conception objective de l'interdépendance. V. M. Hervieu, « Interdépendance contractuelle : l'objectivisme maintenu », https://actu.dalloz-etudiant.fr/a-la-une/article/interdependance-contractuelle-lobjectivisme-maintenu/h/edee22b6db7e2abd77147411e76b8690.html. Consulté le 3 avril 2024. V. Cass. com. 10 janvier 2024, n° 22, *Bull.* ch. civ. janv. 2024, p. 94 et s. ; v. J. Heinich, « Caducité et changement de contexte contractuel : une remise en cause du contrat », *RDC* 2, juin 2023, p. 103.

une promesse unilatérale. Toutefois, si la promesse est absorbée par le contrat complexe, au point de perdre son individualité, pour se réduire comme c'est le cas, en matière de crédit-bail à «un élément d'une technique juridique permettant aux parties de réaliser une opération globale leur offrant des avantages réciproques»,[53] autrement dit, s'il existe un lien de dépendance nécessaire entre les diverses obligations réciproques susceptibles de modifier les caractéristiques de la promesse de vente, celle-ci perd son autonomie et se fond à l'opération dont elle ne constitue qu'un élément. L'assemblée plénière de la Cour de cassation s'est prononcée sur la question dans un arrêt du 24 février 2006[54].

Cependant, afin de saisir le contenu obligationnel de l'avant-contrat qu'il soit autonome ou inclus dans un ensemble contractuel, un examen de la nature des obligations en présence s'impose.

B - La nature des obligations avant-contractuelles

Si l'avant-contrat peut être générateur d'obligations distinctes de celles du contrat visé (1), l'identité d'objet que l'on peut observer dans certains avant-contrats entraîne une confusion du contenu obligationnel des actes successifs (2).

1 – La qualification des obligations avant-contractuelles

Pris isolément, les obligations résultant de l'avant-contrat sont de donner[55], de faire ou de ne pas faire[56]. La diversité des types d'avant-contrats oblige à prendre en compte la particularité de chacune des figures de l'institution. *A priori*, la qualification souvent retenue pour les avant-contrats est qu'ils génèrent une obligation de faire.

---

[53] Civ. 3e, 3 novembre 1981, *Bull. civ. III*, n* 173.

[54] Cour de cassation - Assemblée plénière (France), arrêt n° 534 du 24 février 2006, 04-20.525, obs. I. Gallmeister, *D.* 2006, IR p. 677. Dans cet arrêt, les juges ont décidé que « la transaction » qui contenait une promesse unilatérale « est une convention ayant entre les parties autorité de la chose jugée, stipulant des engagements réciproques interdépendants, dont la promesse de vente n'est qu'un élément, de sorte que l'article 1840 A du code général des impôts est sans application ».

[55] Art. 4 COCC « Celui qui est obligé à donner une chose doit en transférer la propriété ou les droits qu'il a sur la chose principale et ses accessoires. Il est tenu d'assurer la délivrance selon les règles d'exécution des obligations et selon les dispositions propres aux contrats spéciaux ».

[56] L'obligation de faire consiste dans l'accomplissement d'une prestation déterminée (le garagiste s'engage à réparer une voiture, le traiteur s'engage à réaliser un buffet). L'obligation de ne pas faire consiste en une abstention (ne pas faire concurrence, ne pas violer telle clause d'un contrat).

Généralement, il est retenu que l'avant-contrat génère une obligation de faire. Qu'il s'agisse d'une promesse unilatérale ou synallagmatique, d'un contrat de réservation, d'un pacte de préférence ou d'un contrat-cadre, la doctrine[57] et la jurisprudence[58] se sont résignées à cette qualification[59]. A dire vrai, la question de la qualification n'a pas suscité beaucoup de débats, c'est plutôt le traitement qu'en font les juges qui, ces dernières années, a fait réagir la doctrine.

Traitant des règles de forme applicables aux avant-contrats, plus précisément de la promesse synallagmatique de vente d'immeuble immatriculé, Amadou Faye soutient que l'obligation des parties à cette convention est de faire. Cette obligation consisterait en une réitération de leur engagement devant le notaire[60]. Pour l'auteur, la qualification retenue des obligations souscrites résulte de la lettre de l'article 382 COCC. Ce texte dispose que « l'acte par lequel les parties s'engagent, l'une à céder, l'autre à acquérir un droit sur l'immeuble, est une promesse synallagmatique de contrat ». L'acte ainsi défini « oblige l'une et l'autre partie à parfaire le contrat en faisant procéder à l'inscription du transfert du droit à la Conservation de la propriété foncière »[61]. Ici c'est le sens du terme « à parfaire le contrat » qui caractérise la nature de l'obligation des parties. Concrètement, parfaire le contrat consiste à accomplir les formalités requises pour sa formation, c'est bien de faire dont il est question. Abdoulaye Sakho, dans un vigoureux plaidoyer pour une

---

[57] P.-Y. Gautier, « Exécution forcée du pacte de préférence : la condition de double connaissance requise du tiers, enfin remplie », *RTD civ.* 2007, p. 366 ; D. Mazeaud, « Exécution forcée en nature des avant-contrats », *RDC*, 01 octobre 2006 n° 4, p. 1080 ; A. Manga, E. Bertrand, « L'exécution forcée d'une obligation de faire », *Revue juridique de l'Ouest*, 1999-3. pp. 331-359.

[58] Civ. 3ème, 6-12-2018 n° 17-23.321.

[59] L'une des dernières jurisprudences de la Cour suprême du Sénégal en la matière privilégie la qualification d'obligation de faire concernant le refus de parfaire le contrat suite à une promesse de vente d'un immeuble immatriculé. Pour demander au conservateur de la propriété foncière de procéder à la perfection, le juge invoque l'article 195 COCC sur l'exécution forcée des obligations de faire. Dans cet arrêt, on aurait pu faire appel à l'exécution d'une obligation de donner. V. C. S., *Le GIE camping du Lac Rose c/ La coopérative d'habitat de la Senelec Bel-Air*, arrêt n° 22 du 17 février 2021.

[60] A. Faye, « Le transfert de propriété en droit Sénégalais », *Rev. Dr. Sén.*, Université de Toulouse, Presse universitaire de Toulouse 1 Capitole, n° 8 nov. 2008, p. 266.

[61] Art. 382 COCC.

consécration de l'exécution forcée en nature de l'obligation de faire[62] , a implicitement considéré que l'obligation du promettant dans un pacte de préférence est de faire. C'est la qualification qui est également retenue par une partie de la doctrine française[63]. Les auteurs ayant consacré des écrits sur la question de l'exécution forcée de l'obligation du promettant (dans une promesse unilatérale comme dans le pacte de préférence) ont, pour la plupart, retenu que l'obligation du promettant est une obligation de faire[64]. Dans une promesse unilatérale, le promettant serait tenu de réitérer son offre ou plutôt son consentement lorsque le bénéficiaire exprime la volonté de conclure le contrat promis dans un délai déterminé ou jugé raisonnable en tenant compte des circonstances de l'espèce[65]. Ce raisonnement quelque fois critiqué[66], est plus pertinent dans le cadre du pacte de préférence. Par le pacte, le promettant s'engage à préférer une personne bien déterminée, appelée bénéficiaire, s'il se décide à conclure un contrat dont l'objet est souvent bien défini. C'est donc à faire que le promettant s'engage, à faire une offre au bénéficiaire en priorité, s'il se décide à conclure le contrat.

Si pour la doctrine française une telle qualification est envisageable, en raison de l'absence de consécration de l'obligation de transférer la propriété dans ce système juridique, l'obligation de donner y demeurant un mythe[67], en droit sénégalais, elle l'est moins. Une véritable obligation

---

[62] A. Sakho, « L'exécution forcée des obligations de faire résultant des pactes de préférence dans les cessions d'actions », *Consortium pour la recherche économique et sociale*, 2014, p. 59.

[63] B. Fages, « L'interprétation du pacte de préférence », (Civ. 3e, 6 juin 2012, n° 11-12.893, inédit), *RTD Civ.* 2012 p. 525.

[64] Cour de cassation, 3e civ. 15-12-1993 n° 91-10.199 « Dans une promesse de vente, l'obligation du promettant est une obligation de faire », Recueil Dalloz 1994 p. 507 ; J.-B. Seube, « L'impossibilité d'exécuter en nature l'obligation de faire », *RDC,* 01 avril 2009 n° 2, p. 613 ; D. Mazeaud, « Promesse unilatérale de vente : la Cour de cassation a ses raisons… » préc., p. 1457.

[65] S. Pimont, « Retrait du promettant et délai d'option indéterminé », *RDC*, 01 juillet 2009 n° 3, p. 1089 ; G. Paisant, « La promesse unilatérale de vente, l'indétermination du délai d'option et la libération du promettant », 1993 p. 233. Pour l'auteur, « passé un temps considérable, il peut en résulter une présomption que les parties se sont désistées tacitement de cette convention ».

[66] N. Molfessis, « De la prétendue rétractation du promettant dans la promesse unilatérale de vente, ou pourquoi le mauvais usage d'un concept inadapté doit être banni », *D.* 2012, p. 231.

[67] M. Fabre-Magnan, « Le mythe de l'obligation de donner », *RTD civ.* 1996, p. 85 et s.

de transférer la propriété y existant[68], l'obligation de parfaire le contrat procède plus d'une obligation de transférer la propriété qu'elle n'est la simple observance de formalités visant à former le contrat. Une telle conception est une lecture du droit français pour appréhender le droit sénégalais, une absence de considération téléologique de ce droit.

En revanche, ce qui est discutable et très souvent d'ailleurs[69], c'est la solution jurisprudentielle qualifiant le consentement du promettant de provisoire. Le promettant a consenti, de façon définitive, du moins jusqu'à l'expiration d'un certain délai ; son consentement est momentanément irrévocable et n'attend qu'un « oui » du bénéficiaire de l'option pour former le contrat. Donc, c'est à ne pas faire que s'engage le promettant, à ne pas conclure de contrat susceptible de compromettre la réalisation du contrat promis.

Dans le secteur de la réservation d'immeuble à construire, la nature de l'obligation du réservant dépend de l'état d'avancement des travaux[70]. Dès la conclusion du contrat de réservation, la convention est soumise au régime du pacte de préférence, le réservant est tenu à une obligation de faire ; cette obligation consistera à construire l'immeuble promis. En revanche, une fois les travaux réalisés, la convention prend l'allure d'une promesse unilatérale de vente. A ce moment, le réservant est tenu à une obligation de ne pas vendre l'immeuble promis à un tiers. Il ne s'agit pas, comme le prétendent certains[71], d'une obligation d'offrir en vente l'immeuble au réservataire ; le réservant ayant déjà promis de vendre l'immeuble au promettant, il a donné son consentement à la vente de l'immeuble. Cependant, si le réservant vend l'immeuble à un tiers, il s'agit comme dans la promesse d'une rétractation fautive de sa promesse qui sera sanctionnée par l'allocation de dommages et intérêts et le cas échéant l'annulation du contrat conclu avec un tiers de mauvaise foi.

Il est également important de s'interroger sur la teneur des obligations résultant des avant-contrats. Dans la classification des obligations selon leur étendue, il est souvent fait une distinction entre l'obligation de

---

68 J.-L. Corréa, « Contribution à l'étude de l'obligation de donner en droit sénégalais des obligations », *op. cit*, p. 37.

69 M.-N. Mbaye, « Les transactions immobilières au Sénégal », in *De l'esprit du droit africain*, Mélanges en l'honneur de Paul Gérard Pougoué, Wolter Kluwers, Paris, 2014, pp. 519-546.

70 C. Saint-Alary-Houin, « Différence entre le contenu de la vente définitive et les énonciations du contrat de réservation », *RDI* 2000 p. 191.

71 D. Mazeaud, « Promesse unilatérale de vente : La cour de cassation a ses raisons… », *op. cit.*

moyen [72]et l'obligation de résultat[73]. Tantôt, les parties ne sont astreintes qu'à une obligation de moyens, tantôt elles sont tenues d'accomplir un acte bien déterminé qui constitue la substance de l'obligation contractée. Dans une promesse synallagmatique, par exemple, le promettant et le bénéficiaire ont tous les deux consenti[74]. Qu'il s'agisse d'une promesse synallagmatique de contrat consensuel dont la formation définitive est subordonnée à l'accomplissement de formalités *ad validitatem* prévues par les parties ou de promesse synallagmatique de contrat solennel, le contrat visé n'existe pas encore[75]. Les parties sont donc tenues d'accomplir l'acte manquant pour la perfection du contrat. Cette obligation qui constitue d'ailleurs l'essence même du contrat de promesse synallagmatique est une obligation de résultat. Il ne s'agit pas d'une simple faculté laissée aux parties de décider d'accomplir ou non la formalité requise. L'article 323 COCC dispose que lorsque la promesse synallagmatique de vente ne vaut pas contrat de vente, elle oblige les parties à parfaire le contrat en accomplissant les formalités nécessaires à sa formation. Le plus souvent, il s'agit du passage devant le notaire lorsque la promesse porte sur un immeuble immatriculé. Ainsi, si une partie refuse d'accomplir l'acte solennel, les juges n'hésitent pas à mettre en œuvre des moyens de coercition pour amener la partie défaillante à s'exécuter[76]. Dans un arrêt de la cour de cassation du Sénégal du 4 juin

---

[72] L'obligation de moyen est celle par laquelle le débiteur s'engage seulement à employer les moyens appropriés dans une tâche à accomplir, à se montrer prudent et diligent, à faire de son mieux, ce qui permettra peut-être au créancier d'obtenir le résultat qu'il souhaite.

[73] L'obligation de résultat a pour objet, comme l'expression l'indique, un résultat déterminé. Le débiteur est non pas seulement tenu d'apporter les soins d'un bon père de famille à l'exécution de son obligation, il est obligé d'atteindre le résultat visé notamment livrer la marchandise dans un contrat de fourniture ou de transport, transférer la propriété dans un contrat de vente etc.

[74]Art. 322 COCC « La promesse synallagmatique est celle par laquelle les deux parties sont d'accord, le vendeur peut vendre, l'acheteur pour acheter une chose déterminée pour un prix fixé ».

[75] Art. COCC 323 al. 2.

[76] Cour suprême (Sénégal), 18 juillet 2012, n° 63 : « A, à bon droit, ordonné la perfection d'une vente d'immeuble, une Cour d'Appel qui, après avoir énoncé que l'article 382 du Code des obligations civiles et commerciales n'impose nullement que l'avant contrat soit passé devant notaire, a constaté, d'une part, que le vendeur a accepté que soit établie sous forme d'acte sous seing privé la cession de l'immeuble et mis en rapport l'acheteur avec son notaire pour la régularisation de la vente et, d'autre part, que l'acheteur s'est acquitté de son obligation en payant le prix convenu».

1993[77], les juges ont condamné le promettant qui refusait de passer devant le notaire à y procéder sous peine d'astreinte[78] de 500 000f par jour de retard.

Nonobstant la capacité de l'avant-contrat à générer des effets de droit distincts de ceux du contrat en formation, l'on a pu constater dans certains avant-contrats une identité d'objet entre le projet et le contrat. Cette confusion d'objet a pour conséquence une identité du contenu obligationnel des actes concourant à la réalisation de l'opération dans son ensemble.

2 – L'identité de contenu obligationnel entre l'avant-contrat et le contrat

A l'article 323 COCC, le législateur assimile la promesse synallagmatique à la vente, lorsqu'elle (la promesse) porte sur un contrat consensuel[79]. C'est sans doute la raison pour laquelle certains auteurs[80] soutiennent que la promesse synallagmatique doit être soumise au régime de la vente. Pour Portalis, « *on trouve dans la promesse de vente tout ce qui est de la substance du contrat de vente* [81]». Quant à Faure, dans son rapport au tribunal, précisait que « *si*

---

[77] Cour de cassation (Sénégal), (2ème Civ. et Com.), arrêt n° 107, 4 juin 1993, A. Cissé, *Revue EDJA* n° 24, 1995, p. 69. Les faits de l'espèce sont relativement simples. Les époux R. ont passé une promesse synallagmatique de vente avec M. Ndiaye sur un immeuble de 600 m² sis à Hann au prix de 15 000 000 F, intégralement payé suivant attestation notariée du 17 juillet 1987. Le promettant (l'ayant-cause des époux R.) refuse de passer devant notaire pour signer définitivement le contrat de vente et opérer le transfert du droit immobilier sur les registres de la conservation foncière. Le Tribunal régional de Dakar, saisi de ce problème, condamne-le promettant à y procéder sous astreinte de 500 000 F par jour de retard.

[78] Prévue aux articles 196 et suivants COCC, l'astreinte est une condamnation pécuniaire prononcée par le juge (du fond ou des référés), en vue de faire pression sur le débiteur récalcitrant pour qu'il exécute en nature son obligation. Le débiteur doit ainsi s'acquitter, à l'égard du créancier, d'une somme d'argent par jour, ou semaine ou mois de retard. En principe provisoire, c'est-à-dire sujette à révision, l'astreinte peut être définitive si le tribunal en a ainsi expressément décidé. Mais une astreinte définitive ne peut être prononcée qu'après le prononcé d'une astreinte provisoire et pour une durée que le juge détermine.

[79] Art. 323 COCC « La promesse synallagmatique est une vente parfaite lorsque le contrat peut être passé librement […] »

[80] A. Faye, « Le transfert de propriété dans la vente de l'immeuble en droit », *op. cit.*, p. 257 et s. ; M.-N. MBAYE, « Les transactions immobilières au Sénégal », *op. cit.*, p. 556 s.

[81] Dans son exposé des motifs lors des travaux préparatoires du Code Civil, Portalis disait que « la promesse de vente vaut vente lorsqu'il y a consentement réciproque des parties sur la chose et le prix. On trouve effectivement, en pareil cas, tout ce qui est

le contrat au lieu de renforcer une vente contient une promesse de vente, la promesse a la même force que la vente elle-même, dès que les trois conditions se retrouvent : la chose, le prix et le consentement »[82]. Cette identité d'objet entre le projet et le contrat justifie l'approche consistant à qualifier les obligations résultant de l'avant-contrat par référence au contrat visé. La difficulté apparaît souvent lorsque l'avant-contrat en cause peut être substantiellement indissociable du contrat. Certes, la question de la nature des obligations résultant de l'avant-contrat a été très peu discutée en doctrine et jurisprudence, l'essentiel des débats ayant porté sur les conditions de forme de la promesse et l'exécution forcée des obligations qui en résultent. Mais on se souviendra que dans un arrêt de la Cour suprême du 16 janvier 2008[83] où il était principalement question de la validité d'une promesse sous-seing privée, les juges ont soutenu que l'obligation du promettant dans une promesse synallagmatique de vente d'immeuble immatriculé est une obligation de donner. Par application des articles 3, 4 et 5 COCC, les juges de la haute juridiction ont estimé que le promettant était tenu d'une obligation de donner et devrait délivrer la chose selon les dispositions applicables aux transferts d'immeubles immatriculés. Pour ces derniers, dès lors que l'acheteur d'un immeuble immatriculé a versé le prix convenu, le vendeur, débiteur d'une obligation de donner, est tenu d'en assurer la délivrance selon les dispositions particulières à la propriété foncière et aux immeubles immatriculés. Même si l'on peut fortement douter de la justesse du raisonnement suivi par les juges[84], quelques auteurs ont pourtant adhéré à cette qualification des juges.

Ce fut d'abord Mayatta Ndiaye Mbaye qui, traitant de la sécurisation des transactions immobilières, estime que l'obligation du promettant dans une promesse synallagmatique de vente d'immeuble immatriculé est une obligation de donner[85]. Pour l'auteur, « en matière de vente immobilière, le contrat définitif correspond donc à l'acte légalement qualifié d'avant-contrat qui donne naissance, non pas à l'obligation de faire, mais à l'obligation de donner du vendeur qui s'exécute par

---

de la substance du contrat de vente », cité par G. Fournier, « Du contrat de promesse de vente », *Les Cahiers de droit*, 1955, vol 1, n° 2, pp. 149-159.

[82] L. Boyer, « Les promesses synallagmatiques de vente : contribution à la théorie des avant-contrats », *op. cit.*

[83] Cour de cassation (Sénégal), aff. *La société Express transit c/La compagnie bancaire de l'Afrique occidentale*, arrêt n° 19 du 16 janvier 2008.

[84] Les faits de l'arrêt du 16 janvier 2008, 19 *express transit c/ CBAO.*

[85] M.-N. Mbaye, « Les transactions immobilières au Sénégal », *op. cit.*

l'inscription foncière qui en constitue l'objet. Cette obligation de donner emporte, comme une suite naturelle, une obligation de délivrer qui en est l'assurance et qui s'opère exactement de la même manière. Il n'est donc pas possible, en ce qui concerne l'avant-contrat en matière de vente immobilière, de dissocier l'obligation de parfaire le contrat que constitue l'inscription du transfert de propriété au Livre Foncier et l'obligation de délivrance qui pèse sur le vendeur visé aux articles 276 alinéa 2 et 277 alinéa 2 du COCC ». Tirant un enseignement pratique de l'arrêt de la cour suprême du 16 janvier 2008, Jean Louis Corréa renchérit en soutenant que « la promesse de vente d'immeuble engendre une obligation de donner et non une obligation de faire »[86]. Cette qualification permettra au bénéficiaire de la promesse, par la technique de la prénotation, de procéder à l'inscription de son droit au livre foncier en cas de refus du promettant de parfaire le contrat[87].

Devant la longueur et la complexité des opérations, souvent proportionnelles à l'importance des contrats projetés, les intéressés peuvent conclure des accords souvent dénommés lettre d'intention, accord préparatoire, contrat de négociation ou encore contrat temporaire. Demogue a remarqué que ces accords, qu'il qualifie *de contrats provisoires,* se caractérisent par « la similitude de leur contenu à celui des accords visés[88] ». Le contrat d'engagement à l'essai, par exemple, crée à la charge des parties des obligations pratiquement identiques à celles qu'engendrera le contrat définitif de travail[89]. De même en est-il de la note de couverture qui doit être interprétée par référence aux conditions générales de la police de l'assureur[90]. C'est

---

[86]J.-L. Corréa, « Contribution à l'étude de l'obligation de donner en droit sénégalais des obligations », *op. cit.*

[87] Toutefois, on pourrait objecter à ces auteurs que la promesse synallagmatique sous-seings privées est un avant-contrat différent du contrat ; elle n'engendre qu'une obligation de faire, de parfaire le contrat visé. Le contrat n'étant pas encore définitivement formé, aucune obligation impliquant un transfert de propriété ne peut en résulter.

[88] R. Demogue, *Traité du droit des obligations*, *op. cit.* p. 12.

[89] V. art. L 36 et s. du Code du travail du Sénégal.

[90] La Cour de cassation a considéré qu'une note de couverture, qui exprime l'engagement définitif de l'assureur et de l'assuré sans aucune limitation dans le temps, est valable en dehors de la signature d'un contrat ou du paiement des primes. Il incombe à l'assureur de rapporter la preuve que la garantie de la responsabilité décennale prévue dans cette note de couverture a pris fin. Dans l'arrêt du 5 juin 2007, la Cour de cassation va jusqu'à considérer que la note de couverture peut valoir engagement définitif de l'assureur même si la note indique au titre de la durée des

cette référence au contrat définitif envisagé qui est souvent source de complication, à moins que les parties prennent la peine de préciser dans l'*instrumentum* la dénomination de contrat d'essai ou de note de couverture. A défaut, les juges sont enclins à retenir la qualification du contrat envisagé par une analyse des éléments objectivement présents[91]. A défaut, les juges sont enclins à considérer comme définitivement conclu le contrat contenant les éléments essentiels de l'opération visée[92]. De ce point de vue, le droit sénégalais des contrats est très essentialiste. Il ne subordonne pas la conclusion du contrat à l'accord des parties sur tous les points mais, seulement à un "accord sur les points essentiels[93]". C'est en référence à cette plasticité et à cette flexibilité dans la formation qu'il faudrait comprendre l'aisance dans l'assimilation entre la promesse et le contrat posée par l'article 323 COCC.

Le lien avant-contractuel ne pose pas seulement une difficulté liée à la détermination de sa nature véritable. Il pose soulève des interrogations relativement aux effets qu'il déploie.

II – Les suites du lien avant-contractuel

L'identité entre le lien avant-contractuel et le contrat s'évince des dispositions générales du droit des contrats (A), cependant que la sanction de l'avant-contrat appelle une prise en compte de la spécificité du lien avant-contractuel (B).

A – Le recours aux règles applicables au contrat

L'avant-contrat s'accommode parfaitement aux règles générales applicables au contrat. Substantiellement, la mise à l'épreuve de la force

---

garanties que celles-ci doivent cesser cinq mois après le versement de l'acompte ; en ce sens, Civ 1ère 5 juin 2007, n° 25.10.94.

[91]La Cour de cassation admet que, lorsque les parties au contrat préparatoire ont exprimé clairement leur intention commune de reporter ou de subordonner la formation du contrat définitif à l'accomplissement de cette formalité, la promesse de vente ne vaut pas vente ; en ce sens, Civ. 3ème, 12 oct. 1994, n° 92-16.061, *Defrénois* 1995, art. 30600, obs. D. Mazeaud.

[92] La Cour de cassation suggère très clairement que, « à défaut de stipulation traduisant la volonté contraire des parties, ou de circonstances particulières », la promesse réciproque de vente et d'achat conclue sous seing privé et assortie d'une clause de réitération en la forme authentique vaut vente : la solution est acquise, dans son principe, depuis un arrêt de la chambre des requêtes de la Cour de cassation en date du 4 mai 1936 (DH 1936. 313), v. O. Barbier, *Dalloz*, Rep. dr. civ., janv. 2011, p. 32, 32, *v* La promesse de contrat*.

[93] Art. 79 al. 2 COCC.

obligatoire de l'avant-contrat doit se faire en contemplation des provisions de l'article 96 COCC (1) mais aussi par un examen de l'applicabilité des formes de sanction du droit commun (2).

1 – Le secours des provisions de l'article 96 COCC

L'article 96 COCC[94], temple de la force obligatoire du contrat, ne fait pas référence à l'obligation. Le texte dispose que le contrat légalement formé crée entre les parties *un lien irrévocable*. Cette analyse permet de dépasser le débat sur la question d'une possible exécution forcée des obligations de faire ou de ne pas faire. Ce qui importe, c'est l'existence d'un contrat *« légalement formé »* générateur de lien doté d'une force obligationnelle certaine.

A l'instar du contrat, le lien avant-contractuel peut également être affecté par les vicissitudes inhérentes à toute situation contractuelle. Les mécanismes tels que la cession de contrat ou d'obligations[95], la prescription extinctrice[96] avec ses effets pervers sont entre autres des situations qui peuvent affecter la vie du lien avant-contractuel.

Pour la promesse et le pacte de préférence, toute cession de l'acte implique celle du droit d'option. La cessibilité du droit d'option est liée à celle de la promesse ou du pacte de préférence.

En revanche, la cession de droit d'option, quel que soit le bien objet de la promesse, doit satisfaire aux formalités de la cession de créance prévue à l'article 241 COCC pour être opposable aux tiers. L'information du débiteur cédé, ici le promettant, n'étant qu'une formalité d'opposabilité et non de validité, lorsque ces règles n'ont été accomplies, le cessionnaire de la promesse est en droit de lever l'option dans le délai requis[97].

---

[94] Art. 96 COCC « Le contrat légalement formé crée entre les parties un lien irrévocable ».

[95] V. art. 240 et s. COCC ; I. Najjar, « Clause de substitution et « position contractuelle », *D.* 2000 p.635. Pour l'auteur, « La substitution génère, dans le domaine conventionnel, une cession de position contractuelle. Cette cession maintient les contractants de base et élargit le contrat, en « l'ouvrant », comme dans la clause compromissoire » ; v. aussi V. Soubise, « La transmission, par substitution de bénéficiaire, des droits conférés par une promesse de vente », *D.* 1994, p. 237 ; Ph. Brun, « Clause de substitution et promesse synallagmatique de vente : liaisons dangereuses ? » *D.* 2002 p. 924.

[96] V. art. 218 et s. COCC ; P. Rainville, « Du silence à l'obsolescence : L'extinction tacite des promesses de contrat au Québec et en France », *Revue du notariat*, 113 (2), 2011, pp. 335–395.

[97] Civ. 3ème 4 janvier 1995 n° 92-21. 449. *Bull civ.* III, n°8.

Quant à la prescription extinctrice, elle repose sur des considérations d'ordre public en ce qu'elle constitue « un mode d'extinction d'un droit résultant de l'inaction de son titulaire pendant un certain laps de temps »[98]. Le jeu des règles de la prescription extinctrice trouve un sens particulier dans la survie des droits résultant de l'avant-contrat[99]. Si l'on admet que l'avant-contrat est un contrat, les obligations qui en résultent doivent être traitées avec la même rigueur que celles résultant d'un contrat de vente ou de prêt. Certes le contenu obligationnel de l'avant-contrat n'est pas celui des contrats cités en illustration, mais il ressort de la situation juridique un lien doté d'une force obligatoire avérée.

Selon Pascal Ancel, il existe des contrats aux effets non obligationnels mais dotés d'une force obligatoire caractéristique de tout contrat[100]. Prenant exemple sur la promesse de vente, l'auteur considère que la promesse unilatérale fait partie de ces contrats aux effets obligationnels. L'atermoiement de la doctrine sur la nature exacte de l'obligation du promettant témoigne de l'incapacité de celle-ci à cerner le contenu obligationnel de cet accord. On connaît les difficultés de la doctrine à rendre compte de la promesse unilatérale sous l'angle d'actes producteurs d'obligations, ayant des difficultés à cerner le contenu exact de l'obligation du promettant. Tantôt, le promettant est tenu d'une obligation de faire, tantôt il est astreint à une obligation de ne pas faire, de ne pas vendre le bien objet de la promesse[101]. Afin de « sortir de cette impasse », l'auteur suggère de considérer la convention en tant que

---

[98] Art. 218 COCC : « L'inaction du créancier pendant le délai fixé pour la prescription extinctrice libère le débiteur de son obligation. Le délai court à compter du lendemain du jour où l'obligation est exigible ; il expire au jour anniversaire, même férié ».

[99] Il est important de s'interroger sur le délai à l'expiration duquel le droit d'option résultant d'une promesse unilatérale non assortie de délai serait frappé de prescription extinctrice. Sauf disposition contraire de la loi, le délai de prescription de droit commun est de dix ans (art. 222 COCC). En d'autres termes, l'inaction du bénéficiaire sur l'option qui lui est accordée libère le promettant de son engagement. Toutefois, l'article 223 que « La prescription décennale est suspendue par l'état d'incapacité légale du créancier ou par la force majeure ou le cas fortuit l'empêchant de poursuivre l'exécution forcée de l'obligation. Le délai continue à courir dès que la cause de suspension a pris fin ».

[100] P. Ancel, « Force obligatoire et contenu obligationnel du contrat », *RTD civ.* 1999 p. 771.

[101] N. Molfessis, « De la prétendue rétractation du promettant dans la promesse unilatérale de vente, ou pourquoi le mauvais usage d'un concept inadapté doit être banni », *op. cit.* Pour l'auteur, « s'engage, non pas à maintenir une offre pendant un certain délai, mais à ne pas rétracter son offre et à ne pas disposer de l'objet du contrat promis jusqu'à l'expiration du délai convenu ».

norme pourvue d'une force obligationnelle. Il s'agit pour lui « de dépasser l'analyse en termes de rapport d'obligation et de se situer sur le terrain de la force obligatoire du contrat ». Ce point de vue est corroboré par certains auteurs à l'instar du professeur Collart Dutilleul[102] qui, traitant de l'exécution forcée de la promesse unilatérale soutient que « le maintien de la promesse concerne l'exécution du contrat : c'est le propre de tout contrat que d'être exécuté et ce serait pur artifice que de prendre pour objet d'une obligation de faire cette exécution que l'article 1134 suffit à justifier ».

On a pu constater que l'avant-contrat est doté d'une force obligatoire certaine et sa violation est soumise au droit commun de la sanction de l'inexécution des obligations contractuelles.

2 – L'applicabilité des formes de sanction de droit commun

La force contraignante d'un acte juridique[103] se mesure à sa capacité à imposer ses prescriptions, à faire appliquer les sanctions prévues en cas de violation. Cette tâche de veiller au respect de la force contraignante des normes est dévolue au juge à qui il incombe de sanctionner les manquements constatés. S'agissant de la force obligatoire des avant-contrats, on peut constater une nette évolution de la jurisprudence. Faiblement ressentie puis divisée à travers les divergences d'opinions entre les juges du fond et ceux de la Cour suprême[104], une dynamique unificatrice semble se déduire des récentes décisions des juges de la Cour suprême sur la question de l'exécution forcée des avant-contrats[105]. Cette tendance, assez rassurante, reste quelque peu controversée en doctrine[106].

---

[102] F. Collart-Dutilleul, Ph. Delebecque, *Contrats civils et commerciaux*, 10ème éd., 2019, p. 67.

[103] J. Schmidt-Szalewski, « la force obligatoire à l'épreuve des avant-contrats », *op. cit.*

[104] Cour suprême (Sénégal), arrêt n° 79 du 16 juillet 2008, *Aliou Bathily c/. Abdoul Diallo* ; Cour suprême (Sénégal), arrêt n° 11 du 19 juin 2012, *CBAO c/. Express Transit* ; Cour suprême (Sénégal), arrêt n°19 du 16 janvier 2008, *Société Express transit c/. Compagnie bancaire de l'Afrique occidentale*.

[105] Cour suprême (Sénégal), arrêt n° 36 du 15 mars 2023.

[106] I. Diatta, « L'avant-contrat en droit sénégalais », UCAD, thèse mult., 13 mai 2023. La volonté manifeste des juges de la haute juridiction de vouloir par tous les moyens restaurer la force contraignante du contrat aboutit sur ce qu'on peut qualifier de forçage juridique. Les juges s'autorisent à suppléer la volonté d'une partie récalcitrante en prononçant la formation « forcée » du contrat. Dans un récent arrêt de cours suprême du Sénégal, les juges ont fait application de l'article 195 COCC pour procéder, non seulement à la perfection du contrat, mais également demander au

On aurait espéré des juges de la Cour suprême, à l'occasion de l'arrêt des Chambres réunies du 12 juillet 2012[107], qu'ils se prononcèrent sur les conséquences de la violation par l'une des parties des obligations souscrites. Très explicites sur la nature des obligations des parties à la promesse synallagmatique, les juges n'ont en revanche pas renseigné sur la portée de tels engagements et les conséquences de leur violation. Pourtant, cette question a maintes fois été soumise au juge. Interpellé sur la nature des obligations souscrites par les parties, le juge a, dans un premier temps, estimé qu'il s'agit d'une obligation de faire et que la violation de cette obligation, notamment par l'une des parties de réitérer l'acte devant le notaire devait se résoudre par l'allocation de dommages intérêts[108]. Cette sanction jugée commode en tenant compte de la prestation à laquelle sont tenues les parties est cependant très insuffisante. Le principe sacro-saint du respect de la parole donnée voudrait que les parties fournissent les prestations promises. A défaut, le juge, saisi de la question, est tenu de les y obliger[109].

Les difficultés de l'exécution forcée en nature, soutenues par une interprétation qu'un auteur qualifie de « *paresseuse* »[110] des articles 6 et suivants COCC ont rendu impérieux le recours à d'autres formes de contrainte permettant de faire respecter les engagements pris. Ainsi, sans remettre en cause la qualification généralement retenue des obligations souscrites, les juges ont souvent recours à l'astreinte, pour contraindre la partie récalcitrante à accomplir les formalités nécessaires

---

conservateur de procéder à la mutation des immeubles promis (Cour suprême (Sénégal), arrêt n° 22 du 17 février 2021).

[107] Cour suprême (Sénégal), Ch. réunies, n° 11 du 19 juin 2012 préc. : « A fait l'exacte application de la loi, la cour d'appel qui ordonne la perfection d'une vente d'un immeuble immatriculé au motif que l'engagement du propriétaire de le céder à une personne et la levée de l'option par cette dernière constituent une promesse synallagmatique de contrat qui oblige les parties à parfaire le contrat. »

[108] Civ. 3ème, 26 juin 1996 pourvoi n° 94-16.326 ; Civ. 3ème, 11 mai 2011 pourvoi n° 10-12.875.

[109] Cour de cassation (Sénégal), Chambre civile et commerciale, arrêt n° 107, audience du 04 juin 1993. Dans un arrêt du 04 juin 1993, la Cour de cassation a sanctionné le promettant en application de l'article 382 COCC à parfaire devant notaire la promesse de vente faite le 22 janvier 1987 et à opérer le transfert de la propriété du droit immobilier en cause sur les registres de la Conservation foncière au nom bénéficiaire sous astreinte de 500 000 frs par jour de retard.

[110] A. Sakho, « L'exécution forcée des obligations de faire résultant des pactes de préférence dans les cessions d'action », *op. cit*, p. 59.

à la perfection du contrat[111]. Dans un autre arrêt du 16 janvier 2008[112], la Cour suprême est allée plus loin en décidant que les parties sont tenues, chacune en ce qui la concerne, à une obligation de donner ; que le refus de procéder au transfert de propriété, alors que le bénéficiaire a versé ou proposé de verser le prix convenu, constitue une violation des articles 4 et 5 COCC. Dès lors, au cas où le promettant ne satisfait pas aux exigences des textes précités, après signification de la décision prononçant la perfection de la vente, le conservateur de la propriété foncière pourra procéder à la mutation des immeubles au profit du bénéficiaire. Dans le même sens, l'arrêt du 18 juillet 2012[113] consacre la même solution. A travers ces décisions sur l'étendue véritable des obligations des parties à la promesse synallagmatique, on remarquera un attachement des juges de la haute juridiction à l'exécution forcée en nature dont le recours doit toutefois être modéré en tenant compte des circonstances de la violation de l'obligation souscrite[114]. Cet arrêt de la

---

[111] Cour de cassation (Sénégal), Chambre civile et commerciale, arrêt n° 107, audience du 04 juin 1993.

[112] Cour suprême (Sénégal), 16 janvier 2008, « Les parties à la promesse synallagmatique de vente sont, chacune en ce qui la concerne, astreintes à une obligation de donner. Que le refus de parfaire la promesse alors que le bénéficiaire à procéder au versement du prix convenu, constitue une violation des articles 4 et 5 COCC. Dès lors, au cas où le promettant ne satisfait pas aux exigences des articles précités après signification de la décision constatant la perfection de la vente, le Conservateur de la propriété foncière pourra procéder à la mutation des immeubles litigieux au profit du bénéficiaire ».

[113] Cour suprême (Sénégal), 18 juillet 2012, « C'est à bon droit, que le juge a ordonné la perfection d'une vente d'immeuble, une Cour d'Appel qui, après avoir énoncé que l'article 382 du Code des obligations civiles et commerciales n'impose nullement que l'avant contrat soit passé devant notaire, a constaté, d'une part, que le vendeur a accepté que soit établie sous forme d'acte sous seing privé la cession de l'immeuble et mis en rapport l'acheteur avec son notaire pour la régularisation de la vente et, d'autre part, que l'acheteur s'est acquitté de son obligation en payant le prix convenu ».

[114] Cour suprême (Sénégal), Chambre civile et commerciale, arrêt n° 50 du 7 juillet 2016, « Selon l'article 381 du code des obligations civiles et commerciales, l'acquisition du droit réel résulte de la mention au titre foncier et confère au nouveau titulaire un droit définitif et inattaquable dont l'étendue est déterminée juridiquement et matériellement par les énonciations du titre foncier. Dès lors, seule la fraude du vendeur de l'immeuble et la mauvaise foi de l'acquéreur permettent d'écarter l'application de l'article 381 du COCC, lorsque la mutation a été faite. Viole ce texte l'arrêt qui ordonne au Conservateur de la Propriété foncière de procéder, à sa seule vue, à la mutation du titre foncier au profit du bénéficiaire d'une promesse de vente en application de l'adage la fraude corrompt tout après avoir relevé que l'immeuble avait été vendu à un tiers qui l'a muté à son nom. »

Cour suprême du Sénégal nous rappelle la fameuse formule consacrée par les chambres mixtes de la Cour de cassation française du 26 mai 2006[115] : Oui l'exécution forcée est possible, voire souhaitable, mais à condition que soit rapportée la preuve de la collusion frauduleuse entre le promettant et le tiers acquéreur du bien promis. Il faut cependant distinguer deux cas de violation : dans la première, le promettant refuse tout simplement de réitérer son engagement ou d'accomplir la formalité requise pour la perfection du contrat ; il ne vend pas le bien promis à un tiers. Donc tant que le bien reste disponible dans le patrimoine de ce dernier, l'exécution forcée en nature est tout à fait possible et ne pose aucune difficulté particulière. Dans le second cas, par contre, le promettant vend le bien au mépris de la promesse faite à au bénéficiaire. Dans ce cas la sanction la plus adéquate, en l'absence de la preuve d'une fraude imputable au tiers, serait l'allocation de dommages et intérêts au bénéficiaire évincé[116].

Cette position de la jurisprudence sénégalaise est confortée par la majorité de la doctrine qui s'est intéressée à la question. Amadou Faye[117] et Mayatta Ndiaye Mbaye[118] adhèrent à l'idée de l'exécution forcée en nature de la promesse synallagmatique. Pour eux, l'exécution forcée en nature de la promesse synallagmatique coule de source. Considérant que la promesse doit être notariée, les parties ont vraisemblablement atteint un point de non-retour. A ce stade du processus contractuel, on n'est plus dans une simple promesse, mais il semblerait que les parties soient engagées dans une véritable vente. La formalité de transfert de propriété, même si elle conditionne l'efficacité de la transaction, n'entame en rien l'existence du contrat. Dans le même sens, mais partant d'une focale autre, Boubacar Diallo soutient également que la promesse synallagmatique oblige les parties à parfaire le contrat sous peine d'astreinte en cas de résistance[119].

Au-delà de la promesse de vente, il s'agit de la question de l'exécution forcée des obligations de faire. Sans discuter ici, de cette qualification peu satisfaisante des obligations résultant de la promesse ou du pacte de préférence, la doctrine sénégalaise semble ne pas se

---

[115] Cass. Ch. mixte du 26 mai 2006.

[116] D. Mazeaud, « Conséquences de la rétractation d'un promettant sur l'efficacité d'une promesse unilatérale de vente », *D.* 1997 p. 169.

[117] A. Faye, « Le transfert de propriété dans la vente de l'immeuble en droit, revue droit sénégalais », *op. cit.*

[118] M.-N. Mbaye, « Les transactions immobilières au Sénégal » préc.

[119] Cour de cassation (Sénégal), Chambre civile et commerciale, arrêt n° 107, *op. cit.*

satisfaire de l'exécution forcée par équivalent encore moins à la préférer à toute forme de sanction lorsque l'obligation inexécutée est de faire ou de ne pas faire. C'est ce que défend Abdoulaye Sakho : à la question de savoir si l'exécution forcée en nature du pacte de préférence est possible, ce dernier soutient l'affirmative en recourant aux mécanismes du droit commun de l'exécution des obligations. Cette sanction est plus respectueuse de la volonté des parties selon Jean Louis Corréa[120] qui, dans un article consacré à l'exécution forcée des obligations de faire, soutient que l'exécution forcée est non seulement possible mais aussi souhaitable. D'ailleurs, rien dans le COCC ne s'oppose à cette forme de sanction s'agissant des obligations de faire.

Il faut se réjouir de cette position de la doctrine sénégalaise qui est partagée par une grande partie de la doctrine française. Même si l'exécution forcée par équivalent n'est pas exclue, c'est la question de la force obligatoire des avant-contrats qui est ici fortement soutenue. Ainsi qu'un auteur l'a fortement exprimé, « il ne s'agit pas de hiérarchie entre exécutions en nature et en équivalent, encore moins d'une vision académique ou romantique du droit des obligations, mais de l'observation pratique de la réalité contractuelle et de ce qu'attend le créancier de l'obligation inexécutée, le transfert de propriété sur le bien [121]». Toutefois, à l'impossible, nul n'est tenu ! « Dire que l'exécution en nature sera ordonnée sauf si elle est impossible est apparemment une règle de bon sens, un truisme[122] ». Cela montre tout simplement que le droit a ses limites, qu'il cède parfois devant la réalité des faits. La doctrine a montré que l'impossibilité d'exécuter pouvait être morale, matérielle ou juridique. Dès lors, comme le rappelle cet auteur, « il faut être convaincu que le droit à l'exécution en nature ne sera pas systématiquement la sanction la plus appropriée. Elle constituera parfois pour le débiteur un dommage beaucoup plus important que le préjudice ressenti par le créancier du fait de l'inexécution [123]».

---

[120] J.-L. Corréa, « L'exécution forcée des obligations de faire en droit sénégalais : glose des articles 6, 105, 194 et suivants du Code des obligations civiles et commerciales », *op. cit.*

[121] P-Y. Gautier, « Exécution forcée du pacte de préférence : un peu victoire à la Pyrrhus, beaucoup *probatio diabolica* », *D.* 2006, p. 1861.

[122] J.-B. Seube, « L'impossibilité d'exécuter en nature l'obligation de faire », *op. cit.*, n° 2, p. 613.

[123] *Ibidem*

Si la question de la sanction de l'avant-contrat continue de diviser en droit sénégalais, la meilleure mesure serait de l'adapter au lien contractuel.

B – L'adaptation au lien contractuel

La particularité du lien avant-contractuel appelle des formes de sanctions qui répondent à des préoccupations d'opportunité et d'efficacité (1). Devant la récurrence du contentieux relatif à la violation des engagements précontractuels, il est de plus en plus fait recours à des moyens légaux de sauvegarde du lien avant-contractuel dont il convient d'examiner l'efficacité (2).

1 – Le recours à des formes de sanctions plus efficientes

Au-delà des théories avancées à l'appui de telle ou de telle autre forme de sanction, les juges sont souvent confrontés au choix de la sanction la plus opportune au regard des circonstances de l'espèce. S'il est indispensable de respecter et de faire respecter la force exécutoire du lien d'obligation, il est encore plus fondamental de ne pas porter atteinte aux droits intangibles de toute personne, encore moins de prononcer des sanctions aux effets plus dévastateurs que l'inexécution elle-même.

L'analyse coût/avantage permet de dépasser l'alternative des sanctions ancrées dans le respect du principe de la force obligatoire des conventions. Dans une approche économique du contrat, ce qui intéresse le plus les parties, c'est l'avantage économique qu'elles peuvent tirer du contrat, que celui-ci soit exécuté ou violé. Cette théorie qui met en évidence le rôle économique du droit des contrats entraîne un renouvellement en profondeur du droit de la rupture précontractuelle. La sanction de la rupture de l'avant-contrat suppose l'existence d'une faute imputable à l'auteur de la rupture. D'un point de vue économique, la faute précontractuelle ne peut être sanctionnée, selon l'application de la fameuse « *formule du juge Hand* »[124], qu'à la condition que l'auteur de la faute n'ait pas pris les précautions économiquement suffisantes pour prévenir le dommage subi par l'autre partie. Le comportement fautif de la partie défaillante doit être apprécié différemment selon que les négociations sont entreprises librement ou formalisées par un avant-contrat.

---

[124] G. Maitre, « La rupture précontractuelle à l'épreuve de l'analyse économique du droit », *op. cit.*, p. 132.

Dans la première hypothèse, il faut déterminer si la négociation est suffisamment avancée pour justifier la mise en œuvre d'une éventuelle sanction[125]. L'analyse économique du droit suppose que la négociation précontractuelle ait fait naître chez l'une des parties une croyance légitime que le contrat allait être conclu, d'où il résulte une confiance ultérieurement trompée par l'autre partie qui rompt les négociations. Dans la seconde hypothèse, il s'agit des cas où la phase précontractuelle est encadrée par un avant-contrat. La faute précontractuelle consistera en la violation d'une obligation contractuelle, notamment celle de parfaire le contrat ou l'obligation de ne pas vendre le bien promis avant l'expiration du délai d'option ou encore l'obligation de ne pas conclure le contrat avec un tiers en violation de la préférence accordée au bénéficiaire. La violation peut également porter sur des obligations connexes, à savoir l'obligation de confidentialité interdisant de divulguer les informations fournies par le partenaire au cours des négociations, l'obligation d'exclusivité interdisant les parties d'entreprendre des négociations en parallèle. Dans ces situations, la preuve de la faute de la partie défaillante est moins exigeante que celle consécutive à la rupture de pourparlers libres. Le seul manquement à l'une des obligations résultant de l'avant-contrat suffit à constater la faute[126].

Une fois la faute démontrée, il reste à déterminer quelle sera la forme de la réparation accordée à la partie qui a subi la rupture précontractuelle. Si l'exécution forcée en nature semble être la sanction la plus respectueuse du lien contractuel, il est des situations où elle paraît impossible[127]. Outre les cas d'impossibilité d'exécuter qui peuvent être dus à un cas fortuit ou de force majeure, la violation d'une obligation destinée à encadrer le déroulement des négociations contractuelles peut difficilement se résoudre par la conclusion forcée du contrat négocié. S'interrogeant sur la sanction de la violation d'un accord de principe, un auteur a soutenu que « sur le plan purement matériel, une négociation forcée aurait peu de chances d'aboutir à la

---

[125] N. Rouiller, « Rupture des négociations liberté et devoirs précontractuels : droit suisse, droit français et travaux d'harmonisation européenne et internationale », in *Regards comparatistes sur le phénomène contractuel*, Colloque organisé par le centre de droit économique de l'Université Paul Cezanne d'Aix-Marseille, 2009, p. 53.

[126] B. Fages, « La résolution suppose l'inexécution d'une obligation contractuelle », *RTD civ.* 2009, p. 720.

[127] J-B. Seube, « L'impossibilité d'exécuter en nature l'obligation de faire », *op. cit.*, p. 61.

conclusion du contrat projeté ; l'objectif économique de l'obligation étant ainsi compromis, le créancier n'a plus d'intérêt à l'exécution en nature[128] ». Dès lors, comment mettre en œuvre l'exécution forcée de l'obligation d'entreprendre les négociations sur les points non encore élucidés. Sa violation se traduira, le plus souvent, par la rupture des pourparlers et l'échec définitif du projet poursuivi.

Relativement à la promesse de contrat, lorsque le promettant se rétracte avant l'expiration du délai accordé au bénéficiaire, il s'est posé la question de savoir si la levée de l'option postérieurement à l'acte de rétractation forme le contrat. En droit sénégalais, le législateur n'a envisagé que la situation où le promettant aurai conclu le contrat avec un tiers[129]. Or, il est tout à fait possible que ce dernier ait décidé de se rétracter purement et simplement sans conclure le contrat avec un tiers, une sorte de renonciation à vendre le bien promis. Pour une mise en cohérence des sanctions[130] applicables à la violation de la promesse de vente, analysons d'abord les possibilités consacrées par le législateur Sénégalais.

L'article 326 COCC dispose que « si malgré la promesse le promettant vend le bien à un tiers, le bénéficiaire peut lui réclamer des dommages et intérêts, il ne peut poursuivre l'annulation du contrat contre le tiers acquéreur que s'il établit la mauvaise foi de ce dernier au moment de l'acquisition ». De la formulation du texte, nous pouvons en tirer deux enseignements : le premier est que le législateur fait de la sanction par équivalent la sanction par défaut toutes les fois où un promettant conclut le contrat promis en violation de l'option accordée au bénéficiaire. Cette sanction intervient de façon systématique, sauf si le bénéficiaire demande l'annulation du contrat conclu avec le tiers acquéreur. Dès lors, il n'est pas du ressort du juge de prononcer l'exécution forcée en nature de la promesse en l'absence d'une demande expresse du bénéficiaire de la promesse. Le second enseignement se rapporte à la formule que nous qualifions de réfractaire consacrant la possibilité de poursuivre l'annulation du contrat conclu avec le tiers. Le législateur dispose qu'« il (le bénéficiaire) ne peut

---

128 J. Schmidt-Szalewski, « La force obligatoire à l'épreuve des avant-contrats », *op. cit.*

129 Article 326 COCC.

130 P.-S.-A. Badji, « La mise en cohérence des règles relatives à la sanction de l'inexécution des obligations », in Isaac Yankhoba Ndiaye, Abdoul Aziz Diouf, Jean Louis Corréa (dir.), *Le Code des Obligations Civiles et Commerciales du Sénégal (C.O.C.C.), 50 ans après*, *op. cit.*, p. 42

poursuivre l'annulation… ». On peut entrevoir à travers la formule une certaine hostilité quant à la possibilité de recours à l'exécution forcée en nature. La sanction en nature de la violation de la promesse est effectivement possible, mais elle n'est ni préférée ni souhaitée. Plus encore, on a l'impression, à travers ce texte, que l'exécution forcée des avant-contrats est, en principe, une exécution par équivalent et exceptionnellement une exécution forcée en nature[131]. Même si le refus de condamner le promettant à conclure le contrat définitif avec le bénéficiaire a été critiqué en opportunité[132], en ce qu'il prive le bénéficiaire de l'avantage en nature (conclusion du contrat définitif) qu'il attendait de la promesse unilatérale, le législateur sénégalais réaffirme à nouveau la place dominante du principe de la liberté contractuelle dans la hiérarchie des normes ; dépourvu de valeur constitutionnelle, il constitue néanmoins, un principe fondamental du régime des obligations civiles et un principe général du droit. Du point de vue économique, l'échange volontaire permet de maximiser les richesses. En privilégiant la liberté contractuelle du promettant, on lui permet, évidemment, de tirer un meilleur parti économique de sa situation. Pour Daniel Mainguy[133] « la solution est économiquement fondée : si le promettant rétracte sa promesse, c'est qu'il a vendu ou promis à meilleurs prix ou conditions à un tiers. Il s'en suit que l'exécution ou l'inexécution d'un contrat dépend de bien des facteurs économiques : les coûts de transaction, la symétrie ou l'asymétrie de l'information mais aussi l'intérêt de poursuivre ou non l'exécution d'un contrat alors que les circonstances ont évolué depuis sa conclusion ». La question de la rétractation de la promesse s'inscrit dans la « théorie de l'inexécution efficace » d'un contrat[134]. Ce qui justifie la mise en œuvre de formes de sanction qui tient compte de la catégorie à laquelle

---

[131] *Ibid.*

[132] P.- Y. Gautier, « Rebondissement dans le feuilleton du pacte de préférence : un deuxième arrêt, connexe à celui de la Chambre mixte », *D.* 2006, p. 2510.

[133] D. Mainguy, « L'efficacité de l'efficacité de la rétractation de la promesse unilatérale de contracter », *op. cit.* « Le fait que cela corresponde à une solution dite d'analyse économique du droit n'en fait pas une solution unique, pas plus que la résiliation d'un contrat de distribution ou de travail à durée déterminée avant son terme. En outre, si le promettant a vendu la chose promise à un tiers, il l'a fait à un prix plus élevé et le transfert de propriété s'est effectué au profit de ce tiers ».

[134] B. Rudden, P. Juilhard, « La théorie de la violation efficace », *RIDC*, vol. 38, 1986, pp. 1015-1041.

appartient l'avant-contrat[135]. Il serait absurde de transposer, ici, les sanctions prévues par le législateur en cas d'inexécution d'un contrat parfait. Seulement, l'exécution forcée par équivalent est souvent considérée comme un remède imparfait, l'argent ne peut jamais remplacer la perte d'une position dominante dans un marché, disait un auteur[136]. Dès lors, afin de pallier l'inefficacité de formes de sanction de droit commun, il serait opportun de recourir à des moyens préventifs destinés à sécuriser ou à sauvegarder le lien avant-contractuel.

2 – L'efficacité des moyens de sauvegarde du lien avant-contractuel

Les promesses n'engagent que ceux qui y croient, dit-on. Plus qu'un simple aphorisme, il s'agit d'une diction qui rend compte de l'appréhension ou de la valeur que les gens donnent à la promesse. Pourtant, sur le plan juridique, on n'a pu constater une prise en charge par le législateur des conséquences du non-respect des engagements avant-contractuels. Et l'on peut se réjouir du rôle important que la jurisprudence sénégalaise a pu jouer dans la restauration de la force obligatoire du contrat. Que ce soit par une application parfois contestable des sanctions prévues à l'article 326 COCC, ou par le recours à l'astreinte pour obliger un promettant défaillant à réitérer son engagement devant le notaire, les hauts magistrats ont été constants dans la prise de mesures caractéristiques de la force obligationnelle de l'avant-contrat.

Cependant, remarquons que les formes de sanction prévues par le législateur présentent des insuffisances qui justifient le recours à des moyens de sauvegarde du lien avant-contractuel. Devant un promettant de mauvaise foi qui choisit de ne plus conclure le contrat avec le bénéficiaire, il faudra prouver la mauvaise foi du tiers acquéreur pour espérer une exécution forcée en nature. De surcroît, lorsque le promettant aura transféré le bien à un tiers de bonne foi, le bénéficiaire devra se contenter d'une exécution forcée par équivalent. Et comme le soutien un auteur[137], « l'argent ne peut jamais compenser la perte d'une position dominante ou la perte de contrôle d'une société ». Ce qui témoigne de l'impuissance des mesures correctives de la violation du

[135] Y.-M. Laithier, « La prétendue primauté de l'exécution en nature », n° spécial, *RDC* 2005/1, pp. 161 et s.
[136] D. Mazeaud, « Conséquences de la rétractation d'un promettant sur l'efficacité d'une promesse unilatérale de vente » préc., p. 169.
[137] *Ibid.*

lien avant-contractuel et justifie le recours à des mesures préventives ou conservatoires. Tantôt il s'agira de mettre en œuvre ce qu'un auteur qualifie « d'action informative[138] » ailleurs dénommé « action interrogatoire[139] », tantôt, le juge pourra s'autoriser, à travers le mécanisme de la prénotation, à prendre des mesures conservatoires afin de protéger les droits du bénéficiaire.

Dans le fond, ces mesures procèdent de préoccupations différentes. Dans l'action informative, le législateur poursuit un double objectif : il s'agit en premier lieu d'informer le bénéficiaire de la décision du promettant de conclure le contrat promis et en second lieu de libérer le promettant de son engagement au cas où le bénéficiaire ne manifeste pas son intention de conclure le contrat.

En droit français, l'article 1123 dispose, en ses alinéas 2 et 3, "Le tiers peut demander par écrit au bénéficiaire de confirmer dans un délai qu'il fixe et qui doit être raisonnable, l'existence d'un pacte de préférence et s'il entend s'en prévaloir. L'écrit mentionne qu'à défaut de réponse dans ce délai, le bénéficiaire du pacte ne pourra plus solliciter sa substitution au contrat conclu avec le tiers ou la nullité du contrat. Ici, l'action interrogatoire pèse sur le tiers intéressé par le contrat grevé d'un pacte de préférence et le législateur ne l'envisage pas dans le cas de la promesse unilatérale. La Cour de cassation avait en effet refusé d'exiger du tiers ayant connaissance du pacte qu'il se renseigne sur l'intention du bénéficiaire de s'en prévaloir[140]. Mais avec le nouveau texte, il n'est point besoin d'avoir connaissance dudit pacte, ni même d'en présumer l'existence : aucune condition n'est mise à l'exercice de cette faculté laissée à la libre appréciation du tiers. Il faudra simplement que celui-ci pose, par écrit, deux questions à son correspondant : êtes-vous bénéficiaire d'un pacte de préférence et avez-vous l'intention de vous en prévaloir ? Et il faudra aussi qu'il précise qu'à défaut de réponse dans un délai qu'il aura fixé et qui devra être raisonnable. Il est permis de douter de la pertinence de cette action mise à la charge du bénéficiaire. Pourquoi exiger ça du tiers qui n'est pas censé connaître l'existence du pacte, alors qu'il aurait fallu, à l'instar du législateur sénégalais, exiger cela du promettant. En effet, la formule du législateur

---

[138] J.-L. Corréa, « Regard critique sur les catégories contractuelles du code des obligations civiles et commerciales (COCC) du Sénégal », *op. cit.*, p. 30.

[139] Art. 1123 du Code civil issu de l'Ordonnance n° 2016-131 du 10 février 2016 portant réforme du droit des contrats.

[140] Civ. 3e, 29 juin 2010, no 09-68.110, *RDC* 2010. 30, obs. E. Savaux.

français repose sur une hypothétique connaissance par le tiers de l'existence d'un pacte. Ce qui altère profondément la pertinence du procédé.

Il est également permis de discuter du cantonnement de l'action informative ou interrogatoire au pacte de préférence. En présence d'une promesse unilatérale non assortie d'un délai, on pourrait exiger du promettant qu'il informe le bénéficiaire qu'à défaut de manifester son intention, il s'autorise à conclure le contrat avec un tiers[141]. En pratique, la mise en œuvre de l'action informative correspond à la clause de premier refus et la clause d'offre concurrente. Pour le professeur Fontaine, « offre concurrente et clause de premier refus se présentent souvent comme des procédés alternatifs [142]».

Dans la clause de premier refus, le promettant s'oblige à réserver ses offres futures à son partenaire et à subordonner la conclusion du contrat avec des tiers au refus de ce dernier. Ce procédé illustre parfaitement l'utilité du pacte de préférence. Le promettant s'engage à préférer, en d'autres termes à proposer la conclusion du contrat au bénéficiaire en priorité avant d'en faire la proposition à un tiers. Le promettant ne retrouvera sa liberté de choisir son cocontractant que si le bénéficiaire décline son offre de contrat. C'est là que réside le sens de la clause de premier refus. Toutefois, si le promettant fait une offre qui est refusée par le bénéficiaire, sans être acceptée par un tiers, le droit de préférence sera à nouveau exigible pour une nouvelle offre émise à des conditions différentes. Dès lors, viole les droits du bénéficiaire, le promettant qui, après avoir fait une offre refusée par le bénéficiaire, conclut le contrat avec un tiers à des conditions plus avantageuses[143]. L'obligation de préférer implique donc l'obligation de ne pas conclure le contrat à des conditions moins onéreuses que celles proposées au bénéficiaire[144].

---

[141] S. Pimont, « Retrait du promettant et délai d'option indéterminé », RDC, 2009-3, p. 1089.

[142] M. Fontaine, « Les clauses de l'offre concurrente du client le plus favorisé et la clause de premier refus dans les contrats internationaux », *DCPI*, 1978, p. 185. A défaut de fixation conventionnelle d'un délai d'option, la promesse semble donc avoir pour terme implicite l'exercice de son option par le bénéficiaire. Ainsi, le promettant peut demander au bénéficiaire de lever l'option ; et après l'avoir mis en demeure d'opter, le promettant ne peut qu'attendre la décision du bénéficiaire ; à défaut de précision, ce dernier dispose sans doute d'un délai « raisonnable » pour lever l'option.

[143] Civ. 3ème, 29 janv. 2003.

[144] F. Cohet-Cordey, « Du sens des conditions de vente plus avantageuses en matière de pacte de préférence », *AJDI*, 2003, p. 705. Pour l'auteur, le pacte de préférence n'obligeait le promettant qu'à ne pas contracter avec un tiers avant d'avoir purgé les

Si l'action informative présente des vertus préventives, la prénotation quant à elle, consiste en la prise de mesures conservatoires afin de protéger ou sécuriser les droits du bénéficiaire. Ce procédé est plus fréquent dans le cadre de la promesse synallagmatique de vente d'immeuble immatriculé. Selon Gérard Cornu[145], « la prénotation se conçoit comme une inscription provisoire qui, dès sa date, confère à l'acte une opposabilité au tiers temporaire, mais appelée à se muer en opposabilité rétroactive, à la condition que dans le délai de la loi, intervienne l'inscription définitive ; mécanisme protecteur qui permet en pratique au bénéficiaire d'une promesse de vente sous seing privé, de passer outre le refus de réaliser l'acte authentique de la part du promettant, en faisant publier au bureau des hypothèques l'acte sous seing privé et le document qui marque sa propre volonté de passer l'acte notarié, en attendant de faire publier l'acte enfin obtenu ou le jugement qui en tient lieu ». Consacrée à l'article 72 de la Loi n° 2011-07 du 30 mars 2011 portant régime de la Propriété foncière[146], la prénotation se présente comme une sûreté ou un moyen de sauvegarde des droits du bénéficiaire, une sorte de garantie d'éviction contre le promettant qui serait tenté de vendre le bien promis à un tiers.

En pratique, la prénotation a pour effet de rendre le bien promis indisponible jusqu'à ce qu'une décision judiciaire autorise l'inscription définitive valant transfert de propriété. L'efficacité du procédé peut se lire à travers la fréquence de son recours dans le contentieux relatif à la cession d'immeuble. Il permet ainsi d'éviter les désagréments résultant de la violation de la promesse. Au final, la mise en œuvre de ces mesures préventives ou conservatoires permet d'assurer le respect des engagements avant-contractuels. Conscient des limites des sanctions de droit commun, l'intervention en amont du processus de perfection du contrat s'est révélée très efficace pour la sauvegarde et le respect du contenu obligationnel du lien avant-contractuel.

---

droits des bénéficiaires et, après le refus par ces derniers de l'offre de vente, à ne pas contracter avec un tiers à des conditions plus avantageuses que celles qui ont été refusées par le bénéficiaire.

[145] G. Cornu, *Vocabulaire juridique*, éd. PUF, 2018.

[146] Art. 72 « Toute demande tendant à obtenir la modification ou l'annulation d'une inscription peut faire l'objet d'une mention sommaire préventive, dite prénotation sur le titre foncier, avant d'être portée devant le tribunal régional. Cette prénotation doit être autorisée par ordonnance du Président du Tribunal, rendue sur requête, à charge de lui en référer. La prénotation faite, la validité des inscriptions ultérieures est subordonnée à la décision judiciaire. A défaut de prénotation, le jugement n'a d'effet à l'égard des tiers que du jour où il est inscrit ».

L'emprunt normatif et la construction d'un droit multiniveau en Afrique

Sidy Alpha NDIAYE
Maître de conférences en droit public
Agrégé des Facultés de droit
Université Cheikh Anta Diop de Dakar

Résumé. L'acte de juger ne correspond pas toujours à une ambition sociologique et contredit l'exigence démocratique d'une décision judiciaire pensée à partir d'une habilitation populaire positivée dans les actes constitutifs des organisations internationales africaines. Par l'emprunt normatif, le juge mobilise systématiquement des ressources dogmatiques extérieures pour enrichir la motivation de cas d'espèce pourtant situés. L'emprunt unidirectionnel exacerbé participe à l'acceptation de l'hégémonie de la pensée juridique occidentale postulée par le Droit global, le réseau, la circularité des modèles normatifs ou la relevance. Le projet épistémique de l'emprunt annihile le discours sur la décolonisation du savoir juridique.

Mots clés : Emprunt normatif, Droit global, hybridation, décloisonnement, décolonisation juridique, démocratie, légitimité, hiérarchie des normes.

L'emprunt normatif interroge la complétude d'un système juridique qui, constatant l'insuffisance de ses valeurs en soi, mobilise des normes importées quelles qu'en soit la nature ou la forme, afin de combler un manquement ou une carence. Cette circulation des modèles normatifs, quand bien même portant sur un objet juridique, déborde les sciences juridiques pures pour investir l'anthropologie tant il vrai qu'elle fait transparaître les contradictions identitaires nées de la rencontre avec l'*Autre*. L'idée même de modèle archétypal à référencer dans un espace non encore conquis par la production normative suppose, intrinsèquement, une reproduction par imitation ou transposition. Il s'ensuit que la pureté du système juridique d'accueil ou de réception, du fait d'une systématicité de l'emprunt, est relativisée par une absence d'appropriation historique et sociologique de son ferment idéologique. L'existence d'ordres juridiques interpénétrés, déduite du pluralisme de systèmes, nie l'histoire et la sociologie. Même s'il porte la promesse apparente de l'altérité, de l'entrecroisement, de l'interlégalité ou de l'hybridation des normativités endogènes et exogènes, l'emprunt normatif transporte des contre-valeurs en ce qu'il permettrait de penser le droit en Afrique à travers un prisme épistémologique extérieur. L'internormativité débridée ne se supplée pas à l'impossible clôture hermétique des ordres juridiques entendus comme des sous-produits des systèmes juridiques supra-étatiques, infra-étatiques ou transnationaux[1]. Le système se singularise par son unité et la reliance conceptuelle qu'il opère entre les différents éléments le composant. Autant dire que le système est articulé autour de normes, de méta-normes mais aussi des linéaments du corps social. Le degré d'intrication entre les systèmes, sans nécessairement aboutir à l'absorption d'un système dans un autre, entraîne l'existence de logiques de compénétration, de coopération, d'articulation ou, en somme, de *« relevance »*[2] des ordres juridiques, c'est-à-dire de l'organisation de relations réciproques[3]. La fin de l'espace se déduirait d'une homogénéisation systématique des ordres juridiques. Les ordres juridiques extérieurs n'ont pas valeur de fait mais de droit en raison de l'internalisation des systèmes juridiques importateurs. Le système juridique renverrait dès lors à un ensemble d'éléments reliés par des formes de solidarité entre les différentes composantes de sorte qu'il en découle une structure unitaire[4].

L'acte de juger, générateur de l'emprunt, ne relève pas d'une opération technique neutre ou désincarnée. Le juge africain, fut-il international, est dépositaire d'une exigence de proximité entre ses délibérations techniques et un dialogue culturel[5]. Juger relève d'une expérience sociologique et, en ce sens, rend compte d'une ambition

---

[1] F. Ost, M. Van der Kerchove, *De la pyramide au réseau ? Pour une théorie dialectique du Droit*, Bruxelles, Facultés Universitaires Saint-Louis Bruxelles, 2002, p. 187.

[2] S. Romano, *L'ordre juridique*, Dalloz, 1975, p. 106 et s.

[3] L. Burgorgue-Larsen, « Le décloisonnement. La technique reine d'interprétation des traités de protection des droits de l'homme », *in* Laurence Burguogue-Larsen. (dir.), *Les défis de l'interprétation et de l'application des droits de l'homme. De l'ouverture au dialogue*, Paris, Pedone, 2017, p. 71.

[4] M. Van der Kerchove, F. Ost, *Le système juridique entre ordre et désordre*, PUF, 1988, p. 25.

[5] F. Hourquebie, « Le juge à la jonction d'un pluralisme désordonné en Afrique centrale », *in* Ghislain Otis (dir.), *Le juge et le dialogue des cultures juridiques*, Paris, Karthala, 2013, p.151 et s.

démocratique. Par l'emprunt ou l'importation de solutions judiciaires étrangères, le juge international africain met en tension l'opportunité rationnelle d'une décision dont la motivation est éprouvée dans un espace de production de droit étranger et les souverainetés qui habilitent la base de compétence de celui-ci. Le droit qui découle de l'emprunt sort de son *ethos*. Cette tension est annonciatrice de renoncement quand la norme empruntée, en toute illégitimité, prétend imposer un rapport hégémonique sur les normes situées pourtant, elles, pourvues de légitimité. Ce renoncement à l'introspection sociologique par l'emprunt normatif exacerbé inféode le droit produit à la temporalité juridique occidentale caractérisée par l'univocité du sens du *Droit*[6]. L'interdépendance postulée n'est qu'une vue de l'esprit qui n'occulte pas la réalité unidirectionnelle de l'emprunt tant il est vrai que le décloisonnement des systèmes juridiques africains contraste avec le recentrement normatif assumé des modèles occidentaux de plus en plus autocentrés. L'absence de réciprocité dans le recours à la technique de l'emprunt entraîne une dialectique asymétrique qui réduit les prétendues vertus de la mondialisation du *Droit* ou le discours sur le *Droit* global (*global law*). La capture de l'universel par un emprunt systématiquement monolithique crée une impasse identitaire dans la fabrique du *Droit*. Il en découle un rapport à la frontière et, par conséquent, à la souveraineté constamment questionné par des logiques de résistance à l'invasion, de repli ou, à l'inverse, d'ouverture au dialogue et à la circulation[7].

Par ailleurs, l'emprunt normatif, sur le plan technique, neutralise la théorie pure du droit incapable d'ordonner techniquement les rapports de systèmes[8]. La confrontation de deux ordres juridiques différents ajourne les critères hiérarchiques de validation d'une norme. L'interpénétration déconstruit la hiérarchie des normes[9]. Le pluralisme

---

[6] P. Jeremy, « Penser la pratique, théoriser le droit en action : des cliniques juridiques et des nouvelles frontières épistémologiques du droit », *Revue interdisciplinaire d'études juridiques*, vol. 73, n° 2, 2014, pp. 136-138.

[7] J.-M. Sauve, « L'ordre juridique national en prise avec le droit européen et international : questions de souveraineté ? », Colloque organisé par le Conseil d'État et la Cour de cassation au Conseil d'État, vendredi 10 avril 2015, disponible sur www.conseil-etat.fr, consulté le 24 juin 2024.

[8] P. Amselek, « Une fausse idée claire la hiérarchie des normes juridiques », *Renouveau du droit constitutionnel. Mélanges en l'honneur de Louis Favoreu*, Dalloz, 2007, pp. 983-1014.

[9] P. Brunet, « Introduction : la hiérarchie des normes, fétiche ou nécessité ? », *Revus*, 21, 2013, p. 5.

des ordres juridiques n'aboutit pas à un système unique au sommet duquel une norme mère trônerait en majesté[10]. En effet, la théorie pure du droit est pensée à partir du prisme étatique exclusivement. Or, la circulation des modèles est en soi porteuse de fragmentation et de désordre normatif[11]. La superposition des instances délibératives du droit introduit une rupture dans l'ordonnancement kelsénien selon, par exemple, que la Constitution prime dans l'ordre interne ou qu'elle soit inférieure aux traités dans l'ordre international. L'impréparation de la hiérarchie des normes à prospérer dans un univers atomisé de normes d'émanation multiple expliquerait la préférence de la logique du réseau substituant le monisme hiérarchisé par le pluralisme ordonné[12]. Les interactions entre les normes, saisies par la circularité du réseau, ne se préoccupent plus de la question primairement étatique de la primauté mais de celle de la norme à appliquer.

L'emprunt rend compte de la crise du monisme de l'État et, naturellement, du droit. Construit sur un triptyque, État-nation-ordre juridique, le monisme procède de la réunification de l'ordre juridique interne et de l'ordre juridique international par le biais de techniques de pénétration de la norme internationale (traités *self executing*, effet direct, applicabilité directe…). Or, l'emprunt fait intervenir plusieurs territoires regroupant, à l'intérieur de cet espace protéiforme, des modèles monistes et dualistes. La multiplicité des territoires, et conséquemment, des aires de production du droit marquerait la fin des territoires dans son schème naturaliste imperméable en même temps qu'elle accrédite la fin des nations à la faveur du renouvellement des liens d'allégeance[13]. La crise de l'État-territorial se répercute sur la déconstruction d'une conscience nationale intimement liée à l'intégrité du territoire. Le passage du lien étatique au lien pluraliste est de nature à repenser les fondamentaux d'un État à l'instar de la nation, du territoire, de la souveraineté et du discours juridique dorénavant marqué par l'emprunt.

---

[10] B. Bonnet, *Repenser les rapports entre ordres juridiques,* Paris, Lextenso, 2013, p.36.

[11] K. Neri, « La sous-régionalisation », *in* Stéphane Doumbé-Billé (dir.), *La régionalisation du droit international*, Bruxelles, Bruylant, 2012, p. 210 et s.

[12] V. M. Delmas-Marty, *Le pluralisme ordonné. Les forces imaginantes du droit (II),* Paris, Seuil, 2006.

[13] F. Ost, M. Van der Kerchove, *De la pyramide au réseau ? Pour une théorie dialectique du Droit*, *op. cit.*, p. 130.

La technique de l'emprunt normatif se justifie-t-elle suffisamment pour remettre en cause la souveraineté juridique ?

Il ressort abruptement de l'emprunt normatif qu'il rompt avec le tropisme autopoïétique des représentations d'un *Droit* autonome construit sur les fondements d'un système individualisé et qui se suffirait, à l'image de la hiérarchie des normes, à lui-même. Un système programmé pour s'ouvrir à l'extérieur, par l'activité émancipatrice du juge africain, participe certes d'une quête d'efficacité mais renseigne aussi sur le spectre d'une désintégration lorsque l'ouverture n'est pas maitrisée. Le décentrement normatif excessif bouleverse la structure même du système juridique de réception. L'accueil des normes ne doit pas simplement relever de la technique juridique. Il induit une réflexion sur l'habilitation de l'accueil car la recherche d'une motivation judiciaire construite sur un droit extérieur interroge la légitimité même de l'emprunt qui demeure un enjeu de démocratie. Il imprime au *Droit* l'agenda d'une recomposition postnationale dictée par le recours fréquent à des décisions judiciaires extérieures. A ce titre, l'emprunt ne pose pas de problème technique d'applicabilité ou de réception mais d'efficacité de la norme empruntée, d'interprétation et surtout de pérennité du socle identitaire du système d'importation.

Outre la question démocratique que poserait la construction d'un droit plébiscité par un narratif populaire étranger, l'emprunt organise nécessairement une dialectique permanente entre un *extérieur-commun,* patrimoine normatif infini, et le substrat culturel de l'État ou de la communauté de réception. Tout recours à l'emprunt entraîne obligatoirement une manipulation d'un « code des identités et des différences »[14]. En Afrique, l'emprunt peine à satisfaire l'idéal philosophique de l'entrecroisement des normes[15]. La réciprocité ou la circularité des normes cède devant l'unilatéralité d'un emprunt unidirectionnel qui déconstruit l'idée même d'un *Droit* global. Ce droit correspondrait à un *Droit* hégémonique produit par un Nord global dominant et qui aurait une prétention à l'universalité[16]. L'emprunt organiserait une migration unilatérale des normes et, ce faisant, assume une dimension anthropologique tant il est vrai que le mythe de

---

[14] M. Van de Kerchove, F. Ost, Le *système juridique entre ordre et désordre*, *op. cit.*, p. 154.

[15] J. Chevallier, « L'internormativité », *Les sources du droit revisitées*, *Théorie des sources du droit*, t. 4, Bruxelles, Presses universitaires Saint Louis Bruxelles, p. 9.

[16] Ph. Colin, L. Quiroz, *Pensées décoloniales. Une introduction aux théories critiques d'Amérique Latine*, Zones, 2023, p. 162.

l'idéologie juridique globale contraste avec les objectivités du droit en Afrique (II) d'autant plus que la technique n'est qu'une construction découlant simplement du libéralisme du raisonnement jurisprudentiel du juge (I).

I – Le libéralisme du raisonnement jurisprudentiel au fondement de l'emprunt normatif

En Afrique, le juge se projette dans un univers de décloisonnement normatif en assumant l'intégration dans le corpus jurisprudentiel de normes ou décisions étrangères (A). Cette dynamique d'ouverture normative transparaît également dans les décisions des juridictions communautaires (B).

A – L'emprunt normatif des juridictions internationales africaines

Très fréquent dans la *quasi-jurisprudence* régionale africaine (2), l'emprunt serait vecteur de civilisation juridique extravertie (1).

1 – L'emprunt, un vecteur de civilisation juridique extravertie

Dans sa justification théorique, le recours à l'emprunt normatif serait la conséquence, en terme de technique judiciaire, d'une *société-monde* construite sur des connexités plurales (économique, culturelle, juridique, épistémologique…). Toutefois, l'interdépendance entre les différents systèmes de droit, la proximité des liens et les solidarités entre Etats n'occultent pas l'asymétrie des relations. Les « *futurités* » juridiques africaines se pensent à l'aune d'un prisme occidental dominant. Partant, l'emprunt normatif, transformé en instrument d'importation de normativités exogènes, déconstruit l'idéal souverainiste entendu comme la correspondance sociologique et épistémologique entre la fabrique du savoir juridique et l'exigence sociale[17]. L'emprunt normatif transmute les vestiges de l'État colonial à un niveau supérieur de communautés de droit extraverties dans leur quête systémique en ce que les solidarités objectives entre Nations prépareraient, par une pratique exacerbée de l'emprunt, l'abandon de l'écriture africaine d'un roman juridique.

Au niveau régional, l'emprunt serait, par une vue de l'esprit, permis par les dispositions de la Charte africaine des droits de l'homme et des peuples. L'article 60 de l'instrument dispose que « la Commission s'inspire du droit international relatif aux droits de l'homme et des peuples, notamment des dispositions des divers instruments africains

[17] Ph. Forest, *Déconstruire, reconstruire*, Paris, Gallimard, 2023, p. 131 et s.

relatifs aux droits de l'homme et des peuples, des dispositions de la Charte des Nations Unies, de la Charte de l'Organisation de l'Unité Africaine, de la Déclaration Universelle des Droits de l'Homme, des dispositions des autres instruments adoptés par les Nations Unies et par les pays africains dans le domaine des droits de l'homme et des peuples ainsi que des dispositions de divers instruments adoptés au sein d'institutions spécialisées des Nations Unies dont sont membres les parties à la présente Charte ». Outre cette disposition, l'article 61 du même texte prévoit que « la Commission prend aussi en considération, comme moyens auxiliaires de détermination des règles de droit, les autres conventions internationales, soit générales, soit spéciales, établissant des règles expressément reconnues par les États membres de l'Organisation de l'Unité Africaine, les pratiques africaines conformes aux normes internationales relatives aux droits de l'homme et des peuples, les coutumes généralement acceptées comme étant le droit, les principes généraux de droit reconnus par les nations africaines ainsi que la jurisprudence et la doctrine ». De ces formulations juridiques généreuses, il découle que le spectre de l'emprunt irrigue même jusqu'à l'intériorisation dans le corpus juridique informel africain d'un droit qui pourrait être mou, vert ou simplement de *soft law*. Dans la dialectique de l'universel et du régional, l'ouverture à l'*Autre* ne souffre d'aucune limite objectivée[18]. Projeté dans l'imaginaire de la légistique africaine comme un « magma monolithique »[19], le désir d'universel put expliquer la transformation de la Déclaration universelle des droits de l'homme de 1948 en une coutume sauvage se débarrassant de sa nature simplement incantatoire pour acquérir, par une *positivation ex-post*, des propriétés normatives formelles[20]. L'*opinio juris* précéda dans le temps la pratique altruiste de la Cour africaine sur l'obligatoriété d'une Déclaration qui n'en est plus une que par l'*instrumentum*. Toujours est-il que les clauses de renvoi ou « d'hospitalité » ne règlent théoriquement la problématique de l'impossible auto-suffisance *per se*

---

[18] M. Kamto, « Commentaire de l'article 61 », *in* Maurice Kamto (dir.), *La Charte africaine des droits de l'homme et des peuples et le Protocole portant création de la Cour africaine des droits de l'homme. Commentaire article par article*, Bruylant, 2011, p. 1129 ; E. Decaux, « Commentaire de l'article 60 », *in* Maurice Kamto (dir.), *La Charte africaine des droits de l'homme et des peuples et le Protocole portant création de la Cour africaine des droits de l'homme. Commentaire article par article, op.cit.*, p. 1116.

[19] A. Sall, *Singularités juridiques africaines. Ce que l'Afrique apporte au droit*, L'Harmattan, 2023, p. 16.

[20] CADHP, 22 mars 2018, *Anudo Ochieng Anudo c/. République de Tanzanie*, § 76.

des systèmes juridiques que par la chimère d'une rencontre qui n'est ni symétrique ni égalitaire[21]. L'altérité juridique promue par les articles 60 et 61 de la Charte africaine ne coïncide pas avec la pusillanimité des dispositions « *concurrentes* » des conventions américaine et européenne des droits de l'homme qui organisent davantage la confrontation que le dialogue entre systèmes juridiques. Ces instruments érigent des systèmes promouvant l'unilatéralité de l'emprunt à partir d'une source unique dominante[22]. Le champ de l'intersubjectivité assumée dans les Chartes européenne et américaine dédiées aux droits de l'homme ébauche une ouverture qui ne décompose pas pour autant le binôme entre *Droit* et valeurs.

A rebours, la Charte africaine échouerait à assurer un équilibre entre le nationalisme ou l'*entre-soi* judiciaire et la subversion systématique. Elle encourage une hybridation à outrance du *Droit* avant même d'inscrire l'agenda de celui-ci dans un récit local. En ce sens, le projet identitaire dans la fabrique du *Droit* est reporté à la faveur de l'entrecroisement et du décloisonnement alors que simultanément le discours juridique occidental est empreint d'univocité et de resserrement épistémologique. Le *jus* naturalisme n'accède à la vertu ontologique que si ses émanations sont plurielles. Or, une fouille historique sur les creusets de celui-ci renseigne sur son tropisme occidental. L'emprunt est, sous cet angle, l'ennemi de la recherche de la valeur en soi fondatrice pourtant de toute civilisation juridique. En tant que technique de construction systémique de l'organe judiciaire de la Charte africaine, l'emprunt délégitime l'acte même de juger. Il se réduit à la simple recherche d'une légitimation techniciste visant à consolider les éléments de rationalité dans l'opération de motivation. L'emprunt d'une rationalité éprouvée dans des systèmes plus accomplis

---

[21] L. Hennebel, H. Tigroudja, *Traité de droit international des droits de l'homme*, Pedone, 2016, p. 150.

[22] Au titre de l'article 29 de la Convention américaine des droits de l'homme, « aucune disposition de la présente Convention ne peut être interprétée comme (…) autorisant un État partie, un groupement ou un individu à supprimer la jouissance et l'exercice des droits et libertés reconnus dans la présente Convention ou à les restreindre plus qu'il n'est prévu dans ladite Convention ». La même philosophie pénètre l'article 53 de la Convention européenne de sauvegarde des droits de l'homme et des libertés fondamentales qui dispose qu'« aucune des dispositions de la présente Convention ne sera interprétée comme limitant ou portant atteinte aux droits de l'homme et aux libertés fondamentales qui pourraient être reconnus conformément aux lois de toute Partie contractante ou à toute autre Convention à laquelle cette Partie contractante est partie ».

est de nature à répandre l'imaginaire d'une motivation standard extraite d'un comparatisme juridique d'inspiration unidirectionnelle. Or, juger est une exigence démocratique qui interpelle des ressources socio-culturelles et des normativités internes disparates. Les fonctions échues à la juridiction régionale africaine sont limitées par les attributions expresses de compétence et les transgressions consenties de souveraineté. En réalité, les articles 60 et 61 de la Charte se limitent à permettre exclusivement une « *inspiration* » ou une « *prise en considération* » de sources extérieures. Techniquement, les dispositions susmentionnées ne créent pas de nouvelle base de compétence à la faveur du juge africain qui, oubliant la fonction sociale de l'acte de juger, réinventerait par l'interprétation spécieuse les bases de compétence explicatives de son *imperium* supranational pour trahir les attributions de souveraineté des États. Ainsi, l'emprunt ne vise plus à compléter ou consolider un système de droit. Il le construit *ex nihilo*.

Les objectivités extérieures sont préférées aux habilitations expresses des souverainetés africaines sous l'autel de la promotion d'une dogmatique formaliste prétendument rationnelle. Dans l'affaire *Anudo Ochieng Anudo c/. République de Tanzanie*[23], la Cour africaine recourut à la Déclaration universelle des droits de l'homme en confessant l'absence de toute disposition dans la Charte sur le droit de la nationalité. L'illustration est topique d'un emprunt créateur d'une base de compétence nouvelle qui plus est à partir d'une norme coutumière internationale[24]. La carence de la Charte africaine sur le « droit au procès public » justifia la mobilisation de normes subsidiaires extérieures, notamment le Commentaire 13 du Comité des droits de l'homme de l'ONU[25]. Dans les deux cas, l'effet de l'emprunt, loin d'être simplement additif, est novateur. Dire qu'un emprunt s'érige en norme de référence est un oxymore. Il emprunte des vertus systémiques, voire civilisationnelles, quand bien même il fut pensé originairement comme un instrument de dialogue et d'ouverture. En l'occurrence, la logique d'ouverture effrénée est *contra legem* en ce sens qu'elle déborde l'expression multilatérale des dons de consentement étatique. L'usage prétorien abusif de l'emprunt remet en cause *in fine* la qualité de norme de référence accolée à la règle importée. Cette accrétion de la

---

[23] CADHP, 22 mars 2018, *Anudo Ochieng Anudo c/. République de Tanzanie*, préc.
[24] A. Sall, *Singularités juridiques africaines. Ce que l'Afrique apporte au droit*, *op. cit.*, p. 33.
[25] Commission ADHP, 6 novembre 2000, *Media Rights Agenda c/. Nigeria*, § 51.

valeur normative d'un droit venu d'ailleurs, outre l'entropie juridique, nivelle les normes applicables et, par conséquent, les valeurs qu'elles transportent malgré les espaces d'émanation différents de ces dites normes. Ce risque est assez perceptible dans le dépouillement de la *quasi-jurisprudence* régionale africaine.

2 – La matérialité de l'emprunt dans la *quasi-jurisprudence* régionale africaine

Construit sur le fondement des articles 60 et 61 de la Charte africaine des droits de l'homme, l'emprunt normatif revêt une dualité de forme au niveau de la Commission africaine des droits et des peuples.

Au titre des règles de procédure, la Commission s'aligne sur les standards de la pratique contentieuse internationale. Les communications de la Commission africaine confirment un développement du droit processuel intrinsèquement lié aux emprunts jurisprudentiels. D'abord, la Commission emprunte à la jurisprudence des tribunaux internationaux en faisant une référence générale aux procédures qui y sont applicables. Dans l'affaire 155/96, *Social and Economic Rights Action Center, Centre for Economic and Social Rights c/. Nigeria*, elle met à la charge du Nigéria l'obligation de protéger ses citoyens contre des actions positives préjudiciables. Dans le paragraphe 57, elle déclare que « les procédures engagées devant d'autres tribunaux permettent également de faire ressortir cette exigence ». En l'espèce, la généralité et l'imprécision de l'emprunt renseignent sur son utilité dans le raisonnement judiciaire. Ensuite, la Commission s'approprie un pouvoir normatif afin de combler les dispositions insuffisantes de la Charte africaine en s'inspirant des commissions européenne et interaméricaine. A propos de la publicité de la procédure, l'affaire *228/99 Law office of Ghazi Suleiman c/. Soudan* a donné l'opportunité d'emprunter la décision de la Commission européenne *Le Compte, Van Leuven et De Meyere c/. Belgique dans le paragraphe 37*. Cet emprunt jurisprudentiel est essentiellement motivé par l'incomplétude de l'article 7 de la Charte africaine qui, quand bien même définirait-il les contours du droit à un procès équitable, demeure flou quant au principe de la publicité de la procédure. Pour pallier les carences de la Charte, l'organe para-juridictionnel rechigne à citer une Convention internationale pourvue de dispositions consécutives à la publicité de la procédure. Ainsi, les emprunts jurisprudentiels sont préférés aux emprunts normatifs qui corroboreraient une rupture de la *quasi-*

juridiction avec le texte qu'elle est supposée protéger[26]. Confirmant son pouvoir normateur, la Commission considère que « le principe de la double juridiction a été établi par la commission dans l'affaire *218/98 c/. Nigeria* du 7 mai 2001 en se référant à la commission interaméricaine des droits de l'Homme dans son paragraphe 34 ». Enfin, la Commission africaine, en cas d'urgence, interprète généreusement la règle de l'épuisement des voies de recours internes. A l'instar des autres juridictions internationales, et à défaut de pouvoir rendre des mesures provisoires, elle neutralise l'exigence de la règle de l'épuisement des voies de recours internes en matière de droit à la vie, de détentions arbitraires et de torture, c'est-à-dire lorsque les violations soulevées sont d'une gravité extrême. Dans les communications *Abubakar c/. Ghana*[27] et *Sir Dawda K. Jawara c/. Gambie*[28], la règle de l'épuisement des voies de recours internes est rendue anachronique par l'urgence de mettre fin aux violations graves des droits de l'homme[29]. La gravité de l'atteinte aux droits de l'homme expliquerait l'abandon circonstancié du principe de subsidiarité en droit communautaire et la préférence pour le décentrement[30]. Cette position de la Commission tranche avec la Cour d'Arusha qui s'arrime, en la matière, à la jurisprudence de la Cour européenne[31].

---

[26] La Commission a pris des résolutions complémentaires pour préciser le sens de l'article 7 de la Charte africaine. Entre autres résolutions, on peut citer la résolution du 12 Novembre 1999 sur le droit à un procès équitable et à l'assistance judiciaire en Afrique ; v., 13ème rapport annuel d'activités, 1999/2000, p. 21.

[27] Communication 103/93, 21ème session ordinaire, octobre 1996, Dixième rapport annuel d'activités, 1996-1997. En l'espèce, le sieur Abubakar s'était échappé en 1992 d'une prison ghanéenne alors qu'il emprisonné en tant que détenu politique sans procès depuis 1985. Il prit la fuite pour la Côte d'Ivoire.

[28] Communications 147/95 et 149/96, 27ème session ordinaire, 27 avril-11 mai 200, Treizième rapport annuel d'activités, 1999-2000. Dans les faits, il s'agissait d'un ancien chef d'État qui avait soumis une plainte portant sur son renversement et les événements qui avaient suivi le coup d'État qui l'avait écarté du pouvoir et poussé à s'enfuir.

[29] V. S. Cocan, *Le dialogue entre juridictions et quasi-juridictions internationales de protection des droits de la personne – L'exemple de la prohibition de la torture et autres peines ou traitements cruels, inhumains ou dégradants*, Laval-Bordeaux, thèse mult., 2019, p. 50.

[30] M.-O. Hamrouni, « La complémentarité régionale dans le cadre de la Cour africaine de justice, des droits de l'homme et des peuples », *RDP*, 2018, p. 3.

[31] V. CADHP, 21 juin 2013, aff. *Ayants droit des feu Norbert Zongo, Abdoulaye Nikiema dit Ablasse, Ernest Zongo, Blaise Ilboudo et Mouvement Burkinabè des droits de l'homme et des peuples contre Burkina Faso, RJCA* 204, §§ 71 à 77.

Au titre des règles substantielles, la *quasi-juridiction* peut se conformer à la solution étrangère ou, à rebours, faire une extrapolation de la solution empruntée. Dans le premier cas, la Commission s'en tient à la solution adoptée par l'*Autre*. L'affaire *Huris Law c/. Nigeria* l'illustre. La Commission se réfère à la jurisprudence européenne qu'elle adopta sans ajout ni réserve. Devant qualifier un acte de traitement inhumain et dégradant, elle se contente de dire que « comme cela a été observé par la Cour européenne des droits de l'homme dans le procès Irlande c. Royaume-Uni lorsqu'elle devait statuer sur des dispositions similaires de la Convention européenne des droits de l'homme [...] le traitement interdit aux termes de l'article 3 de la Convention européenne est celui qui atteint un niveau minimal de sévérité et l'évaluation de ce niveau minimal est dans la nature des choses, relative. Il dépend de toutes les conditions qui entourent le cas, tel que la durée du traitement, ses effets physiques et mentaux et, dans certains cas du sexe, de l'âge et de l'état de santé de la victime, *etc.* »[32]. Ce raisonnement a servi de moyen à l'instance de Banjul pour conclure à la violation de l'article 5 de la Charte africaine. Dans le second cas, la Commission peut aller au-delà de la solution du référent judiciaire extérieur. A titre d'exemple, elle a eu à apprécier si l'acte de flagellation d'étudiants était constitutif d'un traitement inhumain, cruel et dégradant. Les deux affaires étant similaires, « la Commission emprunte encore la même interprétation de la Cour de Strasbourg pour déterminer l'existence d'un traitement inhumain et dégradant »[33]. Ainsi, elle se réfère à l'affaire *Tyrer c/. Royaume-Uni*[34]. Par ailleurs, la réception jurisprudentielle des règles substantielles se heurte aux particularismes africains. La Commission elle-même estime que « la Charte africaine devrait être interprétée dans le sens culturel, en tenant, dûment, compte de la particularité des traditions légales de l'Afrique que l'on retrouve dans la législation de chaque pays »[35]. Le spectre de

---

[32] CADHP, 6 novembre 2000, aff. *Huri-Laws c/. Nigeria*, Communication 225/98, 28e Session Ordinaire, Cotonou, Bénin.

[33] A.-K. Diop, « L'influence de la jurisprudence européenne sur le système africain de protection des droits de l'homme », *Revue québécoise de droit international*, 2020, p. 603.

[34] CESDH, *Tyrer c/. Royaume-Uni, Requête 5856/72,* 1978. En l'espèce, « au-delà du contenu matériel du traitement inhumain, cruel et dégradant, la Commission reçoit, également, la qualification de l'acte de flagellation comme traitement dégradant ».

[35] CADHP, *Constitutional Rights Project et Civil Liberties Organisation c/. Nigeria,* 153/96, 1999.

l'irrespect du patrimoine culturel, outre l'espace régional, traverse également le niveau sous-régional.

B – Le décloisonnement normatif du modèle sous-régional

Dépourvu d'un système clos de normes de référence, le modèle sous-régional constitue un espace d'expérimentation de l'emprunt. Une étude sur l'axiologie de l'emprunt (1) finit de démontrer le caractère unidirectionnel de celui-ci (2).

1 – L'axiologie de l'emprunt

L'ordre juridique communautaire obéit à une logique d'ordonnancement des solidarités restreintes et de syncrétisme des normativités plurielles présentes dans le même espace[36]. Les souverainetés, définies à l'origine par le fractionnement ou le « *réductionnisme* »[37], seraient objectivées par la tentation de la globalité. Les matières pénales et constitutionnelles n'échappent pas à la dynamique d'uniformisation. L'internalisation des éléments constitutifs des crimes internationaux dans les ordres juridiques et le constitutionnalisme communautaire en Afrique noire francophone confirment le postulat du réseau[38]. Le constitutionnalisme sous-régional en réseau, nanti des prémisses du libéralisme démocratique, conforterait l'essoufflement des monopoles juridiques internes[39]. Dans le même ordre d'idées, le constituant originaire, converti à l'internormativité, assume un décentrement qui induit une communautarisation ou une internationalisation de la *Loi fondamentale*[40].

La reliance, dans le contexte de la rencontre des souverainetés, ne signifie pas une rupture avec les identités juridiques étatiques mais la recherche d'options juridiques communes par le biais de la jurisprudence – emprunts jurisprudentiels horizontaux – et des normes. Elle opère un nouvel imaginaire juridique de construction et

---

[36] M. Kamto, *Droit international de la gouvernance*, Pedone, 2013, p. 100.

[37] R. Descartes, *Discours de la méthode*, Paris, Le livre de poche, 1973, p. 111.

[38] I.-M. Fall, A. Sall, « Une Constitution régionale pour l'espace CEDEAO : le protocole sur la démocratie et la bonne gouvernance de la CEDEAO », https://jaga.afrique-gouvernance.net/_docs/pr_sentation_et_analyse_du_protocole_sur_la_d_mocration_de_la_cedeao.pdf. Consulté le 11 juin 2024.

[39] D. Sy, « La renaissance du droit constitutionnel en Afrique : question de méthode », *Revue de droit sénégalais*, n° 3, 2004, p. 46.

[40] B. Ba, « La convergence des offices juridictionnels en matière constitutionnelle : regards croisés entre l'Afrique et l'Amérique latine », *Afrilex*, 2019, p. 22 et s.

d'harmonisation[41]. Les grands ensembles normatifs accréditent l'approche post-moderne du droit dans laquelle le système juridique cesse d'être autopoïétique. L'essentialisation de l'individu à travers les paradigmes des droits de l'homme et de l'État de droit précipite l'adhésion à une approche réticulaire du droit, à rebours du positivisme kelsénien intolérant aux normativités exogènes. Le droit multiniveau trouve son siège dans les organisations d'intégration qui, par l'emprunt et l'interprétation constructiviste, accéderaient à la construction du *commun*. La technique contribue à l'élargissement de la *jurisdictio* des juridictions communautaires ouvertes à la démocratisation des sources mobilisables comme en témoigne l'*affaire Mamadou Tandja c/. État du Niger* rendue par le juge CEDEAO qui fait référence à la Déclaration universelle des droits de l'homme, au Pacte international relatif aux droits civils et politiques et à la Charte africaine des droits de l'homme et des peuples[42]. C'est au demeurant dans le même esprit d'emprunts textuels que fut rendue la décision *Hadjijatou Mani Koraou c/. État du Niger*[43]. La question n'est dès lors pas tant de savoir si théoriquement l'emprunt est un instrument légitime de dialectique et d'ouverture mais d'identifier la source de la norme d'origine. Selon la proximité ou l'éloignement de la source primaire, l'emprunt peut se concevoir comme un élément de reliance ou, au contraire, un accélérateur d'instabilité juridique. En effet, la perméabilité des frontières juridiques, induite par l'intégration, exige, dans l'absolu, l'existence d'une communauté qui a la géographie et les valeurs en partage. La combinaison de ces deux attributs – territoire et valeurs – favorise l'ordonnancement du pluralisme juridique[44].

---

[41] M. Delmas-Marty, « Pluralisme ordonné et les interactions entre ensembles juridiques », *Recueil Dalloz.*, 2006, p. 951.

[42] CJCEDEAO, ECW/CCJ/JUD/05/10, 8 novembre 2010, *aff. Mamadou TANDJA c/. État du Niger et Cie*. Dans sa décision, la CJCEDEAO s'inspire notamment de l'arrêt de la Cour européenne des droits de l'homme ; v. CEDH, 8 juin 1976, *aff. Engel et al. c/. Pays-Bas*.

[43] CJCEDEAO, ECW/CCJ/JUD/06/08, 27 octobre 2008, *aff. Dame Hadjijatou Mani Koraou c/. État du Niger*. Le juge convoque la Déclaration universelle des droits de l'homme, la Convention sur l'élimination de toutes les formes de discrimination à l'égard des femmes, la Convention relative à l'esclavage, la Convention supplémentaire relative à l'abolition de l'esclavage, de la traite des esclaves et des institutions et pratiques analogues à l'esclavage et, pour finir, la Charte africaine des droits de l'homme et des peuples.

[44] F. Ost, M. Van de Kerchove, *Le système juridique : entre ordre et désordre*, *op. cit.*, p. 32 et s.

L'ouverture débridée, hors de ce cantonnement physique et matériel, pourrait être annonciatrice de désordre surtout lorsque, à l'intérieur d'un même corps juridique communautaire, les vitesses d'intégration sont à géométrie variable. L'acceptation du *commun* ne se confine pas à l'identique. La polymorphie du droit contiendrait les germes de la crise de celui-ci lorsque l'emprunt est porteur de fracture idéologique parce que débordant son cadre physique d'expression. Ainsi, l'internormativité ne permet d'ordonner le pluralisme juridique qu'à la condition qu'elle organise une complémentarité entre les différents ensembles reliés. Lorsque ces ensembles relèvent d'organisations communautaires, les techniques de la complémentarité sont nombreuses : les citations des décisions de cours étrangères, l'évitement des procédures internationales concurrentes, l'écriture juridique en réseau *etc*.

Dans le cas d'ensembles caractérisés par un prisme vertical, organisation internationale-État, la complémentarité est prévue par la reconnaissance de la marge nationale d'appréciation, l'absence d'épuisement des voies de recours internes, l'ordre public, le renvoi préjudiciel, le suivi des décisions des juridictions communautaires *etc*. Toutes ces techniques visent à coordonner le singulier et le pluriel afin que le pluralisme ne cède ni à la séparation – imperméabilité entre les ordres juridiques – ni à la fusion, c'est-à-dire la dénaturation des identités propres à chaque union de droit. En fonction de l'utilisation qui en est faite par le juge ou le législateur communautaire, l'emprunt génère ces extrémités. Il est facteur potentiel d'instabilité, voire de subversion, lorsqu'il débouche sur une déconstruction identitaire, et, paradoxalement, ordonnance le multiple en créant, par utilitarisme judiciaire, un état du droit communautaire non expressément prévu par le droit primaire.

En cela, la critique de l'emprunt dépend de la densité de son utilisation. En droit communautaire, même assumé *in fine* par le juge, l'emprunt peut être initié par les parties au procès qui voudraient enrichir l'ordre public de ladite communauté de valeurs promouvant le culte de l'individu. Toutefois, la solution retenue par le juge ne saurait s'apprécier à l'aune de la seule satisfaction de l'intérêt individuel du destinataire de la « *norme* » empruntée. Même si des demandes en justice entre individus appartenant à des espaces de droit différents peuvent formellement être identiques, les énoncés normatifs devant être appliqués ne dégagent pas nécessairement le même sens. Si l'extériorité de la norme pourrait renforcer l'acceptation de la décision par le justiciable, le juge n'en reste pas moins dépositaire du sens d'une norme. Il lui imprime un contenu situé. Les notions d'égalité, de liberté, de dignité, de droit ou de devoir, réceptacles de tensions entre les cultures juridiques, ne peuvent être transposées que par le biais d'une jurisprudence sociologique. Autrement, l'emprunt revêt un caractère unidirectionnel.

2 – L'empirisme de l'emprunt unidirectionnel

Le recours à l'emprunt n'est pas dépourvu d'idéologie juridique. Dans l'hypothèse où les interactions jurisprudentielles procèdent de juridictions du même espace intégré, l'emprunt, pensé à partir d'un prisme égalitaire ou horizontal, promeut une unité conceptuelle malgré la fragmentation des ordres juridictionnels en Afrique[45]. La recherche d'un fonds jurisprudentiel commun compenserait la multiplicité formelle des cours de justice sous-régionales. La mobilité des normes de référence contribue à l'éclosion programmée d'une communauté de droit substantielle. Ainsi, il n'est pas rare que la Cour de justice de la CEDEAO s'inspire de décisions rendues par son homologue de l'UEMOA[46], de la Cour commune de justice et d'arbitrage de l'OHADA[47] ou même des *quasi-juridictions* dont les délibérations ne sont pourtant pas investies de l'autorité décisionnelle[48].

Ces emprunts dans un même espace intégré postuleraient les linéaments d'un système juridique à rebours des interactions asymétriques reposant sur une logique d'importation unidirectionnelle plutôt que d'une mutualisation jurisprudentielle. Le cas de figure fut réalisé lorsque la juridiction sous-régionale convoqua les décisions de la Cour interaméricaine des droits de l'homme[49], les travaux du groupe de travail sur les détentions arbitraires[50], le Comité des droits de l'homme des Nations Unies ou encore la Cour européenne des droits de

---

[45] M. Kamto, *Objectivisme et volonté (s)*, Pedone, 2021, p. 278.

[46] CJCEDEAO, 1er juillet 2016, *aff. Djibril Y Bassolé c/. État du Burkina Faso.*

[47] CJCEDEAO, 31 janvier 2012, *aff. Madame Aziablévi Yovo et 31 autres c/. Société Togo télécom et État togolais.*

[48] CJCEDEAO, 4 mars 2010, *aff. Dr Mahamat Seid Abazene* c/. *République du Mali.*

[49] CJCEDEAO, 23 octobre 2015, *Les ayants-droits Ibrahim Baré Mainasara c/. République du Niger.* Dans cette espèce, la solution empruntée est celle de la Cour interaméricaine des droits de l'homme, *Cantoral Huamani,* du 26 mai 2010 sur les effets et les limites aux lois d'amnistie.

[50] CJCEDEAO, 8 novembre 2010, *Mamadou Tandja c/. Général Salou Djibo et État du Niger.* La décision puise dans les délibérations du groupe de travail sur les détentions arbitraires.

l'homme[51]. L'ambition escomptée de créer des itinéraires jurisprudentiels de convergence commune dans une communauté de droit identifiée est pleinement remplie en fonction du degré de proximité du système juridique originel de l'emprunt. La convocation des ressources jurisprudentielles extérieures, formellement justifiée par la parenté des systèmes de droit, procède d'une tentative de légitimation des décisions rendues par les Cours de justice africaines[52]. Surgit, dès lors, le risque d'une forme de légitimité sans l'onction du « *peuple* » communautaire. La décision judiciaire ainsi rendue, parée des attraits d'un formalisme et d'un raisonnement éprouvés ailleurs, peine à rencontrer une assise sociologique.

L'emprunt, loin de faire communauté, nierait la demande endogène de droit du corps social communautaire. Les énoncés jurisprudentiels ne sont pas nécessairement porteurs de la même signification sociale. Or, la construction d'une communauté de droit doit répondre d'une herméneutique des mouvements internes du droit. L'attraction de la jurisprudence communautaire européenne est prégnante dans la fabrique du droit jurisprudentiel de la CJUEMOA en dehors même de l'affirmation pour le moins classique de la supranationalité[53]. Un niveau minimal d'emprunt, d'ordre procédural, résulte de la proximité entre les méthodes et techniques d'interprétation. Par un raisonnement systématique emprunté à la CJCE, la CJUEMOA put déterminer la compétence exclusive de l'Union à conclure des accords bilatéraux en

---

[51] CJCEDEAO, 13 juillet 2015, *Congrès pour la Démocratie et le Progrès (CDP) et autres c/. État du Burkina Faso*. La décision reprend les solutions du Comité des droits de l'homme des Nations Unies et de la Cour européenne des droits de l'homme à propos de la limitation du droit à se présenter à des élections.

[52] P.-J.-B. Bako, « Influence de la CJCE sur le droit communautaire ouest-africain », *Geneva Jean Monnet Working Paper*, 2016, p. 13.

[53] Avis de la CJUEMOA sur l'interprétation de l'article 84 du Traité de Dakar, Avis rendu le 2 février 2000. Pour la Cour, « il importe de souligner tout d'abord que l'Union constitue en droit une organisation de durée illimitée, dotée d'institutions propres, de la personnalité et de la capacité juridique et surtout de pouvoirs issus d'une limitation des compétences et d'un transfert d'attribution des États membres qui lui ont délibérément concédé une partie de leurs droits souverains pour créer un ordre juridique autonome qui leur est applicable ainsi qu'à leurs ressortissants » ; v. CCJA, Avis consultatif, n° 002/99/EP, 13 octobre 1999, demande d'Avis de la République du Mali. Elle déclare, s'inspirant des jurisprudences *Costa c/. Enel et Simmenthal*, que « la force obligatoire des actes uniformes et leur supériorité sur les règles de droit interne » ; v. CJCE, 15 juillet 1964 *Costa c/. Enel*, *aff.* 6/64 et CJCE, 9 mars 1978, *Simmenthal* SPA, *aff.* 106/77.

matière de politique commerciale commune[54]. L'alignement jurisprudentiel repose sur l'interdiction faite aux États membres de conclure des traités avec des États tiers à la communauté dès lors qu'un accord de politique commune mettant en œuvre des règles communes existe déjà entre membres de l'Union. Cette politique jurisprudentielle, quoiqu'assise sur la sécurité juridique, introduit une forme d'irréversibilité des compétences transférées[55].

Du reste, la CJDECEAO, déférant à la même méthode, établit les relations entre l'ordre juridique communautaire et les ordres juridiques internes sur le même fondement que la jurisprudence européenne[56]. La théorie de l'effet utile, succédané d'une interprétation non plus systématique mais téléologique, confirme la figure tutélaire de la Cour de Luxembourg sur les juridictions sous-régionales dans la construction prétorienne d'une *affectio integrationis*. C'est ainsi que la CJUEMOA, dans un avis du 10 décembre 1996, inscrivit la mise en place d'un agrément unique dans l'espace UEMOA comme condition à l'expression des libertés d'un espace économique ordonné[57]. Le

---

[54] Avis n° 002/2000 du 22 mars 1999 de la Cour de justice de l'UEMOA sur la compétence exclusive de l'Union à conclure des accords bilatéraux dans le cadre de la politique commerciale commune. La Cour se fonde sur une méthode d'interprétation empruntée de la célèbre décision AETR rendue par la CJCE ; v. CJCE, 31 mars 1971, aff. *Commission des Communautés européennes c/. Conseil des Communautés européennes (AETR),* 22/70, Rec. 1971. Pour la juridiction européenne « en l'absence de dispositions spécifiques relatives à la négociation et à la conclusion d'accords internationaux dans le domaine de la politique des transports (...) il convient de se référer au système général du droit communautaire relatif aux transports avec les États tiers ; qu'en vue de fixer dans un cadre déterminé la compétence pour la Communauté de conclure des accords internationaux, il convient de prendre en considération le système du traité autant que ses dispositions matérielles ».

[55] A. Sall, *La justice de l'intégration : Réflexions sur les institutions judiciaires de la CEDEAO et de l'UEMOA*, Dakar, L'Harmattan, 2018, p. 136.

[56] CJCEDEAO, 17 décembre 2009, aff. *Coordination Nationale des Délégués Départementaux de la Filière Café Cacao (CNDD) c/. République de Côte d'Ivoire*. Pour la Cour « les États membres de la CEDEAO, en tant que parties contractantes du droit communautaire CEDEAO ou en tant que garants de la mise en œuvre des droits humains reconnus dans le Traité Révisé de la CEDEAO sont débiteurs de ces droits et peuvent à ce titre être assignés devant l'Institution Judiciaire Principale de cette Communauté ». Elle s'inspire ici de la jurisprudence *Costa c/. Enel* susmentionnée.

[57] Avis n° 03/96 du 10 décembre 1996, Demande d'avis de la Banque Centrale des États de l'Afrique de l'Ouest (BCEAO) relative au projet d'agrément unique pour les banques et établissement financiers de l'UEMOA, Rec., pp.110-121. Pour la Cour, « L'établissement de l'agrément unique, qui consacre la libéralisation du marché bancaire, appelle l'application effective des libertés de circulation des biens, des

positionnement de la CJCEDEAO aux fins d'évitement de la litispendance relève du même esprit[58]. Ce faisant, la juridiction communautaire, sans emprunter les motivations de la décision d'une Cour similaire, initie avec elle une diplomatie judiciaire implicite qui consiste à éviter la dualité des procédures internationales sur une même affaire[59]. La conversation judiciaire se matérialise aussi par « l'attention portée à l'autre »[60].

Par ailleurs, la nature de l'emprunt est plus ostentatoire quand il vise *in concreto* la matière contentieuse. Emprunter est un acte prétorien de volonté qui traduit nécessairement une incomplétude normative du système de droit d'origine. Il révèle, éloigné de tout messianisme du discours de l'enrichissement et de l'altérité, une carence ou, à tout le moins, une difformité à corriger dans un ordre juridique déterminé. L'emprunt interroge, *in fine*, la capacité d'un ordre juridique initial à penser ses normes alors qu'il en va pourtant de sa fonction originelle ~~même~~. Dans la décision *Serge Laubhouet c/. Commission de l'UEMOA*, la CJUEMOA fait référence à « une jurisprudence constante de la CJCE » et de « l'autonomie du recours en responsabilité par rapport au recours en annulation » empruntée au droit de l'Union européenne[61]. Plus abruptement, la CJUEMOA considère le droit de l'UE comme un

---

services, et des personnes, notamment la liberté d'établissement des professions commerciales et libérales dont les principes sont solennellement annoncés dans le traité de l'UEMOA ». La Cour s'inspire ici de la jurisprudence de la CJCE qui avait décidé que « la règle de la libre circulation impliquée par l'article 4 du Traité CECA a été établie notamment dans l'intérêt de la production communautaire et que l'extension de cette règle aux produits en provenance de pays tiers et régulièrement importés n'a pas été adoptée pour la protection de ces produits ou de leurs producteurs, mais afin d'éviter que, par l'établissement d'obstacles à la libre circulation desdits produits, la libre circulation des produits communautaires ne se trouve elle-même, en fait atténuée ou compromise » ; v. CJCE, 14 juillet 1961, *Société Commerciale Antoine Vloeberghs c/. Haute autorité*, *aff.* jointes n° 9 et 12 /60, Rec. 1961.

[58] L'article 10. d) du Protocole additionnel de 2005. Aux termes de cet article, « toute personne victime de violation des droits de l'homme. La demande soumise à cet effet : i) ne sera pas anonyme, ii) ne sera pas portée devant la Cour de justice de la Communauté lorsqu'elle a déjà été portée devant une autre Cour internationale compétente ».

[59] E. Jouannet-Tourme, « Le juge international face au problème d'incohérence et d'instabilité du droit international. Quelques réflexions à propos de l'arrêt de la CIJ, 06 novembre 2003, *aff.* des plates formes pétrolières », *RGDIP*, vol. 4, 2004, p. 917 et s.

[60] A. Sall, *Le contentieux de la violation des droits de l'homme devant la Cour de justice de la CEDEAO*, Dakar, L'Harmattan, 2019, p. 221.

[61] CJUEMOA, 29 mai 1998, aff. *Serge Laubhouet c/. Commission de l'UEMOA*.

« étalon de mesure » justifiant une logique de transposition intégrale[62]. Elle assume « un examen comparatif de la rédaction des textes d'interdiction en matière de concurrence dans le traité de Rome par rapport à ceux indiqués du Traité de Dakar, qui s'est du reste profondément inspiré du droit européen »[63]. L'affaire *Eugène Yai c/. Conférence des Chefs d'États et de gouvernement de l'UEMOA* du 27 avril 2005 est une réplique de la décision *Hansen* en ce que « le recours en annulation contre une décision d'une institution communautaire n'est pas recevable, dès lors qu'une décision antérieure avait donné satisfaction au requérant »[64]. Dépassant les simples emprunts épars, la CJCEDEAO procède davantage à un alignement jurisprudentiel désincarné en s'interdisant un raisonnement judiciaire intrinsèque lorsqu'elle reprend l'affirmation, pourtant simple, que « toute personne physique ou morale peut former, dans les mêmes conditions, un recours contre les décisions dont elle est le destinataire, et contre les décisions qui, bien que prises sous l'apparence d'un règlement ou d'une décision adressée à une autre personne, la concernant directement ou indirectement »[65]. Au demeurant, il est étonnant de constater l'utilisation fréquente par les Cours africaines de la formule « il est de jurisprudence constante » alors même que les motivations de la décision sont importées et, par ricochet, inédites[66]. Or, l'emprunt exclut toute antériorité du raisonnement interprétatif proposé. Il ne prépare pas non plus à l'autonomie jurisprudentielle. Quand bien même une contribution qualitative de l'emprunt existerait – élargissement des actes attaquables en annulation, consécration des principes de droit non écrits et solutions visant à obvier les carences des traités – la technique n'en est pas pour autant investie d'une légitimité *a posteriori*[67]. Elle

---

[62] A. Sall, *La justice de l'intégration : Réflexions sur les institutions judiciaires de la CEDEAO et de l'UEMOA*, *op. cit.* p. 54.

[63] Avis de la CJUEMOA du 27 juin 2000, relatif à l'interprétation des articles 88, 89 et 90 du traité relatif aux règles de concurrence dans l'Union.

[64] CJUEMOA, 27 avril 2005, *Eugène Yaï c/. Conférence des Chefs d'États et de gouvernement de l'UEMOA préc.*, pp. 579-594. La Cour cite la décision Hansen rendue par la CJCE ; v. aussi CJCE, 13 décembre 1984, *Meyer épouse Hansen c/. Comité Economique et social*, 14 / 84, Rec., p. 4317.

[65] CJCE, 15 juillet 1963, *Plaumann c/. Commission des Communautés européennes*, *aff.* 25/62.

[66] P.-J-B. Bako, « Influence de la CJCE sur le droit communautaire ouest-africain » préc., p. 16.

[67] A. Sow, *L'influence de l'Union européenne sur les processus d'intégration en Afrique de l'Ouest*, Lyon, thèse mult., 2021, p. 281 et s.

révèle des failles épistémologiques qui déconstruisent le narratif juridique autour de la circularité des normes. Les objectivités du droit en Afrique relativisent le mythe de l'idéologie juridique globale.

II – L'emprunt normatif, le mythe de l'idéologie juridique globale et les objectivités du droit en Afrique

Les impasses dans la transposition d'une idéologie juridique qui aurait vocation à l'universalité et le particularisme du droit en cours de construction en Afrique rendent illusoire le projet épistémique de l'intertextualité (A) et renseignent sur une crise de légitimité et un essoufflement du modèle kelsénien (B).

A – L'illusion du projet épistémique de l'intertextualité

Dans l'absolu, l'intertextualité qui lie les systèmes africain, européen et américain est un sous-produit du pluralisme juridique objectivé par des emprunts normatifs. Le caractère illusoire de l'intertextualité découle d'une internormativité qui, en réalité, relève d'un impensé juridique (2) et de la nature discursive de l'ordonnancement juridique (1).

1 – Le caractère discursif de l'ordonnancement juridique

Émané de foyers de normativité épars, le droit en Afrique est à la quête de son unité juridique formelle. L'entreprise de *positivation* des normes entre les différentes communautés de droit renseigne sur une logique d'utilitarisme permettant aux États, membres de communautés pourvues de compétences fongibles, d'ordonner leurs rapports à l'Union. Toutefois, la multiplication des communautés supranationales ne participe pas nécessairement à l'unité conceptuelle du droit international qui suppose l'existence d'un socle de valeurs identitaires homogènes et un niveau fini d'État naturellement préparé aux dépossessions normatives. Elle postule davantage, par les emprunts normatifs entre organisations internationales africaines, « *une mise en ordre* »[68] de communautés juridiques. En Afrique, l'unicité de l'espace géographique, loin de générer un pluralisme juridique, débouche sur des sources protéiformes de normativités. La recherche d'un entrecroisement entre les normes se justifie d'autant plus que l'espace de circularité entre celles-ci est le même. Le dialogue horizontal entre Unions de droit se perçoit comme un prérequis à la survie même des différentes communautés (UEMOA, CEDEAO, OHADA pour

[68] M. Delmas-Marty, *Le pluralisme juridique ordonné, les forces imaginantes du droit (II), op. cit.*, p. 62.

l'Afrique de l'ouest). En revanche, plus qu'une *positivation* communautaire substantielle ou sociologique, la « *mise en ordre* » ne correspond qu'à la recherche de ressources de cohérence normative extérieure[69]. La coexistence d'une multitude d'organisations sous-régionales exige de penser « une cohérence d'ensemble » par le biais d'un dépassement des contradictions afin d'obvier aux conflits normatifs[70]. Le droit de l'intégration est aussi un espace de coopération lorsque le prisme géographique échoue à ériger un corpus juridique de référence communautaire unique. L'existence même du droit communautaire est nié dans sa conception en Afrique en raison de la disparité des ordres normatifs. S'il est pluriel, le droit communautaire ne transporte pas, sociologiquement, l'idée de communauté qu'il est censé renfermer. Dès lors, la technique des emprunts normatifs apparaît comme une mesure de correction formelle d'une incomplétude normative. Elle ne saurait prétendre à des vertus systémiques car prospérant non pas au cœur de la production des normes mais dans les interstices de leur circulation. Cette ambition, fut-elle modeste, permet au moins d'assurer la cohérence extérieure des ordres juridiques.

En droit communautaire africain, l'épreuve de cohérence normative tente d'édulcorer les incompatibilités entre textes communautaires[71]. A ce titre, la citation des normes transparaît comme une technique de rationalisation des dispositions institutionnelles de l'intégration africaine. La citation circulaire des textes entre organisations sous régionales redresserait les éventuelles incompatibilités[72]. Un itinéraire de convergence normative imprègne textuellement le droit européen de la Convention de Vienne relativement aux conflits de normes[73]. Les

---

[69] J. Chevallier, « L'internormativité », *Les sources du droit revisitées, Théorie des sources du droit*, t. 4, Bruxelles, Presses universitaires Saint Louis Bruxelles, 2013, p. 2. Consulté sur https://hal.science/hal-01723912.

[70] M. Delmas-Marty, *Le pluralisme juridique ordonné, les forces imaginantes du droit (II), op. cit.*, p. 62.

[71] F. Ost, « La légitimité dans le discours juridique : cohérence, performance, consensus ou dissensus ? », *Revue interdisciplinaire d'études juridiques*, vol. 12, n° 1, 1984, pp. 163 et s.

[72] L.-M. Ibriga, « La problématique de la juridictionnalisation des processus d'intégration en Afrique de l'Ouest », *Séminaire national du Burkina Faso sur l'intégration régionale en Afrique de l'ouest (Ouagadougou 21 et 22 novembre 2005)*, Paris, Karthala, 2008, p. 149 et s.

[73] Par rapport au droit international général, il convient de rappeler l'article 30 § 4, b) de la Convention de Vienne qui prévoit que « dans les relations entre un État partie aux deux traités [incompatibles] et un État partie à l'un de ces traités seulement, le

articles 60 et 14 du Traité de l'UEMOA en sont topiques. Le second est en réalité complété par le premier. D'une part, aux termes de l'article 14, « dès l'entrée en vigueur du présent Traité, les États membres se concertent au sein du Conseil afin de prendre toutes mesures destinées à éliminer les incompatibilités ou les doubles emplois entre le droit et les compétences de l'Union d'une part, et les conventions conclues par un ou plusieurs États membres d'autre part, en particulier celles instituant des organisations économiques internationales spécialisées ». D'autre part, l'article 60 stipule que « ... la conférence tient compte des progrès réalisés en matière de rapprochement des législations des États de la région, dans le cadre d'organismes poursuivant les mêmes objectifs que l'Union ». Dans le même esprit, l'alinéa premier du Traité instituant la CEDEAO prévoit que « les États membres s'engagent [...] en particulier à prendre toutes mesures requises pour harmoniser leurs stratégies et politiques et à s'abstenir d'entreprendre toute action susceptible d'en compromettre la réalisation ». Le modèle du pluralisme juridique par l'harmonisation induit la prise en compte finaliste des textes d'autres organisations internationales, notamment africaines. Dans la même dynamique, l'article 8 du Traité OHADA semble soucieux de la cohérence de l'ordre juridique. Il prévient les incohérences nées des incompatibilités entre les normes OHADA et celles de l'UEMOA. L'article prévoit que « l'adoption des Actes uniformes par le Conseil des Ministres requiert l'unanimité des États présents et votants. L'adoption des Actes uniformes n'est valable que si les deux tiers au moins des États Parties sont représentés. L'abstention ne fait pas obstacle à l'adoption des Actes uniformes ». Ce faisant, le droit originaire OHADA dialogue avec celui de l'UEMOA en ce que les États membres de l'UEMOA auront, *de jure*, la possibilité de neutraliser ou de bloquer toute adoption d'un Acte uniforme lorsque celui-ci leur paraîtra incompatible avec l'esprit communautaire. La prévision de la règle de l'unanimité permet ainsi de transcender l'espace juridique restreint de l'OHADA pour quêter un consensus communautaire holistique par l'implication des États membres de l'UEMOA. A côté de la politique dite de la ch*aise vide* qui

traité auquel les deux États sont parties régit leurs droits et obligations ». Dans le cadre européen, cette disposition porteuse de cohérence de l'ordre juridique a même fait l'objet d'un emprunt normatif en ce qu'elle a inspiré le premier alinéa de l'article 234 : « les droits et obligations résultant de conventions conclues antérieurement à l'entrée en vigueur du présent traité, entre un ou plusieurs États d'une part, et un ou plusieurs tiers d'autre part, ne sont pas affectés par les dispositions du présent traités ».

ne permet pas d'atteindre le seuil exigé de deux tiers pour adopter un Acte uniforme, l'exigence de l'unanimité organise une internormativité institutionnelle OHADA-UEMOA[74]. Pour autant, l'internormativité reste un impensé juridique en Afrique.

2 – L'internormativité en Afrique, un impensé juridique

L'internormativité suggère l'existence de relations entre des ensembles normatifs qui n'obéissent pas à des logiques hiérarchiques[75]. Dans l'absolu, ce concept aux relents plus sociologiques que juridiques porte l'ambition aporétique d'opérer, entre les différents systèmes juridiques, une forme d' « *unification par hybridation* »[76]. Autrement dit, ces ensembles ne relèvent d'aucune solidarité organique. Elle se distingue ainsi de la logique de primauté qui régit les rapports entre une Union de droit et un État membre. Sous-catégorie de l'intertextualité, l'internormativité suppose des transferts égalitaires de normes. En dehors de toute relation horizontale, l'internormativité est un impensé. En effet, elle n'occulte pas la prégnance d'un système de valeurs incarnées par des institutions extérieures aux ambitions normatives hégémoniques sur des questions identitaires (genre, famille, homosexualité…). L'internormativité contribue à la validation théorique d'un droit à la prétention globale. Elle ne prospère qu'à partir de l'acceptation du présupposé métaphysique de la normativité. Celle-ci, extraterritoriale, conduirait à disjoindre la production normative de son incarnation sociologique. Partant, l'internormativité, en Afrique, crée des impasses épistémiques, c'est à dire la rupture entre l'opération technique de *positivation* et le socle de valeurs situées au fondement de tout ordre juridique. En l'absence d'emprunts réciproques, une perméabilité normative unilatérale entre systèmes juridiques validerait, *in fine*, l'existence d'un référent épistémologique dominant. Or, dans le régionalisme, la sociologie précède toujours le droit. La démarche

[74] Pour Ibriga, « cette disposition du droit originaire O.H.A.D.A. ouvre aux États membres de l'U.E.M.O.A. la possibilité d'empêcher l'adoption de tout Acte uniforme qui leur paraîtrait incompatible ou comporter de sérieux risques d'incompatibilité avec le droit communautaire soit en votant contre, du fait de l'exigence de l'unanimité, soit en pratiquant la politique de « la chaise vide », leur absence ne permettant pas d'atteindre le quorum requis des deux tiers » ; v. L.-M. Ibriga, « La problématique de la juridictionnalisation des processus d'intégration en Afrique de l'Ouest » préc., p. 149 et s.

[75] Jean Guy Belley (dir.), *Le droit soluble. Contributions québécoises à l'étude de l'internormativité,* LGDJ, Coll. Droit et société, t.16, 1996.

[76] M. Delmas-Marty, *Le pluralisme ordonné. Les forces imaginantes du droit (II), op. cit.,* p. 101 et s.

inverse accélère le retour à la souveraineté. En Afrique, la sous-région polarise un standard civilisationnel minimal[77].

L'emprunt non circulaire enrichit formellement l'ordre juridique de réception et, paradoxalement, dilue le ferment identitaire de la construction communautaire. Il est vecteur d'impérialisme juridique. L'analyse des emprunts entre les systèmes africain, américain et européen accrédite un ordonnancement du pluralisme autour du modèle épistémologique occidental. Contrairement à sa finalité escomptée, la technique introduit une logique de rapport de force asymétrique. La communication entre les systèmes juridiques suppose que les normes soient issues de constructions sociales et de représentations communes. Elle nécessite un socle de valeurs, à l'origine de la normativité juridique, identique dans les espaces normatifs. L'inexistence d'une *société-monde* ajourne l'édification pertinente de couloirs entre les systèmes juridiques représentatifs de différentes régions. Les interférences normatives réciproques n'existent que dans une même communauté de culture, de valeurs et de traditions[78]. Cette critique de l'internormativité se justifie par l'appropriation d'une épistémologie solidariste et communautariste des droits de l'homme en Afrique à rebours de son assise individualiste en Occident. La rupture dans l'approche des droits de l'homme ajourne toute circularité. Ainsi, les articles 60 et 61 de la Charte africaine des droits de l'homme et des peuples faisant référence à des conventions extra-africaines puisent dans un fonds de normes éloignées du *cogito-collectiviste* africain. Dans le même esprit, l'article 7 du protocole de Ouagadougou dispose que « la Cour applique les dispositions de la Charte ainsi que tout autre instrument pertinent relatif aux droits de l'homme et ratifié par l'État membre concerné ». En réalité, les conditions de l'emprunt normatif – la norme doit avoir pour objet les droits de l'homme et elle doit être également ratifiée par l'État concerné – ne permettent que de garantir l'acceptation de la norme par l'État débiteur d'une obligation conventionnelle. Elles ne présument pas de la circularité de la norme. Ces conditions postulent que la Cour considère l'emprunt comme un palliatif à l'absence d'historicité qui la caractérise. La technique compenserait les carences axiomatiques d'une Cour inscrite dans le

---

[77] B. Amadou Adamou, *Le constitutionnalisme à l'épreuve de l'intégration dans l'espace CEDEAO : contribution à l'étude de la protection des droits fondamentaux depuis l' « ouverture démocratique » en Afrique*, Toulon, thèse mult., 2018, p. 42.
[78] J. Chevallier, « L'internormativité », préc., p. 1.

temps court de l'histoire. Paradoxalement, elle invalide toute velléité de penser une vertu systémique au modèle régional africain. L'idée même de modèle exige une sociologie judiciaire pure. Le recours excessif au libéralisme jurisprudentiel contredit l'exigence identitaire d'une Cour dont l'histoire n'est pas achevée. Les modèles d'emprunts des Cours étrangères sont, de ce point de vue, moins soucieux du *droit vivant* émané d'espaces normatifs extérieurs. Ils laissent « aux juges la liberté d'identifier les textes exogènes de référence » sans pour autant cristalliser expressément les normes conventionnelles de référence[79]. Ainsi, la doxa de l'interpénétration apparaît plus comme une vue de l'esprit. Son ambition de mettre fin aux frontières normatives au sens durkheimien renseigne plutôt sur une extension du champ territorial d'application de normes étrangères ou, à tout le moins, une mobilité des normes occidentales exclusivement. La réalité du « *décloisonnement* »[80] est unilatérale en ce que les ressources normatives mobilisées dans l'interprétation et l'application des normes – conventions, lois, décisions jurisprudentielles –n'intègrent que distinctement les systèmes juridiques africain et sud-américain. L'interpénétration des systèmes doit être consubstantielle à l'internormativité[81]. A défaut d'« influences croisées », les « entrecroisements » relèvent d'un vœu pieu car, empiriquement, le modèle européen n'est pas pensé à partir des racines socio-anthropologiques du droit africain. Par conséquent, l'emprunt normatif est un vecteur de crise de légitimité et de remise en cause du tropisme étatique de la validité des normes.

B – L'emprunt normatif, la crise de légitimité et l'essoufflement du modèle kelsénien

L'anachronisme du modèle de la hiérarchie des normes, incapable de gouverner les rapports de systèmes (2), transpose, en dehors des Etats, les fondations mêmes de la démocratie qui, illégitimement, se subsume dans la démocratie supranationale (1).

1 – Emprunt normatif et démocratie supranationale

Le recours aux emprunts normatifs questionne la légitimité des producteurs des normes et les normes elles-mêmes. Il est vrai que cette

[79] L. Burgorgue-Larsen, « Le décloisonnement. La technique reine d'interprétation des traités de protection des droits de l'homme » préc., p. 73.
[80] L. Burgorgue-Larsen, « Les 3 Cours régionales des droits de l'homme » in *Context. La justice qui n'allait pas de soi,* Paris, Pedone, 2020, pp. 249-256.
[81] J. Chevallier, « L'internormativité », préc., p. 3.

approche binaire de la légitimité pourrait correspondre à un schème unitaire car la norme est à l'origine des institutions en même temps qu'elle en est le produit[82]. L'intimité de la norme avec le corps social se mesure à l'aune de l'origine, proche ou lointaine, de celle-ci[83]. La norme internationale n'est socialement intériorisée que par son intégration dans le corpus juridique interne ou lorsqu'elle est issue d'une construction extranationale consentie et acceptée par les États. Ainsi, la validation technique de l'emprunt, par sa prévision dans le texte primaire de l'organisation qui y recourt, n'opère pas une validation substantielle sauf à considérer que le consentement est un acte initial définitif[84]. S'il l'est, la question des emprunts normatifs se pose non pas en termes de légalité pure mais de légitimité, c'est-à-dire d'obéissance par les justiciables étatiques des juridictions internationales. Le lien distendu entre les institutions communautaires africaines, promptes à faire de l'emprunt une méthode d'ouverture à une civilisation juridique extérieure, et les États pourrait s'expliquer, partiellement, par cette normativité d'emprunt. L'ouverture du juge communautaire africain au droit jurisprudentiel hors-continent pourrait l'éloigner de la jurisprudence sociologique. Il n'en est rien dans les hypothèses de circularité dans une même aire de droit définie comme telle en raison d'une identité de vue sur le progrès social.

La question de la légitimité des règles empruntées est fongible dans l'exigence de démocratie représentative à l'échelle régionale. Parce que la souveraineté est aussi bien organique – modèle hegelien du droit – que principielle – individu –, la pluralité des producteurs de normes nécessite systématiquement un contrôle d'acceptation populaire des règles et un lien de confiance entre le peuple et les producteurs normatifs articulé autour de plusieurs verticalités. Le déficit démocratique n'interroge pas seulement la crise de la démocratie représentative. Il interroge la légitimité de déposséder les peuples de leur droit à l'auto-détermination juridique[85]. En cela qu'elles s'approprient la construction d'un narratif juridique national, les organisations communautaires déplacent le curseur de l'axiologie

---

[82] N. Bobbio, « Sur le principe de légitimité », *Annales de philosophie politique. L'idée de légitimité*, n° 7, 1967, p. 20 et s.

[83] D. Baranger, *Le droit constitutionnel*, PUF, collection « Que sais-je ? », 2009, p. 69 et s.

[84] J.-M. Roy, *Le consentement*, Paris, Legitec, 2021.

[85] Y. Lequette, « De la France et de l'Europe : La nation ou l'empire », *in Études à la mémoire du professeur Bruno Oppetit*, Litec, 2009, p. 411.

démocratique au-delà de son cadre territorial naturel d'expression, l'État en l'occurrence. C'est d'ailleurs pour cette raison que l'idée d'un peuple communautaire est postulée[86]. Or, ce critère fédératif achoppe sur l'absence de toute association du peuple dans le pouvoir décisionnel des Unions de droit en Afrique[87]. Une démocratie supranationale sans le peuple souverain, titulaire ultime du « *kratos* », n'est qu'une rhétorique juridique. Dans les modèles consolidés d'États-nation, les États, partageant la même temporalité démocratique et mus par des valeurs communes, pourraient esquisser les éléments constitutifs d'une démocratie supranationale[88]. Toutefois, si l'État-nation n'est pas un horizon démocratique indépassable dans la pensée de Habermas, il n'en est rien des cas d'États qui se construisent une nation. La souveraineté juridique ne saurait remplacer la souveraineté populaire[89]. Elle doit en être un succédané. Autrement, le processus de construction institutionnelle des États du Sud serait affecté des mêmes vulnérabilités qui ont altéré l'évolution économique sinusoïdale de ces mêmes États en raison de la dérégulation et de l'imposition de la libéralisation commerciale[90]. En Afrique, l'histoire de l'économie et du droit résulte du même récit colonial.

Les ordres juridiques nationaux sont perçus dorénavant comme des artefacts normatifs polarisant des formes de légitimités plurielles. Les règles dotées d'une légitimité démocratique coexistent avec des règles pourvues d'une « légitimité légale-rationnelle »[91] imposée au peuple. Cette nouvelle légitimité serait permise par l'acceptation de la souveraineté principielle qui fait de l'individu la raison de la transgression de la souveraineté organique. L'apologie de l'individu contre l'État, sujet porteur naturellement d'arbitraire, justifierait la démocratie supranationale qui, pourtant, se construit aux dépens du

---

[86] M. Diawara, *La citoyenneté dans l'intégration des États en Afrique : Réflexions sur la construction de la citoyenneté démocratique dans la Communauté économique des États de l'Afrique de l'Ouest*, Dakar, L'Harmattan, 2022.

[87] I. Bosse-Platiere, *La parlementarisation des processus d'intégration régionale. Approche comparée Europe, Afrique, Amériques*. Presses universitaires de Rennes, 2020.

[88] J. Habermas « Conscience historique et identité post-traditionnelle », *in Écrits politiques*, Paris, *Flammarion,* 2011, p. 233.

[89] L.-M. Ibriga, S.-A. Coulibaly, D. Sanou, *Droit communautaire ouest-africain*, Précis de droit burkinabé, 2008, p. 2.

[90] T. Piketty, *Une brève histoire de l'égalité*, Editions du Seuil, 2021.

[91] M. Weber, *Essai sur la théorie de la science,* trad. Julien Freund, Paris, *Pocket*, 1992.

peuple. Ce paradoxe renseigne sur les conflits de légitimités dans un même ordre juridique composé de normes d'origine disparate. Il y aurait une fatalité à considérer, contrairement à Bodin, que l'achèvement de la construction de l'État acte la disparition de la titularité de sa souveraineté. La renaissance du *jus gentium* serait rédhibitoire à l'État-nation car elle implique un renouvellement de la souveraineté, de la démocratie et de la légitimité. En Afrique, les Unions de droit (UA, UEMOA, CEDEAO, OHADA, CEMAC…) concentrent une potentialité accrue de conflits de légitimités : les peuples des États membres, les normes communautaires et les normes empruntées. Au surplus, un bilan de ces Unions démontre que le projet nourri de légitimité libérale, articulé autour des individus, peine à satisfaire les États membres prioritairement enclins, à travers la légitimité nationale, à construire une souveraineté organique. Une fois construite, la souveraineté organique se transforme en précondition à la réalisation des « *droits* », vocation prométhéenne d'une société libérale qui aura préalablement assuré ses fonctions régaliennes de sécurité. La promesse libérale des droits fondamentaux laisse poindre nécessairement une exigence d'extériorité quand bien même se confronterait-elle au niveau de construction organique des États.

Ce choc des légitimités, plus abrupt en Afrique qu'ailleurs, est révélateur d'un désordre plus que d'un ordonnancement du pluralisme juridique. La pusillanimité du renvoi préjudiciel, l'inexécution des décisions des cours de justice communautaire, l'irrespect des sanctions communautaires, l'absence d'autorité nationale chargée du suivi des injonctions judiciaires extranationales[92] … participent à désordonner, faute de légitimité libérale plébiscitée par les peuples, l'ambition pluraliste. Le protectionnisme, qu'il arbore des attraits économiques ou juridiques, est une étape nécessaire à la rencontre de l'*Autre* ou à l'altérité[93]. Il prépare, par le raffermissement de l'identité, au réseau. Cette opération doit précéder l'ouverture qui, en réalité, invalide la structure pyramidale des normes propres aux États.

---

[92] A. Sall, *L'affaire Hissène Habré: aspects judiciaires nationaux et internationaux*, Paris, L'Harmattan, 2019, p. 96.

[93] La dynamique est semblable en matière économique. Ce n'est qu'après avoir assuré une suprématie que les États ont pu s'ouvrir au discours libre-échangiste. C'est le cas de la Corée, de la Chine ou de Taiwan ; v. T. Piketty, *Une brève histoire de l'égalité*, *op.cit.*, p. 90.

2 – Emprunt normatif et hiérarchie des normes

L'opérateur technique de validité des normes, la pyramide kelsénienne, correspond, dans toutes les sociétés de droit, à une hiérarchie des organes. L'identité de l'organe créateur de la norme renseigne sur la place de celle-ci dans la hiérarchie. Il en est ainsi des principes généraux du droit, des lois référendaires, de la jurisprudence…dont la place dans la hiérarchie correspond à la nature des compétences échues à leurs producteurs organiques. Il est vrai que la hiérarchie formelle des normes a été pensée dans le cadre étatique au sein duquel, quoi qu'on en veuille, la normativité est homogène[94]. Considérée simplement comme une « *idée qui va de soi* », la hiérarchie articule des normes provenant d'un même système[95]. L'intrication des ordres juridiques disqualifie la hiérarchie des normes dans sa vocation primairement utilitariste. Sa « *crise* » est postulée[96]. Le pluralisme normatif, exacerbé par la circularité du référentiel normatif, décompose l'unité de la hiérarchie formelle et oblige à penser en termes de réseau[97]. La hiérarchie des normes n'est pas pour autant invalidée. C'est son caractère unilatéral et monolithique qui est remis en cause. Elle est simplement inadaptée aux mutations des sources du droit. Le réseau contredirait un hiérarchisme éprouvé exclusivement dans les systèmes clôturés. L'horizontalité supplée à la logique de l'unicité de la hiérarchie. Ce paradigme, vérifié aisément dans les civilisations juridiques plus abouties, contredit pourtant la temporalité africaine d'un État fort dont le Pouvoir répond d'une exigence hiérarchique et jacobine. Il est étonnant de constater que les ordres juridiques les plus disposés aux emprunts soient ceux qui sont les moins préparés au temps des individus. L'Afrique vit encore au temps historique des États. Les ordres juridiques coexistent mais ne sécrètent pas un système juridique pensé à partir d'une hiérarchie établie. La CEDEAO assume d'ailleurs l'inexistence d'un système de normes de référence intrinsèque qui nourrirait la jurisprudence de sa Cour de justice[98].

---

[94] B. Bonnet, *Repenser les rapports entre ordre juridiques*, *op. cit.*, p. 27.

[95] P. Amselek, « Une fasse idée claire : la hiérarchie des normes juridiques » préc., p. 983.

[96] P. Puig, « Hiérarchie des normes : du système au principe », *RTD civ.*, 2001, p. 749.

[97] F. Ost, M. Van de Kerchove, *De la pyramide au réseau ? Pour une théorie dialectique du Droit*, *op. cit.*

[98] V. l'article 9 al.4 du Protocole additionnel A/SP.1/01/05 du 19 janvier 2005 qui donne compétence en matière de violation des droits de l'homme à la CJCEDEAO

La hiérarchie des normes est antithétique au pluralisme normatif. En droit interne déjà, son épure n'est pas linéaire. Par exemple, lorsque la norme conventionnelle est plus à même de réaliser la souveraineté de l'individu –la protection des droits fondamentaux – elle prévaut sur la norme constitutionnelle qui perd ainsi son unité physique. A l'intérieur même de l'ensemble normatif étatique, les normes se hiérarchisent en fonction de leur contenu et non pas systématiquement de leur rang[99]. Cette absence de fixité atténue le projet unitaire de la hiérarchie. Au surplus, l'hypertrophie de l'individu serait-elle toujours compatible avec une hiérarchie dont la visée finale ne peut être que la protection souverainiste d'un ordre juridique ? La temporalité des droits fondamentaux préfigurerait une nouvelle forme de dialectique *Pouvoir-individu* assise sur un État post-westphalien[100]. Le discours juridico-centré du nationalisme juridique, célébré par le modèle kelsénien, se heurte à l'internormativité. La subjectivisation des droits a atteint une dignité constitutionnelle par l'intégration de normes conventionnelles dans le préambule des Constitutions. Le paradoxe est apparent car la conventionnalisation des constitutions accrédite un monisme supranational dans lequel le droit international primerait. Le monisme constitutionaliste – supériorité de la Constitution – matérialise le triomphe de la souveraineté et, par conséquent, semble moins préparé au pluralisme. En réalité, l'espace international est le lieu même d'organisation des rapports entre les souverainetés. La logique consommée de fragmentation de l'ordre juridique international, par l'émiettement des centres de production du droit, ajourne l'existence d'une hiérarchie des normes unique[101]. A l'analyse, la pluralité des hiérarchies normatives, déduites de la confrontation entre ordres juridiques, est source de désordre normatif même si l'on se situe dans une même communauté de droits. L'exemple du Protocole de la CEDEAO sur la démocratie et la bonne gouvernance est édifiant en ce qu'il comporte une valeur juridique différente selon l'État considéré. Si

---

qu'à partir de 2005. La Cour s'appuie exclusivement sur des normes de références extérieures au « *système* » CEDEAO.

[99] E. Picard, « La hiérarchie des normes confrontée aux rapports entre ordres juridiques », *in Traité des rapports entre ordres juridiques*, Lextenso, 2016, p. 517.

[100] F. Ost, « La légitimité dans le discours juridique : cohérence, performance, consensus ou dissensus ? », François Ost, Michel Van de Kerchove, *Jalons pour une théorie critique du droit, Bruxelles,* 1987, p. 512.

[101] J. Combacau, « Le droit international : bric-à-brac ou système ? », *L'ordre juridique. Archives de philosophie du droit*, t. XXXI, 1986, p. 85.

le Protocole n'a qu'une simple valeur conventionnelle au Sénégal, il a été constitutionnalisé au Togo alors que l'espace d'application de la norme susvisée est unitaire[102]. Au surplus, dans les ordres juridiques internationaux, la Constitution, qui donne du sens à toute la construction hiérarque des normes, n'est qu'un fait juridique si bien qu'un État ne peut convoquer l'argument de l'exception constitutionnelle pour se soustraire à ses obligations conventionnelles[103].

Dans toutes ses déclinaisons, l'emprunt s'inscrit dans un récit de déconstruction de la nation en ce qu'il transporte la colonisation d'un imaginaire normatif[104]. La fracture épistémique qu'il entraîne vise, en dehors des États, les communautés de droit investies d'habilitations de compétences étatiques. Il induit un post-nationalisme juridique qui nécessite de repenser le discours sur la décolonialité des savoirs à travers le prisme de la recherche du *multiple* sur la systématisation permanente du *commun* par le recours à l'emprunt effréné[105]. L'emprunt ne saurait se muer en une invite à la polarisation néo-coloniale des savoirs.

---

102 I.-M. Fall, A. Sall, « Une Constitution régionale pour l'espace CEDEAO : le Protocole sur la Démocratie et la Bonne Gouvernance de la CEDEAO », *op. cit.*

103 L'article 27 Convention de Vienne de 1969 dispose, en effet, qu'« une partie ne peut invoquer les dispositions de son droit interne comme justifiant la non-exécution d'un traité ».

104 Ph. Colin, L. Quiroz, *Pensées décoloniales. Une introduction aux théories critiques d'Amérique Latine*, *op. cit.*, p. 155.

105 B. de Sousa Santos, *Épistémologies du Sud. Mouvements citoyens et polémiques sur la science*, Editions Desclée de Brouwer, 2016, p. 61 et E.-M. Mbonda, « La décolonisation des savoirs est-elle possible en philosophie ? », *Philosophiques*, Vol. 46, 2019, p. 301

La transfiguration de l'enfant adultérin a patre en droit positif ivoirien : regard sur une déconstruction en perspective de l'archétype familial conjugal

Alfred Kouakou KOUASSI
Docteur en droit privé
Assistant à l'Université des Lagunes d'Abidjan
Côte d'ivoire

Résumé : Les réformes advenues en droit ivoirien de la famille en 2019 véhiculent un droit positif pourfendeur d'inégalités aussi bien entre époux qu'entre enfants. Or, c'est l'envers d'une pareille façade qui dépeint mieux le nouveau visage du droit ivoirien de la famille, dont l'analyse synchronique du régime du mariage avec le régime de la filiation permet de mieux rendre compte ; sous le prisme singulier du statut désormais conféré à l'enfant adultérin *a patre*. Aussi, la traditionnelle citadelle imprenable instituée dans la famille de type conjugal depuis la loi n° 64-375 du 7 octobre 1964 relative au mariage et entretenue par les réformes législatives subséquentes, sonne désormais creux à l'aune du nouveau statut offert à l'enfant adultérin. De ce point de vue, il semble que l'archétype familial de type conjugal ait fait son temps. Telle nous apparait l'hypothèse que les lignes ci-après entendent vérifier.

Mots clés : Mariage monogamique - Filiation adultérine - Égalité des filiations - Égalité des époux.

« Famille – les savants d'il y a cent ans se demandaient d'où elle venait ; ceux d'aujourd'hui plutôt où elle va[1] », observait déjà Jean Carbonnier, lequel analysait au début des années 1960, à l'occasion des Mélanges offerts à René Savatier, l'évolution de l'institution[2] familiale

---

[1] J. Carbonnier, « Famille, Législation et Quelques autres », *in Flexible droit. Pour une sociologie du droit sans rigueur*. Dalloz, 7e éd., 1992, p. 224.

[2] Sur la controverse relevée parfois en doctrine relativement à la préhension de la famille en tant qu'institution juridique, v. opportunément A.-A. Diouf, « L'institution familiale, le discours juridique et l'ordre social : une critique du dogme patriarcal »,

dans un contexte français. Comme par osmose, le propos quant au sort de la famille apparait désormais féconder le contexte juridique ivoirien, depuis qu'il a plu au législateur, en vertu de la réforme du droit de la filiation advenue en 2019[3], de sortir des périphéries le traditionnel[4] statut juridique admis pour l'enfant adultérin en droit ivoirien ; en faisant sauter le verrou tenant au « consentement [préalable] de l'épouse[5] » au profit de « l'information donnée [par le père] à l'épouse du projet de reconnaissance[6] », s'agissant de l'enfant adultérin *a patre.*

S'il parait s'agir là du prix à payer pour l'égalité des filiations en droit ivoirien, en ce que désormais, « tout enfant à droit à l'établissement de sa filiation à l'égard de ses auteurs[7] », encore reste-t-il à vérifier qu'il s'agisse ou pas d'une victoire à la Pyrrhus en regard du paradigme familial conjugal admis en droit ivoirien.

Originellement, la transfiguration qui exprime un changement d'aspect, celui à l'aune duquel dans la foi chrétienne, le Christ révèle sa gloire à ses apôtres sur le mont Thabor, exprime un changement ou une transformation prodigieuse. Aussi, envisager en l'occurrence une transfiguration de l'enfant adultérin veut rendre compte, *mutatis mutandis*, du nouveau statut de l'enfant adultérin en droit ivoirien. En

---

in Par le droit immobilier et au-delà. Mélanges en l'honneur de Daniel Tomasin, Dalloz, 2022, pp. 625-643.

[3] Loi n° 2019-571 du 26 juin 2019 relative à la filiation, laquelle participe d'une réforme d'ensemble du droit civil ivoirien. En effet, outre la filiation évoquée, ces réformes concernent, l'état civil (loi n° 2018-862 du 19 nov. 2018), le mariage, (loi n° 2019-570 du 26 juin 2019), la minorité (loi n° 2019-572 du 26 Juin 2019), les successions (loi n° 2019-573 du 26 juin 2019), le nom (loi n° 2020-490 du 29 mai 2020), le domicile (loi n° 2020-491 du 29 mai 2020).

[4] En effet, avant, « la reconnaissance par le père, de l'enfant né de son commerce adultérin n'est valable, sauf en cas de jugement ou même de demande soit de divorce soit de séparation de corps que du consentement de l'épouse » ; cf. ancien article 22 de la loi n° 64-377 du 7 octobre 1964, relative à la paternité et à la filiation, modifiée par la loi n° 83-799 du 2 août 1983. Il en va autrement, depuis la réforme du droit de la filiation advenue en 2019.

[5] Ancien article 22 de la loi n° 64-377 du 7 octobre 1964, relative à la paternité et à la filiation, modifiée par la loi n° 83-799 du 2 août 1983 il en va autrement, depuis la réforme du droit de la filiation advenue en 2019.

[6]Art. 22 de la loi n° 2019-571 du 26 juin 2019 relative à la filiation : « la reconnaissance par le père de l'enfant né de sa relation hors mariage doit être précédée de l'information donnée à l'épouse du projet de reconnaissance. L'acte de reconnaissance, doit, à peine de nullité, contenir la mention de l'information donnée à l'épouse par acte de commissaire de Justice. [...] ».

[7] Art. 1er de la loi n° 2019-571 du 26 juin 2019 relative à la filiation.

effet, ainsi que le proclame solennellement l'article 1er de la nouvelle loi relative à la filiation, « tout enfant a droit à l'établissement de sa filiation à l'égard de ses auteurs[8] ». Aussi, est-ce d'emblée que le législateur ivoirien affirme le nouveau paradigme relatif au traitement égalitaire de tous les enfants[9], fussent-ils légitimes ou naturels. Car, désormais, le spécifique vocable « enfant adultérin[10]», expression elliptique pour désigner « l'enfant né du commerce adultérin[11] » du père ou de la mère, est éclipsé par la réforme gouvernant le droit de la filiation. Cette expression est désormais remplacée, près de soixante ans plus tard, par le générique qualificatif[12] d'« enfant né de la relation hors mariage[13]».

Ce faisant, l'allusion à l'adultère, cette violation du devoir de fidélité conjugal, induite de l'expression « enfant adultérin », est désormais

---

[8] Art. 1er de la loi n° 2019-571 du 26 juin 2019 relative à la filiation, *Journal Officiel de la république de Côte d'ivoire (JORCI)*, n* spécial, 12 juillet 2019, p. 259.

[9] La notion d'enfant fait l'objet d'une préhension duale, à défaut d'une définition légale. En effet, envisagé dans la perspective de la filiation, l'enfant se conçoit comme le « descendant au premier degré, fils ou fille, sans considération d'âge » ; G. Cornu, *Vocabulaire Juridique*, PUF, 11e éd., 2016, p. 400). On a pu écrire à cet égard qu'« en venant au monde, l'homme est d'abord l'enfant de quelqu'un. La relation la plus immédiate dans laquelle il se trouve pris est celle qui à travers sa mère et son père le lie à des ascendants réels et mythiques et lui assigne une place dans la lignée, une filière de génération (sic) successives, remontant de maillon en maillon jusqu'au principe de toute vie » ; P. Erny, *L'enfant dans la pensée traditionnelle de l'Afrique noire*, Livre africain, 1968, cité par Y. Tano, *La protection du mineur en droit ivoirien*, Montpellier 1, thèse mult. 1982, p. 41. Mais, à côté de cette approche filiale de la notion d'enfant, existe également la conception fondée sur l'âge qui, quoiqu'également rattachée à la filiation, cadre davantage avec l'exigence de protection. Ce faisant, l'enfant est aussi le mineur, « la personne qui n'a pas encore atteint l'âge de dix-huit ans accomplis » ; de sorte qu'objectivement, l'enfant réfère à tout individu n'ayant pas la pleine capacité pour accomplir tous les actes de la vie juridique, au point de devoir faire l'objet d'une protection juridique.

[10] La vocable « enfant adultérin » qualifie traditionnellement l'enfant issu d'un couple non civilement marié, lorsque le père ou la mère ou les deux étaient au moment de la conception, engagés par ailleurs dans les liens du mariage.

[11] Voir les articles 20 et 21 de la loi n° 64-377 du 7 octobre 1964, relative à la paternité et à la filiation, modifiée par la loi n° 83-799 du 2 août 1983.

[12] En ce sens, J.-D. Kakaly, « L'établissement de la filiation paternelle des enfants naturels en droit ivoirien : les ambiguïtés d'une réforme inachevée », *Afrilex*, janvier 2022, p. 1. *Contra*, K.-M. Brou, *Droit civil, Droit des personnes, droit de la famille,* Ed. ABC, Abidjan, 2020, pp. 397 : « dans le cadre de la protection des droits de l'enfant, en application de la convention international des droits de l'enfant (…), on ne parle plus d'enfant adultérin mais d'enfant né hors mariage ».

[13] Art. 22 loi relative à la filiation, précité.

éludée au moyen d'une approche légistique fictionnelle[14] ; le législateur faisant « comme si » le fait d'adultère n'avait pas présidé à la naissance de l'enfant, ou devrait, à tout le moins, être ignoré à l'effet d'une reconnaissance plus aisée des droits à l'enfant. Par conséquent, l'expression « enfant adultérin » n'apparait plus référer à quelque catégorie juridique ou qualité de filiation reconnue en droit ivoirien. C'est donc à juste titre qu'un auteur y a récemment décelé de la révolution juridique[15], s'agissant précisément de l'établissement de la filiation paternelle des enfants nés hors mariage, eu égard à l'inégalité de traitement dont ces derniers étaient l'objet par rapport aux enfants légitimes en matière d'établissement de la filiation[16].

L'acception « enfant adultérin *a patre* » caractérise l'hypothèse selon laquelle, dans le couple adultérin, l'homme était la personne engagée dans les liens du mariage ; le curseur étant davantage mis sur les œuvres adultérines de l'époux. Cette transfiguration de l'enfant adultérin *a patre* est envisagée en « droit positif ivoirien ». L'acception référant à titre liminaire[17] aux règles de droit actuellement en vigueur en Côte d'ivoire, comme une référence à l'adage *Ubi societas ibi jus.*

---

[14] Faisant le départ entre la présomption et la fiction, un auteur observe que : « les présomptions portent sur la preuve des faits ; les fictions, elles, regardent le droit, plus exactement la qualification des faits. L'on présume ce qu'on ignore ou ce qu'on veut ignorer ; l'on feint lorsque, sciemment, l'on donne à une réalité un autre nom que la sienne » ; A. Sériaux, *Le Droit, une introduction*, Ellipses, 1997, p. 226.

[15] J.-D. Kakaly, « L'établissement de la filiation paternelle des enfants naturels en droit ivoirien (…) », préc., p. 1.

[16] Ainsi que l'explique cet auteur, « en effet, la difficulté la plus grande que soulevaient les rapports entre la filiation légitime et celle naturelle était assurément celle de l'égalité de traitement entre les enfants légitimes et les enfants naturels au regard de l'établissement de leur filiation, en général, de la filiation paternelle en particulier. Il semble que cette quête de l'égalité était une éternelle revendication et que les réformes législatives successives étaient impuissantes à éliminer l'infériorité de l'établissement de la filiation paternelle naturelle sur celui de la filiation légitime aux doubles points de vue de la reconnaissance et de l'action en recherche de paternité. Dès lors, la consécration, aux frontons du dispositif légal, de cette égalité apparait comme un changement radical dans l'univers du droit ivoirien de la filiation. » ; J.-D. Kakaly, *Ibid.,* p. 1.

[17] Plus avant, le qualificatif « positif » réfère dans le sillage du positivisme classique initié par Auguste Comte, à la connaissance expérimentale, c'est-à-dire celle que l'expérience immédiate est en mesure de constater au moyen des sens. Il s'ensuit que le vocable « droit positif » est relatif à tous les discours juridiques immédiatement saisissables au moyen de l'expérience des sens de la vue et de l'ouïe, à tout le moins. Ce faisant, aussi bien les *us* et coutumes, que la diversité des documents écrits que sont notamment les Constitutions, les lois, les ordonnances et autres décrets, jusqu'à

À l'analyse, au-delà de la controverse[18] élevée quant à savoir si la consécration législative de l'expression « enfant né de la relation hors mariage » du père, réfère à l'enfant adultérin d'antan ou devrait plutôt s'analyser comme une expression relative à tout enfant naturel[19], la réforme advenue éveille de la curiosité. En effet, il s'avère qu'en gommant l'ancienne référence à l'adultère dans l'expression « enfant né du commerce adultérin » par préférence pour le nouveau vocable « enfant né de la relation hors mariage », l'enjeu sous-jacent à pareille entreprise légistique apparait résider, en regard du passé, dans l'émergence d'une certaine prétention législative à la neutralité[20] sociale et morale devant présider à la manière dont seront désormais vécues les relations de famille en ce qui concerne les rapports de filiation ; ce d'autant que l'intérêt de l'enfant s'avère aujourd'hui plus péremptoirement exalté que jamais : « tout enfant [ayant] droit à l'établissement de sa filiation à l'égard de ses auteurs[21] ».

Or, alors que l'analyse doctrinale consacrée aux dernières réformes en droit ivoirien de la famille éveille fort opportunément un numérateur riche et varié de contributions[22], un éloquent dénominateur commun apparait s'en évincer à ce jour : l'absence d'esquisser d'une analyse croisée, des droits du mariage et de la filiation révisés. Un défaut

---

l'emploi de la parole pour dire le droit, sont autant d'expression du droit positif ; en ce sens A. Sériaux, *Le Droit, une introduction*, *op. cit.*, p. 62.

[18] J.-D. Kakaly, « L'établissement de la filiation paternelle des enfants naturels en droit ivoirien (…) », préc, p. 17.

[19] L'enfant est dit naturel lorsque ses parents ne sont pas unis par le lien matrimonial civil au moment de sa naissance. Il est en revanche qualifié de légitime lorsqu'il nait subséquemment à l'union civile de ses parents. Il sera qualifié d'incestueux lorsqu'il nait de géniteurs dont l'union matrimoniale est prohibée par un empêchement de parenté ou d'alliance ; v., A.-M.-H. Assi-Esso, *Droit Civil, la famille*, 4e éd. UIBA, 2022 p. 280 et s., cité par Y.-B. Manh, « L'enfant adultérin en droit ivoirien », *Revue Ivoirienne de droit*, n° 55-2021, p. 58 et ss.

[20]A. Bucher, « La famille en droit international privé », *RCADI*, Tome 283, 2000, p. 20.

[21] Art. 1 de la loi n° 2019-571 du 26 juin 2019 relative à la filiation, préc.

[22] Pour n'en citer que quelques-unes, v. B.-A. Adouko, « La figure du mariage en droit ivoirien », in *Autour de la famille et de la terre : perspectives africaines du droit.* Mélanges en l'honneur du Professeur Ahonagnon Noel Gbaguidi, éd. du CREDIJ, Tome 1- La famille, 2023, p. 453-476 ; B.-A. Adouko, « Le lit, le sang et l'héritage : l'endroit et l'envers de la réforme des droits successoraux en Côte d'ivoire », in *Le droit africain à la quête de son identité, Mélanges offerts au Professeur Isaac Yankhoba Ndiaye*, L'Harmattan, 2021, pp. 65-90 ; J.-D. Kakaly, « L'établissement de la filiation paternelle des enfants naturels en droit ivoirien (…) », préc., p. 1-32 ; Y.-B. Manh, « L'enfant adultérin en droit ivoirien », préc., p. 54-109.

d'analyse systémique du droit de la famille, pourtant opportune, eu égard au contexte législatif nouveau dans lequel l'intérêt de l'enfant adultérin vient désormais tutoyer l'intérêt de la famille, au point d'induire, ne serait-ce qu'*a priori*, « ce risque de télescopage des droits octroyés[23]», évoqué à propos de la société contemporaine quant à l'attribution de droits individuels de plus en plus nombreux.

Face à toutes ces considérations, l'on se rend effectivement compte de l'intérêt que suscite l'analyse systémique autant que synchronique du nouveau statut de « [l'] enfant né de la relation hors mariage », en droit de la famille. Dès lors, la présente étude se détermine par elle-même. Elle ambitionne globalement d'examiner l'adéquation du nouveau statut de l'enfant adultérin à l'aune du lien matrimonial institué par le droit du mariage. Aussi, devient-il judicieux de se poser la question centrale de savoir : quelle incidence la réforme du statut de l'enfant adultérin *a patre* opère-t-elle sur l'institution familiale conjugale en droit ivoirien de la famille ?

Ainsi formulée, la présente problématique révèle le double intérêt juridique et social de cette étude. Sur le plan juridique, elle permet de questionner la posture législative désormais déployée. Il s'agit de savoir si, plus que par le passé, le législateur ivoirien fait œuvre de sociologie juridique, au sens de création d'une « correspondance entre la positivité du droit et les mœurs de l'époque », pour emprunter au professeur Abdoul Aziz Diouf[24]. Sur le plan social, l'étude a vocation à susciter un véritable débat sur l'avenir de l'archétype familial conjugal originel tenant au mariage monogamique.

Pour notre part, avec la réforme advenue en droit ivoirien de la filiation, le droit positif de la famille, sans verser dans du sociologisme, n'en reflète pas moins discrètement les marqueurs. Aussi, n'est-il nullement besoin d'être un oracle pour comprendre que les dynamiques sous-jacentes à la réforme du droit de la filiation, à l'instar de la partie immergée de l'*iceberg*, tendent à une érosion de l'archétype familial monogamique (II). Mais, pour l'heure, il appert que la positivité du droit de la filiation évoque éloquemment une réformation du statut originel de l'enfant adultérin *a patre* (I), laquelle s'observe aisément depuis la partie visible de l'*iceberg* du droit ivoirien de la filiation.

---

[23] M. Douchy-Oudot, *Droit civil 1ère année. Introduction. Personnes. Famille*, Dalloz, 7ème édition, 2013, n° 275, p. 190.

[24] A.-A. Diouf, « L'institution familiale, le discours juridique et l'ordre social (…) », préc., p. 627.

I – Une réformation du statut originel de l'enfant adultérin *a patre*

Rien qu'un furtif regard jeté sous les tropiques révèle les violences et abus multiples dont sont victimes les enfants partout en Afrique[25] notamment : ce dont l'État ivoirien n'est pas sans savoir du reste[26], au point qu'il apparaisse trop commode que la réponse aux problématiques de l'enfant s'en soit récemment limitée à épiloguer sur le principe d'égalité[27] des enfants à l'aune des ménages[28]. Sans sous-estimer une telle approche et, pour ne pas en rester à l'affichage symbolique de l'exaltation contemporaine des droits de l'enfant dans le contexte familial, il convient de comprendre les ressorts de la réformation du statut de l'enfant adultérin *a patre*. A cet égard, en mettant en lumière l'antagonisme originel des articulations entre le droit du mariage et le statut de l'enfant adultérin *a patre* (A), on peut alors clairement saisir l'évolution à rebours du statut traditionnel de cette catégorie d'enfant adultérin (B).

A – L'antagonisme originel des articulations entre le droit du mariage et le statut de l'enfant adultérin *a patre*

On sait que le standard juridique dit de *l'intérêt de la famille* aura longtemps constitué un *criterium* essentiel permettant la protection de

[25] J.-D. Boukongou, « Le système africain de protection des droits de l'enfant. Exigences universelles et prétentions africaines », *Cahiers de la recherche sur les droits fondamentaux*, n° 5, 2006, *L'enfant*, pp. 97-108. Consulté le 14 novembre 2022. http://journals.openedition.org/crdf/7187.

[26] *Fraternité Matin* du jeudi 20 juin 2019/ n° 16351, Régions, p. 16 : « Bouaké/ lutte contre la migration à risque : les populations invitées à s'impliquer ». En effet, selon l'Agence Ivoirienne de Presse : (…) Les migrants mineurs non accompagnés sont envoyés volontairement ou par contrainte dans cette aventure, aux périls de leur vie, et subissent des violences physiques et morales ou en sont témoins. Ce qui les rend davantage vulnérables. Dans le cadre du projet de collecte des données et de gestion du flux migratoire transfrontalier appelé *Rabat Process*, mis en œuvre depuis 2014, *Save The Children pilote*, en partenariat avec le ministère de la Femme, de la Famille et de l'Enfant, des milliers d'enfants ont été déjà identifiés dans la région du Gbêkè. Ces derniers évoquent des motifs divers pour leur déplacement, notamment des problèmes de mariage précoce, des raisons économiques et le désir de l'aventure ».

[27] N. Gbaguidi, « Égalité des époux, Égalité des enfants et le projet de code de la famille et des personnes du Bénin », *RBSJA*, numéro spécial, 1995, p. 3 : « Concrètement, l'égalité veut dire avant tout que tous les hommes doivent être équitablement traités par la loi et dans l'application de celle-ci. Ils doivent avoir les mêmes droits et les mêmes obligations et doivent être traités en fonction de ceux-ci ».

[28] Loi ivoirienne relative à la filiation.

la famille, au sens constitutionnel de « cellule de base de la société[29] », dont l'État assure la protection contre ceux « qui viendraient perturber ses intérêts et son équilibre[30] ». On n'ignore pas non plus que dans cette catégorie de « perturbateurs »[31], le droit positif ivoirien d'alors avait inscrit à tout le moins l'enfant adultérin *a patre*. C'est que l'exaltation de la famille conjugale par la loi de 1964 relative au mariage (1), a généré cette sorte de responsabilité civile de l'enfant adultérin *a patre* du fait de son père, qu'évoque la précarité originelle du statut de l'enfant adultérin *a patre* (2).

1 – L'exaltation de la famille conjugale par la loi de 1964 relative au mariage

L'accession de la Côte d'ivoire à l'indépendance le 7 Août 1960 avait subséquemment donné lieu à une intense activité législative dont l'une des conséquences les plus marquantes fut l'abrogation, en 1964, de la quasi-totalité des règles coutumières relatives au mariage[32]. Telle fut le produit de la volonté consciente des dirigeants nationaux de construire la société ivoirienne sur une base familiale rénovée[33], soit sans partage avec la conception antérieure de la famille admise par les coutumes locales.

En effet, du point de vue de la société coutumière, la famille[34] incarne une réalité à la fois historique et biologique, ayant fait l'objet

---

[29] Art. 31 de la Constitution ivoirienne du 8 novembre 2016 : « La famille constitue la cellule de base de la société. L'État assure sa protection. L'autorité parentale est exercée par les parents ».

[30] N.-C.-M. Ndiaye, « La notion de famille en droit sénégalais : réflexion sur l'approche d'un « Code de compromis », *in le droit africain à la quête de son identité.* Mélanges offerts au Professeur Isaac Yankhoba Ndiaye, L'Harmattan, 2021, p. 901.

[31] Ce régime reste par exemple d'actualité en droit Sénégalais, notamment ; en ce sens N.-C.-M. Ndiaye, « La notion de la famille en droit sénégalais (…) », préc., p. 901.

[32] M. Dumetz, *Le droit du mariage en Côte d'ivoire*, LGDJ, 1974, Série A, Volume 3. III.

[33] V. Loi n° 64-375 du 7 octobre 1964 relative au mariage.

[34] N. Gbaguidi, « Le droit de la famille en Afrique noire au début du 21ème siècle : tendances ouest-africaines », *Conférence de DEA*, Université Catholique de l'Afrique de l'Ouest, 2009 : « la conception proprement africaine de la famille, c'est-à-dire, celle d'une vision traditionnelle ne repose pas uniquement sur le lien biologique. Comme le précise monsieur Kouassigan, la famille africaine est « appartenance et participation mythique à un groupe social, à tous les préceptes religieux et valeurs morales de ce groupe. Elle est de construction agnatique ou cognatique ». Les Africains n'ignorent pas la famille nucléaire. Celle-ci est une composante de la famille qui présente une forme pyramidale : à la base, nous avons le clan, ensuite le lignage, puis la grande famille et la famille nucléaire. Le clan est l'ensemble des familles issues

de divers reproches à l'aune de la société dite moderne. Ont été notamment décriés aussi bien une approche avilissante de la femme dans l'institution de la dot[35], une irresponsabilisation des personnes au sein de la famille[36], qu'un retard social, économique et technologique de l'Afrique[37], induits de la conception coutumière de la famille. Ce faisant, il apparait alors que les pouvoirs publics ivoiriens n'aient pas été insensibles à de telles critiques par l'institution, en 1964, de la famille conjugale, comme pu en témoigner feu le Président Félix Houphouët-Boigny[38].

---

d'un auteur commun mythique. Le lignage est la famille composée de familles issues d'un auteur commun réel. Ensuite la grande famille ou lignée, qui est composée des descendants d'un auteur commun encore vivant par rapport à la personne de référence. A défaut son décès doit être de mémoire récente. La lignée pourrait ressembler à la famille au sens large chez les occidentaux. Nous avons, enfin, la famille nucléaire qui est universelle. En Afrique, elle peut être polygamique ou monogamique. Au vu de tout cela, nous pouvons dire que le lien de famille est de triple nature, lien issu du sang, lien issu du droit (adoption), lien issu du mariage. On peut regrouper l'ensemble en disant qu'il s'agit d'un lien issu du mariage et de la filiation ».

[35] M. Dumetz, *Le droit du mariage en Côte d'Ivoire*, *op. cit.* p. 69 : « un esprit européen est porté à croire que la dot [en Afrique] n'est en réalité qu'un prix d'achat de la jeune fille ».

[36] On a souligné que du point de vue de l'exercice du pouvoir la famille en Afrique s'appréhende comme « un centre de pouvoir dans lequel les individus sont déresponsabilisé et placés sous la tutelle d'une autorité unique, le chef de famille, qui commande et dirige les moindres aspects de leur vie » ; M. Barro, *Le droit matrimonial en Côte d'Ivoire 1901-2012. Entre unification législative et résistances coutumières*, Côte d'Azur, thèse mult., 2017, p. 238.

[37] N. Gbaguidi, « Le droit de la famille en Afrique noire au début du 21ème siècle (…) », préc., « […] On a reproché aux droits coutumiers d'être une entrave au développement de l'Afrique. Roland Mousnier, dans son livre *L'histoire des civilisations* a soutenu que « les raisons de l'avance de l'homme européen sur tous les autres réside dans sa conception de la famille, fondée sur la libération de l'individu des groupes, des familles des communautés du village, des contraintes exercées par la tribu animiste (…). Or, ces éléments que Mousnier juge entravant caractérisent précisément la conception africaine de la famille. En outre, certains grands juristes africains comme Kéba M'Baye, ont même affirmé que la conception africaine de la famille est la cause de son retard économique et technologique ».

[38] F. Houphouët-Boigny, *Anthologie des discours1946-1978*, (CEDA, 1978) 742-743, cité par Ch. Vléi-Yoroba, « Droit de la famille et réalités familiales : le cas de la Côte d'ivoire depuis d'indépendance », 1997 Journals.openedition.org/clio/383. : « Lorsqu'il nous est apparu que la survivance de certaines traditions constituait un obstacle ou un frein à l'évolution harmonieuse de notre pays, nous n'avons pas hésité à imprimer les changements nécessaires. C'est ainsi qu'après une longue campagne d'explication entreprise par nos militants et nos responsables politiques et administratifs auprès des populations concernées, des textes essentiels ont vu le jour.

Aussi, des institutions phares de la société traditionnelle, telles la dot[39] ou l'union polygamique[40], étaient-elles récusées en tant que constituant « un frein ou un obstacle à l'évolution harmonieuse de notre pays[41] », alors qu'il est toujours difficile de réglementer, par voie d'autorité[42], des institutions traditionnelles ou modernes qui touchent d'aussi près les personnes et dont « la force d'inertie[43]» n'est pas négligeable. En tout état de cause, sans définir la famille, le législateur n'affiche pas moins ses intentions par la caractérisation d'une famille dite « légitime[44] » en vertu de la loi n° 64-375 du 7 octobre 1964 relative au mariage. Toute chose qui, manifestement, ne manque pas de

---

Un Code civil rénové consacre la suppression de la polygamie et réforme la dot ; un état civil moderne est mis en place ».[38]

[39] De manière générale, dans de nombreuses sociétés en Afrique noire, la dot consiste dans le fait pour le jeune homme ou sa famille de procurer certains avantages à celui qui a autorité sur la jeune fille. Ce faisant, deux différences fondamentales séparent la conception de la dot en Afrique de celles de certaines sociétés en Europe. Quant à l'origine de la dot, elle provient en Europe des parents et amis, et en Afrique du jeune homme ou de sa famille. Ensuite quant aux bénéficiaires de la dot : ce ne sont pas les futurs époux qui en profiteront en Afrique, mais seulement la famille de la future épouse. Dans ces conditions, comme le souligne un auteur, « un esprit européen est porté à croire que la dot [en Afrique] n'est en réalité qu'un prix d'achat de la jeune fille ». En effet, vu de l'extérieur, l'institution reflétait plutôt le théâtre d'une aliénation de la femme, une atteinte à sa liberté. A cela s'ajoutait des abus qu'une telle institution pouvait comporter, même si en réalité, la dot traditionnelle avait non seulement un caractère « probatoire [en plus d'être] incontestablement un facteur de stabilité du mariage traditionnel : lorsque le mariage est rompu par la faute de la femme, la famille de celle-ci doit restituer la dot à la famille du mari. Cela aura pour conséquence que la famille de la femme tempèrera les ardeurs que celle-ci pourrait manifester pour quitter son mari. […] Au contraire, si le divorce est prononcé à la demande de la femme pour faute caractérisée du mari, celui-ci ne pourra réclamer la restitution de la dot » ; M. Dumetz, *Le droit du mariage en Côte d'Ivoire, op. cit.*, pp.71-72.

[40] À la différence de la monogamie, la polygamie revêt deux formes d'unions, que sont la polygynie et la polyandrie. La polygynie est l'union d'un homme à plusieurs femmes, et la polyandrie est l'union d'une femme à plusieurs hommes. Celle-ci est une institution inconnue des coutumes ivoiriennes.

[41] F. Houphouët-Boigny, *Anthologie des discours1946-1978*, préc.

[42] E. Abitbol, « La famille conjugale et le droit nouveau du mariage en Côte d'ivoire », *Penant* n° 712, 1966, p. 305, cité par Ch. Vléi-Yoroba, « Droit de la famille et réalités familiales : le cas de la Côte d'ivoire depuis l'indépendance », *Revue Clio*, 1977. En ligne https://clio.revues.org/383.

[43] M. Dumetz, *Le droit du mariage en Côte d'Ivoire, op. cit.,* p. 25.

[44] Art. 50 : « Le mariage crée la famille légitime ».

suggérer l'existence d'une famille illégitime[45] dont le législateur entend se désolidariser. À cet égard, un formalisme *ad validitatem* [46] est désormais allié à des dispositions de fond spécifiques dont la prohibition de la bigamie, sorte de garde-fou à la pratique coutumière du lévirat, notamment.

Ce faisant, c'est à l'érection d'un véritable « mur juridique » que s'est attelé le législateur ivoirien entre le lignage et la famille conjugale, laquelle se veut être constituée des conjoints et de leur progéniture ; de sorte que « la cellule familiale ainsi reconstituée participe d'une individualisation des relations de pouvoir, et les interactions juridico-sociales du fait du mariage, autrefois dévolues au chef du lignage[47] ». Or, ce faisant, pareille exaltation de la famille conjugale au détriment de la famille lignagère ne pouvait tendre qu'à faire prévaloir l'intérêt de la famille conjugale, soit celle de l'institution sur les intérêts d'un quelconque enfant adultérin, fut-il l'enfant des œuvres adultérines du mari, chef de famille. D'où cette précarité originelle du statut de l'enfant adultérin *a patre*.

2 – La précarité originelle du statut de l'enfant adultérin *a patre*

On le voit, en regard de la vision imprimée à la famille en 1964, l'empreinte d'exogénéité de la qualité d'enfant adultérin par rapport à la « famille légitime » s'en ressent sur le statut consacré par la loi n° 64-377 du 7 octobre 1964 relative à la paternité et à la filiation, sans que la dignité[48] de cet enfant n'en soit nullement remise en cause, rien

---

[45] M. Barro, *Le droit matrimonial en Côte d'Ivoire 1901-2012. Entre unification législative et résistances coutumières*, préc., p. 239 : « On comprend dès lors pourquoi le législateur de 1964 érigea la conformité à la loi comme critère déterminant de la légitimité. Il s'agit ici de la loi au sens formel, non pas du droit de cité, mais celle qui émane d'un organe étatique investi du pouvoir législatif par la Constitution et qui est élaborée suivant les formes prévues par celle-ci ; loi hors de laquelle, toutes parenté biologique ou fictive entre dans le cadre des faits juridiques ou des obligations dites naturelles ».

[46] Art. 19 : « Seul le mariage célébré par un officier de l'état civil à des effets légaux ».

[47] M. Barro, *Le droit matrimonial en Côte d'Ivoire* 1901-2012 (…), préc., p. 239.

[48] M. Fabre-Magnan, *Introduction au droit,* Que sais-je, 2ème édition, PUF, 2016, p. 57. Selon cette auteure, en effet, « la dignité de l'être humain n'est pas démontrable, pas plus que l'égale dignité de tous les êtres humains. L'étymologie du mot est à cet égard éclairante. On la recherche souvent du côté du latin *dignitas* de *decere*, « convenir, être convenable ». L'origine grecque est plus riche, où l'équivalent du mot « dignité » est *axios* (« ce qui est convenable, ce qui vaut, ce qui mérite »), et qui a donné « axiome ». Or, la dignité est structurellement un axiome, c'est-à-dire une proposition évidente en soi, échappant à toute démonstration, et s'imposant par un principe d'évidence ou de certitude (…) La dignité de la personne humaine est d'une

qu'au stade de sa reconnaissance[49]. En effet, aux termes des dispositions de ladite loi, « la reconnaissance par le père de l'enfant né de son commerce adultérin n'est valable, sauf en cas de jugement ou même de demande soit de divorce, soit de séparation de corps, que du consentement de l'épouse[50] ». En clair, à moins d'un relâchement du lien conjugal consécutif à une instance en divorce ou en séparation de corps, la reconnaissance de la paternité de l'enfant adultérin était assujettie au consentement préalable de l'épouse. Aussi, a-t-on appréhendé ledit consentement préalable comme « un droit discrétionnaire insusceptible d'abus », en sorte qu'il pouvait être assimilé à un « véto » de l'épouse, outre que « son exigence suggérait une novation de l'acte de reconnaissance d'acte unilatéral en acte bilatéral [51]».

S'agissant de la *ratio legis*, de cette sorte de vêtement cousu sur mesure pour l'enfant adultérin *a patre*, la Cour suprême ivoirienne eut

---

nature très particulière. Elle n'est pas un droit subjectif, même si sa mise en œuvre peut parfois requérir que soient accordés des droits subjectifs comme les droits à un travail ou à un logement décent. La dignité de la personne humaine ne peut pas davantage être qualifiée de droit de l'homme, sous peine d'être mise en balance avec les droits et libertés fondamentaux, comme le fait le Cour de justice européenne dans ses *arrêts Viking et Laval* de 2007, où la dignité est même balancée avec de simples libertés économiques de l'Union européenne (…) La dignité n'est pas un droit mais un principe qui marque l'appartenance au genre humain. Elle est dès lors indérogeable et insusceptible d'abus ; et nul ne peut y renoncer, ni pour autrui ni même pour soi-même. Cette nature particulière est apparue très clairement dès l'affaire dite « du lancer de nain » qui fut une des premières occurrences jurisprudentielles du principe de dignité (Conseil d'État, 27 oct. 1995, Commune de Morsang-sur-Orge) : dans cette affaire, le Conseil d'État jugea que pouvait être interdit sur ce fondement le « jeu » consistant à lancer un nain comme un projectile, nonobstant l'acquiescement de ce dernier à y participer. Comme l'avait analysé Pic de la Mirandole dans son *De hominis dignitate* en 1486, la dignité est fondamentalement une *charge.* »

[49] Y. Tano, *La protection du mineur en droit ivoirien*, préc., p. 55. Pour cette auteure, « la reconnaissance est une déclaration par laquelle une personne affirme sa paternité. Elle contient un élément de désaveu » ; J.-D. Kakaly, « L'établissement de la filiation paternelle des enfants naturels en droit ivoirien (…) », préc., p. 8. Pour cet auteur : « à défaut d'une définition légale, la reconnaissance, au regard de la filiation paternelle, peut être définie sous le rapport de sa finalité et de sa nature. Du point de vue de sa finalité, la reconnaissance est la déclaration, contenue dans un acte authentique, par laquelle une personne affirme être le père d'une enfant. Relativement à sa nature, la reconnaissance est un acte de l'état civil, à l'instar d'un acte de naissance ou d'un acte de décès » ;

[50] Art. 22 de la loi n° 64-377 du 7 octobre 1964 relative à la paternité et à la filiation.

[51] J.-D. Kakaly, « L'établissement de la filiation paternelle des enfants naturels en droit ivoirien (…) », préc.., p. 18, note n° 71.

l'occasion d'en dire un mot : « [...] qu'en effet, en exigeant entre autres le consentement de l'épouse [pour la reconnaissance de l'enfant adultérin *a patre*], le législateur ivoirien [avait] entendu préserver l'harmonie de la cellule sociale qu'est la famille[52] ». C'est alors en tant que lieu de reproduction de la nation, de formation aux valeurs morales, culturelles et sociales, que la cellule sociale de base qu'est la famille était regardée, dans la vision du droit de la famille des années 1960, comme revêtue d'un ordre public prohibitif, lequel laissait peu de place aux « fantaisies individuelles[53] », que ne le révèle davantage l'évolution actuelle du droit de la famille, tant en Europe[54] qu'en Afrique[55]. C'est qu'en définitive, l'unité familiale, soit l'intérêt de l'institution conjugale, devait prévaloir sur celui de quelque autre individu ; perspective qu'apparait pourtant manifestement contrarier tout « commerce adultérin » tout autant d'ailleurs que les œuvres pouvant en résulter.

Pour autant, les arbitrages de la jurisprudence dans les hypothèses dont étaient saisies les juridictions étaient de nature à faire jouir l'enfant adultérin *a patre* de quelques avantages, à défaut de la technique formelle de reconnaissance : « considérant que si le jugement de défaut du 27 juin 1969 a eu pour effet, de priver l'enfant M. de tous les avantages attachés à la reconnaissance, il n'a pas fait disparaître la preuve de la filiation résultant de l'acte de naissance ; considérant que l'article 27 de la loi n° 64-337 du 7 octobre 1964 autorise les enfants adultérins à réclamer des aliments à leur auteur, lorsque cette action n'a pas pour effet de proclamer l'existence de lien de filiation ; considérant que tel est précisément le cas de l'espèce ; considérant que le montant de la pension alimentaire accordée par le premier juge n'est pas excessif eu égard à la situation personnelle de l'appelant qui est gérant de

---

[52] Cour suprême ivoirienne, 10 Mars 2001, arrêt n° 274, aff. *Mme K. T c/ Dame Ch. et M. Ch. In Actualités Juridiques, Revue d'information juridique et judiciaire*, 2005, n° 46, p. 35.

[53] N. Gbaguidi, « Le droit de la famille en Afrique noire au début du 21ème siècle (…) », préc.

[54] Ch. Ropers, « Reste-t-il un ordre public familial ? », in *Les évolutions du droit, (Contractualisation et procéduralisation)*, Université d'été 2001 et 2002 du Barreau de Rouen, Publications de l'Université de Rouen, 2004, p. 90 et s.

[55] A.-A. Diouf, « Famille et droits de l'homme en Afrique : réflexions sur la rencontre de deux logiques différentes », *Palabres Actuelles, Revue de la Fondation Raponda-Walker pour la Science et la Culture*, n° 8, 2018, pp. 317 à 352.

magasin CFAO à Bouaké ; considérant qu'il échet en conséquence de confirmer le jugement entrepris[56] ».

B – L'évolution à rebours du statut traditionnel de l'enfant adultérin *a patre*

Une aporie du droit positif ivoirien : les époux « se doivent mutuellement respect, fidélité, (…)[57] », toutefois, notamment, « la reconnaissance par le père de l'enfant né de sa relation hors mariage[58] » est désormais légitime. Le droit ivoirien de la famille ferait-il désormais l'apologie de quelque infidélité de l'époux à l'égard de l'épouse ? S'il faut en douter[59], c'est notamment par égard pour la « marche progressiste[60] » apparente des droits de l'homme induite d'une telle évolution, dont il convient de saisir les fondements (1), autant que les valeurs sous-jacentes au droit positif familial (2).

1 – Les fondements de la réforme du statut de l'enfant adultérin *a patre*

Toute réforme, à l'instar de tout savoir, affronte d'ordinaire la question de son fondement[61], lequel réfère à la « valeur, référence de base (souvent associée à d'autres) sur laquelle repose une règle, une institution, un système juridique et qui en éclaire l'esprit[62] ». Dès lors, *quid* des fondements de la réforme du droit ivoirien de la filiation ?

D'entame, un auteur en donne l'éclairage ci-après[63] : « […] En réalité, cette posture législative nouvelle trouve son fondement dans l'intérêt de l'enfant et sa justification, dans la nécessité de l'alignement

---

[56] Arrêt n° 64 du 6 février 1970, in *RID* n° 1/1971.

[57] Art. 45 de la loi n° 2019-570 du 26 juin 2019 relative au mariage.

[58] Art. 22 de la loi n° 2019-571 du 26 juin 2019 relative à la filiation.

[59] En effet, selon le Ministre ivoirien de la justice, en réaction aux avis et critiques adressés au projet de réforme sur la filiation : « en élaborant le projet de loi, le gouvernement n'entend nullement légitimer l'adultère, légaliser la polygamie ou aller à l'encontre des intérêts de la femme mariée » ; J.-D. Kakaly, « L'établissement de la filiation paternelle des enfants naturels en droit ivoirien (…) », préc., note n° 60, p. 16.

[60] J.-D. Boukongou, « Le système africain de protection des droits de l'enfant (…) », préc., p. 98.

[61] F. Rouvière, « Le fondement du savoir juridique », *RTD Civ.* 2016, pp. 279- 296.

[62] G. Cornu. *Vocabulaire Juridique, op. cit.*, p. 469, *v* Fondement.*

[63] L'auteur se fonde notamment sur les observations du Ministre ivoirien de la justice, justifiant le projet de réforme de la loi sur la filiation : « cette réforme faite dans l'intérêt de l'enfant consacre le droit reconnu par la Convention Internationale relative aux droits de l'enfant » ; J.-D. Kakaly, « L'établissement de la filiation paternelle des enfants naturels en droit ivoirien (…) », préc., note de bas de page n° 99, p. 26.

du droit ivoirien sur les exigences des conventions internationales, notamment celles relatives aux droits des enfants. Ces dernières prohibant les discriminations entre les enfants au regard de leur mode de naissance, le législateur ivoirien a dû consacrer, au fronton du dispositif légal, le droit de tout enfant y compris celui incestueux, à l'établissement de sa filiation vis-à-vis des auteurs de ses jours[64]. [...] C'est donc l'obédience du législateur ivoirien à la philosophie des droits de l'homme [qui émerge] au sein du droit civil[65] ». De ce point de vue, la référence de base sur laquelle repose la réforme du droit ivoirien de la filiation apparait manifestement consister dans la Convention des Nations Unis sur les droits de l'enfant (CIDE), et pour cause[66].

De ses origines en droit Romain, il s'enseigne que le statut de l'*infantia*, à savoir l'enfance, relevait de la « seule volonté du *pater familias*[67] ». Une rapide lecture diachronique renseigne que le passage de « l'enfant-objet à l'enfant-sujet de droit » a relevé de divers facteurs conjugués passant des guerres aux conventions internationales, telle la Convention relative aux droits de l'enfant. Au titre de ses ambitions, cette Convention formule expressément le vœu selon lequel « dans toutes les décisions qui concernent les enfants, qu'elles soient le fait des institutions publiques ou privées de protection sociale, des tribunaux, des autorités administratives ou des organes législatifs, l'intérêt supérieur de l'enfant doit être une considération primordiale[68] ». Aussi, l'enfant apparait-il appréhendé en tant qu'un sujet de droit à part entière, dont l'expression de l'intérêt supérieur a été contextualisée par le législateur ivoirien, à la faveur de la réforme du droit de la famille, sous le prisme de l'égalité des filiations. Ce faisant, « tout enfant à droit

---

[64] J.-D. Kakaly, *ibid*, p. 16.

[65] *Ibid.*, p. 16.

[66] Selon les observations d'une auteure, « dans le passé, les droits de l'enfant ont été négligés. Il a fallu la révolution industrielle, la grande dépression, les deux guerres mondiales... sans compter la pauvreté, la malnutrition, les problèmes de santé non traités pour que le principe de l'intérêt supérieur de l'enfant apparaisse dans les instruments de droit international modernes » ; A. Grammaticaki-Alexiou, « Perspective générale sur l'intérêt supérieur de l'enfant en droit international privé », interview. https://brill.com/fileasset/downloads_products/4071340_HAinterviewGrammaticaki_Alexiou_F.pdf.

[67] J. Poumadere, « De l'enfant-objet à l'enfant-sujet de droits : une tardive évolution », *Petites affiches*, 9 mars 2012, n° 50, p. 13, cité par Y. Bi Manh, « L'enfant adultérin en droit ivoirien », préc., p. 55.

[68]Art. 3 al. 1 de la Convention relative aux droits de l'enfant.

à l'établissement de sa filiation à l'égard de ses auteurs[69] ». Aussi, à la différence de l'égalité devant la loi[70], il s'agit là d'une égalité dans la loi, au sens d'une « égalité formelle », exprimée à l'occasion de la création du droit[71].

Or, cette conception de l'égalité ainsi nouvellement consacrée par le droit ivoirien des filiations recouvre plutôt celle d'égalitarisme[72], au sens d'un nivellement des différences[73], comme amorcé avec la philosophie des Lumières ; ce, à la différence de la conception classique de l'égalité, opportunément rappelée par le professeur Frédéric Rouvière[74]. Aussi, cette égalité formelle, instituée par le législateur ivoirien à la faveur de la réforme du droit de la filiation, questionne. En effet, d'où vient-il que la distinction des modes de conception de l'enfant légitime et de l'enfant adultérin, encore récemment caractérisée aussi bien du point de vue juridique qu'ontologique dans divers ordres juridiques, soit désormais appréhendée sous un prisme égalitariste ?

Il faut se souvenir que le raisonnement juridique repose à bien des égards sur une logique fonctionnelle[75], sorte de logique formelle mélangée à d'autres ingrédients. C'est qu'en marge des exposés de

---

[69] Art. 1er Loi n° 2019-571 du 26 juin 2019 relative à la filiation.

[70] L'égalité devant la loi réfère principalement à l'application de la loi devant les tribunaux ; J. Andriantsimbazovina, H. Gaudin, J-P. Marguenaud, St. Rials et F. Sudre (dir.), *Dictionnaire des droits de l'homme*, PUF, 2008, p. 358, cité par S. Honvou, *Le principe d'égalité en droit béninois de la famille*, Abomey-Calavi et Paris-Est, thèse mult., 2016, p. 16.

[71] S. Honvou, *Ibid,* p.16.

[72] V. Citot, « Pour en finir avec quelques poncifs sur l'égalité (les dangers de l'égalitarisme en matière culturelle, économique et politique) », *Le Philosophoire*, 2012/1, n° 37, pp. 133-185.

[73] N. Buitron, H. Steinmuller, « Les fins de l'égalitarisme », *L'Homme, Revue française d'anthropologie*, n° 236, 2020, p. 6.

[74] F. Rouvière, « Le fondement du savoir juridique », préc. ; p. 294 : « depuis Aristote, nous savons que la justice est une certaine forme d'égalité. La justice ne se réduit donc pas à une égalité pure et simple. Il ne s'agit pas de dire que A=A (c'est le principe d'identité) ou même que A=B (C'est une égalité quasi-arithmétique). L'égalité ne consiste pas à traiter tous les objets de la même façon. Ce serait alors de l'égalitarisme, une idéologie visant à supprimer toutes les différences. L'inverse de l'égalitarisme est l'idée d'une égalité de rapport où A/B = C/D, c'est une forme de proportionnalité. La règle de justice repose précisément sur l'idée qu'il existe entre les choses et les situations des différences et que ces différences doivent commander des solutions différentes. On le voit, la règle de justice n'a rien d'un principe politique qui voudrait rendre toutes choses égales, même celles qui ne le sont pas ».

[75] Ph. Jestaz, *Le droit*, Dalloz, 10ème éd., p. 115.

motifs, tels ceux avancés en l'occurrence par le législateur[76] au soutien de la loi sur la filiation, les fondements juridiques enregistrent parfois des fictions[77], qui sont une technique juridique exprimant « une dénégation délibérée de la réalité, mais toujours en vue d'aboutir à un résultat considéré comme souhaitable[78]», comme en l'occurrence, où le législateur fait « comme si », les modalités des filiations légitime et adultérine étaient identiques ; au point de questionner quant aux valeurs sous-jacentes au droit positif ivoirien depuis les réformes du droit de la famille.

2 – Les valeurs sous-jacentes au droit positif de la famille

En marge du débat[79] classique entre droit et morale, il reste que le départ entre le droit et les autres ensembles normatifs telles les valeurs ou encore l'éthique, apparaît ténu. De nos jours, parce qu'elles ont gagné du terrain pour s'être « largement substituées à la morale dans le rapport au juridique[80] », il s'avère que la question du rapport des valeurs

---

[76] « Le dehors de la fiction de droit trouve, dans notre technique législative, des emplois tellement variés, qu'on y voit presque disparaitre la valeur spécifique du moyen, en même temps que l'on conçoit malaisément que le législateur puisse s'en départir tout à fait » ; F. Geny, *Science et technique en droit privé positif*, 1914, t. 3, p. 430, n° 250 ; J. Schmidt-Szalewski, « Les fictions en droit privé », in *Archives de philosophie du droit*, n° 20 Sirey, 1975, p. 278.

[77] J. Schmidt-Szalewski , « Les fictions en droit privé », préc. n° 20.

[78] Ph. Jestaz, *Le droit*, *op. cit.*, p. 115.

[79] « Pour en résumer brièvement les traits fondamentaux, le débat entre droit et morale oppose les grandes théories positivistes, notamment soutenues par des auteurs tels qu'Austin, Bentham, Kelsen ou dans une version renouvelée Hart, et les perspectives davantage ouvertes à la morale ou à une transcendante juridique comme Ronald Dworkin par exemple. Qu'ils y voient là une nécessité ou une simple absence de contrainte, les auteurs positivistes se rejoignent dans leur refus d'unir le droit et les considérations morales. Ainsi, « la tradition positiviste, identifiant le droit avec l'ordre juridique établi que celui-ci soit sous la forme des commandements du souverain (Bentham, Austin) ou bien sous celle d'un système de normes juridiques qui tirent leur validité d'une norme fondamentale (Kelsen), n'a jamais attribué un caractère moral à l'obligation d'obéir au droit ; (J.-C. Billier, A. Maryoli, *Histoire de la philosophie du droit*, Armand Colin, Paris, 2005, p. 258.) ». Au contraire, pour le auteurs défendants une conception *jusnaturaliste* du droit, le droit comme justice préexiste au droit. Aux travers de cet idéal de justice, ce sont donc bien des considérations morales qui sont consacrées par ces auteurs, qui refusent d'un droit hermétiquement séparé de la morale » ; D. Gilles, S. Labayle, « L'irrédentisme des valeurs dans le droit : la quête du fondement axiologique », *R.D.U.S*, n ° 42, 2012, 331-332.

[80] Cf. D. Gilles, S. Labayle, « L'irrédentisme des valeurs dans le droit : la quête du fondement axiologique », préc., p. 333.

au droit, qui cache difficilement les « fondations métaphysiques[81] » du droit civil, évoque à la faveur des réformes législative relatives au droit de la famille la dimension axiologique des modèles de famille proposés et imposés par l'État.

Avec Habermas, les valeurs « expriment le caractère préférable des biens qui, dans le cadre de certaines collectivités, sont considérés comme dignes d'effort et qui peuvent être acquis ou réalisés au moyen d'une activité développée en fonction d'une fin déterminée[82] ». S'il n'est pas toujours aisé d'appréhender, en les distinguant, les principes[83], les valeurs et les normes, et qu'il faut convenir que « les principes consacrent [...] les valeurs au sein des systèmes juridiques[84] », jouant alors un rôle d'intermédiaire entre valeurs et normes ; on peut alors convenir que les valeurs sous-tendent le droit positif, en jouissant d'une vocation d'inspiration, de justification.

A cet égard, on se souvient qu'en 1964, dans le contexte de la rupture d'avec les institutions du droit coutumier telles la polygamie, le lévirat, ou la dot, soit le lignage, instituée par la loi relative au mariage, le législateur ivoirien s'était exprimé en ces termes, face aux résistances d'ordre sociologique rencontrées : « si la règle de droit doit trouver son inspiration dans le contexte auquel elle doit s'appliquer, cela n'implique d'ailleurs pas qu'elle doive coïncider avec ce contexte, aux moments où elle intervient, car alors, l'évolution étant continue, elle serait rapidement dépassée. Elle doit donc nécessairement anticiper, elle le doit d'autant plus qu'elle est, par elle-même, un élément moteur important de l'évolution[85]». C'est dire que, pour le législateur ivoirien de 1964, la vocation du droit positif ne consiste pas à être à la remorque des mœurs locales, sinon à impulser les changements sociaux ; donnant

---

[81] A.-A. Diouf, « Repenser le droit civil en Afrique noire francophone », *R.I.D.C.*, n° 2, 2022, p. 374.

[82] Cité par D. Gilles, S. Labayle, « L'irrédentisme des valeurs dans le droit : la quête du fondement axiologique », *préc.*, p. 337.

[83] V. A. Ouattara, « Nécessité, proportionnalité... égalité ? L'AUVE de l'OHADA et les principes directeurs des voies d'exécution », in *Les horizons du droit OHADA, Mélanges en l'honneur du professeur F. M. Sawadogo*, éd. CREDIJ, 2018, p. 433. Où l'auteur appréhende le vocable principe en tant que normes supérieures jugées fondamentales à la cohérence d'un système juridique dans sa globalité, à défaut d'être spécifique à une composante normative dudit système.

[84] Cité par D. Gilles, S. Labayle, « L'irrédentisme des valeurs dans le droit : la quête du fondement axiologique », préc., p. 351.

[85] Extrait de l'exposé des motifs de la loi de 1964 relative au mariage ; cf. M. Dumetz, *Le droit du mariage en Côte d'ivoire*, *op. cit.*, p. 267.

ainsi l'impression de vouloir imprimer une tendance certaine au droit de la famille à conduire les citoyens à la vertu, cette disposition morale. De ce point de vue, il faut convenir qu'aux débuts de l'accession de la Côte d'ivoire à l'indépendance, « la proximité de la Morale et du Droit laisse penser que le Droit est pétri de Morale, ou que le droit n'est qu'une traduction dans un système normatif, obligatoire et sanctionné, d'impératifs moraux[86] ».

Or, dans la mesure où la fiction s'avère sans égard avec la raison d'être de la règle[87], puisqu'elle tend à décréter « que tel cas relève de telle qualification pour une raison étrangère à la règle initiale[88] », on peut alors admettre que la fiction instituée par la réforme du droit ivoirien de la filiation en 2019 rompt avec la dimension axiologique sous-jacente au droit positif antérieur ; laissant alors manifestement poindre cette « neutralité axiologique », originaire du droit euraméricain, et dont le professeur Abdoul Aziz Diouf a récemment évoqué l'incidence en termes de facteur de libération du « droit civil de ses fondations métaphysiques classiques pour l'ancrer à la loi des statistiques et autres sondages, nouveaux oracles des dynamiques sociétales[89] ».

II – Vers l'érosion de l'archétype familial monogamique

Derrière la façade d'une réforme soucieuse de la valorisation du statut de l'enfant à l'aune des engagements internationaux pris par l'État ivoirien, incantation notamment professée par l'exposé des motifs[90] de la loi relative à la filiation, le droit positif advenu dresse pourtant le lit, plus que par le passé, d'une « architecture patriarcale[91] »

---

[86] V. Constantinesco, « La confrontation entre identité constitutionnelle européenne et identité constitutionnelle nationales – convergence ou contradiction ? Contrepoint ou hiérarchie ? », J-C. Masclet et *alii* (dir.) *Mélanges en l'honneur de Philippe Manin.* ; D. Gilles, S. Labayle, « L'irrédentisme des valeurs dans le droit : la quête du fondement axiologique », préc., p. 351.

[87] F. Rouvière, « Critique des fonctions et de la nature des fictions », in *Les artifices du droit : les fictions*, 2014, Clermond-Ferrand, France. https://hal.science/hal-01316686, p. 12.

[88] F. Rouvière, *Ibid.*

[89] A.-A. Diouf, « Repenser le droit civil en Afrique noire francophone », préc.., p. 374.

[90] Selon le gouvernement ivoirien, en effet, le droit antérieur relatif à la filiation « est aujourd'hui inadapté aux regards du contexte national et international marqué par l'engagement, par la Côte d'ivoire, d'assurer les droits de l'homme, en général et ceux de l'enfant, en particulier ».

[91] A.-A. Diouf, « L'institution familiale, le discours juridique et l'ordre social (…) », préc., p. 632.

de la famille. C'est qu'au moyen du nouveau statut de l'enfant né des relations hors mariage par le père, les marqueurs d'une érosion future du mariage monogamique en droit ivoirien de la famille s'observent aussi bien par la résurgence du paradigme patriarcal au sein du couple (A), que par l'ouverture à une conception plus libérale de la famille en droit positif ivoirien (B).

A – La résurgence du paradigme patriarcal au sein du couple

Américaniste[92] d'origine, le paradigme réfère au sens épistémologique à un point de vue, un modèle théorique de pensée ou de référence, ou dit autrement, « un modèle explicatif général[93] ». A cet égard, envisager le paradigme patriarcal au sein du couple en droit ivoirien de la famille postule l'affirmation du privilège de la masculinité au sein du ménage, ce en dépit de la décapitation[94] du chef de famille pourtant consacrée par ce même législateur dans le texte de loi relatif au mariage[95]. C'est dire que l'égalité des époux, proclamée par la réforme du droit ivoirien du mariage en 2019, apparaît comme n'avoir jamais été qu'une sorte de trompe-l'œil masquant à peine le privilège de la masculinité réverbéré par le droit de la filiation au sein du couple (**1**), en face d'une inflexion du statut de l'épouse en cette matière (**2**).

1 – Le privilège de la masculinité réverbéré par le droit de la filiation

Les privilèges ne doivent pas être confondus aux lois privées, en ce qu'ils n'interviennent généralement pas dans les domaines dans lesquels le législateur s'abstient de porter les lois publiques impératives[96], tel le domaine des contrats de droit privé. *Per se*, les privilèges constituent des exemptions aux exigences normales d'application des lois publiques, au profit de tel ou tel citoyen. De ce point de vue, la lecture combinée des dispositions relatives au mariage autant que celles sur la filiation mettent manifestement en exergue l'existence d'une véritable exemption du principe d'égalité en faveur

---

92 Th.-S. Kuhn, *La structure des révolutions scientifiques*. Traduit de l'américain (Nouvelle bibliothèque scientifique). Paris, Flammarion, 1972.

93 J. Goffette, « La filiation : du paradigme traditionnel au paradigme du couple », in Gayon Jean, Wunenburger Jean-Jacques (dir.), *Le paradigme de la filiation*, Paris, L'Harmattan, 1995, p. 261.

94 J.-K. Kouakou, « Une famille sans chef est-elle réellement possible ? », *European Scientific Journal*, january 2014 éd., vol. 10.

95 Loi n° 2019-570 du 26 Juin 2019 relative au mariage.

96 A. Sériaux, *Le droit, une introduction*, *op. cit.*, p. 76.

de l'époux, au point d'éveiller le vieux paradigme[97] de la toute-puissance masculine au sein du couple, s'agissant des relations de filiation. En effet, alors que traditionnellement, « la reconnaissance par le père, de l'enfant né de son commerce adultérin n'est valable, sauf en cas de jugement ou même de demande soit de divorce soit de séparation de corps, que du consentement de l'épouse[98]», il en va autrement depuis 2019. Le véto traditionnellement constitué par le consentement préalable de l'épouse, lequel s'analysant comme « une novation de l'acte de reconnaissance d'acte unilatéral en acte bilatéral[99]» est levé, au profit « (…) de l'information donnée à l'épouse du projet de reconnaissance. L'acte de reconnaissance, doit, à peine de nullité, contenir la mention de l'information donnée à l'épouse par acte de commissaire de Justice[100]. […] ».

Dès lors, à rebours des arguments tenant généralement à loger la réforme des dispositions ivoiriennes relatives à la filiation sous le prisme exclusif de la promotion de l'intérêt de l'enfant[101], il n'apparait pas dénué d'intérêt de savoir si pareille réforme ne constituait pas en creux une résonnance du patriarcat ambiant[102] dans l'ordre social ivoirien. Du reste, en ce qu'une partie de la doctrine ivoirienne avait admis l'inutilité du consentement préalable de l'épouse à la reconnaissance de l'enfant adultérin en ce que ladite disposition ne faisait pas obstacle aux « pères adultères de reconnaître le produit de leur infidélité », la portée de la réforme interroge manifestement quant aux intérêts connexes à ceux de l'enfant. C'est qu'à l'analyse, il est permis de penser à une influence considérable de cette doctrine sur le contenu de la réforme advenue, s'agissant d'hypothèses avérées de

---

[97] J. Goffette, « La filiation : du paradigme traditionnel au paradigme du couple » préc.

[98] Ancien article 22 de la loi n° 64-377 du 7 octobre 1964, relative à la paternité et à la filiation, modifiée par la loi n° 83-799 du 2 août 1983.

[99] J.-D. Kakaly, « L'établissement de la filiation paternelle des enfants naturels en droit ivoirien (…) », préc., p. 18, note n° 71.

[100] Art. 22 de la loi n° 2019-571 du 26 juin 2019 relative à la filiation.

[101] Selon le ministère ivoirien de la Justice, « cette réforme faite dans l'intérêt de l'enfant consacre le droit reconnu par le Convention Internationale relative aux droits de l'enfant » ; J.-D. Kakaly, « L'établissement de la filiation paternelle des enfants naturels en droit ivoirien (…) », préc., p. 9.

[102] Lors d'une cérémonie civile de mariage, l'officier d'état civil, transmettant les conseils d'usage aux époux, s'adressa en ces termes à l'épouse : « ce n'est pas parce qu'on dit qu'il n'y a plus de chef de famille que vous allez porter la culotte » ; cf. J. Kouakou, « Une famille sans chef est-elle réellement possible ? » préc.

contournement[103] classique des dispositions législatives, sorte de « débordement des mœurs[104] » dans le mariage ayant eu raison du droit positif[105].

Or, de ce point de vue, l'une des principales constatations inférées des dispositions sus-énoncées réside manifestement, plus que par le passé, dans l'affirmation du paradigme lignager[106] qui induit l'inégalité au sein du couple relativement au rapport de filiation à l'aune duquel, l'épouse apparait avoir été mise entre parenthèses. En effet, dans l'économie du nouveau système institué par le régime de la filiation, le père de famille jouit désormais d'une plus grande liberté de reconnaissance des fruits de ses œuvres adultérines, et ce, à la différence toutefois des œuvres adultérines de son épouse, dont il dispose de la faculté de désaveu[107]. Il s'ensuit alors que le législateur ne fait pas qu'établir une distinction entre l'homme et la femme au sein du couple, mais consacre surtout une hiérarchie à la fois ontologique, juridique et sociale de l'homme sur la femme[108], au fondement de l'édifice social, à l'instar de la conception patrilinéaire du mariage en droit coutumier. En effet, au regard de cette conception, « l'enfant qui est la propriété du lignage du mari, alors que son épouse y est considérée comme une étrangère, serait le receveur d'un principe vital transmis en ligne agnatique par les ancêtres via son père. Dès lors, la fidélité féminine représente la condition essentielle au contrôle de la fécondité, au maintien des caractères du lignage et, au-delà, à la reproduction sociale du groupe[109]». C'est donc dire tout l'ancrage du privilège de la masculinité au fondement de la réforme du droit de la filiation ; au point

---

103 A. Ouattara, « Prolégomènes pour une épistémologie du droit en Afrique », in M. Badji et *alii* (dir.), *Dire le droit en Afrique francophone, Droit sénégalais,* n° 11, Presses universitaires de Toulouse, 2013, p. 264

104 J.-E.-M. Portalis, « Discours Préliminaire sur le projet de Code civil », in W. Mastor et *alii* (dir.), *Les grands discours de la culture juridique*. Dalloz, 2017, p. 696.

105 L'exposé des motifs de la réforme du droit de la filiation n'insiste pas moins sur la prise en considération l'influence de « l'évolution de la société ivoirienne », soit des mœurs locales ayant présidé à ladite réforme.

106 Selon la conception du droit traditionnel africain de la famille, le lignage réfère au groupement qui rassemble tous ceux qui descendent d'un auteur commun connu.

107 Art. 4 de la loi n° 2019-571 du 26 juin 2019 relative à la filiation.

108 J. Goffette, « La filiation : du paradigme traditionnel au paradigme du couple » préc., p. 261.

109 B. Taverne « Valeurs morales et messages de prévention : la « fidélité » contre le sida au Burkina Faso », https://horizon.documentation.ird.fr/exl-doc/pleins_textes/pleins_textes_7/b_fdi_03_05/010018526.pdf, p. 511.

que la question sous-jacente dont la réponse dépasse le cadre de cette modeste contribution reste à savoir si le régime de la filiation ainsi consacré ne constitue pas un jalon dans la déconstruction du paradigme matrimonial monogamique jugé en définitive comme relevant des valeurs de l'ancienne métropole.

2 – L'inflexion du statut de l'épouse réverbérée par le droit de la filiation

La question de la condition juridique de l'épouse serait-elle devenue l'Arlésienne du droit ivoirien de la famille, tant il est vrai qu'elle continue de retenir l'attention de chercheurs[110] depuis bien des années ?

De toute évidence, la condition sociale traditionnelle de la femme n'avait pas échappé aux autorités politiques ivoiriennes lors de l'accession à l'indépendance, lesquelles avaient entendu faire sortir la gent féminine de son rôle social traditionnel « de fille, sœur, épouse, ou mère de l'homme dominant[111] ». En substance, on peut relever que dans ce contexte originel de l'État naissant, il fallut s'organiser, c'est-à-dire se doter d'une Constitution et des institutions, adapter notamment le droit des personnes et de la famille, dont on avait d'ailleurs prétendu qu'il constituait un frein au développement en Afrique. Ce faisant, en 1964, l'État ivoirien se dote d'un droit civil unifié, inspiré du Code civil français. Les lois qui le définissent touchent de très près à l'organisation de la famille. Elles sont au nombre de dix (10) et sont adoptées par l'Assemblée nationale le 7 octobre 1964. L'adoption de ces lois est particulièrement révolutionnaire, puisqu'elle conduit, sous la houlette de Félix Houphouët-Boigny, à l'abandon de la quasi-totalité du droit coutumier. Ce faisant, l'État ivoirien prétendait, seul désormais,

---

110 Cf. E. Abitbol, « La famille conjugale et le droit nouveau du mariage en Côte d'ivoire », *Journal of African Law, vol.* 10, n° 3, Autumn, 1966, Cambridge University Press, pp. 141-163 ; G. Pene, « La dot traditionnelle en Côte d'ivoire », *Revue Ivoirienne de Droit,* n° 2, 1979, pp. 11-21 ; J. Oble-Lohoues, « Le régime matrimonial des ivoiriens : premières réflexions sur la loi n° 83-800 du 2 août 1983 relative au mariage », *Revue ivoirienne de Droit*, 1984-1985 ; H Angoran, *Le statut de la femme mariée en Côte d'ivoire*, Montpellier 1, thèse mult.,1985 ; H. Kouamé Abissa, *Le mariage polygamique en droit positif ivoirien*, Bibliothèque de la Faculté de l'UFR de Cocody, Abidjan, 2000.

111 C. Coquery-Vidrovitch, « Histoire des femmes d'Afrique », *Clio, Histoire, femmes et Société*, 6/1997, Presses Universitaires du Mirail, 1997, pp. 7-13, cité par M. Barro, *Le droit matrimonial en Côte d'ivoire 1901-2012. Entre unification législative et résistances coutumières*, préc., p. 249.

conférer la légitimité à l'institution familiale qu'est le mariage, sur le territoire national par l'intervention des pouvoirs publics.

Parmi ces lois, celle relative au mariage[112], accorde une place essentielle à la condition juridique de la femme dans l'institution familiale. En effet, comme déjà relevé dans les analyses qui précèdent, pour qui connait les coutumes matrimoniales dans les différentes régions de Côte d'ivoire, le mariage institué[113] par la loi ivoirienne en 1964 apparait en totale contradiction avec les mœurs d'une partie des habitants généralement polygame, aussi bien en zone rurale qu'en zone urbanisée. Aussi, en optant pour le mariage monogamique en 1964, la Côte d'ivoire entend ainsi assurer l'égalité[114] des sexes inscrite dans sa Constitution. En somme, la loi de 1964 veut consommer la rupture avec le mariage selon le lignage dans lequel prédominait le système du lévirat dans diverses coutumes locales en Côte d'ivoire. Désormais, l'unité familiale de base était constituée par le mariage monogamique, lequel avait pour effet de confier la communauté de vie au mari, chef de famille, qui devait assumer ladite fonction dans l'intérêt commun du ménage et des enfants ; avec le concours de la femme dans la direction morale et matérielle de la famille. C'est sur ces entrefaites que survient la réforme de 1983[115].

Si la réforme de 1983 n'était pas substantielle en ce qu'elle n'a pas perturbé le paradigme matrimonial monogamique – le socle familial – elle demeurait en revanche essentielle[116], s'agissant de la condition

---

[112] Loi n° 64-375 du 7 octobre 1964 relative au mariage.

[113] En effet, le modèle conjugal ivoirien est celui qui enchâsse les époux dans une institution qui le structure et l'encadre, à savoir le mariage. Le lien conjugal opère alors un arrimage de la masculinité à la féminité ou de la paternité à une maternité fondée sur la biologie, de sorte à instituer la famille par l'officialisation du couple dans le mariage.

[114] H. Raulin, « Le droit des Personnes et de la Famille en Côte d'ivoire », in M'baye K. (éd) *Le droit de la famille en Afrique noire et à Madagascar*, 1968, Paris, Maisonneuve et Larose, 1989, p. 230.

[115] Loi n° 83-800 du 2 Août 1983, modifiant la loi n° 64-375 du 7 octobre 1964 relative au mariage.

[116] La réalité consacrée par la loi ivoirienne de 1964 relative au mariage a été dépeinte par madame le professeur Jacqueline Lohoues-Oble en ces termes : « la gestion de cette communauté était attribuée au mari. C'était le ''maître et seigneur'', il était chef de la famille (art. 58, loi relative au mariage) et chef de la communauté (art. 71 de la même loi relative au mariage). Il avait à ce titre, l'administration des biens communs et des biens propres de son épouse (art. 79 loi précitée). Il pouvait, sans le consentement de cette dernière, vendre, aliéner et hypothéquer les biens communs. C'est seulement en ce qui concerne les biens personnels de son épouse que la loi lui

juridique de la femme, en ce qu'elle renforça le périmètre de l'autonomie de cette dernière, à savoir ses pouvoirs sur les avoirs, notamment au sein du ménage[117]. Par une loi de 2019[118], sorte d'ornementation du statut de l'épouse, le législateur affiche sa ferme prétention à l'égalité au sein du couple. Aussi, l'ancienne mention législative faisant de l'époux le chef de famille est-elle gommée, le ménage étant censé être « conjointement » géré par les époux. S'agissant de l'économie de la réforme, l'égalité entre l'homme et la femme s'avère renforcée quant aux effets patrimoniaux du mariage, avec l'irruption de la contractualisation du régime matrimonial par la consécration de la possibilité expressément offerte aux époux de régler, par convention notariale, les effets pécuniaires de leur union.

Pour autant, les fruits que les promesses de la loi sur le mariage avaient laissés entrevoir, quant au périmètre d'autonomie de l'épouse au sein du ménage, n'apparaissent pas encore mûrs, s'agissant notamment des droits extrapatrimoniaux, dont les rapports de filiation en l'occurrence. C'est qu'en vertu de l'incidence de la réforme du droit de la filiation en droit de la famille, l'époux apparait à nouveau avoir été revêtu par le législateur des attributs de « chef de famille » tant et si bien qu'il jouit désormais de la faculté de reconnaitre les enfants issus de ses relations hors mariage même sans le consentement de cette dernière, à la seule condition que cette reconnaissance soit « précédée de l'information[119] donnée à l'épouse du projet de reconnaissance[120] ». A l'analyse, tout semble s'être passé comme si le législateur ivoirien

---

faisait obligation d'obtenir le consentement de cette dernière (art. 81 de la loi précitée) ».

[117] On faisait observer en 1984, aux lendemains de la réforme, que « l'état d'incapacité juridique dans lequel le fonctionnement du régime de la communauté de 1964 mettait la femme ne peut être admis dans la société ivoirienne actuelle, où les femmes exercent de plus en plus des activités qui leur procurent les moyens d'une relative indépendance » ; J. Oble-Lohoues, « Le régime matrimonial des ivoiriens : premières réflexions sur la loi n° 83-800 du 2 Août 1983 relative au mariage » préc., p. 62.

[118] Loi n° 2019-570 du 26 juin 2019 relative au mariage.

[119] Il semble que cette exigence d'information relèverait des qualités d'équilibriste des pouvoirs publics. En effet, selon le ministre de la justice : « L'information préalable de l'épouse vise à aboutir à un juste équilibre entre les intérêts de l'enfant, ceux de la femme et de la famille légitime » ; J.-D Kakaly, « L'établissement de la filiation paternelle des enfants naturels en droit ivoirien (…) », préc., note de bas de page n° 86.

[120] Art. 22 de la loi n° 2019-571 du 26 juin 2019 relative à la filiation.

avait concédé l'égalité des époux, mais sans vraiment avoir cédé la part de l'épouse.

Finalement, pour comprendre l'incidence de la réforme du droit ivoirien de la filiation sur le droit du mariage il faut convenir que, « lorsque la considération essentielle est la sauvegarde de la personne et des intérêts de l'enfant, toutes les dérogations sont permises[121]».

B – L'ouverture à une conception libérale de la famille en droit positif ivoirien

En 1964, le modèle conjugal institué par le législateur ivoirien est celui qui enchâsse les époux dans une institution qui le structure et l'encadre, à savoir le mariage. Le lien conjugal opère alors un arrimage de la masculinité à la féminité de sorte à instituer la famille par l'officialisation du couple dans le mariage[122]. Ainsi voit le jour la famille de type conjugal, autonome de la perspective du lignage[123]. Or, décriée de longue date comme un droit véhiculant un paradigme « hors-sol[124] » en ce qu'elle est sans ancrage avec la réalité sociale, la famille conjugale subit désormais l'assaut des incantations du droit de la filiation, tant par le trouble du concept de famille (**1**) que par le relâchement du devoir de fidélité conjugale (**2**) induit par la réforme.

1 – Le trouble du concept de famille réfléchi par le droit de la filiation

Ce pilier de l'ordre social[125] que constitue la famille, ne serait-ce qu'au regard de ses fonctions sociales et économiques[126], n'est pas

---

[121] Y. Tano, *La protection du mineur en droit ivoirien*, préc.

[122] G. Neyrand, « La conjugalité contemporaine, une nouvelle façon de penser le lien », 2016, p. 25 https://journals.openedition.org/efg/1204.

[123] N.-C.-M. Ndiaye « La notion de famille en droit sénégalais : réflexions sur l'approche (…) », préc., p. 899 : « La famille est créée par le mariage, la conséquence logique en est la circonscription de ses critères de caractérisation à un certain seuil de parenté et d'alliance […] Ces liens familiaux sont matérialisés à travers les effets de la parenté par le biais des empêchements, du droit successoral et de l'obligation d'entretien qui est une manifestation de solidarité familiale ».

[124] A.-A. Diouf, « Repenser le droit civil en Afrique noire francophone », préc., p. 371 : « Le droit privé en Afrique est substantiellement un droit hors-sol ».

[125] J. Carbonnier, *Flexible droit. Pour une sociologie du droit sans rigueur*, LGDJ, 7ème édition, 1992, p. 216.

[126] Cf. J. Carbonnier, *Ibidem*, p. 225 ; A cet égard, le professeur Noël Gbaguidi enseigne, au titre des fonctions sociales de la famille, que « la famille, c'est la cellule de base de la société qui assure la reproduction du corps social. La famille est le lieu de reproduction de la nation, lieu d'éducation du citoyen. C'est autour de la famille que sont construits les statuts civil et politique de l'individu : statut individuel, statut

dépourvu de juridicité, loin s'en faut. A la vérité, si le phénomène de la famille n'est pas appréhendé en termes d'institution juridique, il reste juridiquement appréhendé dans sa structure, ses éléments constitutifs, donc à travers les liens familiaux[127], parmi lesquels le lien du mariage occupe une place essentielle, puisque le mariage crée la famille légitime[128].

Institution phare du phénomène de la famille, le mariage fait depuis longtemps l'objet d'une revendication plurielle, comme pu en témoigner Jean-Etienne-Marie Portalis[129]. Aussi, quoique le phénomène de famille puisse relever des mœurs, une législation sur la famille se conçoit amplement, pour peu que l'État entende promouvoir un idéal de famille sur son territoire national. Or, ainsi admis, la législation de la famille révèle précisément « l'articulation de la législation à la politique[130] », comme en témoigne les origines de la législation ivoirienne de la famille[131]. C'est que l'État ivoirien

---

familial, statut politique (les attributs de la citoyenneté). On ne peut la laisser à la disposition des fantaisies individuelles : le droit de la famille intéresse au premier chef l'ordre public ». Par ailleurs, « la famille est une unité de production. En tant que telle, elle représente une unité économique non négligeable, notamment dans les professions agricoles, commerciales, artisanales etc. L'entreprise familiale joue un rôle non négligeable. L'entraide familiale (collaboration du conjoint des descendants à l'entreprise), les aides familiales (logement, éducation, loisirs) sont des réalités constantes indéniables. La famille est devenue une unité de consommation, etc… » ; N. Gbaguidi, « Le droit de la famille en Afrique noire au début du 21ème siècle (...) », préc.

[127] J. Rochfeld, *Les grandes notions du droits privé*, PUF, 2017, p. 141. Selon cette auteure, si « l'introuvable définition » de la famille n'aide pas à la saisir, il reste que : « la sociologie fait quant à elle apparaitre la permanence et l'universalité de la famille, ainsi que celle de ses composantes : elle serait « le fruit d'une combinaison et d'un équilibre variable entre des éléments personnels d'une part (la parenté et, de façon subsidiaire l'alliance) et des éléments matériels d'autre part (la communauté d'habitation et le patrimoine) ».

[128] Art. 44 de la loi n° 2019-570 du 26 Juin 2019 relative au mariage.

[129] J.-E.-M. Portalis, « Discours préliminaire sur le projet de Code civil » préc., p. 695 : « nous sommes convaincus que le mariage, qui existait avant l'établissement du christianisme, qui a précédé toute loi positive, et qui dérive de la constitution même de notre être, n'est ni un acte civil, ni un acte religieux, mais un acte naturel qui a fixé l'attention des législateurs, et que la religion a sanctifié ».

[130] J. Carbonnier, *Flexible droit. Pour une sociologie du droit sans rigueur*, *op. cit.*, p. 230.

[131] En effet, au titre des raisons ayant conduit le législateur ivoirien à s'abstraire notamment du principe de continuité législative du droit métropolitain français en matière familiale, on peut relever celles fournies par le Père-fondateur de la nation ivoirienne, feu le Président Félix Houphouët-Boigny, à l'occasion du VIème

prétendait alors conférer, sans partage, une légitimité à l'institution du mariage sur le territoire national par l'intervention des pouvoirs publics, au moyen de dispositifs législatifs écartant la prétention des coutumes locales à légitimer le mariage du point de vue étatique. Telle fut, en substance, l'économie du cinquantenaire de la législation ivoirienne de la famille, considérée à juste titre comme l'une des plus révolutionnaires d'Afrique francophone[132].

C'est donc sur ces entrefaites qu'au nom des principes de liberté et/ou d'égalité, le vent impétueux des droits de l'homme qui avait entrainé en Europe cette « avancée des libertés individuelles dans le droit de la famille[133] » ; et qui a été par ailleurs observé, notamment par le professeur Noël Gbaguidi[134] dans les réformes législatives de droit de la famille en Afrique de l'Ouest, au Burkina-Faso[135] et au Bénin[136] ou, de manière plus générale, en Afrique par le professeur Abdoul Aziz Diouf[137], au point de bousculer certains paradigmes juridiques admis par la législation de la famille[138].

---

anniversaire de l'indépendance de la Côte d'ivoire en Août 1966 : « Lorsqu'il nous est apparu que la survivance de certaines traditions constituait un obstacle ou un frein à l'évolution harmonieuse de notre pays, nous n'avons pas hésité à imprimer les changements nécessaires. C'est ainsi qu'après une longue campagne d'explication entreprise par nos militants et nos responsables politiques et administratifs auprès des populations concernées, des textes essentiels ont vu le jour. Un Code civil rénové consacre la suppression de la polygamie et réforme la dot ; un état civil moderne est mis en place » ; F. Houphouët-Boigny, *Anthologie des discours1946-1978*, préc..

[132] Ch. Vlei-Yoroba, « Droit de la famille et réalités familiales : le cas de la Côte d'ivoire depuis d'indépendance », préc.

[133] J.-J. Lemouland, « Contractualisation du droit contemporain de la famille : un trompe-l'œil », in *La diversité du droit, Mélanges en l'honneur de Jerry Sainte-Ros*e. C. Puigelier (dir.), Bruylant, 2012, p.742. Selon cet auteur, le droit de la famille a été marqué en Europe « par un mouvement général de contractualisation », de sorte qu'à divers degrés, « sous des formes variées, les aménagements conventionnels ont été admis dans des domaines qui leur étaient autrefois interdits, autorisant ainsi une adaptation du droit de la famille aux situations concrètes ».

[134] N. Gbaguidi, « Le droit de la famille en Afrique noire au début du 21ème siècle (…) », préc.

[135] V. art. 122, *Zatu* an VII 13 du 16 novembre 1989 portant institution et application d'un code des personnes et de la famille au Burkina-Faso.

[136] V. art. 163 à 172 de la loi portant Code des personnes et de la famille en République du Bénin.

[137] A.-A. Diouf, « Famille et droits de l'homme en Afrique : réflexions sur la rencontre de deux logiques différentes », préc., pp. 317-352.

[138] C'est, du moins le cas, comme en témoigne l'exposé des motifs de la loi sur le mariage autant que celle sur la filiation, révisées, eu égard à l'incidence des

En effet, le problème de l'incidence des droits de l'homme sur la législation de la famille résulte en l'occurrence de ce que le phénomène de famille apparait de nos jours comme une réalité à « contenu variable » ou polysémique, au vu des nombreux changements sociologiques observés çà et là dans le monde. C'est que le concept de famille peut d'abord référer à la famille nucléaire, composée du couple de parents et des enfants issus de leur union. Il peut ensuite concerner, selon la conception du droit traditionnel africain de la famille, le groupement qui rassemble tous ceux qui descendent d'un auteur commun réel (lignage) ou mythique (clan ou tribu)[139]. Il peut aussi concerner les familles monoparentales composées d'enfants et d'un parent ou selon des configurations élargies, les familles recomposées[140]. Enfin, un statut de familles homosexuelles est aujourd'hui discuté en divers endroits et admis dans d'autres. Tout ceci ne rend donc pas évidente une préhension stable de la famille, au point que toute réforme du droit du mariage, tout autant d'ailleurs que du droit de la filiation, éveille de l'intérêt, voire suscite des passions quant à la conception retenue de la famille, s'agissant précisément de questions identitaires[141].

À cet égard, quelle conception de la famille résulte-t-il désormais de l'alliage des réformes du droit de la filiation et du droit du mariage en Côte d'ivoire ? En clair, faut-il admettre l'émergence d'une conception de la famille autre que celle fondée sur le mariage ?

A priori, pareille interrogation en appelle à une réponse négative. Le mariage demeurant seul fondement de la famille, la reconnaissance de l'enfant né du commerce adultérin de son père n'a pour objet que la préservation de l'intérêt de celui-là, tant que demeure le lien conjugal.

Pour autant, à l'analyse, *ab initio* en 1964, la famille est protégée des « perturbateurs » extérieurs dont l'enfant adultérin *a patre*, lequel ne peut faire l'objet d'une reconnaissance qu'à la seule autorisation préalable de l'épouse. Or, désormais, on assiste à une toute autre positivité du concept de famille. Il s'agit de celui consacrant l'idée d'un

---

conventions internationales ratifiées par l'État ivoirien, dont celle relative à l'élimination de toutes formes de discriminations à l'égard de la femme ratifiée en 2011 par l'État ivoirien, autant que la Convention de New York relative aux droits de l'enfant du 20 novembre 1989 ratifiée par la Côte d'Ivoire en 1991.

139 A.-M.-H. Assi-Esso, *Droit civil, la famille*, *op. cit.*, p. 5. ; N. Gbaguidi, « Le droit de la famille en Afrique noire au début du 21ème siècle (...) », préc.

140 J. Rochfeld, *Les grandes notions du droit privé*, *op. cit.*, p. 110.

141 A.-A. Diouf, « Repenser le droit civil en Afrique noire francophone », préc.

embranchement *de facto* de l'enfant adultérin *a patre* à la famille dite légitime, entrainant de fait une excroissance, quoique moins rigide, donc plus souple, du périmètre traditionnel du concept de famille légitime. En somme, l'analyse systémique des réformes du droit du mariage avec le droit de la filiation révèle, sous le couvert du mariage, l'émergence d'une prise en compte par l'État, d'autres liens familiaux de fait à l'initiative de l'époux, ouvrant ainsi la voie à ce dernier à d'autres « combinaisons relationnelles[142] ». De ce point de vue, entre l'intérêt de l'enfant et l'intérêt du père adultère, la ligne de démarcation n'apparait pas toujours très nette.

2 – Le relâchement du devoir de fidélité conjugale réfléchi par le droit de la filiation

Le professeur Andréas Bucher relevait à la fin des années 1990, analysant le contexte européen, qu'avec « des nuances, plus ou moins marquées selon les sociétés concernées, on est arrivés aujourd'hui à une situation laissant apparaître une certaine neutralité sociale et morale par rapport aux différents modèles familiaux tels qu'ils sont vécus effectivement. Cette neutralité inspire l'approche juridique, même si la mise en œuvre de règles appropriées tend à prendre du retard [143]». À l'analyse, cette neutralité sociale et morale évoquée par l'auteur apparait se faire jour dans le contexte ivoirien, rien qu'en regard de la nouvelle enseigne à laquelle se trouve désormais logée la catégorie juridique d'adultère[144] en vertu de la réforme du régime de la filiation par la loi n° 2019-571 du 26 juin 2019 relative à la filiation.

---

[142] Ph. Antoine, J. Nanitelamio, « Nouveaux statuts féminins et urbanisation en Afrique », *GENUS*, Vol. XLVI – n° 3-4 – 1990, p. 25.

[143] A. Bucher, « La famille en droit international privé », préc., p. 20.

[144] V. Nagy, « La catégorie juridique d'adultère depuis la réforme française du 11 juillet 1975. La redéfinition contemporaine du mariage comme une union égalitaire et privée », in *Enfance, Familles, génération, Revue scientifique internationale*, n° 5, 2006, n° 14. http://journals.openedition.org/efg Selon cette auteure : « si la règle a quelque peu perdu de sa netteté, sa transgression se révèle également floue : la définition de l'acte d'adultère lui-même est très fuyante et ne saurait se satisfaire de la seule idée de relation sexuelle d'un époux avec un tiers. Tout d'abord, il apparaît que l'adultère est une forme particulière de l'ensemble des possibles transgressions du devoir de fidélité, qui ne semble pas se limiter à l'interdiction d'entretenir des rapports sexuels avec un tiers mais semble plus constituer une obligation de non-concurrence comparable à celle qui s'impose au salarié (Labbée, 1996 : 72). De cette façon, viole le devoir de fidélité une certaine inconduite qui, sans aller jusqu'à l'acte sexuel proprement dit, présente une connotation sexuelle (Cass. 2e civ., 6 déc. 1995). Ensuite, l'adultère à proprement parler ne se limite pas strictement à l'acte sexuel

En effet, en substituant à la traditionnelle autorisation préalable de l'épouse celle de « l'information donnée à l'épouse du projet de reconnaissance » par le père de « l'enfant né de sa relation hors mariage[145] », le législateur institue manifestement un système davantage enclin à l'adultère, d'autant que l'acte d'adultère n'apparait plus comme un fait intrinsèquement fautif, en regard de l'intérêt qui en résulterait notamment pour l'enfant adultérin *a patre*. Aussi, faut-il convenir que « l'adultère ne porte plus atteinte à l'ordre social de façon abstraite et absolue, mais seulement *in concreto* et relativement au contexte conjugal [146]», au point que la gravité de l'acte d'adultère à titre de condition de dissolution du mariage apparait laissée à la discrétion du conjoint offensé par la transgression du devoir de fidélité.

S'agissant du contexte ivoirien, ce depuis l'institution de la famille conjugale en 1964, on n'ignore pas, ainsi que le fait remarquer un auteur, que « la prohibition de la polygamie est dans la majorité des cas

---

extraconjugal, qui n'est ni nécessaire, ni suffisant à le constituer. Ainsi, quand il est établi à la suite de preuves avancées par le demandeur, l'acte sexuel n'est jamais prouvé *stricto sensu* : ce sont des faits qui le laissent supposer, tels que des entrevues seul à seul, des rendez-vous dans un hôtel, une attitude très familière, le fait de se trouver ensemble dans un appartement au petit matin, etc., qui sont prouvés. On remarque donc que des faits du même type sont tour à tour retenus soit pour eux-mêmes en tant qu'infidélité, soit comme rendant extrêmement probable l'adultère. En d'autres termes, la différence est bien mince entre infidélité sans adultère et adultère : ce qui semble compter, c'est qu'un comportement chargé d'une dimension sexuelle, normalement réservé au seul conjoint, soit adopté vis-à-vis d'un tiers. Aussi, quand il est prouvé qu'un époux a passé une nuit avec un autre que son conjoint légitime, qu'importe finalement qu'il y ait eu ou non acte sexuel ? Car ce qui constitue la faute, c'est la nature intime de la relation avec le tiers. En outre, même si elle est prouvée, la relation sexuelle extraconjugale ne suffit pas en elle-même à faire l'adultère. En effet, on remarque que la plupart des tribunaux considère les relations homosexuelles comme « gravement injurieuses » pour le conjoint, sans jamais faire référence à l'adultère (Branlard, 1993 : 382). Se fondant sur la notion d'injure, ces décisions semblent sous-entendre que l'adultère requiert des partenaires de sexe différent, en référence à la nature elle-même hétérosexuelle de l'union conjugale. En parallèle, il faut aussi que l'acte sexuel soit imputable à son auteur. Autrement dit, la faute doit être le résultat d'une intention et ne doit pas avoir été commise dans un état d'inconscience, puisque la volonté fait alors défaut. C'est pourquoi ni le viol d'un des époux par un tiers, ni l'acte sexuel commis en état d'aliénation mentale (Cass. 2e civ., 7 avr. 1976, Cass. 2e civ., 30 nov. 1977) ne sauraient, à défaut de consentement, constituer un adultère ».

[145] Art. 22 de la loi n° 2019-571 du 26 juin 2019, précité.

[146] V. Nagy, « La catégorie juridique d'adultère depuis la réforme française du 11 juillet 1975 (…) », préc., n° 14. http://journals.openedition.org/efg

contournée par l'entretien d'une ou plusieurs maîtresses en dehors du domicile conjugal[147]». Dans d'autres cas, cette violation de la prohibition est directe. En l'absence de mention sur l'acte d'état civil de l'époux de l'existence d'un premier mariage, celui-ci contracte une ou plusieurs unions légales en prenant soin de changer de lieu de célébration. Or, généralement ces unions polygamiques n'apparaissent au grand jour qu'après le décès de l'époux : plusieurs veuves surgissent disposant chacune d'un acte de mariage authentique. Dans d'autres cas encore, l'intéressé contracte une seule union légale et une ou plusieurs unions coutumières ; l'épouse légale et les « épouses coutumières » pouvant toutes vivre au domicile conjugal[148].

On le voit, ce contournement des dispositions législatives, s'il met en relief la problématique des modalités adéquates de régulation des réalités familiales, montre que l'urbanisation croissante autant que l'action du législateur n'ont pas eu raison de la polygamie considérée aux lendemains de l'indépendance comme une institution de la société traditionnelle. Désormais, avec l'avènement du nouveau système ouvrant les vannes à la reconnaissance des enfants issus de la « relation hors mariage », donc adultérine de l'époux notamment, l'érosion de l'archétype familial monogamique n'est-elle pas consommée ?

---

[147] H. Raulin, « Le Droit des personnes et de la Famille en Côte d'ivoire » préc., p. 235.

[148] A.-M.-H Assi-Esso, *Droit civil, La famille, op. cit.*, note n° 5, p. 45.

(Ré) Concilier l'impôt au territoire en Afrique noire francophone : une hydre de lerne à l'aune de l'économie mondiale et numérisée

Yves Freddy ZOK À MOUBEKÉ

Docteur en droit fiscal

Chargé de cours à l'Université de Yaoundé II Cameroun

Membre du Laboratoire pratique des droits et contentieux publics (LAPDCOP) yfok@yahoo.com

Résumé : L'Afrique pourrait-elle devenir la nouvelle « Silicon Valley » ? Ce questionnement n'est plus seulement du registre de l'utopie tellement l'Afrique apparait comme une terre d'opportunités et le terrain de convoitises multiples. L'environnement mondialisé et numérisé est une formidable aubaine à saisir et à consolider par les États africains pour promouvoir la croissance et l'expansion économiques et sociales, mais aussi pour conforter le territoire fiscal. Cependant, de nombreux chantiers sont à engager dans les politiques fiscales pour (ré) concilier le territoire à l'impôt afin que l'Afrique ne soit pas perdante dans le partage des dividendes de la mondialisation. L'enjeu n'est pas seulement financier et budgétaire, il est aussi traversé par des considérations d'éthique et de neutralité fiscales afin d'éviter les distorsions de concurrence.

Mots-clés : Mondialisation – numérique – territoire - fiscalité

L'impôt est intimement lié au territoire. Il constitue un attribut de la souveraineté des États. Cette souveraineté construit d'ailleurs sa légitimité et sa capacité à lier l'impôt au territoire[1]. Pourtant, comme le fait remarquer le professeur Michel Bouvier, « le couple mondialisation/numérique remet fondamentalement en cause les cadres fiscaux, juridiques, administratifs et conceptuels habituels, nationaux et internationaux. Il les menace directement et en fait apparaître la

---

[1] J.-B. Geffroy, « Voyages et fiscalité », in *Les voyages du droit, Mélanges en l'honneur de Monsieur le Professeur Dominique Breillat*, Préface de Monet Joël, LGDJ, 2011, p. 222.

faiblesse et la fragilité »[2]. Le rattachement de l'impôt à un territoire est de plus en plus discuté. La territorialité se transforme et se dilue au contact d'acteurs ultra territoriaux qui construisent leur rapport à l'impôt au-delà des législations fiscales nationales. On peut alors observer une certaine « impuissance et le débordement des dispositifs nationaux »[3], compte tenu des flux immatériels transfrontaliers.

La mondialisation entraine inéluctablement une interdépendance croissante des pays. Elle commande une ouverture des économies qui ne doit toutefois pas induire un renoncement aux particularismes et aux singularités des territoires. La mondialisation se déploie dans une économie de masse rendue possible par l'expansion des services numériques[4]. Ceux-ci s'entendent comme les services fournis sur internet ou sur un réseau électronique et dont la nature rend la prestation largement automatisée, accompagnée d'une intervention humaine minimale, et impossible à assurer en l'absence de technologie de l'information.

La mondialisation et l'économie numérique ont donc comme traits communs de faciliter les échanges, de réduire l'espace, de dématérialiser les procédures, de libérer et de confronter les savoirs, en favorisant l'innovation et le rapprochement des peuples. Elles constituent donc pour les pays et, singulièrement, pour les pays africains, des atouts considérables pour promouvoir la croissance et le développement des peuples et des territoires.

---

[2] M. Bouvier, « La territorialité de l'impôt : un analyseur des mutations des systèmes fiscaux », *Revue française de finances publiques*, n° 146, p. 7.

[3] O. Negrin, « Les principes en droit fiscal », in Caudal Sylvie (dir.), *Les principes en droit*, Economica, 2008, p. 236.

[4] Il convient de distinguer le service numérique de l'entreprise numérique. Une entreprise numérique se caractérise plus par sa manière d'opérer et les outils qu'elle mobilise que par ce qu'elle vend. Les entreprises du numérique se retrouvent en effet dans la plupart des secteurs d'activités. Dès lors qu'une définition précise de leur activité ne permet pas de circonscrire ces entreprises, il apparaît très difficile de distinguer une entreprise numérique et une entreprise non-numérique. Utiliser l'organisation de l'entreprise ou l'intensité de son utilisation en technologies de l'information et communication pour séparer les entreprises numériques des autres semble également inextricable. De fait, la numérisation de l'économie affecte toutes les entreprises, même celles que tout un chacun classerait comme non-numériques. Pour approfondissement, lire utilement le rapport particulier numéro 4 du Conseil des prélèvements obligatoires intitulé *Les nouvelles règles de la fiscalité internationale des entreprises : évaluation des effets économiques pour la France,* juin 2020.

Cependant, les vertus de l'ouverture et de la dématérialisation présentent aussi des revers en cela qu'elles peuvent fragiliser la compétence fiscale des États sur leur territoire. Il faut donc nécessairement trouver le bon paradigme qui permette aux États de s'ouvrir et de capter les externalités positives de l'économie mondiale numérisée sans exposer leur territoire aux pratiques sophistiquées d'évitement généralisé de l'impôt. Ce territoire devra nécessairement être envisagé comme un espace géographique[5] appartenant à un État ou comme un élément constitutif de celui-ci[6].

Le couple mondialisation-numérique présente un rapport ambivalent à la compétence fiscale des États. La mondialisation a favorisé sensiblement la levée des barrières fiscales à l'expansion de l'économie libérale et dans le même temps, elle a permis aux États de promouvoir durablement la localisation d'investissements étrangers sur leur territoire. Elle a aussi favorisé le déploiement des investissements nationaux à l'étranger. Par ailleurs, prenant en compte les interactions entre les différents systèmes fiscaux nationaux, pouvant entraîner, dans l'exercice des droits d'imposition, des chevauchements qui peuvent, à leur tour, déboucher sur une double imposition, les États se sont liés par des conventions fiscales. L'enjeu était de minimiser les distorsions sur les échanges et les obstacles à une croissance économique durable[7]. Toutefois, l'impôt national a aussi pu être fragilisé dans son principe et dans son objet par la globalisation des échanges.

L'internationalisation des entreprises et la mondialisation des économies n'ont pas seulement remis en cause les territoires, mais aussi l'essence et le sens de l'impôt qui leur est irrémédiablement attaché. Les mouvements d'ouverture des économies à un marché mondial de moins en moins segmenté ont réduit considérablement la marge de manœuvre des États en matière d'impôt. Le problème de la fiscalité dans cet environnement devient ainsi crucial aujourd'hui pour les pays en voie de développement[8]. Par ailleurs, les interactions entre les différents systèmes fiscaux nationaux aboutissent à créer des niches qui permettent astucieusement aux contribuables de supprimer ou de

---

[5] Le territoire d'un État est composé d'un territoire terrestre, d'un territoire maritime et d'un espace aérien.

[6] E. Tawil, *Relations internationales*, Paris, Vuibert, 2014, p. 58.

[7] OCDE, *Lutter contre l'érosion de la base d'imposition et le transfert de bénéfices*, Éditions OCDE, 2013, p. 8. http://dx.doi.org/10.1787/9789264192904-fr.

[8] V. J.-M. Gastellu et *alii*, in Jean-Marc Gastellu, Jean-Yves Moisseron, Guy Pourcet (dir.), *Fiscalité, développement et mondialisation,* Maisonneuve et Larose, 1999, p. 8.

réduire considérablement l'imposition des revenus ou des bénéfices en ayant des rendements après impôt nettement plus importants. Le principe de territorialité de l'impôt devient alors « soluble dans l'éther d'une économie mondialisée »[9].

Le numérique présente aussi la même ambivalence à la compétence fiscale des États. En effet, l'économie numérique a transformé la manière dont les peuples interagissent, consomment et exercent leurs activités. Les technologies numériques apportent au quotidien des solutions innovantes et pratiques aux citoyens. Sur le plan fiscal, elles ont ouvert de nombreuses perspectives aux administrations fiscales africaines, notamment en termes de services à l'endroit des contribuables, d'allègement des charges administratives ou encore de collaboration entre les autorités fiscales. Toutefois, le passage au numérique fait également pression sur le système fiscal international du fait de l'évolution des modèles d'affaire. Les États africains manifestent une certaine impuissance à s'adapter et à comprendre ces nouveaux modèles. Ils doivent s'efforcer de trouver des solutions susceptibles de garantir une imposition juste et efficace dans la mesure où le passage de l'économie au numérique s'accélère et où les règles existantes en matière d'imposition des sociétés sont trop obsolètes pour suivre cette évolution. L'application des règles actuelles régissant l'impôt des sociétés à l'économie numérique a conduit à un décalage entre le lieu où les bénéfices sont taxés et celui où la valeur est créée. Une « fonction d'intelligence juridique »[10] doit répondre à l'avènement de l'intelligence économique pilotée par les algorithmes afin d'anticiper sur les évolutions technologiques et les stratégies capables d'échapper au droit étatique existant et, donc, à l'impôt[11]. Par voie de conséquence, les impôts payés dans un pays ne reflètent plus la valeur et les bénéfices qui y sont générés, ce qui entraîne durablement l'érosion de la base d'imposition, notamment pour les pays africains les plus exposés[12].

---

[9] P. Rassat, « Les tours de Manhattan et la fiscalité du XXIe siècle », in *Regards critiques et perspectives sur le droit et la fiscalité*, Liber Amicorum de Monsieur le Professeur Cyrille David, LGDJ, 2005, p. 208.

[10] G. Guglielmi, « Présentation du huitième numéro consacré aux Nouvelles technologies et le droit », *Jurisdoctoria*, n° 8, 2012, p. 14.

[11] *Ibidem.*

[12] Les recettes internes de ces pays reposent essentiellement sur les impôts sur le revenu et les impôts sur la consommation les plus affectés par l'économie numérique. Lire utilement le Document d'orientation du FMI sur *La fiscalité des entreprises dans l'économie mondiale*, mars 2019, 100 p.

Les difficultés rencontrées par les États pour recenser et évaluer des actifs incorporels, ainsi que pour déterminer leur contribution à la création de valeur[13] dans un groupe requièrent la mise en place de nouvelles méthodes d'attribution des bénéfices qui rendent mieux compte de la création de valeur dans les nouveaux modèles d'affaire[14]. Cette création de valeur doit donc être prise en considération dans la définition d'un nouveau lien fiscal afin de fournir une solution efficace contre la planification fiscale agressive et l'évasion fiscale[15]. Ce sont là des défis auxquels sont confrontés tous les États et pour lesquels ils ne peuvent plus raisonnablement se soustraire sous peine de compromettre durablement leurs finances publiques. Sous le bénéfice de toutes ces considérations, il est fondamental de déterminer le paradigme par lequel les pays en développement et, singulièrement, les États d'Afrique noire envisagent de (ré) concilier l'impôt au territoire à l'ère de l'économie mondiale numérisée.

L'ouverture à la mondialisation et à l'économie numérique ne peut et ne doit se faire dans le renoncement aux identités locales et à la souveraineté fiscale des États. Les pays africains qui sont généralement « les pays sources » [16] doivent conserver de substantiels droits d'imposition sur les revenus générés sur leurs territoires. Il est donc plus que jamais nécessaire de tenir compte de la mobilité inhérente aux multinationales fortement numérisées, notamment en vue de la création de valeur, et de garantir une répartition équitable des droits d'imposition entre tous les pays où elles exercent une activité économique et la création de valeur. Le sujet, objet de notre réflexion, présente assurément et conséquemment un intérêt pratique en ce qu'il met en exergue le nécessaire compromis et le juste dosage de l'outil fiscal entre valorisation et protection du territoire que doit relever les États de l'Afrique noire francophone. Le droit fiscal en Afrique ne doit pas seulement se construire par mimétisme avec un droit étranger devant

---

[13] Cette valeur devrait être pondérée notamment en prenant en compte la qualité des infrastructures existantes dans le pays, la qualité intellectuelle des consommateurs, leur pouvoir d'achat *etc*.

[14] Proposition de directive du Conseil établissant les règles d'imposition des sociétés ayant une présence numérique significative, 21 mars 2018, p. 2.

[15] Parlement européen, *Rapport sur la fiscalité de l'économie numérique : négociations au sein de l'OCDE, résidence fiscale des entreprises numériques et une éventuelle taxe européenne sur le numérique*, 30 mars 2021, p. 8.

[16] C'est-à-dire des pays où est généré le revenu imposable ; v. notamment le document du FMI sur la *fiscalité des entreprises dans l'économie mondiale*, Document d'orientation mars 2019, p. 22.

servir de modèle. Dans la valorisation fiscale des vertus du couple mondialisation/numérique, de même que dans la nécessaire protection fiscale des effets dommageables qu'il peut entrainer, les États africains doivent développer leur propre ingénierie fiscale et faire entendre une symphonie particulière et adaptée à leur contexte. L'ambition n'est donc pas tant seulement de concilier l'impôt au territoire (I) que d'envisager sa nécessaire réconciliation (II).

I – L'ambition d'une conciliation manifeste de l'impôt

Le pari est double pour les États de l'Afrique noire francophone qui doivent autant valoriser fiscalement le territoire (A), qu'en assurer la légitime protection (B).

A – La valorisation fiscale du territoire

La mise en valeur fiscale du territoire suppose de le rendre attractif pour les contribuables au triple plan financier, matériel et procédural. Cette valorisation trouve un terreau fertile autant dans les vertus de la mondialisation (1) que de l'économie numérisée (2).

1 – Tirer les vertus de la mondialisation numérisée

L'environnement globalisé à l'ère du numérique n'a jamais été aussi évanescent pour les États. Le monde est devenu un espace large d'opportunités et de libertés qui oblige les États à essayer de capter la manne économique des nouveaux modèles d'affaires. L'attractivité du territoire et la compétitivité des entreprises nationales à l'étranger sont devenues une préoccupation croissante dans un contexte de concurrence plurielle (fiscale, sociale ou économique) exacerbée par la mondialisation. Dans cet environnement mondial fortement concurrentiel, les États africains doivent non seulement localiser des parts de marché importantes sur leur territoire en attirant le maximum d'investissements directs étrangers, mais ils doivent aussi chercher à situer les productions locales de façon compétitive à l'étranger.

Dans le cadre particulier de la compétitivité, de nombreuses mesures fiscales peuvent être identifiées. On peut d'abord relever le régime des zones économiques qui a fait florès dans beaucoup de législations africaines[17]. Le régime permet aux entreprises éligibles de bénéficier d'une pluralité d'avantages fiscaux, notamment en ce qui concerne les

---

[17] Au Cameroun loi n° 2013-011 du 16 décembre 2013 régissant les zones économiques au Cameroun ; en Côte d'ivoire, v. la loi n° 2018-985 du 28 décembre 2018 portant régime des zones franches ; au Bénin, v. la loi n° 2022-38 du 03 janvier 2023 fixant le régime des zones économiques spéciales.

zones franches devant leur permettre de vendre leurs biens ou leurs services à des prix compétitifs dans des juridictions de marché extérieures.

Dans la même veine, on peut aussi évoquer, dans la plupart des législations fiscales des États d'Afrique noire francophone, le régime fiscal mère-filiale qui marque une inclinaison décisive pour le déploiement à l'étranger des entreprises locales. Ce régime permet non seulement d'éviter les doubles impositions qui pourraient dissuader les localisations de filiales à l'étranger, mais il favorise aussi le rapatriement des bénéfices dans le pays de résidence de la société mère. Il consiste alors à exonérer la distribution des dividendes de la filiale étrangère à la mère avec une réintégration minime d'une quote-part liée aux frais et charges à condition que les sociétés concernées soient situées dans la même zone économique[18].

En ce qui concerne l'attractivité du territoire, de nombreux dispositifs sont aussi mobilisés par les États d'Afrique noire francophone. Il s'agit ici de transformer les juridictions de marché en Afrique en véritables terres d'opportunités et de profits. À cet effet, les législateurs africains n'ont pas été frileux à la dépense fiscale. Les législations africaines sont émaillées de nombreux avantages fiscaux contenus aussi bien dans les codes d'investissement spécifiques[19] que dans les codes des impôts dont les effets dommageables commencent à peine à être envisagés[20].

Dans la même constance, le législateur communautaire a institué en zone CEMAC, un régime particulier des quartiers généraux[21] dont le but ultime est d'offrir aux groupes internationaux les conditions fiscales à la fois simplifiées et avantageuses pour leur implantation en zone

---

[18] V. notamment art. 57 de la directive CEMAC relative à l'impôt sur les sociétés, annexe à la directive n°02/01/UEAC-050-CM-06 du 3 août 2001 ; art. 9 de la directive n° 01/2008/CM/UEMOA portant harmonisation des modalités de détermination du résultat imposable des personnes morales au sein de l'UEMOA

[19] V. Code des investissements de la CEDEAO de juillet 2018 ; v. aussi la Charte des investissements en zone CEMAC adoptée par règlement n° 17/99/CEMAC-20-CM-03 du 17 décembre 1999.

[20] V. Y.-F. Zok à Moubeké, *De la dépense fiscale au processus de rationalisation par le concept de « dépense fiscale » : expérience française et perception au Cameroun,* Panthéon-Sorbonne, thèse mult., 2014, pp. 428-430 ; K. Lanre, M. Mansour, « Les rapports sur les dépenses fiscales des pays en développement : une évaluation », *Revue d'économie du développement*, 2018/2, vol. 26, pp. 113-167.

[21] Art. 58 de la directive CEMAC relative à l'impôt sur les sociétés, annexe à la directive n° 02/01/UEAC-050-CM-06 du 3 août 2001.

CEMAC[22]. Ces quartiers généraux sont soumis à l'impôt sur les sociétés de façon dérogatoire sur la base d'un calcul forfaitaire en fonction de l'ensemble de leurs dépenses suivant des taux prévus par la législation de chaque État membre.

Le réseau des conventions fiscales permet aussi, dans une mesure considérable, de consolider l'attractivité des investissements en Afrique noire francophone et notamment la sécurité juridique de tels investissements. Les États africains ont bien compris l'enjeu, et on observe une extension, quoiqu'encore relativement lente, du réseau de leurs conventions fiscales[23].

Sous le prisme de ces considérations, il apparait que les États de l'Afrique noire francophone tentent de tirer tout le parti de l'économie mondiale libérale qui promeut la liberté des capitaux. Les dispositifs sont autant orientés vers la compétitivité des entreprises africaines à l'extérieur que vers l'attractivité de nos territoires pour localiser les investissements étrangers. Cette approche offensive s'observe aussi dans l'exploitation des vertus et des potentialités de l'économie numérique.

2 – Explorer les avantages de la numérisation mondialisée

L'économie numérique ne peut être envisagée de façon cloisonnée dès lors qu'elle réduit les espaces et les distances et rapproche les peuples. Par ailleurs, les défis fiscaux auxquels est actuellement confronté le système fiscal international ne sont pas seulement dus à la numérisation de l'économie, mais aussi à la mondialisation croissante de l'économie[24]. Il faut donc envisager l'économie numérique nécessairement au prisme de la mondialisation, laquelle a contribué à amplifier autant ses facultés que ses effets dommageables.

La valorisation du numérique en Afrique noire francophone peut être saisie sous plusieurs perspectives. En ce qui concerne la promotion des activités numériques, les mesures fiscales dérogatoires sont

---

[22] Régime prévu aux articles 58 et 59 de la directive relative à l'impôt sur les sociétés, Annexe à la directive n° 02/01/UEAC-050-CM-06 du 3 août 2001.

[23] Au Cameroun, on identifie 10 conventions fiscales dont 7 bilatérales et 3 multilatérales ; en Côte d'ivoire, on recense 11 conventions fiscales bilatérales et 1 convention multilatérale. Il va de soi que le réseau de conventions fiscales est encore relativement faible même si on observe une tendance récente à leur expansion.

[24] Résolution du Parlement européen du 18 décembre 2019 sur « Une fiscalité équitable dans une économie numérisée et mondialisée : BEPS 2.0 » (2019/2901(RSP)), p. 9.

particulièrement généreuses et incitatives. Si l'on prend le cas du Cameroun, de nombreuses dispositions de la loi de finances de 2021 ont mis en place les conditions d'un développement dynamique des « startups » innovantes dans les technologies de l'information et de la communication (TIC). Les dispositions de l'article 124 ter du Code général des impôts aménagent un régime fiscal très incitatif pour les « start up » dans toutes les phases de leur développement de l'incubation à l'exploitation. Au Benin, aux termes de l'article 147 du Code général des impôts, les entreprises innovantes dans le domaine des TIC ou « startup »[25] constituées en société bénéficient de l'exonération de l'impôt sur les sociétés et du versement patronal sur les salaires pendant les deux (2) premières années d'activités et d'une réduction de 50 % des mêmes impôts au titre de la troisième année. Au Togo, un projet de loi pour soutenir la création de « start up » numérique, adopté en conseil des ministres le 11 janvier 2023, prévoit un paquet de mesures fiscales incitatives. Au Sénégal, la loi n° 2020-01 du 06 janvier 2020 portant création et promotion des « start up » prévoit aussi en ses articles 8 et suivants une batterie d'avantages fiscaux.

Pour ce qui relève de la simplification par la dématérialisation des procédures, les administrations fiscales africaines ont pris le pas de la civilisation du numérique et des avantages comparatifs qu'elle offre. La dématérialisation a non seulement permis d'améliorer l'efficacité des fonctions[26] et des procédures fiscales, mais elle a aussi été un levier de performance fiscale et de productivité de l'impôt. Dans cette veine, la Direction générale des impôts au Cameroun a mis en place une application appelée « FISCALIS » qui est une interface permettant de réaliser de nombreuses formalités fiscales. Au Gabon, le Ministère de l'économie a mis en place la plate-forme « E-TAX » permettant de faciliter les procédures fiscales des entreprises (relevant de la Direction des grandes entreprises). Au Mali, c'est la plate-forme « E-IMPOT » qui sert d'interface aux contribuables (uniquement pour ceux relevant de la Direction des grandes entreprises) pour l'accomplissement de leurs obligations déclaratives et de paiement. Le développement des télé-procédures a donc considérablement transformé le travail de

---

[25] Sont éligibles à ce régime les startups dont le chiffre d'affaires annuel ne dépasse pas cent millions (100 000 000) de francs CFA hors taxe et ayant obtenu une labellisation. Les conditions d'obtention du label startup sont fixées par décret pris en Conseil des ministres.

[26] Que ce soit les fonctions métiers (l'immatriculation, la gestion, le contrôle, le recouvrement, le contentieux) ou les fonctions support (coopération internationale).

l'administration fiscale en Afrique noire francophone, de même qu'elle lui a permis d'apparaitre plus que jamais comme une administration de services auprès des contribuables. Partant de là, de nombreuses études ont mis en exergue l'incidence qui existe entre les Technologies de l'Information et de la Communication (TIC) et la mobilisation des recettes fiscales en Afrique[27]. Les résultats du modèle linéaire montrent que la diffusion des Technologies de l'Information et de la Communication (TIC) a des effets positifs et statistiquement significatifs sur la mobilisation des recettes fiscales en Afrique[28]. Il y a donc une double incidence directe des TIC sur les recettes fiscales : la capacitation à prélever des recettes fiscales supplémentaires avec des instruments nouveaux de l'administration fiscale et le renflouement des recettes fiscales par le dynamisme des activités commerciales en ligne.

Toutefois, cette approche offensive ne doit pas rester exclusive. Elle doit nécessairement s'accompagner d'une démarche défensive consistant à sauvegarder et à garantir la compétence fiscale des États sur leur territoire.

B – La protection du territoire

La mondialisation a décloisonné les frontières fiscales, mais elle a surtout offert un terreau fertile à l'expansion des pratiques d'optimisation et d'érosion de la base d'imposition[29]. A ce titre, une batterie de mesures a été adoptée en Afrique noire francophone visant tant à localiser fiscalement sur leur territoire des entreprises numériques qui n'y ont pas de présence physique (2), qu'à neutraliser les pratiques de planification fiscale agressive pour les entreprises installées qui tentent de délocaliser le revenu imposable (1).

1 – La neutralisation de la délocalisation du revenu imposable

On observe aujourd'hui une dichotomie entre la logique fiscale et, plus généralement, la logique juridique et la logique économique concernant l'appréhension des entreprises multinationales. Une entreprise ne raisonne plus nécessairement selon une logique territoriale pour l'organisation de son activité. La mondialisation a favorisé une

---

[27] V. B.-E. Ongo Nkoa, J.-S. Song, « Les canaux de transmission des effets des TIC sur la mobilisation des recettes fiscales en Afrique », *Revue africaine de développement*, 2022, 22 p. DOI : 10.1111/1467-8268.12650.

[28] *Ibidem*, p. 11.

[29] V. OCDE, *Les pays en développement et le Cadre inclusif OCDE/G20 sur le BEPS : Rapport de l'OCDE à l'intention des ministres des Finances et des gouverneurs de banque centrale du G20,* octobre 2021, Italie, OCDE, Paris, p. 12.

fragmentation de l'activité des entreprises consistant à répartir des fonctions différentes dans différentes sociétés constituant le groupe. La perte de recettes résultant de l'érosion des bases taxables peut être particulièrement importante pour les pays de l'Afrique noire francophone pour la plupart riches en ressources naturelles. La moitié des pays de l'Afrique subsaharienne mobilisent encore moins de 15 % de leur Produit Intérieur Brut (PIB) en recettes fiscales, soit moins que le niveau de 20 % que les Nations Unies jugent nécessaire pour réaliser les objectifs du Millénaire pour le développement. L'encadrement des prix de transfert[30] semble être l'arme forgée la plus dissuasive contre les pratiques d'optimisation fiscale agressive. Ces transferts indirects de bénéfices sont particulièrement importants pour les pays en développement[31]. C'est une conclusion majeure du Fonds Monétaire International (FMI)[32] et d'autres études comme celles conduites par Crivelli[33] qui estiment la perte de recettes due au transfert de bénéfices à 1,3 % du PIB dans les pays en développement, ce qui est supérieur aux pays de l'Organisation de Coopération et de Développement Économiques (OCDE). Au Cameroun, les articles 18 ter et 19 du Code général des impôts fixent une batterie d'obligations documentaires aux entreprises multinationales ainsi que la réintégration des bénéfices irrégulièrement transférés à l'étranger et notamment dans les paradis fiscaux. On retrouve un dispositif de contrôle des prix de transfert quasiment identique à l'article 45 du code général des impôts au Benin et aux articles 81 et 57 A du Code général des impôts du Mali.

D'autres dispositifs de neutralisation de la délocalisation de l'impôt hors des territoires des États d'Afrique noire francophone peuvent être regroupés dans ce qu'il est convenu d'appeler les règles anti-abus. Celles-ci comprennent notamment l'encadrement de la sous-capitalisation et la limitation de la déductibilité de certains paiements

[30] Ce sont les prix auxquels s'échangent les biens ou se rendent des services entre deux entreprises d'un même groupe international et situées dans deux juridictions fiscales différentes.

[31] En s'appuyant sur un large ensemble d'hypothèses, *l'Open Society Institute for West African States* (OSIWA) estime que les pertes subies dans la zone d'action de la CEDEAO sous l'effet de la falsification des prix de transfert dépassent allègrement les 78 milliards de dollars d'ici 2018 et conduiront à des pertes de recettes publiques d'environ 14 milliards de dollars. Doc prix de transfert dans les pays de la CEDEAO.

[32] FMI, *Fiscalité des entreprises dans l'économie mondiale*, Document d'orientation mars 2019, p. 60.

[33] E. Crivelli, R. De Mooij, M. Keen, « Base Erosion, Profit Shifting and Developing Countries, », *FinanzArchiv*, 2016, vol. 72, pp. 268–301.

effectués à l'étranger. Le dispositif de la sous-capitalisation mis en place dans les États d'Afrique noire francophone vise notamment à neutraliser les optimisations fiscales entre sociétés d'un groupe. Il trouve son fondement dans les directives CEMAC[34] et UEMOA[35] relatives à l'impôt sur les sociétés qui fixent un plafond des taux d'intérêts admissibles pour les intérêts versés aux associés.

Quant aux mesures plafonnant la déductibilité de certains paiements effectués à l'étranger, relayant les dispositions des directives UEMOA et CEMAC, de nombreux États membres ont limité la déductibilité de certains paiements transfrontaliers. C'est notamment le cas au Mali, où la déduction des redevances de brevets est plafonnée à 3,5 % du chiffre d'affaires hors taxes[36]. Au Benin, la déduction est limitée à 5 % du chiffre d'affaires hors taxes[37] alors qu'au Cameroun le plafond est de 2.5 % du bénéfice imposable avant déduction des frais en cause[38]. Quant aux commissions ou courtages portant sur les marchandises achetées pour le compte des entreprises situées en zone CEMAC, la directive indique qu'ils sont admis en déduction que dans la limite de 5 % du chiffre des achats. Il en est de même au Benin au regard des dispositions de l'article 26 alinéa 1 du Code général des impôts.

L'ensemble de ces dispositifs traduit la volonté commune des États d'Afrique noire francophone de protéger leur territoire contre des pratiques d'optimisation fiscale agressive. La singularité des problématiques liées aux entreprises du numérique dans cet environnement mondial commande aussi une riposte adaptée.

2 – La localisation territoriale des entreprises du numérique

Le nombre de consommateurs africains effectuant des achats en ligne a considérablement augmenté, entre 2014 et 2018, à un taux moyen annuel supérieur de 18 % par rapport à la moyenne mondiale de 12 %[39]. Ce nombre devrait presque doubler entre 2020 et 2025, pour atteindre 520 millions d'acheteurs en ligne dans la région[40]. La part des

---

[34] Art. 28 de l'Annexe à la directive n° 02/01/UEAC-050-CM-06 du 3 août 2001.

[35] Art. 13 alinéa 6 Directive nº 01/2008/CM/UEMOA.

[36] Art. 51 du Code Général des Impôts.

[37] Art. 27, alinéa 2 du Code Général des Impôts.

[38] Art. 7-1d.

[39] CNUCED (2018), *UNCTAD B2C E-commerce Index 2018 - Focus on Africa.* https://unctad.org/system/files/official-document/tn_unctad_ict4d12_en.pdf.

[40] Statista (2021), *Number of online shoppers in Africa from 2017 to 2025 (in millions*). https://www.statista.com/statistics/1190579/number-of-online-shoppers-in-africa.

utilisateurs d'internet en Afrique noire francophone en janvier 2022 montrait ainsi une percée notable[41]. Sur une échelle plus large qui mesure la taille de l'économie d'internet en Afrique, les études estiment également que l'économie numérique africaine pourrait augmenter le PIB africain de 180 milliards USD d'ici 2025, soit 5,2 % du PIB du continent[42]. Les recettes fiscales potentielles générées par l'économie du numérique en Afrique noire francophone présentent donc des ratios importants. L'enjeu pour ces États est de localiser des entreprises qui, bien que n'ayant pas de présence physique sur un territoire, génèrent par ailleurs d'importants revenus à distance.

Autant les pratiques de planification fiscale agressive visent à contourner la lettre des lois, voire à abuser de leur esprit, autant dans les problématiques spécifiques de la fiscalisation du numérique, c'est davantage les dispositifs législatifs qui paraissent inadaptés et qu'il faut actualiser. Les modèles de conventions fiscales bilatérales lient encore la présence physique de l'entité à la compétence fiscale de la juridiction. Il se trouve cependant que l'économie numérique se déploie en faisant fi des frontières nationales. Le cadre national et international apparait par conséquent inadapté à localiser fiscalement les activités liées au numérique. Des ajustements législatifs en Afrique existent mais qui peuvent apparaitre malheureusement encore trop timides et pas suffisamment ambitieux. Prenant en compte l'importance de la TVA dans les recettes fiscales en Afrique[43], les États ont tiré parti des principes directeurs pour la TVA. Ils recommandent notamment que « la juridiction dans laquelle le client a sa résidence habituelle » ait le droit d'imposer les fournitures B2C de services et de biens incorporels, alors que le droit de percevoir la TVA sur les fournitures internationales

---

[41] Au Gabon, il atteint presque les 65 % de la population, au Sénégal près de 55 %, au Cameroun et en Côte d'ivoire presque 45 %. Source : Statista (2022), Share of Internet users in Africa as of January 2022, by country.

[42] IFC/Google, *e-Comony Africa 2020: Africa's $180 Billion Internet Economy Future*, International Finance Corporation, Washington D.C., 2020. https://www.ifc.org/wps/wcm/connect/e358c23f-afe3-49c5-a509-034257688580/e-Conomy- Africa-2020.pdf?MOD=AJPERES&CVID=nmuGYF2.

[43] À Madagascar et au Togo, les ratios dépassent les 40 %. Au Sénégal, au Cameroun, en République démocratique du Congo, au Niger, au Burkina Faso et au Congo les ratios dépassent allègrement les 30 %. Source : OECD/ATAF/AUC (2022), Statistiques des recettes publiques en Afrique (OECD/ATAF/AUC, 2022.

de services et de biens incorporels B2B revient à la « juridiction dans laquelle l'entreprise cliente est située » [44].

Au Benin, aux termes de l'article 258 du Code général des impôts, les plateformes numériques qui réalisent des opérations taxables sur le territoire sont assujetties à une obligation d'immatriculation, de déclaration et de paiement à la TVA[45]. Le non-respect de ces obligations entraine, outre les sanctions de droit commun, la suspension de l'accès à la plateforme. Un dispositif similaire est prévu en Côte d'ivoire à l'article 7 de l'annexe fiscale 2022 et au Cameroun aux articles 127 et 149 du Code général des impôts. Au regard des précisions apportées par la circulaire du Ministre des finances du Cameroun[46] pour les contribuables assujettis à la TVA, en l'absence de la collecte et du reversement par l'opérateur de la plateforme, l'entreprise peut spontanément liquider et collecter la taxe[47]. Le Sénégal dispose également d'un dispositif similaire aux articles 355 et suivants du Code général des impôts issu de la réforme de la loi de finances du 19 décembre 2022, complété par l'arrêté numéro 034269 MFB/DGID du 08 novembre 2023. Ces dispositions normatives visent notamment dans la même veine à fiscaliser les prestations de services numériques[48], à intégrer les entreprises locales dans la chaine de paiement de la TVA pour le compte des plateformes étrangères, de même qu'elles prévoient un régime de sanctions à l'endroit des plateformes en cas d'inobservation de leurs obligations d'immatriculation, de déclaration et de paiement.

---

[44] Lire notamment les *Principes directeurs internationaux pour la TVA/TPS* de l'OCDE, 2017.

[45] Ces plateformes sont alors assujetties à un régime de responsabilité intégrale couvrant la responsabilité des fournisseurs difficilement localisables.

[46] Circulaire n° 006/MINFI/DGI/LRI/L du 21 février 2020 relative à l'application de la loi de finances 2020.

[47] La circulaire semble un peu confuse toutefois lorsqu'elle précise par la suite que, « dans tous les cas, la TVA due sur la quote-part des commissions reçues par un opérateur pour les biens et services consommés au Cameroun, est collectée et reversée au Cameroun par l'opérateur concerné », semblant exclure de ce fait la possibilité d'une retenue à la source par l'entreprise bénéficiaire du service.

[48] Les prestations concernées visent notamment les fournitures de biens et des services immatériels de toute nature, réalisées de manière automatisée sur les réseaux informatiques et électroniques. Il s'agit notamment des services de publicité en ligne, de toute intermédiation numérique, des services de téléchargement et de diffusion de films ou musique, des fournitures de solution Saas-logiciels en *cloud*, des stockages, gestions ou traitements de données, l'hébergement de sites web, la formation en ligne etc.

Si les États africains ont, pour la plupart, adopté un cadre juridique et législatif intégrant les bonnes pratiques en matière d'imposition des revenus issus des activités du numérique, des recettes fiscales leur échappent encore dans une proportion conséquente. C'est le cas de la TVA à percevoir sur les importations des biens de faible valeur. Plusieurs juridictions africaines prévoient une exonération de la TVA sur des importations de faible valeur afin d'atténuer les coûts administratifs (pour les administrations fiscales et douanières) liés à la perception de la TVA à l'importation[49]. Toutefois, avec l'essor du commerce électronique, les exonérations de TVA pour les envois de faible valeur sont devenues un obstacle potentiellement important à la neutralité de la TVA, offrant des avantages concurrentiels « déloyaux » aux fournisseurs non-résidents, en plus des pertes de recettes de plus en plus importantes pour les juridictions. Il est donc recommandé de transférer la responsabilité de la collecte de la TVA sur les importations de biens de faible valeur aux fournisseurs en ligne non-résidents et aux plateformes numériques.

Le régime devra être simplifié afin que les plateformes numériques puissent remplir leurs obligations plus facilement. Une solution de repli pourrait être envisagée, qui permettrait soit aux services douaniers de percevoir la TVA lorsqu'ils ont des raisons de croire qu'elle n'a pas été collectée et reversée en amont, soit aux intermédiaires (transporteurs notamment) de collecter la TVA pour les services douaniers lorsque les fournisseurs ne l'auraient pas déjà prélevée. Ce sont là des pistes de réformes que les juridictions africaines devront rapidement arpenter pour ne pas durablement compromettre la soutenabilité de leurs finances publiques.

Il apparait, *in fine,* qu'une réaction harmonisée des États dans le temps, sur le fond et sur la forme pour localiser des revenus qui échappent encore pour l'essentiel à l'imposition se construit progressivement en Afrique noire francophone. Cependant, si des aménagements ont été apportés au régime de protection fiscale du territoire, il convient de relever que le dispositif pèche encore par son caractère incomplet. Des chantiers multiples se profilent pour les États africains afin de réconcilier durablement l'impôt au territoire.

---

[49] Le seuil de *minimis* pour lequel la TVA n'est pas perçue est de 53 USD au Tchad, 348 USD en Côte d'ivoire, 50 USD en RCA, 40 USD au Gabon notamment. Source : Étude de l'OCDE basée sur l'étude de la Global Express Association (GEA) *Overview of de minimis value regimes world wide* (Global Express Association, 2021.

II – Le pari d'une réconciliation inéluctable

La réconciliation part du principe que la conciliation a pu être affectée, altérée voire compromise. En effet, si les États de l'Afrique noire francophone, dans l'ambition d'une conciliation de l'impôt au territoire, ont développé des dispositifs de protection fiscale pour neutraliser l'évitement et le délitement fiscal que les entreprises multinationales organisent, force est de constater que les sentiers de la réconciliation doivent aussi être arpentés. Nous entendons ici dire que les marges de progression sont importantes et que les États doivent résolument s'engager dans des réformes plus conséquentes pour que la compétence fiscale qu'ils exercent sur leur territoire ne soit pas durablement délitée par les pratiques d'évitement fiscal des entreprises multinationales. Il conviendrait de distinguer l'érosion qui provient d'une législation fiscale inadaptée (abus de législation) dont il faut corriger les zones d'ombre (B) et l'érosion provenant du contournement ou de la fraude à la législation dont il faut renforcer les mécanismes de neutralisation (A).

A – Enrayer la fraude d'une législation fiscale lacunaire

La démarche à emprunter ici est binaire. Elle consiste dans un premier temps, dans une posture essentiellement défensive, à neutraliser en amont les pratiques d'optimisation fiscale agressives (1). Elle envisage ensuite dans un second temps et de façon plus offensive, à raffermir en aval la compétence d'imposition des États primitivement lésés (2).

1 – La neutralisation en amont des pratiques d'optimisation fiscale agressives

La neutralisation des pratiques d'optimisation fiscale agressive est un impératif majeur pour la soutenabilité des finances publiques des pays en développement. Des réformes ont été engagées comme nous l'avons précédemment relevé, il convient toutefois de relever que le spectre général laisse encore entrevoir de nombreuses marges de progression qui constituent des chantiers à engager pour résorber l'érosion de leurs bases taxables.

L'initiative BEPS[50] offre aux États africains de nombreux outils de protection de leurs bases imposables. Lancé par le G20 en 2012 et mis en œuvre par l'OCDE, le projet BEPS comprend un paquet de 15

[50] « Base erosion profit shifting » (érosion de la base d'imposition liée au transfert de bénéfices).

actions dont certaines sont prioritaires et visent à doter les gouvernements d'instruments nationaux et internationaux nécessaires pour lutter contre l'évasion fiscale.

C'est un dispositif qui permet aux États qui adhèrent à l'initiative de neutraliser et d'endiguer les pratiques d'optimisation fiscale agressives qui érodent substantiellement leurs bases taxables.

L'encadrement des pratiques de chalandage fiscal[51] est le premier défi à relever. Le chalandage fiscal prévu par l'action 6 du BEPS comme un standard minimum[52] est l'un des plus importants sujets de préoccupation dans le domaine de l'érosion de la base d'imposition et du transfert de bénéfices.

Les États africains étant généralement des États de source, la pratique du chalandage fiscal les expose singulièrement. En effet, dans les pays en développement, les impôts à la source représentent de 10 à 20 % du montant du paiement. Les conventions fiscales ont souvent pour effet de ramener cet impôt à la source à un taux faible ou nul justifiant l'intérêt des pratiques d'optimisation à la convention fiscale pour les multinationales[53].

L'instrument multilatéral[54] offre néanmoins un moyen potentiellement efficace de modifier à cette fin les conventions en vigueur, conforme à la norme minimale BEPS, en adoptant des mesures de sauvegarde[55].

L'autre chantier majeur porte sur la neutralisation des pratiques d'optimisation à l'établissement stable en vue d'échapper à

[51] C'est une pratique visant à bénéficier indirectement des avantages prévus par une convention fiscale conclue entre deux juridictions sans être un résident effectif d'une de ces deux juridictions.

[52] Ce sont des actions qui doivent être implémentées prioritairement et non moins obligatoirement par les États signataires.

[53] Beer et Loeprick estiment que la possibilité pour les entreprises multinationales de redéployer leurs paiements intragroupes pour exploiter les dispositions favorables des conventions au moyen de « plateformes d'investissement » a fait baisser le produit de l'IS de quelque 15 % dans les pays d'Afrique subsaharienne ; v. S. Beer, J. Loeprick, « Taxing Income in the Oil and Gas Sector—Challenges of International and Domestic Profit Shifting », *Energy Economics*, 2017, vol. 61, pp. 186–198.

[54] C'est un dispositif conventionnel multilatéral qui dispense de renégocier les conventions une à une dès lors que les États concernés sont signataires de l'instrument multilatéral.

[55] Soit en refusant les avantages d'une convention si l'une des principales finalités d'un dispositif est de les obtenir ; soit en réservant les avantages d'une convention aux véritables résidents de l'autre État contractant.

l'imposition. Les États africains, étant pour la plupart des États de la source du revenu, sont les principales victimes de ces pratiques d'optimisation fiscale. À défaut d'intégrer l'action 7 du BEPS dans l'instrument multilatéral en cours de négociation, il apparait fondamental de réviser l'article 5 du modèle de convention fiscale OCDE (le modèle le plus couramment utilisé) pour tenir compte des pratiques d'optimisation à l'établissement stable.

Enfin, l'encadrement des prix de transfert devra être consolidé au moins à deux niveaux : d'abord en adressant de façon plus méthodique l'épineuse question de la comparabilité des données et la tarification interne des matières premières et des activités associées. Plusieurs pays africains éprouvent des difficultés pour s'assurer que les minerais sont exportés à un prix équitable et évoquent l'absence de données et d'informations[56]. Le contrôle et l'évaluation des prix de transfert reposent encore largement aujourd'hui sur le prix de pleine concurrence (PPC). Le recours au PPC devra être consolidé en renforçant le système d'accès à l'information. C'est le sens de l'action 13 du plan BEPS consacrée à la déclaration pays par pays. Ces déclarations pays par pays constitueraient de formidables niches d'informations pour les pays africains qui sont généralement des juridictions demanderesses. Cependant, il convient de relever que le régime des échanges d'informations tel qu'il est envisagé aujourd'hui est lesté de nombreuses conditionnalités dont l'une porte sur l'exigence de confidentialité dans le traitement de l'information et l'autre sur « l'utilisation appropriée » et l'exploitation des informations ainsi recueillies[57]. Les négociations menées par les pays africains qui seront pour la plupart en situation de demandes d'informations[58] doivent conduire à limiter à sa stricte expression les conditionnalités et les exigences requises pour limiter les coûts administratifs et de conformité. Cette déclaration pays par pays pourrait faire l'objet d'un nouvel instrument international ou être inséré soit dans les conventions fiscales bilatérales, soit dans la convention multilatérale d'assistance

---

[56] V. OCDE, *Rapport du Groupe de travail du G20 pour le développement sur l'impact du Projet BEPS dans les pays à faibles revenus,* (Partie 2), 34 p.

[57] V. OCDE, *Déclaration pays par pays: Manuel Pratique de mise en œuvre*, 2017, OCDE, http://www.oecd.org/fr/fiscalite/beps/declaration-pays-par-pays-manuel-pratique-de-mise-en-oeuvre.pdf.

[58] Le seuil envisagé de 750 millions EUR devrait exclure de l'obligation déclarative entre 85 et 90 % des groupes d'entreprises multinationales et donc la quasi-totalité des multinationales africaines.

mutuelle administrative qu'un certain nombre de pays de la zone Afrique francophone ont déjà ratifiée[59]. Les pays africains sont généralement en faveur du dépôt local qui permettrait alors à l'administration fiscale d'exiger de l'entreprise résidente sur son territoire de faire une déclaration pays par pays de l'ensemble du groupe plutôt que de devoir se tourner vers la juridiction de l'entité mère du groupe pour obtenir ces informations[60]. Enfin, la simplicité du régime de protection[61] pourrait aussi constituer une alternative. Un régime de protection est un dispositif de simplification administrative en ce qui concerne la détermination ou la documentation des prix de pleine concurrence qui s'applique à « une catégorie bien définie de contribuables ou de transactions et qui les exempte de certaines obligations normalement imposées par les règles générales en matière de prix de transfert d'un pays »[62]. À ce titre, le montant B[63] du Pilier 1 visant à simplifier l'application du principe de pleine concurrence aux activités de commercialisation et de distribution en attribuant un montant de rentabilité minimale aux opérations effectuées par les EMN pourrait aussi être retenu.

À défaut du recours au principe de pleine concurrence pour l'encadrement des prix de transfert, une solution plus radicale pourrait s'orienter vers la méthode de la taxation unitaire encore appelée la méthode de la formule par répartition (FR) qui consiste à calculer les profits des diverses filiales d'une entreprise ou des diverses sociétés d'un groupe en considérant l'ensemble du groupe comme une seule unité sur une base consolidée. La répartition par formule éliminerait ainsi les

---

[59] Burkina Faso, Cameroun, Gabon, Maurice, Sénégal, Seychelles, Tunisie *etc.*

[60] Cependant, même la procédure du dépôt local n'est envisageable qu'à la réunion de plusieurs conditions. Confère le *Manuel de mise en œuvre de la déclaration pays par pays* de l'OCDE de 2017, p 23 et s.

[61] Seul le Nigeria semble avoir adopté un régime de protection satisfaisant en Afrique ; v. A. Charlet, C. Silberztein, G. Pointe, *Étude sur la faisabilité de l'introduction de régimes de protection dans les pays de la CEDEAO,* Union européenne, 2016, p. 7.

[62] OCDE, *Section E révisée du chapitre IV, des principes applicables en matière de prix de transfert, relative aux régimes de protection*, 16 mai 2013, p. 4.

[63] En l'absence relative de comparables appropriés sur le marché local permettant d'établir des prix de pleine concurrence, les pays en développement ont exprimé leur net appui en faveur de la mise au point d'approches simplifiées et rationalisées pour les activités courantes de commercialisation et de distribution, comme cela est prévu par la solution du Montant B du pilier 1, v. OCDE, *Les pays en développement et le Cadre inclusif OCDE/G20 sur le BEPS : Rapport de l'OCDE à l'intention des ministres des Finances et des gouverneurs de banque centrale du G20,* octobre 2021, Italie, OCDE, Paris, p. 34.

possibilités de transfert de bénéfices au moyen des prix de transfert[64]. Ces profits globaux seraient repartis aux différentes entreprises associées sur la base d'une combinaison de facteurs multiples, tels que la propriété des actifs, la masse salariale ou l'emploi[65], les ventes, le capital investi et les coûts de fabrication[66].

Le deuxième volet de l'encadrement des prix de transfert pourrait utilement se référer sur les travaux du cadre inclusif portant sur le montant A du Pilier 1. Il a pour ambition d'instaurer un nouveau droit d'imposition sur les bénéfices réalisés par les EMN (qui réalisent un chiffre d'affaires plancher prédéterminé) en déterminant l'impôt au niveau du groupe. Sa philosophie générale repose sur la modification de la répartition de l'imposition initiale du revenu des multinationales en neutralisant les transferts intragroupes. Il est fondamental pour les petites économies africaines notamment que le seuil de chiffres d'affaires retenu pour les entreprises concernées par le montant A soit le plus bas possible pour leur permettre d'accéder à ce nouveau droit d'imposition.

Dans un paradigme différent cette fois – même si le fond reste la sauvegarde de l'intégrité fiscale des États –l'action devra être orientée vers une posture plus offensive, consistant cette fois au-delà de la neutralisation des pratiques dommageables, à promouvoir de façon prioritaire la productivité de l'impôt en rétablissant la compétence et la capacité d'imposition des États primitivement lésées.

2 – Le raffermissement en aval de la capacité d'imposition des États

Si la neutralisation des pratiques d'optimisation agressives vise surtout à sauvegarder la base d'imposition, l'enjeu ici est davantage porté vers la consolidation, en aval, de la capacité fiscale des États et, notamment, du produit de l'impôt perçu. Il s'agit ici d'attribuer ou de réattribuer aux États une capacité d'imposition plus importante.

---

[64] Cette méthode n'est pas exempte de réserves relevées par le rapport Dalberg notamment en ce que le caractère arbitraire des formules prédéfinies rend difficile la transposition des spécificités propres à chaque entreprise multinationale. Pour approfondissement lire le *Manuel des Nations unies sur les prix de transfert pour les pays en voie de développement*, 2012.

[65] Les pays africains seraient les principaux bénéficiaires si le critère de répartition était fondé sur l'emploi en ce que les multinationales créent principalement des emplois dans les bassins de production ou là où les revenus sont générés.

[66] V. *Manuel des Nations unies sur les prix de transfert pour les pays en voie de développement*, 2012.

Cependant, cette capacité d'imposition supplémentaire ne peut trouver une réelle effectivité que si l'intégrité de la base d'imposition est sauvegardée et garantie.

L'initiative du Pilier 2 du cadre inclusif de l'OCDE constitue pour les États africains une bonne base de réflexion sur les aménagements qui doivent être apportés à leurs systèmes fiscaux et à la consolidation de leur capacité fiscale. Le Pilier 2 fixe un taux d'imposition minimum aux juridictions de marché qui, pour certaines, lorsqu'elles se verront attribuer un droit supplémentaire d'imposition dans le cadre du Pilier 1 (montant A), devront soumettre les revenus supplémentaires à un taux minimum de 15 %. Le Pilier 2 agit alors comme un filet de sécurité pour le Pilier 1 dans la mesure où il fixe un taux d'imposition minimum. L'enjeu est de déterminer le niveau d'imposition effectif pour le rapporter au niveau d'imposition minimal attendu[67]. Il s'agit de trouver des règles communes permettant d'assurer une taxation minimale mondiale des résultats des entreprises multinationales de manière à priver d'intérêt toute délocalisation des profits réalisés dans des juridictions où les taux d'imposition sont faibles[68].

Le système d'agrégation des revenus des entreprises concernées, devant servir de référence à l'imposition au taux minimal, devra privilégier en Afrique, l'agrégation au niveau de chaque juridiction[69] ou

---

[67] Cela suppose une réflexion sur les outils utilisés pour évaluer l'imposition (comptabilité, états financiers, retraitements éventuels), une clarification des règles en cas d'activités dans des États à la fiscalité très différente (est-il possible de faire une moyenne pondérant les différentes charges fiscales ?) et l'articulation avec la convention fiscale modèle de l'OCDE (par exemple sur la règle de substitution).

[68] Les PVD ont obtenu à juste titre de limiter l'application du Pilier 2 aux entreprises qui ont une activité substantielle et réelle sur leur territoire afin de ne pas compromettre l'attractivité des IDE.

[69] Le groupe d'EMN serait tenu de répartir ses revenus de source étrangère entre différentes juridictions d'imposition. Le groupe d'EMN serait taxé si le taux de l'impôt sur les revenus attribués à une juridiction était inférieur au taux minimum. L'impôt supplémentaire, dû par le groupe en vertu de la proposition GloBE, serait égal au total à la somme des montants nécessaires dans chaque juridiction pour porter le montant total de l'impôt sur les revenus à hauteur de celui résultant de l'application du taux minimum dans cette juridiction. Un des modèles de cette méthode consisterait à agréger les revenus et les impôts payés par toutes les entités du groupe d'EMN qui résident fiscalement dans une même juridiction (ainsi que les revenus de, et les impôts acquittés par, toute succursale établie dans cette juridiction) pour calculer le revenu total provenant de cette juridiction et l'impôt payé sur ce revenu.

au niveau de chaque entité du groupe[70] plutôt que l'agrégation au niveau mondial[71] qui exclurait les pays africains n'étant pas en général des pays de résidence des EMN[72].

Le Pilier 2 autoriserait notamment les pays africains, en général les pays de source de revenus, à appliquer aux redevances et aux intérêts versés à l'étranger, un taux correspondant au maximum de la différence entre le taux effectif appliqué à l'étranger et le taux nominal de l'impôt sur le revenu des sociétés applicable. Les pays de l'Afrique noire francophone seront particulièrement gagnants dans la mesure où ils renoncent souvent, au regard des conventions fiscales, à imposer à la source ces paiements en partant du principe qu'ils sont effectivement imposés dans le pays de résidence du bénéficiaire. L'impôt minimum mondial allégerait ainsi la pression sur les pays en développement actuellement contraints d'offrir des incitations fiscales excessivement généreuses pour attirer les investissements étrangers[73].

La sauvegarde de l'équilibre financier des économies des États de l'Afrique noire francophone passe non seulement par la neutralisation des dispositifs d'érosion des bases taxables, mais aussi par une meilleure réattribution du pouvoir d'imposition des États. Cette ambition serait imparfaitement accomplie si elle ne prenait pas aussi en compte les chantiers révélés par l'économie numérique.

B – Corriger les zones d'ombre d'une législation fiscale inadaptée

Des problématiques singulièrement mises en relief par l'économie numérique doivent être adressées pour enrayer l'abus à une législation qui peut apparaitre lacunaire, mais surtout inadaptée. Le droit

---

[70] Le groupe d'EMN serait tenu de déterminer le revenu et l'impôt de chaque entité du groupe (ainsi que les revenus des entités de la juridiction attribuables à une succursale étrangère).

[71] Dans le cas d'une agrégation des revenus au niveau mondial, le groupe d'EMN serait tenu d'agréger le montant total de ses revenus de source étrangère et le montant total des impôts sur ces revenus qui ont été payés à l'étranger.

[72] La juridiction de siège de l'EMN serait désignée *in fine* pour imposer le différentiel par rapport à l'impôt minimal dans le cadre de l'agrégation au niveau du groupe. Voir notamment le document de consultation publique de l'OCDE sur une proposition globale de lutte contre l'érosion de la base d'imposition (« GloBE ») – Pilier deux, 8 novembre 2019-02 décembre 2019, 43 p.

[73] En effet, l'imposition minimale dont le taux semble fixé aujourd'hui à 15 % doit être le taux effectif et non pas seulement le taux minimal affiché. Le contournement par les dépenses fiscales pour atténuer le taux nominal affiché doit être neutralisé.

d'imposer les activités transfrontalières à l'ère du numérique doit se réinventer, et cela passe par la valorisation fiscale des incorporels (1) et la prise en compte d'une nouvelle règle de lien au territoire au-delà de la seule présence physique (2).

1 – L'urgence de la valorisation et de la gestion fiscales des incorporels

Dans l'économie moderne, la gestion des incorporels est devenue un enjeu majeur et une niche d'optimisation fiscale pour les entreprises du numérique, notamment celles dans lesquelles, très souvent, la proportion d'actifs incorporels est supérieure aux actifs corporels. Ces actifs peuvent être facilement déplacés d'une juridiction fiscale à une autre. Il s'ensuit donc une difficulté persistante à appréhender leur valeur et la répartition de celle-ci entre État de siège de l'entreprise et l'État de la consommation, quand cette valeur découle précisément pour l'essentiel des consommateurs[74]. Les États africains de la zone francophone sont donc autant concernés qu'exposés à l'optimisation fiscale des actifs incorporels qui les prive encore largement des revenus de l'économie numérique, faute d'une législation adaptée.

Le premier enjeu et le plus délicat sera sans nul doute d'identifier, de valoriser et d'imposer la valeur générée par la détention, la gestion et l'exploitation des actifs incorporels liés au numérique. En effet, ces actifs peuvent être à l'origine de l'essentiel de la création de valeur et des revenus des entreprises du numérique, mais aussi, de certains secteurs pour lesquels la propriété intellectuelle joue un rôle central[75]. La participation de l'utilisateur du service numérique est inhérente à la valeur du produit lui-même. Les rentes qui sont ainsi générées grâce aux informations de résidents d'un pays doivent y être imposées. À cet effet, différentes niches imposables des activités numériques peuvent être identifiées par les juridictions fiscales. C'est notamment le cas du placement sur une interface numérique de publicités ciblant les utilisateurs de cette interface[76] ou la mise à disposition des utilisateurs d'une interface numérique multi-faces qui permet aux utilisateurs de trouver d'autres utilisateurs et d'interagir avec eux ou encore la transmission et l'exploitation de données recueillies au sujet des

---

[74] Rapport particulier numéro 2 du Conseil des prélèvements obligatoires, *Les frontières des impôts de production*, 2020, p. 5.
[75] *Idem*, p. 22.
[76] Activité qui reste encore largement non imposée lorsqu'elle est réalisée par une EMN n'ayant pas de présence physique dans le pays des utilisateurs.

utilisateurs et générées à partir de leurs activités sur les interfaces numériques[77]. La détermination des modèles d'affaires du numérique imposable, de même que la valorisation des actifs incorporels qui y sont liés ne constituent que des préalables à une imposition effective des revenus issus de l'économie numérique. L'étape de l'identification et de la valorisation des actifs incorporels devra donc nécessairement précéder celle de leur imposition effective.

Le deuxième défi à relever par les législations nationales devra porter sur la fiscalisation des opérations de gestion et d'exploitation des actifs incorporels qui représentent l'essentiel du patrimoine des entreprises numériques. Ici, une attention particulière doit être portée à l'optimisation portant sur la localisation territoriale et sur la cession de ces actifs. La capacité à répartir les actifs incorporels, les fonctions et risques associés de manière à minimiser l'impôt incite les entreprises d'un groupe à les attribuer par contrat à des fins exclusivement fiscales.

Le défi est hautement relevé pour les juridictions fiscales africaines. Ainsi, même si elles arrivaient à contraindre les plateformes et les autres entreprises numériques à payer l'impôt correspondant aux revenus qu'elles ont générés sur leur territoire, il leur faudrait encore neutraliser la déduction de charges généreuses liées à l'exploitation des actifs incorporels. Pour y remédier, des solutions sont envisagées et doivent être relayées par les législations africaines. D'abord, les prix de transfert afférents à un actif incorporel ne devraient pas être liés seulement à la propriété juridique de l'actif en cause. L'allocation de profit devrait dépendre de l'implication du détenteur de l'actif dans celui-ci, identifiée à travers différentes fonctions désignées par l'acronyme « DEMPE »[78]. Il s'agit de l'« approche nexus » qui exige un lien entre la valeur de l'actif incorporel et le droit de propriété, par exemple à travers l'existence d'activités de recherche et de développement portant sur l'actif menées par le propriétaire, qui n'en aurait donc pas une gestion passive[79]. Ainsi, les produits générés par les actifs incorporels doivent être imposés dans la juridiction de l'entreprise qui l'exploite réellement.

---

[77] Proposition de Directive du Conseil concernant le système commun de taxe sur les services numériques applicable aux produits tirés de la fourniture de certains services numériques, 21 mars 2018, p. 18.

[78] « Development, Enhancement, Maintenance, Protection, Exploitation ».

[79] Rapport particulier numéro 2 du Conseil des prélèvements obligatoires, *Les frontières des impôts de production*, 2020, p. 22.

L'urgence d'arrimer les législations fiscales aux nouveaux modèles d'affaires du numérique commande des réformes immédiates. Par ailleurs, la territorialisation de l'impôt repose encore largement sur la présence physique des entreprises dans une économie où la présence numérique l'a largement supplantée.

2 – La détermination impérieuse d'une nouvelle règle de lien au territoire

Comme le relevait Bernard Stiegler, l'industrie numérique « menace la puissance publique de devenir incapable. N'ayant pas la capacité de percevoir l'impôt et de percevoir des taxes, elle est mise dans une situation d'incapacitation structurelle »[80]. Les activités du numérique se jouent des frontières dans la mesure où une entreprise peut générer des revenus sur un territoire sans présence physique. Cependant, c'est aussi au regard des frontières et du territoire que les États sont en droit d'imposer ces activités. Il y a donc une ambivalence entre l'impôt et le territoire. Le droit fiscal international repose encore largement sur les modèles de convention fiscale OCDE et ONU qui n'envisagent le pouvoir d'imposer que s'il est possible de déterminer la présence physique du contribuable sur le territoire. L'économie mue radicalement avec la globalisation de l'internet, et la fiscalité doit sans cesse suivre le pas des changements et des évolutions techniques : à nouvelles « assiettes », nouveaux impôts. Une fiscalité moderne ne peut donc plus ignorer les formes sans cesse innovantes de création de valeur et de richesse apportées par la croissance de l'économie numérique[81]. La percée du numérique en Afrique et, singulièrement, en Afrique noire francophone où les utilisateurs sont de plus en plus nombreux à recourir à différents services numériques dans leur quotidien[82] oblige les États à capter la manne qui est ainsi générée. De nombreuses entreprises multinationales proposent à distance des services numériques comme la publicité ou l'accès payant à des plates-formes audiovisuelles pour lesquels elles engendrent des revenus qui échappent en totalité ou en partie à toute imposition locale.

Il faut donc inventer une nouvelle règle du lien au-delà de la présence physique, qui s'appliquerait dès lors qu'une entreprise participe de

---

[80] Propos de Stiegler Bernard, repris dans le rapport du Sénat sur fiscalité du numérique, *op. cit.*, p. 2.

[81] Rapport Sénat *op. cit.*, p. 7.

[82] V. Hecquet, J.-M. Huet « Le digital en Afrique. Les cinq sauts numériques », *Afrique contemporaine*, 2018/2 numéro 266, pp. 220-223.

façon significative et soutenue dans l'économie d'une juridiction du marché, par exemple par l'interaction et l'engagement des consommateurs, quel que soit le niveau de présence physique de l'entreprise dans cette juridiction.

Cependant, cette nouvelle règle ne peut véritablement être identifiée que si les États sont en mesure de qualifier et de valoriser les niches de revenu de l'économie numérique. En effet, plusieurs pays africains fournissent un marché de consommateurs et supportent les charges des réseaux sans identifier et encore moins percevoir les revenus fiscaux correspondant à la création de valeur qu'ils apportent. La détermination et la valorisation des niches d'imposition des entreprises numériques permettront, *in fine*, d'identifier une présence numérique significative qui permette de rattacher et d'imposer les revenus générés sur un territoire par une entreprise n'ayant pas de présence physique.

L'enrichissement d'une entreprise ou d'un opérateur quelconque lié à un marché doit y justifier l'imposition de la richesse générée. C'est une juste rétribution du cadre offert par l'État qui aurait indirectement, voire directement permis à l'activité créatrice de valeurs de se déployer. L'impôt aurait pour objet de rémunérer le marché que l'État offre en garantissant l'ordre, un environnement économique propice et des consommateurs[83].

Reprenant la proposition commune de l'OCDE et du G20, on pourrait alors envisager une présence imposable dans un pays dès lors qu'une entreprise non-résidente a une « présence économique significative »[84] dans ce pays, au regard de facteurs qui démontrent une interaction volontaire inscrite dans la durée avec l'économie et une réelle empreinte numérique[85].

---

[83] Le principe est aussi de rétablir plus d'égalité et de neutralité fiscale dès lors que les entreprises numériques sont soumises à un taux d'imposition effectif de 9,5 % seulement, contre 23,2 % pour les entreprises traditionnelles, alors que les deux profitent de facteurs non économiques au niveau local tels que les infrastructures ou la disponibilité d'une main d'œuvre hautement qualifiée. Source : Rapport sur la fiscalité de l'économie numérique : négociations au sein de l'OCDE, résidence fiscale des entreprises numériques et une éventuelle taxe européenne sur le numérique, 16 avril 2021.

[84] Une directive du Conseil de l'Union européenne évoque plutôt la « présence numérique significative » même si l'ambition est similaire.

[85] Cette présence numérique significative renvoie à l'idée d'un « établissement stable virtuel » ; v. FMI, *Fiscalité des entreprises dans l'économie mondiale*, Document d'orientation mars 2019, p 17.

Les pays de l'Afrique noire francophone devront marquer leur nette inclinaison pour que la détermination de cette empreinte numérique tienne compte de la taille de leurs économies.

....

L'alignement de la géographie du résultat fiscal sur celle de la création de valeur ne doit plus et ne plus être une sinécure. Cet alignement doit dicter la nouvelle gouvernance fiscale mondiale. Les enjeux sont trop importants pour les juridictions fiscales en Afrique noire francophone en termes de soutenabilité des finances publiques pour ne pas compromettre durablement le développement et l'avenir des peuples. L'action commande une attitude autant défensive qu'offensive des juridictions fiscales africaines comme nous avons pu le relever. Cependant, un nouveau paradigme doit meubler la réflexion vers une approche davantage incitative plutôt qu'essentiellement réactionnaire ou répressive comme observé jusqu'ici. En effet, alors que la fiscalité a, pendant longtemps, été appréhendée par les entreprises sous le seul angle de la conformité aux dispositions réglementaires, une nouvelle vision de la matière se développe. Les enjeux liés au civisme fiscal prennent une importance croissante et les entreprises sont ainsi invitées à mener une réflexion globale sur leur stratégie fiscale[86]. Les législations fiscales africaines devront autant manier le bâton et la carotte en définissant un cadre incitatif propice à des pratiques fiscales vertueuses et à une stratégie fiscale responsable. Le salut de la nouvelle gouvernance fiscale peut notamment trouver en ce nouveau paradigme, une nouvelle espérance.

[86] S. Boverie, D. Auther, « Le civisme fiscal : vers une nouvelle perception de la fiscalité au sein des groupes ? » *Option Finance*, numéro 1679, 2022, p. 44.

Varia

Réécrire la justice pour fonder un État de droit au Sénégal

Abdoul Aziz DIOUF
Professeur titulaire, Agrégé des facultés de droit
Université Cheikh Anta Diop
Directeur-adjoint du Laboratoire d'Étude et de Recherches Critiques sur le Droit en Afrique (LERCDA)

A feu Malé KITAL, une comète dans le monde savant

Résumé : La construction inaboutie d'un État de droit au Sénégal est liée substantiellement au faible ancrage républicain de son institution judiciaire. Les racines coloniales de la magistrature sénégalaise toujours prégnantes dans cette ère contemporaine obscurcissent les aspirations démocratiques des couches populaires. Sous ce rapport, la réinvention d'une magistrature comme motrice d'une communauté humaine régie par le Droit constitue une urgence publique. Cette réflexion en s'inscrivant dans une perspective décoloniale et critique, se propose d'identifier d'abord les lieux où se fabriquent les vulnérabilités juridiques relatives à la fondation de l'État de droit au Sénégal pour tenter ultérieurement d'y apporter les corrections nécessaires.

La « Justice » est l'une des thématiques les plus discutées ces deux dernières décennies au Sénégal[1]. La sur-présence de la problématique de la justice dans le champ social renseigne sur son inexistence ou dans une moindre mesure sur ses défaillances. La justice, quoique protéiforme dans ses manifestations (justice sociale, économique, environnementale…), à travers les lignes ci-dessous, ne sera abordée

---

[1] V. Assises nationales au Sénégal. Charte de gouvernance démocratique mai 2009 ; Rapport de la Commission de réformes des institutions au Président de la République du Sénégal décembre 2013 ; Rapport de concertation sur la modernisation de la justice, mars-avril 2018, sous la direction du professeur Isaac Yankhoba Ndiaye ; Rapport de 2024 sur les Assises de la justice, avec le professeur Babacar Guèye comme facilitateur. Dans cette perspective, l'on peut faire mention des nombreux manifestes et autres textes collectifs émanant des universitaires et intellectuels ayant pour préoccupation l'édification d'un État de droit à travers le prisme de la justice.

exclusivement que dans sa déclinaison judiciaire. En d'autres mots, l'évocation de la justice renvoie au « pouvoir » judiciaire sous un prisme institutionnel. La difficile émergence d'un État de droit au Sénégal s'explique substantiellement par l'inscription de l'institution judiciaire dans un paradigme anti-républicain. L'anti-républicanisme de l'appareil judiciaire prend appui sur son inféodation au pouvoir exécutif. Et la condamnation en 1963 de Mamadou Dia (ancien président du Conseil du gouvernement) par la Haute Cour de justice peut être identifiée comme le prologue de cette vassalisation du judiciaire par le pouvoir politique. Plus d'un demi-siècle après l'indépendance formelle du Sénégal, les relations entre la magistrature et l'État de droit sont des plus obscures. Un parcours même furtif de plus de soixante ans de pratiques judiciaires révèle, sans difficultés majeures, que la magistrature a fait serment d'allégeance plus à l'Exécutif qu'aux règles juridiques censées guider son travail. À l'image des Parlements de l'Ancien droit en France rendant la justice au nom du Roi[2], il n'est point excessif de dire qu'au Sénégal le Peuple n'est aucunement le garant des décisions de justice mais plutôt la classe politique au pouvoir. L'hyper-présidentialisme des Constitutions de 1963 et de 2001 n'explique qu'en surface cette conversion du pouvoir judiciaire en une simple extension de l'Administration soumise aux caprices du Souverain. Les racines les plus profondes de la caporalisation du pouvoir judiciaire au profit de l'Exécutif sont à constater dans la nature structurellement coloniale de l'État du Sénégal. Legs du colonialisme français, l'État du Sénégal comme patrimoine tant immatériel que matériel n'est pas la propriété des populations le composant mais plutôt la « chose » d'oligarques locaux (détenteurs de pouvoirs politiques, lobbys maraboutiques, confrériques, puissances d'argent…) et de puissances étrangères. Le caractère très inabouti des luttes démocratiques maintient les populations dans des logiques de chosification. La nature purement incantatoire de l'indépendance de l'État du Sénégal découlant des conditions de compromission et de négociation en 1958 de l'accès à la souveraineté internationale fait perpétuer l'ordre colonial et, par voie de conséquence, cristallise les liens d'allégeance des sujets vis-à-vis du pouvoir politique. Dans cet ordre d'idées, 1960 a simplement correspondu à une modification

---

[2] Pour une saisie de l'histoire de la magistrature française, v. J. Krynen, *L'État de justice France, XIIIe-XXe siècle, tome 1 L'idéologie de la magistrature ancienne,* éd., Gallimard, 2009, 326 p.

superficielle du vocabulaire politico-institutionnel ayant cours pendant la période coloniale[3]. Les vocables « colonie française », « colonisation », « colonisés » ... ont été retirés du dispositif langagier pour être remplacés fictivement par un lexique arrimé à une idée de République : « État du Sénégal », « indépendance », « citoyens »... L'émergence d'une nouvelle rhétorique républicaine dans la deuxième moitié du XXe siècle n'a pas fait disparaître au Sénégal, pour autant, la colonialité du pouvoir structurant tous les rapports sociaux (politiques, culturels, économiques, symboliques...)[4]. L'allégeance[5], la hiérarchie[6], l'extraversion[7], la différenciation[8]... – matériaux de la colonisation – continuent de structurer le lien social dans le nouvel État post-colonial sénégalais. Loin d'inventer une nouvelle grammaire constitutive des relations humaines, le pouvoir politique issu de l'État formellement indépendant s'est dépossédé de toute souveraineté épistémique[9] en maintenant les symboles de l'ordre colonial. L'État sénégalais se

---

[3] M. Godelier, *Au fondement des sociétés humaines. Ce que nous apprend l'anthropologie*, Flammarion, 2010, pp. 14-16.

[4] Sous cet angle, les travaux de Frantz Fanon (Peau noire, masques blancs) et de Annibal Quijano (La colonialité du pouvoir), nous semblent fondamentaux pour comprendre la forte sédimentation du fait colonial dans les sociétés contemporaines (Afrique, Amérique latine, Caraïbes...) traditionnellement dominées par l'Occident.

[5] G. Koubi, « Droit et colonisation. Un essai d'introduction... », in Séverine Kodjo-Grandvaux, Geneviève Koubi (dir.), *Droit et colonisation*, éd. Bruylant, 2005, pp. 6-28, spéc., pp. 13-19.

[6] M. Diouf, *L'Afrique dans le temps du monde*, éd., Rot-bo-krik, 2023, pp. 11-18.

[7] J.-F. Bayart, « L'Afrique dans le monde : une histoire d'extraversion », *Critique internationale*, n° 5, 1999, pp. 97-120.

[8] Article 91 de la Constitution du 13 décembre 1790 « Le régime des colonies françaises est déterminé par des lois spéciales » ; article 64 de la Charte constitutionnelle du 14 août 1830 « les colonies sont régies par des lois particulières » ; article 109 de la Constitution du 4 novembre 1948 « Le territoire de l'Algérie et des colonies est déclaré territoire français et sera régi par des lois particulières jusqu'à ce qu'une loi spéciale les place sous le régime de la présente Constitution »... ; v. en ce sens : Z. Diarra, « Les droits de l'homme dans les territoires de l'Afrique Occidentale Française : des droits à dimension variable. L'exemple des fonctionnaires coloniaux », in *Droits de l'homme et colonies. De la mission de civilisation au droit à l'autodétermination*, Actes des colloques des 16 et 17 octobre 2013 et 21 et 22 octobre 2014 (Université Grenoble-Alpes et Aix-Marseille Université), Presses Universitaires d'Aix-Marseille, 2017, pp. 389-400.

[9] A.-D. Traoré, *Le viol de l'imaginaire*, Fayard et Actes Sud, 2002, v. spéc. le Chapitre 13 intitulé « L »imaginaire réhabilité », pp. 129-139 ; W. Mignolo, *La désobéissance épistémique. Rhétorique de la modernité, logique de la colonialité et grammaire de la décolonialité*, éd., P.I.E Peter Lang, 2015, pp. 45-50.

représente ses institutions socio-politiques (Administration, École, magistrature, armée, police…) à travers une iconographie française[10].

Le tableau dressé ci-haut invite à comprendre que toute ambition d'inscrire la magistrature sénégalaise dans des logiques républicaines, ne saurait se réaliser sans une prise en compte des ressorts coloniaux structurant le contrat social[11]. Et pour s'en convaincre, une relecture du décret du 22 août 1928 relatif au statut de la magistrature d'Outre-mer illustre, à suffisance, les racines politiques de l'appareil judiciaire au Sénégal[12]. Le principe de l'inamovibilité du magistrat construit pour une meilleure garantie d'indépendance de la justice, était méconnu par ledit décret afin d'assurer la vassalisation du juge par rapport à l'ordre politique colonial[13]. Le magistrat d'Outre-mer dans son encadrement statutaire était régi par un régime spécial différent de celui relatif au juge métropolitain. Dans une telle perspective, la magistrature d'Outre-mer était une excroissance de l'Administration coloniale[14] et, à cet effet, n'était qu'un simple instrument de contrôle des corps des populations assujetties[15]. Cette nature de technique de soumission des populations

---

[10] E. Diarra, « Le droit colonial en Afrique de l'Ouest francophone ou la construction d'un société nouvelle », in *Terres et gens d'Islam*, éd., Karthala, 2015, pp. 120-124.

[11] H.-H. Mbodj, *L'organisation de la justice pénale en Afrique occidentale française. Le cas du Sénégal de 1887 à l'aube des indépendances (1887-1960)*, Côte d'Azur, thèse mult., 2017, pp. 428-431 ; N. Auzary-Schmaltz, « La magistrature coloniale », in *Terres et gens d'Islam*, éd., Karthala, 2015, pp. 137-160.

[12] D. Sarr, *La Cour d'appel de l'AOF*, Montpellier, 1980, thèse mult., pp. 96-99.

[13] R. Bourdin, *L'inamovibilité de la magistrature coloniale*, Paris, thèse mult., 1949, 530 p. ; M. Badji, « Le statut des magistrats d'Outre-mer : entre « libertés » coloniales et principes républicains », in *La trace et le sentier,* Mélanges dédiés au Professeur Dominique Sarr, CREDILA, L'Harmattan, 2019, pp. 67-68 ; M. Fabre, « Le magistrat d'Outre-mer. L'aventure de la justice », in Bertrand Durand, Martine Fabre (dir.), *Le juge et l'Outre-mer* tome 2, Centre d'Histoire judiciaire 2004, pp. 78-81.

[14] H.-H. Mbodj, *L'organisation de la justice pénale en Afrique occidentale française. Le cas du Sénégal de 1887 à l'aube des indépendances (1887-1960)*, thèse préc., pp. 44-50.

[15] B. Brunet la Roche, *Crime et châtiments aux colonies : poursuivre, juger et sanctionner au Dahomey de 1894-1945*, Toulouse II, thèse mult., 2013, 818 p. ; D. Sarr, *La Cour d'appel de l'AOF*, thèse préc., pp. 100-109. Pour une illustration plus concrète et expressive de la nature très violente de la justice coloniale v. P. NGOM, « Avatars de justice en Guinée française au début du 20e siècle », in Bernard Durand, Martine Fabre, Mamadou Badji (dir.), *Le juge et l'Outre-mer*, tome 6, Centre d'Histoire judiciaire, 2010, pp. 199-248.

de la justice coloniale[16] est suffisamment incarnée par la préséance du parquet sur les magistrats du siège[17].

En marge de sa forte charge coloniale, l'appréhension de la magistrature dans cette ère contemporaine aux fins d'une édification de l'État de droit impose une approche systémique. Penser l'appareil judiciaire requiert une compréhension du système juridique dans lequel il est intégré. Au Sénégal, c'est souvent à travers une démarche nominaliste que le législateur interpelle la magistrature[18]. Sous ce rapport, nombre de réformes relatives à la magistrature ont été inféco ndes pour faire éclore un État de droit du fait de leur nature très cosmétique[19]. Le modèle juridique mobilisé par le législateur n'est pas sans conséquence dans la capacitation de l'appareil judiciaire à être un

---

[16] M. Badji, « La répression du vagabondage au Sénégal », in *Le juge et l'Outre-mer, justicia illetterata : aequitate uti ? Les dents du dragon*, tome 5, Publication du Centre d'Histoire judiciaire, 2010, pp. 345-364 ; M. Fabre, « L'indigénat : des petites polices discriminatoires et dérogatoires », in *Le juge et l'Outre-mer*, tome 5, *ouvr. préc.*, pp. 273-310 ; S. Diouf, « Le maintien de l'ordre public colonial au Sénégal », *Annales africaines*, 2018, vol. 2, n° 9, pp. 1-30 ; P. Mathieu, « Le statut pénal des indigènes, objet de débat pour les juristes sous la Troisième République », in *Droits de l'homme et colonies. De la mission de civilisation au droit à l'autodétermination, ouvr. préc.*, pp. 335-346.

[17] B. Durand, « L'omnipotence du « Parquet » colonial et les réticences républicaines », in *Le juge et l'Outre-mer* tome 2, (dir.) ouvr. préc., pp. 95- 118, spéc. pp. 98-104.

[18] Le système juridique sénégalais n'est pas de type réaliste mais plutôt emprunte une structure nominaliste. Les différentes catégories qui constituent le droit positif ne sont reliées par aucune unité systémique. Une épistémologie des politiques législatives révèle la désarticulation des différents objets juridiques auxquels le législateur recourt. A titre illustratif, l'on peut relever l'écart systémique entre le Code de la famille et le Code des obligations civiles et commerciales (COCC). Si la législation familiale mobilise un positivisme de type sociologique aux fins de permettre le plein épanouissement identitaire des populations, il en va autrement du COCC qui traitant globalement de questions patrimoniales s'inspire d'une idéologie libérale et individualiste.

[19] Ordonnance n° 60-56 du 14 novembre relative à l'organisation judiciaire ; ordonnance n° 60-17 du 3 septembre 1960 portant loi organique sur la Cour suprême ; loi n° 84-19 du 2 février 1984 relative à l'organisation judiciaire ; loi n° 98-23 du 26 mars 1998 portant création de l'Inspection Générale de l'Administration de la Justice (IGAJ) ; loi n° 92-22 du 30 mai 1992 révisant la Constitution et ayant abouti à la création d'un Conseil constitutionnel, d'un Conseil d'État et d'une Cour de cassation ; loi constitutionnelle n° 2008-34 du 7 août 2008 ressuscitant la Cour suprême en mettant un terme à la Cour de cassation et au Conseil d'État après quinze (15) ans d'existence seulement ; loi n° 2014-26 du 3 novembre 2014 ayant trait à l'organisation judiciaire…

acteur central dans la fondation d'une société républicaine. Il n'est pas inutile de rappeler qu'au Sénégal le pouvoir judiciaire est outillé à partir d'un paradigme romano-germanique. Dans un tel système juridique le magistrat n'est point créateur de règles de droit mais se résume uniquement en principe à rendre performative la volonté du législateur. Une telle architecture juridique préfigure de façon présomptive une prévisibilité de l'ordre social dans ses interactions. Toutefois, une observation même de surface de l'histoire de l'institution judiciaire depuis 1960 révèle sa fragilité congénitale (insuffisance quantitative du nombre de magistrats[20], ressources matérielles limitées[21], caractère exogène du droit positif[22], faiblesse de la formation conceptuelle des juges…). La vulnérabilité de la magistrature sénégalaise renseigne directement de la faillite du modèle juridique dans lequel elle est insérée.

L'efficience d'une construction juridique ne dépend pas exclusivement de ses qualités intrinsèques mais plutôt dans sa capacité à prendre en compte les singularités de son environnement de réception.

Autrement dit, les règles juridiques quelles que puissent être leur haute sophistication *per se* ne produisent pas leur propre normativité[23]. La magistrature, eu égard à ses limites endogènes, mobilise par ailleurs un matériau juridique ne favorisant pas lui-même l'éclosion d'un État de droit.

Le droit positif sénégalais – outil de travail du magistrat – est substantiellement emprunté à la bibliothèque française relative à la période napoléonienne. Le tropisme napoléonien des règles juridiques formant le droit positif sénégalais révélait déjà une impréparation du pouvoir politique à promouvoir un État de droit[24]. Préoccupé par la Toute-puissance de l'État, le modèle napoléonien avait pour ambition

---

[20] V. *infra* I-B.

[21] C.-T. Lam, *La modernisation de la justice au Sénégal. Vers la recherche de la performance*, L'Harmattan, 2019, pp. 81-92.

[22] A.-B. Fall, « Le juge, le justiciable et les pouvoirs publics : pour une appréciation concrète de la place du juge dans les systèmes politiques en Afrique », *Afrilex*, 2003, pp. 30-35.

[23] C.-T. Lam, *La modernisation de la justice au Sénégal. Vers la recherche de la performance*, ouvr. préc., pp. 213-214. Magistrat de formation, cet auteur dans son ouvrage révèle l'ineffectivité de bon nombre de normes juridiques en droit positif sénégalais.

[24] J. Vanderlinden, « Rendre la production du droit aux peuples », *Politique africaine*, 1996, n° 62, pp. 83-94, spéc., pp. 93-94.

d'anéantir l'idéologie républicaine des Révolutionnaires et, par voie de conséquence, neutraliser toute perspective démocratique. Au Sénégal, une lecture attentive de certaines législations (Code pénal[25], Code de procédure pénale[26], Code des obligations de l'Administration[27]...) fait constater que l'affirmation de l'autorité despotique de l'État est l'agenda privilégié des gouvernants en lieu et place de la défense des droits et libertés individuelles et publiques des citoyens et des administrés.

Produire une magistrature républicaine au Sénégal demeure un vaste chantier imposant de réinvestir tous les savoirs relatifs à la gouvernementalité juridique. Prendre au sérieux la magistrature ! La justice n'est pas la propriété des juristes encore moins des magistrats[28]. Au Sénégal, le corporatisme et le technicisme creux ont fini de faire croire que la justice est l'affaire des sachants en sciences juridiques. L'insuccès des différentes réformes de la justice se justifie, en partie, par cette conception technocratique de la chose judiciaire. Ce sont très souvent des commissions composées exclusivement de juristes (universitaires, magistrats, avocats...) accompagnés par quelques fonctionnaires de l'État qui sont chargés de proposer des textes relatifs à l'administration et à la distribution de la justice. Et très souvent le copinage existant entre ces « experts » et le pouvoir politique laisse

---

[25] Art. 56 à 100 CP visant les infractions politiques ; art. 114 et 115 infractions relatives à la coalition de fonctionnaires ; article 106 CP peine de dégradation civique à l'encontre des fonctionnaires ; art. 179 à 184 CP troubles à l'ordre public émanant d'autorités religieuses ; art. 234 CP infractions relatives à la sorcellerie ; article 245 CP interdisant la mendicité ; art. 246 et 247 CP traitant du vagabondage et de la mendicité ; art. 254 CP relatif à l'offense au Président de la République ; art. 255 CP traitant du délit de discrédit sur les institutions de la République ; le fameux article 324 CP relatif à la corruption de la jeunesse...

[26] Art. 63 CPP permettant au procureur de la République de pouvoir placer sous mandat de dépôt en cas de flagrant délit après motivation ; art. 74 CPP possibilité offerte à un procureur de la République de choisir son propre juge d'instruction (forum shopping) lorsque le tribunal en comporte plusieurs ; art. 169 CPP en matière correctionnelle, l'instruction diligentée par le président du tribunal d'instance peut se dispenser des réquisitions du procureur de la République compétent...

[27] Art. 74 COA interdisant au juge de prononcer des mesures d'injonction contre l'Administration en cas d'inexécution par celle-ci de ses obligations contractuelles.

[28] A. Vauchez, « La justice comme institution politique : retour sur un objet (longtemps) perdu de la science politique », *Droit et société*, 2006/2, n° 63-64, pp. 491-506.

observer *in fine* des réformes de piètre qualité s'apparentant à un « copier-coller » du droit français[29].

La justice est une propriété du Peuple et toute action publique la visant doit au préalable accepter cette caractéristique naturelle. Elle est la garante de tout contrat social ; elle restaure la dignité ignorée ou méprisée des sujets de droit.

Dans l'optique de fonder la magistrature à partir de sa socio-genèse, la réécriture de la justice judiciaire requiert conceptuellement des compétences plurielles et diversifiées. En première ligne de cette dynamique pluridisciplinaire, l'histoire doit occuper une place centrale. La faillite actuelle de l'appareil judiciaire tient partiellement de sa dépossession mémorielle. La nature purement bureaucratique et technique de la magistrature promeut sa déconnexion des couches populaires. De l'Égypte pharaonique[30] aux derniers royaumes pré-coloniaux en passant par les mythiques empires (Ghana, Mali, Songhaï…), les peuples noirs ont inventé des institutions sociales[31] (politique, judiciaire, militaire…) de nature à assurer l'harmonie et la sécurité de leurs communautés humaines.

Convoquer l'Histoire pour mieux penser l'institution judiciaire n'est point un acte de nostalgie mais plutôt une quête d'unité sociale à travers le Temps. L'Histoire peut servir d'*archives* dans l'optique de corriger les difformités qui affectent le corps judiciaire. A l'image de la psychanalyse cherchant parfois à reconnecter le patient avec ses souvenirs, la bonne collecte des dispositifs judiciaires ayant cours dans le droit traditionnel pourrait mieux orienter la société sénégalaise contemporaine dans sa quête de l'introuvable justice[32].

---

[29] A.-A. Diouf, S.-A. Ndiaye, L.-K. Ndione, B. Niang, « De l'utilité de la création d'un Centre d'Appui Pédagogique à la Faculté des sciences juridiques et politiques de l'Université Cheikh Anta Diop », *Revue sénégalaise de droit (RSD)*, n° 37, 2023, p. 183.

[30] E. Revillout, *Les origines égyptiennes du droit civil romain*, éd., Librairie Paul Geuthner, 1912, 162 p.

[31] B. Barry, *Le royaume du Waalo. Le Sénégal avant la conquête*, Karthala, 2023, pp. 72-84 ; M. Diouf, *Le Kajoor au XIXe siècle. Pouvoir ceddo et conquête coloniale*, Karthala, 2014, pp. 60-73 ; A.-B. Diop, *La société wolof. Tradition et changement*, Karthala, 2012, pp. 133-152 ; F.-K. Camara, « La démocratie des *gor*. Les réalités dévoilées par les mythes », *Annales africaines*, 2019, numéro spécial, pp. 55-79.

[32] Traduite dans le vocabulaire wolof par l'expression « yone », la justice est le « chemin » qu'un groupe humain doit emprunter pour mener à bon port ses espérances et autres rêves.

En sus de la grande utilité d'historiens du droit, la nécessaire réforme de l'appareil judiciaire ne saurait se réaliser sans une évaluation économique du service public de la justice. L'analyse économique du droit dans sa dimension strictement méthodologique[33] pourrait fournir plusieurs enseignements relatifs au « coût » de l'administration de la justice[34]. Tout en combattant une vision managériale du service public de la justice, il ne serait pas malsain de mesurer les conséquences des lenteurs judiciaires dans l'économie sénégalaise (droit des affaires, droit du travail, droit foncier, droit maritime…), du coût économique des décisions de justice entrainant des troubles sociaux[35], de l'utilité sociale des magistrats, des greffiers par rapport à leur traitement salarial[36], des effets de l'entrisme et du corporatisme de certaines professions juridiques (avocats, notaires, huissiers, experts judiciaires…) quant à l'accès à l'emploi des jeunes diplômés[37]…

Tout en acceptant que les justiciables ne sont pas des consommateurs et qu'il ne saurait exister un *Marché* de la justice, cependant établir une comptabilité de l'administration judiciaire ne fait aucunement basculer dans l'idéologie de l'*Efficiency*. L'on sait depuis fort longtemps qu'une

---

[33] E. Mackaay, S. Rousseau, P. Larouche, A. Parent, *Analyse économique du droit*, Dalloz, 3e éd., 2021, pp. 9-22.

[34] B. Deffains, « Introduction à l'analyse économique des systèmes juridiques », *Revue économique*, 2007/6, vol. 58, pp. 1149-1162.

[35] Entre 2021 et 2023, les affaires contentieuses concernant l'homme politique Ousmane Sonko sont illustratives des liens étroits entre bonne gouvernance judiciaire et économie. Malgré l'inexistence d'études sérieuses sur l'impact économique de la judiciarisation de la scène politique, nul ne doute que la vie des affaires a été très éprouvée (pertes d'emplois, dégâts matériels estimés à plusieurs milliards de francs CFA, perte d'attractivité dans le tourisme, l'hôtellerie…).

[36] A titre illustratif, dans la fonction publique sénégalaise un magistrat est deux à trois fois mieux rémunéré qu'un médecin ; un greffier a plus de dignité économique qu'un infirmier. La justice judiciaire serait-elle plus fondamentale que la santé des citoyens dans un pays non encore concerné par le phénomène de judiciarisation sociale comme c'est le cas en Occident ? Ces écarts salariaux renseignent sur les structures féodales de l'État du Sénégal. Les « fortes » rémunérations constatées dans l'appareil judiciaire témoignent en arrière-plan de la volonté du pouvoir politique de créer une noblesse d'État dans la fonction publique, et ce, dans l'optique de perpétuer l'allégeance et la vassalisation des professions judiciaires. Les ruptures salariales dans la fonction publique non fondées sur l'utilité sociale des différentes professions ne s'éloignent pas d'une corruption d'État. Il en est ainsi du départ à la retraite à l'âge de soixante-huit (68) ans de certains magistrats occupant des responsabilités stratégiques dans certaines juridictions en lieu et place de l'âge statutaire de soixante-cinq (65) ans prévu pour la quasi-totalité des autres magistrats.

[37] V. *infra* I-B.

une justice dysfonctionnelle altère la confiance des investisseurs et, ce faisant, impacte négativement la croissance économique de l'État. *In fine*, justice et économie sont aujourd'hui indissociables pour une consolidation des droits et libertés individuelles et publiques des sujets de droit.

En marge de l'histoire et de l'économie, la réécriture de la justice ne sera pas crédible sans un approfondissement socio-anthropologique. La justice est un imaginaire et, à cet effet, sa matérialisation impose une théâtralisation. Comment l'*homo senegalensis* se représente la justice ? Le désamour actuel de la magistrature par les populations ne s'épuise pas entièrement dans son instrumentalisation par l'autorité politique mais s'enracine aussi dans son déficit de caractérisation socio-anthropologique. L'ordre symbolique auquel le monde judiciaire recourt n'est point producteur de sens chez les citoyens sénégalais. L'univers judiciaire agit en surplomb de ses destinataires. Cette posture autoritaire et extravertie de la magistrature prépare déjà sa défiance par les populations qui, en marge des institutions judiciaires officielles, organisent dans des circuits et espaces « informels » leurs propres techniques de traitement de leurs conflits. Ces logiques de défiance font éclore dans le champ social de nouveaux acteurs se substituant aux juges dans leurs missions de dénouer les conflits sociaux. Il en est ainsi des imams, des chefs coutumiers, des guides confrériques…

La dévitalisation de l'appareil judiciaire invite à repenser des dispositifs et autres procédures de légitimation et de socialisation. À quoi nous sert la justice ? Cette interrogation pourrait servir de prétexte pour l'organisation d'éventuelles assises ayant pour finalité la réappropriation populaire de la justice.

Les développements faits ci-dessus, loin d'être simplement didactiques, visent à insister sur l'importance d'une démarche holistique dans la refondation de l'appareil judiciaire. La justice est une affaire hautement sérieuse pour être abandonnée aux seules compétences des juristes. Réduire la réécriture de la justice en de simples opérations et retouches techniques c'est perpétuer à contribuer à la difficile émergence d'un État de droit au Sénégal.

La réforme de la justice ayant, quoique, la magistrature comme principal objet de préoccupation (II), ne saurait toutefois se limiter à cette dernière. Intégrant en son sein des institutions, des objets, des normes, des symboles, des discours… dépassant largement le seul cadre de la magistrature, la justice dans une perspective de refondation ne peut être pensée que de façon systémique (I).

I – Penser la justice au-delà de la magistrature

Au commencement des maux de la justice, les facultés de droit assument une responsabilité centrale (A). Productrices d'idéologies confiscatoires de l'État de droit, les facultés de droit ne manquent pas d'influencer toutes les professions juridiques (B).

A – Le rôle des facultés de droit dans la refondation de la justice

L'établissement d'un rapport de causalité entre les facultés de droit et les dysfonctionnements structurels du pouvoir judiciaire peut paraître superfétatoire. Investies d'un « simple » pouvoir de doter une formation en sciences juridiques à toute personne demanderesse, les facultés de droit semblent, à première vue, dépourvues de tout rôle actif dans l'inexistence d'un État de droit au Sénégal. Toutefois, leur présomption d'irresponsabilité ne peut procéder que d'une analyse de surface. Une bonne réflexion relative à l'origine française de l'université sénégalaise[38] permet de comprendre le rôle prépondérant des facultés de droit dans la nature autoritaire de l'État. Créée en 1957, l'académie sénégalaise (Université de Dakar[39]) a été pensée pour perpétuer l'idéologie de l'administration coloniale[40]. L'attitude du président Senghor refusant une tropicalisation des programmes d'enseignement pour maintenir l'Université de Dakar (actuelle Université Cheikh Anta Diop) dans le modèle académique français, est suffisamment illustrative de la nature extravertie de l'institution universitaire sénégalaise[41]. Dès sa constitution ainsi, l'université sénégalaise a été déconnectée de la société humaine à laquelle elle est rattachée[42]. Cette

---

[38] M.-Y. Baldé, *L'Université de Dakar au cœur de la coopération franco-sénégalaise (1960 – années 1980)*, L'Harmattan, 2022, 260 p.

[39] Pour une histoire très documentée de l'Université de Dakar, v. A. Bailleul, *L'Université de Dakar : institutions et fonctionnement (1950-1984)*, thèse de doctorat d'État en droit, présentée et soutenue le 7 juillet 1984 sous la présidence du Recteur Seydou Madani SY, thèse accessible en ligne.

[40] M.-Y. Baldé, *L'Université de Dakar au cœur de la coopération franco-sénégalaise (1960 – années 1980)*, *ouvr. préc.*, pp. 79-167.

[41] M. Alliot, « L'influence des facultés françaises de droit dans les États d'Afrique noire francophone », *Revue d'histoire des facultés de droit*, 1994, p. 186.

[42] Pour une présentation plus globale de l'extraversion de l'École en Afrique, v., J. Ki-Zerbo, *Éduquer ou périr*, UNICEF-UNESCO, 1990, pp. 101-104 ; V. Y.

relation de distanciation que l'université sénégalaise entretient avec les singularités de l'ordre social[43] sous-tend sa posture dogmatique et, par voie de conséquence, est annonciatrice d'une institution de « savoir » aux allures autoritaires. Dans cette logique d'importation des connaissances, les facultés de droit en incarnent le point culminant par comparaison aux autres entités facultaires[44]. Pour ce qui concerne les domaines des sciences « dures » (physique, chimie, mathématiques, informatique…), leur fort attachement à une rationalité objective réduit les préoccupations relatives à leur réappropriation épistémologique quoique non impossible. Pour les sciences médicales, les grandes performances apportées par la recherche occidentale dans la remédiation du corps humain peuvent légitimer dans une large mesure l'alignement de nos facultés de médecine au monde euro-américain. S'agissant des sciences économiques et de gestion, leur caractère fort encastré au modèle libéral s'observe de plus en plus dans les universités sénégalaises. Ici également, le grand succès depuis un demi-millénaire des économies occidentales a pu provoquer un effet d'entrainement malgré les réserves très sérieuses qu'on pourrait émettre sur la globalisation de l'approche capitaliste de l'économie[45].

En sciences juridiques, l'inscription de nos facultés de droit dans un paradigme romano-germanique pose d'abord un problème de souveraineté épistémique en ce qu'elle remet en cause la nature politique voire civilisationnelle du Droit. D'un point de vue philosophique, la soumission de nos facultés de droit au modèle juridique français constitue une négation de l'altérité qui est un des marqueurs fondamentaux des sciences juridiques. L'altérité du Droit est gage de sa légitimité. Elle véhicule une forte charge sociale des normes juridiques et, ce faisant, garantit une perspective démocratique de la communauté humaine. Sous ce rapport, le droit positif mis en œuvre par le législateur ne lie pas le monde académique dans l'établissement

---

Mudimbé, « Universités, quel destin ? », in *L'odeur du père. Essai sur des limites de la science et de la vie en Afrique Noire*, Présence Africaine, 1982, pp. 98-103.

[43] R. Sene, « Organisation et problèmes de la recherche en sciences sociales et humaines au Sénégal », *Annales africaines*, 1986, 1987, 1988, numéro spécial, pp. 218-229.

[44] L. Guerlain, C. Fillon, F. Renucci, S. Falconieri, « Pour une histoire de l'enseignement du droit hors des frontières nationales (XIXe – XXe siècle) », *Cahiers Jean Moulin*, n° 7, 2021, pp. 1-32, spéc., pp. 6-16.

[45] S. Amin, *Déconnexion. Pour sortir du système mondial*, La découverte, 1986; F. Sarr, *Afrotopia*, Philippe Rey, 2016, pp. 47-87; K. Nubukpo, *L'urgence africaine. Changeons le modèle de croissance*, Odile Jacob, 2019.

des *curricula* et des méthodes d'enseignement. Les libertés académiques permettent allégrement au monde professoral de ne point être les relais du législateur à travers la reproduction systématique de son droit positif. Les facultés de droit sénégalaises ne sont plus dans la période napoléonienne où les professeurs de droit se devaient obligatoirement d'enseigner le Code civil[46]. En d'autres mots, l'université a toute la légitimité pour proposer une science du droit déconstruisant les racines coloniales du droit positif sénégalais[47]. Les facultés de droit peuvent, en assumant pleinement leur fonction sociale, s'inscrire dans une perspective critique de la fabrique du droit. Toutefois, la réalité est tout autre. Les disciplines juridiques permettant à l'impétrant d'entretenir une relation critique avec le Droit sont enseignées, soit faiblement (histoire du droit, philosophie du droit), soit simplement ignorées (théorie générale du droit, épistémologie juridique, sociologie juridique[48], anthropologie du droit, analyse économique du droit…). L'absence ou la faible présence des disciplines théoriques évoquées ci-haut renseigne sur le profil très automate des juristes sénégalais. Plus techniciens que concepteurs, les juristes au Sénégal sont plus soumis à l'autorité du pouvoir politique qu'à la volonté populaire.

Le désengagement des facultés de droit à produire un droit social dans les programmes d'enseignement, tout en révélant leur servitude volontaire à l'égard du modèle juridique français, affecte négativement la construction d'un État de droit. En décidant de ne pas se préoccuper des particularités de leur ordre social dans l'élaboration didactique du savoir juridique, les facultés de droit deviennent inconsciemment des auxiliaires de l'ordre politique dictatorial. C'est parce que le pouvoir politique autoritaire tient à distance les populations dans l'organisation de la chose publique, que toute institution sociale perpétuant une telle logique dans ses rapports avec les citoyens devient elle-même un instrument de castration démocratique et, *in fine*, de l'État de droit. Les

---

[46] Ph. Jestaz, Ch. Jamin, *La doctrine*, Dalloz, 2004, p. 71.

[47] S. Thiam, « La place de l'histoire dans l'enseignement du droit », in *L'enseignement du droit en Afrique noire francophone, Revue Sénégalaise de Droit et de Science Politique*, Presses de l'Université de Toulouse I Capitole, n° 12, 2014, pp. 235-247.

[48] R. Cappelletti, « L'enseignement du droit entre textes et contextes. Quelle place pour la sociologie du droit ? », in *L'enseignement du droit en Afrique noire francophone, Revue Sénégalaise de Droit et de Science Politique*, 2014, pp. 121-153.

facultés de droit sénégalaises ne sont, en vérité, qu'une simple bureaucratie agissant naïvement sous les ordres du pouvoir politique.

Chargées de produire et de transmettre la connaissance juridique, les facultés de droit en se désolidarisant des masses populaires se transforment en une institution sociale autoritaire. Cette posture « hors-sol » des lieux d'apprentissage du droit les dépossède de toute capacité à tisser du lien social, condition nécessaire à l'émergence d'un État de droit. En effet, la quête d'une société réellement démocratique exige une amplification de rapports horizontaux (égalité) dans le champ social. Les facultés de droit participent-elles à réconcilier les Sénégalais avec la justice ? Produisent-elles des savoirs juridiques de nature à provoquer un État de droit ? Fabriquent-elles des citoyens amoureux de la démocratie ? Il serait très hasardeux de répondre de façon affirmative à ces différentes questions. Une analyse sans complaisance même de ces interrogations autorise à dire que les facultés de droit ont failli à leurs missions sociales. En contrepoint des populations se représentant le Droit comme un savoir du *juste*, les facultés de droit renoncent à toute perspective métaphysique. Elles résument le Droit à la somme des lois. Les cours magistraux sont souvent une synthèse du droit positif. Cette vision positiviste entretenue par les facultés de droit promeut une autonomie des sciences juridiques par rapport aux réalités sociales. Sous nos tropiques, le Droit est une science sociale que de par son objet (société sénégalaise), en ce sens que la méthodologie auquel il recourt est foncièrement dogmatique. Sa revendication autopoïétique fait qu'il n'est plus comptable des demandes sociales.

L'absence de redevabilité sociale des sciences juridiques n'est pas sans conséquence sur le conditionnement psychologique des acteurs fréquentant les facultés de droit (enseignants et étudiants) dans leurs rapports avec la chose institutionnelle.

S'agissant du corps professoral, son approfondissement fait observer l'expression d'un *homo academicus* très peu relié à sa société. La nationalité initialement française des enseignants de la Faculté des sciences juridiques et économiques explique substantiellement ce rapport de distanciation avec les problématiques de l'ordre social[49]. A titre illustratif, en 1962 ladite faculté ne comptait que deux enseignants

---

[49] A titre illustratif, jusqu'en 1988 au Sénégal, le pourcentage des enseignants français (coopérants) à l'Université Cheikh Anta Diop était entre 30 et 40%, v. J. Gaillard, R. Waast, « La recherche scientifique en Afrique », *Afrique contemporaine*, n° 148, 4e trimestre, 1988, p. 9.

de nationalité sénégalaise (Abdoulaye Wade et Yoro Bocar Sy) sur dix-huit et dispensaient des enseignements en sciences économiques (Abdoulaye Wade, cours d'économie politique)[50]. La présence quasi-exclusive d'enseignants français à la Faculté de sciences juridiques et économiques de l'Université de Dakar n'a pas manqué d'influencer ultérieurement les premières générations d'universitaires sénégalais (années 1970-1980). Il en est ainsi de l'amour de la rhétorique parfois verbeuse, de l'exagération des exigences formelles et méthodologiques dans la réflexion juridique, du conservatisme vestimentaire, de la culture mandarinale… Cette reproduction des référentiels académiques français par les juristes universitaires sénégalais, tout en perpétuant leur servitude volontaire, prolonge dans le temps l'image d'un corps professoral désidéologisé. L'absence d'implication des universitaires sénégalais dans une perspective de déconstruction de l'ordre colonial les précipite dans des logiques de soumission à leur État nouvellement « indépendant ». Celui qui ne conteste pas le tropisme français du droit positif sénégalais ne remettra pas en cause sa docilité à l'égard de son État autoritaire !

En se représentant le Droit comme un ordre de pouvoir associé à la toute-puissance étatique, les juristes universitaires au Sénégal se déclinent comme une simple noblesse d'État[51] affectée dans le champ académique. La grande proximité entretenue par les professeurs de droit avec les espaces de pouvoir (politique, économique, judiciaire, symbolique…) les transforme souvent en fossoyeurs de l'État de droit. En Afrique subsaharienne, la liste des universitaires juristes collaborateurs de pouvoirs autoritaires ou dictatoriaux semble interminable. L'instrumentalisation politique des normes juridiques et des sphères contentieuses trouve ses auteurs directs ou indirects souvent chez les professeurs de droit se métamorphosant en conseillers du président de la République, ministres, juges constitutionnels, membres de structures électorales (CENA, CENI) …Le pouvoir politique conscient du fort capital symbolique des facultés de droit à produire des récits alternatifs à l'État autoritaire, a très tôt compris son grand intérêt à intégrer les professeurs de droit dans les plus hautes sphères

[50] M.-Y. Baldé, *L'Université de Dakar au cœur de la coopération franco-sénégalaise (1960 – années 1980)*, ouvr. préc., p. 150.

[51] Sur la forte inféodation des facultés de droit à l'ordre politique dominant, v. P. Bourdieu, *Homo academicus*, Les éditions de minuit, 1984, pp. 88-96.

décisionnelles de la puissance publique[52]. Bourdieu a démontré, à suffisance, que l'autorité de l'État se constitue structurellement par l'entremise des juristes[53].

Eu égard au corps professoral, dans le champ facultaire les prémisses confiscatoires de l'État de droit s'observent aussi chez le public estudiantin. La jeunesse d'âge conjuguée au niveau intellectuel de plus en plus médiocre des étudiants ne présagent pas une défiance ou une simple remise en cause des traits autoritaires du droit positif sénégalais et, par voie de conséquence, de la toute-puissance de l'appareil d'État[54]. La nature dogmatique du Droit renforce chez l'étudiant le caractère intimidant des sciences juridiques. Son enserrement dans des discours institutionnels (droit constitutionnel, droit administratif, droit pénal…) nourrit en lui l'« amour » de l'État, le goût du pouvoir, de l'autorité… Pour s'en convaincre, il suffit de constater le rôle prépondérant des apprenants des facultés de droit dans le syndicalisme estudiantin ou encore le destin politique de tels étudiants dans les structures gouvernementales.

L'isolement de l'étudiant de sa société s'entame avec l'extraversion des programmes d'enseignement et méthodes d'apprentissage. Les catégories, principes et notions juridiques rencontrés par l'étudiant dans ses cours magistraux empruntent leur herméneutique plus à la culture occidentale qu'à sa propre société sénégalaise. L'étude d'une science juridique agissant en surplomb des préoccupations locales développe chez l'étudiant une certaine « arrogance » qui, en vérité, est révélatrice d'une haine enfouie de soi. Ayant été préparé au culte de la Loi, l'étudiant assimile inconsciemment les sujets de droit – destinataires des règles juridiques – à des variables d'ajustement. Dans une telle perspective, la communauté humaine devient pour lui un champ de particules se rythmant selon l'agenda exclusif du législateur. Nul n'est censé ignorer la loi, ou encore *dura lex, sed lex* ! L'étudiant en droit fait de ces maximes juridiques sa *doxa*. Il résume le Droit à une affaire de légalité non assujettie à une quelconque procédure de légitimation

---

[52] D.-A. Essomba-Akoua, « Doctrine juridique et pouvoir politique dans les Etats d'Afrique noire francophone : cas du Cameroun », *RSD* 2024, pp. 110-115.

[53] P. Bourdieu, « Esprits d'État. Genèse et structure du champ bureaucratique », in *Actes de la recherche en sciences sociales*, vol. 96-97, 1993, pp. 55-56.

[54] Sur les rapports que les autorités étatiques africaines pourraient entretenir avec la politisation des étudiants : v., L.-H. Ofusu-Appiah « Réflexions sur les universités africaines », *Présence Africaine*, 1961, pp. 71-78, spéc., p. 78.

sociale. Il ignore l'allégorie d'Antigone contre le roi Créon parce que ses professeurs ne lui ont pas enseigné le droit naturel.

Bâti sur une structure positiviste, l'enseignement des sciences juridiques dans les universitaires sénégalaises modélise un étudiant à l'esprit très étroit et insensible aux singularités de sa société humaine. L'étroitesse d'esprit – enfant de l'autoritarisme – rend difficile la perméabilité de l'étudiant à tout décentrement, condition *sine qua non* à tout établissement d'un État de droit. L'impréparation de l'étudiant en droit à l'altérité, aux discours et récits décentrés dans une société post-coloniale dépossédée de ses symboles et de ses *voix*, amplifie la ténacité relative à la création d'un État respectueux des droits et libertés publiques et individuelles des citoyens. La réinterrogation des rapports de l'étudiant au savoir juridique est fondamentale pour l'émergence d'un État de droit au Sénégal en ce sens que les « les serviteurs » parmi les plus emblématiques de la puissance publique souvent proviennent des facultés de droit (professeurs, énarques, magistrats, commissaires de police…).

Que l'on ne s'y méprenne point, la construction d'un État de droit aura pour point de départ non pas une réforme de la magistrature mais plutôt une refondation épistémique des facultés de droit. Parce qu'elles constituent la source principale de la fabrique des juristes, les facultés de droit sont comptables en premier lieu de toutes les vicissitudes relatives à l'application des règles de droit. Après plus d'un demi-siècle de production de juristes mis à la disposition de l'Administration sénégalaise, les facultés de droit ont suffisamment démontré leurs limites dans leur capacité à former une élite soucieuse du respect des droits et libertés des citoyens. Une des illustrations les plus saisissantes de l'échec social des facultés de droit peut s'observer dans le contournement des règles juridiques par les couches populaires au profit d'autres formes de normativité plus productrices de sens pour elles (coutume, religion, morale sociale…).

La remédiation à l'insuccès social des facultés de droit au Sénégal passera inéluctablement par leur réorientation dans un paradigme décolonial[55]. Vaste programme !

---

[55] Ce tournant décolonial devant être entrepris par le monde académique en Afrique généralement et au Sénégal particulièrement est plus que vital lorsque l'on sait que la puissance colonisatrice française avait une logique minimaliste dans la formation des « élites » africaines. Les écoles, universités et autres instituts de formation dans les colonies évitaient de promouvoir des programmes d'enseignants susceptibles de

B – Professions juridiques et refondation de la justice

La construction d'un État de droit pensée à partir de l'appareil judiciaire ne saurait recevoir une concrétude sans une réflexion profonde sur les professions juridiques existant en marge de la magistrature. L'accès du citoyen aux produits juridiques (droits subjectifs) se réalise souvent par l'entremise des professionnels du droit. Il en est ainsi des avocats, notaires, experts judiciaires (fiscal, maritime, immobilier, commercial…), huissiers, greffiers…

À l'image des facultés de droit, les professions juridiques entretiennent des relations pas très enthousiasmantes avec la quête d'un État de droit au Sénégal. Une analyse minutieuse des professions juridiques fait constater un corporatisme primaire incompatible à toute idée de justice. La présentation de quelques données quantitatives en relation avec les professions environnant l'écosystème judiciaire révèle leur nature entriste. Il existe au Sénégal : quatre-vingt-onze (91) notaires[56], soixante-dix (70) huissiers de justice[57], quatre cent un (401) avocats inscrits[58]. Pour l'Ordre national des experts du Sénégal (ONES) regroupant des professions juridiques l'on compte : soixante-sept (67) experts dans la section fiscale, trente-six (36) experts dans la section cargaison, maritime, aérien et terrestre, dix (10) experts dans la section maritime corps et machines, vingt-trois experts (23) dans la section commerciale, vingt (20) experts dans la section immobilière, vingt-six (26) experts dans la section industrie, cinq (5) dans la section incendie, huit (8) dans la section automobile[59].

L'exploitation même sommaire des chiffres ci-haut exposés, renseigne sur la très saisissante faiblesse numérique des professions juridiques. Moins de mille personnes œuvrent dans les professions juridiques libérales (avocats, notaires, huissiers de justice, experts judiciaires…) les plus reliées au bon fonctionnement du pouvoir judiciaire et, par voie de conséquence, à l'État de droit. Cette maigre

---

provoquer une attitude subversive à l'endroit du fait colonial ; v. en ce sens, P. Singaravelou, « L'enseignement supérieur colonial. Un état des lieux », *Revue Histoire de l'éducation*, n° 122, avril-juin 2009, pp. 71-92, spéc., pp. 81-88.

[56] L'annuaire des notaires du Sénégal, 2022-2025.

[57]Tableau de l'ordre des huissiers de justice du Sénégal, disponible sur : https://ordredeshuissiers.sn/annuaires-des-huissiers, consulté le 13 novembre 2023.

[58] Tableau de l'ordre des avocats du Sénégal, année judicaire 2020.

[59] Ordre national des experts du Sénégal, tableau année 2022. Il convient cependant de préciser que les sections suivantes : maritime corps et machines ; immobilière ; industrie ; incendie ; automobile, ne concernent pas les juristes de formation.

employabilité constatée dans les professions juridiques libérales n'est ni liée à l'inexistence d'un nombre conséquent de juristes formés dans les facultés de droit, ni encore à l'absence d'un marché du droit assez correct. À titre illustratif, le concours de la magistrature de 2023 comptait neuf cent quatre-vingt-dix-huit (998) candidats inscrits dont huit cent quatre-vingt-cinq (885) ayant réellement composé pour trente (30) postes proposés par le Centre de Formation Judiciaire, soit un taux de recrutement de moins de 4%. Ces candidatures massives observées dans la magistrature informent indirectement sur le fort chômage des diplômés en droit.

Le sous-emploi ambiant dans le secteur du droit trouve ses explications dans la structure pathologique des professions juridiques libérales. Le Sénégal est un des rares pays au monde où les professions juridiques libérales assermentées ne recrutent pas plus que la puissance publique (fonction publique). En guise de comparaison, il existe cinq cent quarante-huit (548) magistrats et quatre cent soixante-onze (471) greffiers au Sénégal. Plusieurs remarques peuvent découler du constat du nombre très faible de juristes pour bâtir un État de droit. Moins de deux mille cinq cents (2500) juristes (enseignants des facultés de droit, magistrats, greffiers, avocats, notaires, huissiers de justice, experts judiciaires…) sur une population de 18.032.473 d'habitants[60] sont investis de la vie concrète du droit et de la justice judiciaire. Une conclusion radicale : les discours sur l'existence d'un État de droit au Sénégal défient la rationalité scientifique. La quantité plus que famélique de juristes en lien direct avec le pouvoir judiciaire rend impossible la fondation d'un État de droit au Sénégal. Le nombre très insuffisant de juristes favorise, en partie, l'engorgement des cours et tribunaux et renforce les populations dans leur préférence traditionnelle de contourner la justice étatique au profit d'instances alternatives pourvues d'une forte légitimité sociale. La bonne distribution de la justice requiert de sa part qu'elle soit d'abord accessible. La centralité et l'exclusivité de la justice étatique ne convainquent les citoyens que lorsque la puissance publique met en place une administration et des infrastructures judiciaires aptes à couvrir et à traiter les conflits sociaux les plus sensibles.

L'impuissance des effectifs de juristes à produire un État de droit analysée à partir des professions juridiques libérales devrait alerter les

---

[60] Dernier recensement de la population sénégalaise effectué par l'ANSD en octobre 2023, disponible sur : http//www.ansd.sn

pouvoirs publics. En effet, dans un pays où l'on compte plus de magistrats (548) que d'avocats (401), plus de greffiers (471) que de notaires (91), toute glose sur le bon fonctionnement de la justice devient chimérique. À titre de comparaison, la France pour neuf mille magistrats (9000)[61] et dix mille cent soixante-douze greffiers (10172)[62]dispose de soixante-quatorze mille (74000) avocats[63], seize mille huit cent-trente-un notaires (16831), trois mille trois cent-soixante-trois (3363) huissiers de justice[64].

Si le nombre infime de juristes (enseignants des facultés de droit, magistrats, greffiers, éducateurs spécialisés…) servant dans l'administration publique peut être justifié indirectement par l'insuffisance des ressources financières de l'État du Sénégal, il en va autrement des professions juridiques libérales. Tout en prenant appui sur la fragilité de l'autorité de l'État, la très faible quantité des acteurs relevant des professions juridiques libérales traduit un corporatisme de type prédateur. Construites sur des logiques d'imperméabilité quant à leur accès, les professions juridiques libérales échappent à leur garant à savoir l'État, pour être la « chose » des personnes qui s'y affairent. Ce propriétarisme des professions juridiques libérales se recueille avec emphase chez les avocats[65]. L'entrisme – trait caractéristique du barreau sénégalais – se lit sans grande difficulté dans la loi n° 2009-25 du 8 juillet 2009 relative à l'Ordre des avocats. Deux dispositions peuvent être convoquées à travers ladite loi pour illustrer les postures confiscatoires de l'État de droit de la part du barreau sénégalais. Il en est ainsi des articles 10 et 16 de cette loi du 8 juillet 2009. L'article 10 dispose : « Libérale et indépendante, la profession d'avocat est incompatible avec :

- toutes les fonctions publiques, y compris celles d'enseignant ». De par sa nature superfétatoire, cette disposition renferme une maladresse rédactionnelle. La profession d'enseignant en droit relevant essentiellement de la fonction publique, l'article 10 est redondant.

---

[61] Y. Demoli, L. Willemez, *Sociologie de la magistrature. Genèse, morphologie sociale et condition de travail d'un corps*, Armand Colin, 2023, p. 5.

[62] Ces statistiques renvoyaient à l'année 2021.

[63] https://www.cnb.avocat.fr/fr/presentation-observatoire-de-la-profession-davocat, consulté le 13 novembre 2023.

[64] https://fr.statista.com/statistiques/881251/nombre-notaires-france/, consulté le 13 novembre 2023.

[65] A. Wade, « L'Afrique doit-elle élaborer un droit positif ? », in *Présence Africaine, Revue culturelle du monde noir*, 1956, p. 316.

Toutefois, ce pléonasme rédactionnel dissimule mal une ambition plus sournoise ayant pour finalité d'empêcher les enseignants en sciences juridiques d'accéder à la profession d'avocat sans renoncer à leur fonction publique. Ce texte constitue une exception sénégalaise en ce sens que dans presque tous les pays, l'obtention d'un doctorat en droit dispense son auteur d'effectuer un concours pour accéder directement à la profession d'avocat en acceptant de se conformer simplement à une formation (deux ans souvent) requise par le barreau. En d'autres mots, le Sénégal serait le seul pays à notre connaissance où l'on ne saurait cumuler les qualités professionnelles d'enseignant en droit et d'avocat.

Ce corporatisme primaire fait observer des représentations symboliques fort problématiques chez les avocats. Le protectionnisme professionnel du barreau sénégalais fait comprendre qu'il se représente la justice d'abord comme un marché distributeur de ressources économiques pour les avocats. Et dans une telle perspective, la justice conçue comme un bien, il serait bienvenu d'en limiter l'accès professionnel. Cette conception patrimoniale de la justice véhiculée par l'article 10 de la loi organisant l'Ordre des avocats n'est pas sans conséquence sur l'émergence d'un État de droit au Sénégal. En effet, l'on sait pertinemment que les professions juridiques de par leurs postures, pratiques et représentations symboliques… sont en lien direct avec l'édification d'une société démocratique[66]. L'article 10 tout en révélant une « peur » ou « crainte » scientifique du barreau à l'égard des enseignants en droit, informe par ailleurs sur les relations que les avocats entretiennent avec la quête d'un État de droit au Sénégal. Il n'est plus à démontrer le grand apport en Occident des professeurs de droit doublés de qualité de praticiens (avocats, magistrats, rédacteurs de lois fort célèbres…) dans les grandes conquêtes démocratiques et mouvements de transformations sociales[67]. L'édification d'un État de droit sollicite la mobilisation d'une expertise juridique hautement qualifiée au profit des populations contre les dérives éventuelles de la puissance publique à travers son droit positif. L'esprit de fermeture professionnelle qu'encourage l'article 10 à travers l'exclusion des enseignants du barreau, atteste d'une faible préoccupation chez les

[66] S. Dezalay, « Les juristes en Afrique : entre trajectoires d'État, sillons d'empire et mondialisation », in *Politique Africaine*, 2015/2, n° 138, pp. 5-23, spéc., pp. 16-23.

[67] Frédéric Savigny, Paolo Mancini, Joseph Story, Rosco Pound, Hans Kelsen, Jean Carbonnier, François Terré, Philippe Jestaz…

avocats d'accroitre le rayonnement de la science juridique condition intangible à l'épanouissement d'un État de droit.

Eu égard à l'article 10, l'ancrage du barreau dans des logiques féodales, peut se signaler aussi à travers l'article 16 de la loi n° 2009-25. Ce texte prohibe l'inscription au niveau de l'Ordre des avocats à toute personne âgée de plus de cinquante (50) ans. Nul besoin d'une quelconque érudition pour comprendre que l'article 16, visé ci-haut, a pour philosophie de décourager les migrations professionnelles de certains juristes (enseignants, magistrats, experts judiciaires, juristes d'entreprise...) vers le barreau. L'article 16 dans sa déclinaison fortement protectionniste trahit même l'esprit de l'article 10 présentant la fonction d'avocat comme une profession libérale. Le qualificatif « libérale » utilisé par l'article 10 du fait de sa proximité lexicale avec le substantif « liberté » devait amener le barreau sénégalais à faire preuve d'un minimum de sophistication dans la fixation de l'âge maximum pour intégrer la profession d'avocat. Conscient qu'il est très difficile, voire exceptionnel qu'un professeur d'université, magistrat, expert judiciaire, juriste d'entreprise... démissionne de sa profession avant cinquante (50) ans pour embrasser une nouvelle carrière d'avocat, le barreau sénégalais anticipe toute ambition de migration professionnelle en décourageant les juristes œuvrant dans les secteurs juridiques mentionnés ci-dessus.

L'imposition d'un âge plafond de cinquante (50) ans pour intégrer la profession d'avocat, interroge sérieusement sur l'existence d'une posture républicaine du barreau sénégalais. L'article 16 de la loi de 2009 renseigne clairement que l'Ordre des avocats n'a pas pour souci d'intégrer dans ses espaces des juristes hautement compétents et pourvus d'une grande expertise. En effet, le Temps était un gage de compétence, il est très peu fréquent de voir avant cinquante (50) ans un professeur d'université, un magistrat, un expert judiciaire, un juriste d'entreprise... atteindre la plénitude des exigences techniques et conceptuelles de sa profession. En d'autres mots, en décidant d'admettre en son sein des juristes migrants-professionnels de cinquante (50) ans au plus, le barreau assume, sans grande gène, de ne recevoir dans ces dites professions que les moins expérimentés et, certainement peut-être, les moins compétents.

La combinaison des articles 10 et 16 de la loi de 2009 explique aujourd'hui en partie le niveau de l'expertise juridique très peu enviable de bon nombre d'avocats sénégalais. Pour s'en convaincre, il suffit de s'intéresser aux espaces médiatiques (radio, télévision, internet, presse écrite…) ou encore d'assister aux plaidoiries dans les juridictions pour constater que nombre d'avocats ont divorcé depuis fort longtemps avec la rigueur de la grammaire juridique. Parce qu'ils promeuvent une corporation de type monopolistique, les articles 10 et 16 retardent toute ambition de faire éclore un État de droit au Sénégal. Le nombre très faible d'avocats, conséquence de ces deux textes, ne favorise point l'existence dans les milieux judiciaires d'une grande culture juridique nécessaire à l'érection d'un ordre social démocratique. Étant une profession libérale, seule une quantité importante d'avocats pourrait provoquer une tension professionnelle faisant de la compétence juridique une condition *sine qua none* de survie économique de l'avocat. Si les produits et services juridiques sont considérés, à tort, par les avocats comme des ressources économiques se situant dans le marché du Droit, ils se doivent d'accepter en toute cohérence une concurrence saine de leur profession en permettant à leurs « clients » les justiciables de pouvoir s'offrir les meilleures compétences pour défendre leurs droits subjectifs. L'on sait pertinemment que la faiblesse du niveau juridique des avocats rend précaire l'existence d'une magistrature de qualité et, par voie de conséquence, une bonne distribution de la justice. Cette réflexivité qualitative entre le barreau et les magistrats – gage de l'État de droit – en l'état actuel au Sénégal ne peut éclore avec les articles 10 et 16 de la loi de 2009 érigeant les avocats en une vraie seigneurie des temps modernes.

En marge de ses postures corporatistes, l'impréparation du barreau sénégalais à promouvoir un État de droit peut s'observer aussi dans les carences relatives à la ventilation spatiale des avocats. Un parcours attentif du tableau de l'Ordre des avocats fait constater leur sur-concentration dans la capitale dakaroise révélatrice, ce faisant, de leur représentation foncièrement patrimoniale de leur profession. Loin de nier que le « marché » du contentieux judiciaire est substantiellement centré sur Dakar, il convient néanmoins de rappeler que malgré la nature de profession libérale de la fonction d'avocat ce dernier exerce un service public celui de la justice. Le libre choix du lieu d'établissement de l'avocat a pour corollaire l'existence de « déserts » judiciaires. Des régions à l'instar de Fatick, Kaffrine, Kédougou, Matam, Sédhiou… n'accueillent dans leur territoire aucun avocat à titre d'établissement. La proximité géographique de l'avocat participant à une bonne administration de la justice, son absence dans certaines localités génère des inégalités entre les citoyens dans leur droit à se faire assister ou représenter. Ces asymétries entre citoyens sont souvent de nature économique. Il en est ainsi pour les charges relatives au déplacement de l'avocat que va devoir supporter en principe la partie faisant appel aux services de l'avocat. Au-delà des inégalités économiques, les « déserts » judiciaires posent des difficultés relatives à la bonne dissémination des normes juridiques dans le champ social. L'avocat étant un vecteur fondamental dans l'appropriation sociale des règles de droit, sa non-présence dans certaines zones géographiques du territoire national peut favoriser le sous-équipement juridique des citoyens dans leur quête démocratique. Cette sous-culture juridique des populations due partiellement à la faiblesse quantitative[68] du nombre d'avocats ralentit inéluctablement la réalisation de l'État de droit.

L'inventaire des fragilités affectant le barreau sénégalais se recueille également dans sa faible féminisation. Sur quatre cent-un (401) avocats identifiés, les femmes ne sont qu'au nombre de soixante-cinq (65), soit 16,20%. Cette présence insuffisante de femmes dans le barreau s'observe à travers presque toutes les professions juridiques. Vingt-une (21) huissière de justice sur soixante-dix huissiers (70) soit 30% ; quarante-neuf femmes (49) notaires sur un nombre global de quatre-vingt-onze (91), soit 46,15% ; quatre-vingt-dix-sept (97) magistrates sur un total de cinq cent quarante-huit magistrats (548), soit 17,70% ; quatre-vingt-une (81) greffières sur un total de quatre-cent-soixante-onze greffiers (471), soit 17,19% ; dix (10) expertes fiscales sur un total de soixante-sept (67), soit 14,9% de femmes ; vingt-sept (27) enseignantes à la faculté des sciences juridiques et politiques de l'Université Cheikh Anta Diop sur un nombre global de cent-vingt-cinq (125) universitaires, soit 21%.

Le caractère très masculin des professions juridiques au Sénégal témoigne de leur forte charge patriarcale, elle-même confiscatoire de toute perspective démocratique. La faible inclusivité des professions juridiques révèle l'importance des stratégies de *pouvoir* qui structurent leur existence et façonnent leurs dynamiques. L'absence de pluralisme

[68] A titre illustratif, l'on recensait en 2008 au Sénégal trois cent sept (307) avocats (v. Sénégal, le secteur de la justice et l'État de droit, une étude d'AfriMAP et de *l'Open Society Initiative in West Africa*, novembre 2008, p. 110). En d'autres mots, entre 2008 et 2023, le barreau sénégalais s'est enrichi seulement de quatre-vingt-quatorze (94) avocats, soit une création de 6,26 avocats par an. Lorsque l'on sait que les universités publiques et privées du Sénégal forment plus d'un millier de diplômés en droit annuellement, il est objectivement illusoire pour un jeune sénégalais d'avoir pour ambition professionnelle d'embrasser une carrière d'avocat.

et de diversité des acteurs œuvrant dans les milieux juridiques n'est pas sans rapport avec la difficile éclosion de l'État de droit au Sénégal. Fondé sur un postulat autoritaire, le patriarcat – trait caractéristique des professions juridiques – constitue pour la puissance publique un laboratoire très propice de nature à produire dans le corps social des fonctionnaires (enseignants dans les facultés de droit ; magistrats, greffiers…) et autres acteurs privés (avocats, notaires, huissiers, experts judiciaires…) très peu enclins à promouvoir une société horizontale et égalitaire. Les professions juridiques dans leur refus d'ouverture constituent un puissant allié de l'État-autoritaire. Elles sont pour les gouvernants un matériau très fécond de nature à perpétuer la neutralisation des droits civiques et politiques des citoyens.

II – Pour une réécriture de la magistrature

Au Sénégal, pour diagnostiquer la crise systémique qui affecte l'appareil judiciaire, les analystes concentrent substantiellement leurs observations sur la composition très politique du Conseil supérieur de la magistrature (B). Ce constat très peu contestable, n'épuise pas cependant à lui tout seul tous les maux auxquels la magistrature se trouve confrontée. L'origine pathologique du pouvoir judiciaire au Sénégal se recueille dans son déficit de légitimité socio-anthropologique (A).

A – Le déficit de légitimité socio-anthropologique

La justice dans son déploiement judiciaire est d'abord un imaginaire avant de revendiquer sa nature de pouvoir[69]. Elle est d'abord un objet social avant d'être une chose juridique. Parce qu'elle est censée tenir dans le temps le contrat social que la justice sollicite des montages normatifs très sophistiqués susceptibles de produire du sens chez ses destinataires. Et ces outils normatifs constitutifs de la justice doivent emprunter leur rationalité au champ socio-anthropologique. Un regard même empirique porté sur les environnements judiciaires au Sénégal fait constater leur dépossession de toute idiosyncrasie. La magistrature sénégalaise comme propriété sociale est un impensé. Son ordre du discours n'a pas été mobilisé pour s'inscrire dans des logiques dialogiques avec les couches populaires. Une analyse de l'univers symbolique de l'appareil judiciaire renseigne à suffisance sur ses fragilités socio-anthropologique.

---

[69] A. Garapon, *Bien juger. Essai sur le rituel judiciaire*, éd. Odile Jacob, 2001, 351 p.

D'abord dans ses rapports au *topos*, la magistrature s'illustre de par sa pauvreté en ressources symboliques. Les lieux abritant les cours et tribunaux au Sénégal incarnent à eux seuls la conception très utilitariste et fonctionnaliste que le pouvoir politique se fait de la justice. Nombre de bâtiments accueillant les juridictions ne relèvent pas de la propriété étatique mais appartiennent à des personnes privées mettant leur patrimoine immobilier en location pour l'exécution du service public de la justice. Il en est ainsi à Dakar mais aussi dans certaines localités régionales à l'intérieur du pays. Le Conseil constitutionnel – juridiction suprême par excellence – serait l'incarnation de cette représentation machinale que l'État se fait du pouvoir judiciaire. Garant du respect de la norme fondamentale, le Conseil constitutionnel avant de revenir dans le Centre-ville (ancien siège de l'ambassade des Etats-Unis) avait était hébergé dans un bâtiment n'appartenant pas à l'État du Sénégal sis aux Almadies. L'absence de propriété publique exclusive de certaines infrastructures accueillant les cours et tribunaux traduit une déconsidération de la magistrature comme maillon essentiel dans la fabrique de l'unité nationale. Rendue en principe au nom du Peuple, la justice dans sa crédibilité doit être maitresse de son *topos*.

L'appropriation privée de certains lieux juridictionnels fragilise symboliquement l'autorité judiciaire. Que vaut l'imperium du juge sans une souveraineté publique du lieu physique où s'exerce le service public de la justice ? La revendication par l'appareil judiciaire de sa nature institutionnelle n'est qu'incantatoire sans un pouvoir absolu sur le sol. L'institution procédant de la puissance fictionnelle de l'imaginaire entretient avec la *Terre* une forte proximité. Elles sont toutes les deux des cadres permettant l'échange social d'exister. Sous ce rapport, une magistrature sans sol ne peut institutionnaliser ses protocoles et discours dans l'esprit des justiciables. D'un point de vue anthropologique, l'absence de *topos* rend vulnérable le pouvoir judiciaire en ce sens que sans *terre* nul ne peut bâtir un temple pour *Thémis*. L'inexistence d'une souveraineté spatiale des cours et tribunaux participe de sa mécréance par les populations. Sans lieux aucune croyance ne peut éclore[70]. Les églises, les mosquées, le bois sacré… produisent du sens chez leurs adeptes parce qu'en partie ils sont maîtres de leurs sols ; leurs lieux appartiennent à des entités collectives

[70] D. Liberski-Bagnoud, *La souveraineté de la Terre. Une leçon africaine sur l'habiter*, éd., Seuil, 2023, pp. 301-323.

(communauté de croyants, groupe ethnique) et non à des personnes physiques.

Eu égard à l'absence d'une propriété publique intégrale de toutes les infrastructures abritant les cours et tribunaux, les vulnérabilités topographiques de la magistrature sénégalaise peuvent s'observer aussi dans sa désincarnation spatiale. Une saisie des lieux accueillant les édifices de justice révèle l'absence de politique mémorielle ou symbolique de la part des autorités gouvernementales. La neutralité architecturale et l'impersonnalité dans le choix des lieux d'installation des bâtiments judiciaires sont topiques des propos avancés ci-dessus. L'inexistence d'une homogénéité architecturale des cours et tribunaux à l'échelle du territoire national prive la justice d'une identité physique unitaire. Pourtant la quête institutionnelle de la magistrature requiert de sa part que ses *masques* soient identifiables et intelligibles à l'endroit des populations. Les bâtiments hébergeant les juridictions contribuant à pourvoir l'institution judiciaire d'une certaine corporéité ne performent dans l'esprit des justiciables que lorsqu'ils occupent l'espace géographique avec des attributs singuliers. Le corps (infrastructures judiciaires) neutre de la magistrature rend impossible tout dialogue avec les populations. Le bâtiment judiciaire étant un masque consolide la dimension symbolique du pouvoir judiciaire. Toutefois, la multitude d'infrastructures juridictionnelles louées à l'État par des personnes privées du fait de leur architecture différente les unes des autres génère une représentation asymétrique de la justice chez les citoyens. La pluralité de formes des lieux de justice traduit en profondeur l'infidélité du pouvoir judiciaire quant à sa propre existence institutionnelle. L'institution étant un Être abstrait[71], sa fécondité sociale suppose une unité symbolique de ses constructions physiques. L'ambition de création d'un État de droit au Sénégal passera nécessairement, entre autres chemins, par une nouvelle épistémologie architecturale. Dans une telle perspective, une orientation africaine[72] des édifices judiciaires permettrait de mieux réconcilier la magistrature avec les couches populaires.

Si la magistrature se décrédibilise dans ses politiques architecturales, elle perpétue également ses fragilités dans la bonne identification de ses lieux d'implantation. Une itinérance sur les territoires juridictionnels laisse poindre un cadrage spatial dépourvu de tout système idéologique.

---

[71] E. Kantorowitz, *Œuvres, Les deux corps du roi*, Gallimard, 2009, pp. 880-910.
[72] F. Sarr, *Afrotopia*, *op. cit.*, pp. 143-146.

La désarticulation du *topos* s'impose d'emblée à tout analyste s'intéressant à l'aménagement spatial des cours et tribunaux. Nos gouvernants ne pensent pas les lieux où le discours judiciaire s'exprime. Le Conseil constitutionnel dans sa localisation spatiale était fortement illustratif de cet état de fait. Située pendant longtemps aux *Almadies* dans une rue impersonnelle et difficilement accessible, la juridiction la plus importante du pays a été inconsciemment invisibilisée par les pouvoirs publics. Représenté dans le nouvel imaginaire dakarois comme un district d'affaires et de mondanités nocturnes, le quartier des *Almadies* en accueillant le Conseil constitutionnel dévitalisait symboliquement cette haute juridiction censée préserver ce que le système juridique sénégalais a de plus fondamental à savoir la Constitution. L'ancrage territorial du Conseil constitutionnel dans un espace de lucre et de jouissance festive révélait l'absence de prise au sérieux de la justice par les décideurs publics. Son positionnement dans une artère non principale des *Almadies*, quartier lui-même très peu accessible pour les couches populaires, traduisait une faillite épistémique très profonde dans la quête de l'État de droit au Sénégal. Parce qu'il est le garant de l'âme normative (la Constitution) de notre pays, le Conseil constitutionnel doit élire domicile symboliquement dans des espaces géographiques très visibles, accessibles et producteurs de sens à l'égard des citoyens.

Les reproches formulés contre le site qui abritait le Conseil constitutionnel pourraient également valoir pour nombre de cours et tribunaux à l'intérieur du pays s'illustrant de par leur infécondité spatiale.

Quel sol pour les cours et tribunaux ? Cette interrogation nous paraît essentielle pour asseoir une réelle légitimité sociale du pouvoir judiciaire. Devrait-on faire abriter les juridictions à côté des gouvernances dans les régions (lieu de représentation du pouvoir politique), des cimetières (lieu d'incarnation par excellence de la finitude de l'humain), des hôpitaux (lieu de remise en l'état du corps humain) … ? Dans une perspective de constructions symboliques, l'édification des territoires de justice jouxtant près des hôpitaux emportent nos préférences. En effet, magistrats et médecins ont en commun d'agir sur des difformités en vue de les corriger. Si le médecin entend « réparer » les imperfections du corps humain, le magistrat, avec la même ambition, quant à lui corrige les difformités du corps social par l'entremise de dispositifs juridiques. Œuvrant sur des pathologies (corporelle et juridique), médecins et magistrats permettent à la collectivité de recouvrer son unité et harmonie à travers leurs actions réparatrices. Cette identité métaphorique entre la médecine et la magistrature devrait amener les gouvernants à associer ces deux institutions sociales dans une même unité territoriale. Hôpitaux, cours et tribunaux étant des lieux de thérapie du corps humain et du corps social, ils sont, à cet effet, des espaces de soins pour la communauté. Cette proximité spatiale souhaitée entre les hôpitaux et les juridictions pourrait davantage contribuer à sensibiliser le magistrat sur ses responsabilités sociales éminemment vitales qu'il peine à comprendre actuellement au vu de la crise de confiance constatée chez les populations à l'endroit de l'appareil judiciaire.

Les défaillances topographiques quoique foisonnantes n'incarnent pas, pour autant à elles seules, tous les maux qui affectent socio-anthropologiquement le pouvoir judiciaire. Une étude des rites et symboles de la magistrature sénégalaise explique en partie ses distances avec les populations. La prestation de serment, la toge, le gavel, *Thémis* ses yeux bandés, son glaive, sa balance… ces symboles présents dans les espaces judiciaires sénégalais ont failli dans leurs fonctions instituantes en ce qu'ils empruntent au monde occidental son imaginaire de la justice. *Ubi societas, ibi ius* ! La banalité de cette maxime romaine est ignorée par la magistrature dans ses montages anthropologiques. En décidant de s'approprier les symboles occidentaux de la justice, l'appareil judiciaire sénégalais assume inconsciemment de ne pas dialoguer avec son ordre social. La défiance actuelle du pouvoir judiciaire par les couches populaires s'enracine dans un long processus d'aliénation rituelle de la magistrature. Parce que « dire le droit » procède de l'ordre du discours, que le pouvoir judiciaire dans son efficience sociale doit nécessairement emprunter à son Peuple ses référents socio-anthropologiques. La mobilisation d'un narratif occidental par la magistrature sénégalaise dépossède les populations de leur propriété à savoir la justice. Ce caractère non endogène des symboles et rites du pouvoir judiciaire perpétue l'État autoritaire au Sénégal. En effet, les symboles et rites ne sont pas de simples constructions fictionnelles procédant de caprices de leurs auteurs mais plutôt des « objets » empruntés à l'âme d'un Peuple[73]. En d'autres mots, l'ajournement des croyances et représentations locales transforme le pouvoir judiciaire en une simple machine faisant des

[73] I.-Y. Ndiaye, A.-A. Diouf, « L'Afrique du droit et le droit en Afrique », *RSD* (Revue Sénégalaise de Droit) 2023, n° 37, pp. 35-36.

magistrats eux-mêmes des objets d'une technocratie d'État. La chosification du magistrat est un des corollaires de l'État autoritaire qui, ayant pour agenda la neutralisation des aspirations populaires, fait de l'appareil judiciaire un outil essentiel au service d'une telle ambition. Et cette réification de la magistrature se matérialise substantiellement grâce à la dévitalisation des rites et totems utilisés par le pouvoir judiciaire. Dans cet ordre d'idées, la disqualification par la magistrature des mythes et récits locaux pour asseoir l'idée de justice chez les justiciables la prive d'une relation dialogique qu'elle est pourtant censée entretenir avec ces derniers. Cet unilatéralisme renforce le déficit de culture démocratique de l'appareil judiciaire sénégalais.

La fondation future au Sénégal d'un État se conformant à son propre droit positif imposera de mettre en place une magistrature qui s'approprie les réalités socio-anthropologiques de son environnement. Dans une telle perspective, les travaux érudits de Fatou Kiné Camara[74] ou encore de Maryse Raynal[75] sur la justice dans la tradition des peuples noirs pourraient largement inspirer les pouvoirs publics. Ces deux auteurs en mobilisant la cosmologie africaine dans leurs études, à suffisance, ont démontré la forte crédibilité de la justice dans la tradition des peuples au sud du Sahara.

B – Le Conseil supérieur de la magistrature et le défi de la fondation d'un État de droit au Sénégal

La lecture par un juriste positiviste de la loi organique n° 2017-11 du 17 janvier 2017 portant organisation et fonctionnement du Conseil supérieur de la magistrature (CSM) pourrait amener à minorer le rôle central de cette instance étatique dans l'édification d'un État de droit. Le CSM à travers ses attributions (articles 6 à 20 de ladite loi) n'est investi officiellement que de la nomination et de la discipline des magistrats. A première vue, ces deux principales compétences ne semblent pas être en lien direct avec l'indépendance du pouvoir judiciaire et, par voie de conséquence, ne sauraient, en principe, remettre en cause l'existence d'un État soucieux de garantir les droits fondamentaux et les libertés publiques des citoyens.

Toutefois, cette lecture candide de la loi organique n° 2017-17 ne résiste pas à l'analyse socio-politique des pratiques contentieuses de la

[74] F.-K. Camara, *Pouvoir et justice dans la tradition des peuples noirs. Philosophie et pratique*, L'Harmattan, 2004, 246 p.

[75] M. Raynal, *Justice traditionnelle, justice moderne. Le devin, le juge, le sorcier*, L'Harmattan, 1994, 338 p.

magistrature sénégalaise. L'architecture mobilisée par le législateur pour construire le CSM n'est pas simplement que technique, elle est aussi très politique[76]. Pour s'en convaincre, il suffit de lire la composition (articles 1 à 5) dudit conseil. En effet, le Chef de l'État préside le CSM et son ministre de la justice en est le vice-président (article 1er). Cette immixtion du pouvoir exécutif dans le fonctionnement du pouvoir judiciaire (nomination et discipline des magistrats) altère quelque peu le sacro-saint principe de la séparation des pouvoirs et de l'indépendance de la justice (article 88 de la Constitution). La prépondérance du président de la République dans la carrière des magistrats ne souffre d'aucune contestation possible en vertu de la nature d'organe consultatif du CSM. Se prononçant par voie d'avis, la force normative des décisions du CSM est tributaire de la volonté collaborative du Chef de l'État. En d'autres mots, l'absence de son assentiment sur la nomination de quelques magistrats pourrait laisser sans suite l'avis du CSM[77]. En sus de ce pouvoir exorbitant sur le destin des avis du CSM, le président de la République dispose d'une voix prépondérante en cas de partage des autres membres du Conseil (article 8).

Eu égard au Chef de l'État, la subordination du CSM au pouvoir exécutif se recueille à travers le rôle dévolu au ministre de la justice de proposer la nomination des magistrats (article 7).

En vérité, nul besoin d'être un jurisconsulte ou un érudit en sciences juridiques pour comprendre que la loi organique 2017-17 est une technologie ou un dispositif de contrôle permettant à l'Exécutif de perpétuer la vassalisation du « pouvoir » judiciaire. La ventilation spatiale des magistrats à travers un acte administratif émanant du président de la République plus qu'une simple opération bureaucratique revêt une dimension politique incontestable. La servitude volontaire[78] – trait caractéristique de nombre de magistrats sénégalais – permet aux autorités gouvernementales à travers leur pouvoir de nomination de

---

[76] A.-B. Fall, « Les menaces internes à l'indépendance de la justice », in *Actes du deuxième congrès des Hautes juridictions de cassation ayant en partage l'usage du Français (AHJUCAF)*, 2007, pp. 58-60.

[77] E.-H.-B. Faye, « D'un pouvoir sous autorité : quelques réflexions sur le rôle et la place du Garde des Sceaux dans l'organisation et le fonctionnement de la justice au Sénégal », *RSD* 2024, n° 38, pp. 212-214.

[78] En atteste le document présenté par l'Union des Magistrats du Sénégal lors des Assises de la justice (28 mai au 4 juin 2024) demandant expressément le maintien du président de la République dans le Conseil supérieur de la magistrature.

promouvoir des magistrats plus enclins à exécuter un agenda politicien qu'à se conformer à l'application de la loi selon les prévisions du droit positif. La récente actualité politico-judiciaire entre 2021 et 2024 témoigne, à suffisance, de cet état de fait avec un coût social inédit dans l'histoire politique contemporaine du Sénégal (plus d'une soixantaine de morts, des milliers de prisonniers coupables de leur seul engagement citoyen exprimé contre le pouvoir politique, des milliers de blessés, des dégâts matériels estimés à plusieurs milliards de francs CFA…). La responsabilité de certains magistrats par rapport à cette séquence macabre de ce récent passé politique sénégalais est un fait indéniable. L'hyper-judiciarisation du champ politique a fortement secoué le pacte social sénégalais. Et la nature politique de la composition du CSM y assume une grande responsabilité[79].

L'urgence de réconciliation entre les Sénégalais et leur justice impose de prendre très au sérieux le CSM. Plus qu'une simple structure chargée de distribuer des honneurs et des sanctions aux magistrats, le CSM est un rouage essentiel pour la fondation d'un État de droit et la réalisation de la justice sociale au Sénégal. L'indépendance de la justice[80] – condition non négociable à l'existence d'un État respectueux des droits et libertés individuelles des citoyens – reste une aporie avec la toute-puissance des membres de l'Exécutif dans le fonctionnement et l'organisation du CSM. Le Chef de l'État et son ministre de la justice demeurent des personnalités politiques malgré leurs attributs institutionnels[81]. Leur présence dans le CSM ne peut que renforcer la défiance des citoyens à l'égard des autorités judiciaires. Le recours aux consultations à domicile (article 6 al. 2) plus utilisé anormalement que les réunions en présentielle du Conseil supérieur de la magistrature[82] (2021-2024) est un signe illustratif de l'instrumentalisation de la Justice par le pouvoir exécutif.

[79] I.-Y. Ndiaye, A.-A. Diouf, « L'Afrique du droit et le droit en Afrique » préc., n° 37, p. 29.

[80] H. Haenel, « Le Conseil supérieur de la magistrature : clé de voûte de l'indépendance de l'autorité judiciaire », *Vie jud.*, 24 mars 1996, p. 2.

[81] E.-G. Nonnou, « Le Conseil supérieur de la magistrature et l'indépendance du pouvoir judiciaire dans les États francophones d'Afrique », *Les Cahiers de la justice*, 2018/4, pp. 727-728.

[82] E.-H.-B. Faye « D'un pouvoir sous autorité : quelques réflexions sur le rôle et la place du Garde des Sceaux dans l'organisation et le fonctionnement de la justice au Sénégal », préc., pp. 214-217.

Les exigences démocratiques contemporaines dans les pratiques des institutions judiciaires révèlent de plus en plus un retrait du président de la République dans le CSM[83]. Au Sénégal, la sortie du président de la République et de son ministre de la justice du CSM doit être le premier jalon non négociable pour l'édification d'un pouvoir judiciaire réellement indépendant et assumant sa fonction régulatrice de la société. Le retrait de l'Exécutif dans l'organisation et le fonctionnement du CSM marquerait un changement de paradigme dans les représentations populaires en ce qu'il sous-tendrait la rupture avec l'épistémè coloniale envisageant la magistrature comme une technique de contrôle des corps dans l'ordre social. *In fine*, le pari de la fondation d'un État de droit et d'une société démocratique ne pourra pas faire l'économie d'un CSM débarrassé de membres appartenant au pouvoir exécutif.

Toutefois, les difficultés relatives à l'existence d'une justice indépendante ne s'épuisent pas avec le départ des acteurs provenant de la sphère politique (Président de la République et ministre de la justice) du CSM. Faut-il abandonner la composition du CSM aux seuls magistrats ou plutôt penser à un attelage inclusif du CSM s'ouvrant à d'autres membres extérieurs au pouvoir judiciaire ? L'Union des Magistrats du Sénégal (UMS) dans son mémorandum relatif aux Assises de la justice (28 mai au 4 juin 2024) opte pour un CSM formé exclusivement de magistrats excepté la présence du président de la République. Cette approche confiscatoire de l'UMS tranche avec la présentation du « judiciaire » comme un pouvoir mais aussi va à contresens du droit comparé des institutions judiciaires.

Posée dans le discours constitutionnel (article 88 de la Constitution) comme un pouvoir indépendant de l'Exécutif et du Législatif, la Justice a, à cet effet, le Peuple comme garant. Cependant, à l'opposé du président de la République et des parlementaires liés directement au Peuple par le biais des élections, l'ancrage populaire du magistrat sénégalais est précaire voire fictif du fait de la nature plutôt administrative de sa constitution professionnelle (concours administratif). Sous ce rapport, la caractérisation de la Justice en un

[83] V. le Réseau Européen des Conseils de la Justice (RECJ) qui réunit une vingtaine de pays européens ayant en commun un conseil supérieur de la magistrature organiquement indépendant des pouvoirs exécutif et législatif. Il en est ainsi de la France qui, depuis 2008, a vu le président de la République définitivement quitter le Conseil supérieur de la magistrature v. J. Gicquel, « Le nouveau Conseil supérieur de la magistrature », *JCP G*, 30 juill. 2008, n° 31, p. 55.

pouvoir est purement formelle en ce qu'elle ne tient que par le seul fait de sa source constitutionnelle. Toutefois, cette fragilité populaire du pouvoir judiciaire découlant du dogme kelsénien est corrigée par les montages anthropologiques. Parce qu'elle est constitutive du lien social, la Justice est nécessairement une propriété du Peuple. C'est cette dimension de patrimoine populaire de la chose judiciaire que semble ignorer l'UMS. En voulant exclure tout acteur non-magistrat du CSM, l'UMS assimile la justice à une somme de protocoles et de techniques susceptibles d'être maîtrisés que par de seuls experts (magistrats). Cette position monopolistique des magistrats dans la composition du CSM amplifie la méfiance, voire la défiance des justiciables et, par voie de conséquence, retarde l'avènement d'un État de droit au Sénégal.

L'ouverture du CSM à des acteurs non-magistrats est de nature à éviter le corporatisme[84] vestige de la féodalité mais surtout l'existence d'une éventuelle « république des juges ». L'intégration dans le CSM de personnalités provenant d'espaces professionnels divers à forte légitimité sociale (société civile, syndicats de travailleurs, universitaires, figures emblématiques de la diaspora sénégalaise…) serait de nature à renforcer la crédibilité et l'aura populaire du pouvoir judiciaire. L'indépendance de la justice serait moins contestée par les citoyens lorsqu'ils constateront que le CSM est une instance plurielle et diverse dans sa composition. Ce vœu de pluralisme dans l'identification des acteurs composant le CSM participerait à accélérer la concrétisation des quêtes démocratiques entamées par les couches populaires depuis plus d'un demi-siècle. Fort heureusement, malgré l'hostilité de l'UMS à admettre dans le CSM des personnalités extérieures au pouvoir judiciaire, la magistrature renferme quelques voix dissonantes. Il en est ainsi du juge Souleymane Teliko prônant l'ouverture du CSM à des

[84] Un des signes du corporatisme primaire des magistrats peut s'observer dans la demande de généralisation de l'âge de la retraite à soixante-huit (68) ans formulé par l'UMS lors des Assises de la justice (28 mai au 4 juin 2024). Lorsque l'on sait qu'au Sénégal l'âge légal pour la retraite dans la fonction publique est de soixante (60) ans, une telle demande de l'UMS interroge sur l'ancrage du magistrat aux réalités de sa société. Dans un pays où la croissance démographique semble exponentielle et où le « marché » de l'emploi est si précaire, la sollicitation de l'allongement de la retraite pour quelque corps professionnel qu'il soit nous semble préoccupante. Sur le corporatisme comme trait caractéristique de la magistrature v., Y. Benhamou, « Réflexions sur le sentiment corporatiste dans la magistrature. Esquisse d'une approche sociologique et historique du corporatisme judiciaire », *Gaz. pal.*, 2002, 1249.

acteurs non-magistrats[85] ou encore du juge El Hadj Biram Faye critiquant les pouvoirs exorbitants du ministre de la justice dans la carrière des magistrats et le fonctionnement de la justice en matière pénale[86].

Toujours dans les propositions ayant trait à la composition du CSM, s'il l'on peut convenir que le premier président de la Cour suprême pourrait être investi de la direction d'une telle structure, les modalités de désignation actuelles des autres magistrats membres du CSM méritent d'être questionnées quant à leur aptitude à garantir la démocratisation de l'appareil judiciaire. En l'état actuel de la loi organique n° 2017-17 en son article 2, le CSM est composé de membres de droit[87] trois fois plus nombreux que les membres élus qui sont au nombre de quatre (4). Lorsque l'on sait que la séniorité est un des critères les plus déterminants pour l'avancement des magistrats, il est quasi impossible de voir un membre de droit du CSM ayant un âge inférieur à cinquante (50) ans. Cette gouvernance de type gérontocratique du CSM pose un problème de représentativité des différents grades de la magistrature. A l'image des assemblées de faculté dans les universités, il n'est pas contesté que les magistrats appartenant aux grades les plus élevés soient quantitativement en nombre plus important que leurs homologues relevant de grades inférieurs dans le CSM, toutefois, l'exigence démocratique aurait souhaité que les différents grades élisent leurs membres en tenant compte du nombre de places qui leur serait alloué. Autrement dit, à l'exception du premier président de la Cour suprême et du procureur général près ladite juridiction devant être considérés comme membres de droit, tous les autres magistrats siégeant dans le CSM, à notre sens, devraient être élus par leurs homologues relevant du même grade. En effet, le nombre insignifiant de membres élus (article 2) siégeant dans le CSM accroît le déficit de légitimité de ladite structure, en ce sens que, les membres de droit dans leur juridiction respective sont nommés

[85] S. Téliko, « L'indépendance de la justice au Sénégal », *Cahiers de la justice*, éd., Dalloz, 2019/3, pp. 493-494 ; « L'indépendance de la justice au Sénégal », *Journal Walfadjri* du 25 mai 2024, pp. 9-10.

[86] E.-H.-B. Faye, « D'un pouvoir sous autorité : quelques réflexions sur le rôle et la place du Garde des Sceaux dans l'organisation et le fonctionnement de la justice au Sénégal », *op. cit.*, pp. 209-229.

[87] Les membres de droit du CSM sont : le premier président de la Cour suprême et le procureur général de ladite cour, les premiers présidents de cours d'appel et les procureurs généraux prés lesdites cours.

directement par le président de la République du fait de la nature d'organe simplement consultatif du CSM. Devant leur seule présence dans le CSM à leur nomination par le président de la République et non à leur élection par leurs collègues magistrats, les membres de droit sont déjà préparés subjectivement à des rapports de subordination vis-à-vis du Chef de l'État. Ces relents de vassalisation qui environnent les relations entre le président de la République et les membres de droit ne contribuent pas à présenter le CSM comme un espace d'expression de l'indépendance du pouvoir judiciaire.

A l'inventaire des faiblesses révélées par le CSM dans son impréparation à garantir aux citoyens sénégalais une justice indépendante, l'on peut en dernier lieu y ajouter sa nature consultative et non délibérative. Cette fragilité normative du CSM l'expose à la toute-puissance de l'Exécutif. La Justice ne peut s'ériger en véritable pouvoir qu'à partir du moment où elle jouit de toutes les ressources juridiques endogènes pour dialoguer avec les citoyens, et ce, sans avoir besoin de recourir à la médiation du président de la République. En effet, les avis du CSM ne peuvent pleinement produire leurs conséquences escomptées qu'avec le concours du Chef de l'État.

En somme, les linéaments de la loi organique n° 2017-17 autorisent à comprendre, en toute lucidité, que le CSM n'est que l'auxiliaire du pouvoir exécutif chargé de mettre en forme ses volontés dans le fonctionnement de l'institution judiciaire. Ce faisant, dans l'optique de doter à la Justice une souveraineté réelle de nature à fonder un État de droit au Sénégal, le CSM impose une nouvelle écriture. Cette dernière devra-t-elle aller dans le sens d'un élargissement des attributions du CSM dépassant la simple nomination et carrière des magistrats ? Devra-t-on provoquer l'avenir démocratique en instituant un Conseil de la justice ou une Haute autorité de la justice rompant tout lien organique et fonctionnel entre l'institution judiciaire et le pouvoir exécutif ? Seule l'ampleur des luttes sociales et politiques que mèneront les couches populaires permettra de répondre à ses interrogations. En attendant que le Temps nous édifie sur les ressources insoupçonnées d'indignation du Peuple, l'histoire judiciaire enseigne souvent que la magistrature n'accueille la démocratie qu'à travers des épreuves douloureuses imposées par l'Exécutif lui-même envahi par des soulèvements populaires qu'il ne peut contenir[88].

---

[88] M. le Pogam, *Le Conseil supérieur de la magistrature*, LexisNexis, 2014, pp. 11-12.

Chroniques législatives

Le récépissé d'entrepôt, un second souffle pour une accessibilité du financement

Cheikh Abdou Wakhab NDIAYE
Agrégé des Facultés de droit
Université Cheikh Anta Diop

Fonds de garantie des investissements prioritaires (FONGIP), Fonds Souverain d'Investissements Stratégiques (FONSIS), Délégation générale à l'Entreprenariat Rapide des Femmes et des Jeunes (DER/FJ), Fonds de garantie des projets artisanaux, Fonds national de promotion de l'entreprenariat féminin, Crowdfunding, ..., malgré ces efforts considérables, l'accès au financement figure encore parmi les principales contraintes rencontrées par les acteurs économiques dans l'exercice de leurs activités. L'intervention des banques et des IMF reste encore très marginale dans beaucoup de domaines. Par exemple, en 2017, en ce qui concerne l'agriculture, c'est moins de 5% des prêts consentis qui étaient destinés à cet important secteur de l'économie[1]. L'absence de garanties reste le principal obstacle. Elle a justifié le rejet de près de 80% des demandes de crédits bancaires.

C'est pour pallier cette insuffisance qu'a été adoptée la loi n° 2017-29 du 14 juillet 2017 portant Système de Récépissé d'Entrepôt de stockage de marchandises au Sénégal passée pourtant inaperçue sur le paysage normatif déjà dense de notre pays. C'est un dispositif d'appui qui a fait ses preuves dans plusieurs pays, tels que l'Inde, les États-Unis d'Amérique ou l'Éthiopie.

Le Système de Récépissé d'Entrepôt (SRE) favorise la mise en place, au niveau national, d'entrepôts de marchandises de toute nature, répondant aux standards internationaux. En ce sens, la loi définit le cadre légal et les conditions d'ouverture, de fonctionnement et de cessation d'activité desdits entrepôts. Elle est le vecteur d'un dispositif national de régulation, de gestion et de détention des productions agricoles et industrielles qui allie, à la fois, sûreté et sécurité et offre des possibilités de mobilisation de ressources et de financement des activités agricoles et commerciales aux opérateurs économiques.

---

[1] Loi n° 2017-29 du 14 juillet 2017 portant Système de Récépissé d'Entrepôt de stockage de marchandises au Sénégal.

L'aménagement d'un régime d'agrément et la consécration d'un récépissé d'entrepôt constituent la pierre angulaire du dispositif.

Titre de propriété représentatif des marchandises en dépôt, le récépissé d'entrepôt est négociable ou non négociable et peut se présenter sous format papier ou électronique. Il est appelé à être un instrument de crédit et de garantie à la disposition de tout utilisateur du SRE.

Le SRE se positionne ainsi en réponse à la nécessaire inclusion financière en milieu rural. Il peut aussi être un tremplin dans le cadre de l'exploitation des ressources naturelles du pays. En effet, il offre une marge de flexibilité dans les décisions de commercialisation des produits en favorisant l'accès à un crédit auprès d'une institution formelle de crédit ainsi qu'à des infrastructures sécurisées de stockage. Au lieu de vendre leurs productions pour répondre à leurs besoins immédiats de liquidités, les opérateurs économiques peuvent les stocker et les utiliser comme garantie en échange d'un prêt, puis reporter la vente à une date ultérieure, lorsque les prix sont censés être plus élevés.

Le récépissé d'entrepôt peut circuler[2]. A l'image de la lettre de change, du billet à ordre ou du bordereau de gage de stock, il constitue un moyen d'accès au financement pour les opérateurs économiques. Par ailleurs, par le mécanisme de l'agrément, le SRE permet de minimiser les risques qui ont longtemps justifié les réticences des institutions de financement par rapport à la tierce détention.

De par la loi n° 2017-29, la pratique du financement s'enrichit d'un nouveau moyen pour mobiliser des ressources financières (I) mais aussi annihiler les risques de la tierce détention (II).

I – Un moyen pour mobiliser des ressources financières

L'endossement est le vecteur de la mobilisation des ressources financières dans le cadre du récépissé d'entrepôt. Il inclut la délivrance du récépissé au détenteur ou la simple remise, en cas de récépissé au porteur. Obéissant aux conditions classiques de l'endossement[3], il devient un moyen de financement lorsqu'il est translatif de propriété (A) ou effectué à titre de garantie (B).

A – L'endossement translatif du récépissé d'entrepôt

L'opérateur économique a la possibilité de céder le récépissé d'entrepôt. Il peut transférer la propriété à un banquier, par exemple,

---

[2] Art. 6 de la loi n° 2017-29.

[3] Art. 46 de la loi n° 2017-29.

qui en avance immédiatement le montant et devient propriétaire du titre et des marchandises. Le cultivateur qui a déposé ses marchandises peut ainsi en tirer une somme intéressante à un moment où le prix sur le marché desdits produits est relativement plus faible. Mais encore faudrait-il que la négociation soit régulière. Le transfert par négociation irrégulière d'un récépissé d'entrepôt négociable est considéré comme nul.

Le cessionnaire acquiert, par ailleurs, le droit d'obliger l'entreposeur à conserver ou à livrer les marchandises selon les conditions définies sur le récépissé d'entrepôt, sans s'exposer à des réclamations de l'entreposeur autres que celles fondées sur le récépissé d'entrepôt.

Malgré son rapprochement possible avec le bordereau de gage de stocks[4], l'endossement translatif du récépissé d'entrepôt offre beaucoup plus de sécurité au cessionnaire. Contrairement au débiteur émetteur du bordereau de gage de stocks qui conserve le droit de vendre les stocks gagés[5], le cédant n'est plus propriétaire des marchandises. Cela devrait renforcer la confiance dans les effets juridiques des récépissés pour améliorer leur intérêt commercial et favoriser leur échange.

L'endossement translatif du récépissé d'entrepôt présente d'importants points de convergence avec celui du récépissé warrant organisé par le code des obligations civiles et commerciales (COCC). En effet, concernant l'entreposage, l'exploitant des magasins généraux doit délivrer à chaque déposant un récépissé énonçant le nom, la profession, le domicile du déposant ainsi que la nature de la marchandise déposée et les indications propres à en établir l'identité et à en déterminer la valeur. A chaque récépissé est annexé, sous le nom de warrant, un bulletin de gage contenant les mêmes mentions[6]. Cependant, même si elle est régie par les règles relatives à la circulation des effets de commerce, la transmission des récépissés et des warrants se fait ensemble ou séparément. En d'autres termes, l'opérateur peut décider d'endosser le warrant seulement en vue d'un gage. Lorsque le

---

[4] La constitution d'un gage de stocks sans dépossession peut donner lieu à l'émission par le greffier, ou par le responsable de l'organe compétent dans l'État Partie, d'un bordereau de gage de stocks ; v. art. 121 AUS.

[5] A noter qu'il ne peut livrer les biens vendus qu'après consignation du prix auprès de l'établissement domiciliataire.

[6] Art. 523 COCC.

récépissé a été endossé, l'exploitant ne peut remettre la marchandise qu'à l'endossataire[7].

La négociation du récépissé d'entrepôt négociable est régulière, lorsque ce dernier est transféré à un détenteur qui l'acquiert de bonne foi et moyennant contre-prestation, sans avoir reçu avis des moyens de défense ou des revendications de quiconque relativement audit récépissé d'entrepôt, sauf s'il est établi que la négociation n'a pas eu lieu dans le cours normal des affaires ou du crédit.

La connaissance par l'acheteur d'un gage ou d'une charge grevant les marchandises et régulièrement inscrite, ne rend pas la négociation irrégulière.

Le récépissé d'entrepôt électronique non négociable peut circuler par cession.

Le transfert de la propriété du récépissé n'épuise pas le périmètre de mobilisation des ressources financières.

B – L'endossement du récépissé à titre de garantie

L'endossement du récépissé à titre de garantie épouse les contours du warrantage. Il permet aux agriculteurs de mettre de côté leurs récoltes, de les soustraire aux pressions sociales, d'obtenir un crédit pendant la saison creuse, et de commercialiser leurs cultures à un meilleur prix[8]. Au lieu de vendre leurs récoltes pour répondre à leurs besoins immédiats de liquidités, ils peuvent les stocker et les utiliser comme garantie en échange d'un prêt, puis reporter la vente à une date ultérieure, lorsque les prix sont censés être plus élevés. Un véritable crédit-stockage est ainsi installé.

A la différence de l'endossement translatif, le titulaire du récépissé d'entrepôt négociable confère un droit de gage sur les marchandises en négociant à titre de garantie le récépissé. Il sera alors question d'un gage avec dépossession.

Les droits acquis par le créancier en vertu du gage ne sont pas invalidés par la remise antérieure des marchandises par l'entreposeur et ne sont pas réduits, même si une personne a été privée de la possession du récépissé d'entrepôt négociable tangible ou du contrôle du récépissé d'entrepôt négociable électronique par fausse déclaration, fraude,

---

[7] Art. 524 COCC.

[8] J. Coulter Consulting Ltd. Sullivan & Worcester UK LLP, *Étude sur les systèmes d'entreposage et de tierce détention adaptés à l'Afrique sub-saharienne*, vol. 1, Centre technique de coopération agricole et rurale (CTA), 2014, p. 53.

accident, erreur, contrainte, perte, vol ou appropriation illicite. La règle s'applique aussi aux cas où les marchandises ou le récépissé d'entrepôt ont déjà fait l'objet d'une vente, d'une cession ou d'un gage.

L'inopposabilité des droits résultant du récépissé d'entrepôt est envisagée à l'égard de la personne qui, ayant un droit sur les marchandises avant l'émission du titre, n'a pas remis ou confié la garde desdites marchandises au déposant ou au préposé de ce dernier, avec pouvoir effectif ou apparent pour celui-ci de les stocker ou de les vendre. C'est aussi le cas, si elle n'a pas donné son accord pour que le déposant ou son représentant obtienne, de la part de l'entreposeur, l'émission d'un récépissé d'entrepôt.

L'évaluation d'impact menée dans l'Ouest du Burkina Faso montre que le crédit-stockage accroit la disponibilité alimentaire en période de soudure et qu'il renforce l'investissement et la production agricole[9]. Au Sénégal, en 2010, le Gret et Enda Graf, en collaboration avec l'Association des agriculteurs de la région de Kaolack (ADAK) et une institution de microfinance, l'Union des institutions mutualistes communautaires d'épargne et de crédit (U-IMCEC), ont décidé de mettre en œuvre un test de crédit-stockage (ou warrantage) pour rompre le cercle vicieux de l'endettement en période de soudure. En 2011, 68 ménages ont mis 38 tonnes de mil en stock et reçu 3 millions de FCFA de crédit avec un taux d'intérêt annuel de 12 %[10]. Plus de 80 % de ces céréales, de qualité reconnue, ont été vendues à des transformatrices de Dakar, à raison de 165 FCFA le kg, alors que le prix de valorisation à la mise en stock était de 125 FCFA. Les producteurs ont donc réalisé une marge brute de 40 FCFA par kg warranté[11].

Cependant, comme en atteste le rapport d'évaluation d'impact dans le cadre du programme pilote du système de récépissé d'entrepôt de marchandises dans la vallée du fleuve Sénégal[12], il faut que les coûts

---

[9] T. Le Cotty et *alii*, « Le warrantage, un dispositif pour améliorer la sécurité alimentaire en Afrique subsaharienne », *Perspective*, 2023, 61, p. 1.

[10] Ce taux, très inférieur à celui imposé aux agriculteurs familiaux par les systèmes financiers décentralisés.

[11] https://www.alimenterre.org/warrantage-pour-securiser-et-valoriser-les-cereales; consulté le 23 juillet 2024.

[12] A. Guigonan-Serge et *alii*, *Programme Pilote du Système de Récépissé d'Entrepôt de Marchandises dans la Vallée du Fleuve Sénégal*, Rapport d'évaluation d'impact, 24 juin 2019,

d'entreposage et de crédit ne dépassent pas la valeur ajoutée apportée par le stockage. En d'autres termes, les coûts de la transaction doivent être minimisés et les prix dans la période post-récolte optimisés.

Endossement translatif ou à titre de garantie, le récépissé d'entrepôt ne peut efficacement assurer sa mission de mobilisation des ressources sans un renforcement de la confiance des dispensateurs de crédit par rapport à la tierce détention.

II – Un moyen pour annihiler les risques de tierce détention

Élément essentiel pour assoir la confiance des dispensateurs de crédit dans le cadre de la circulation du récépissé d'entrepôt, la tierce détention n'en demeure pas moins être à risque. La réglementation s'est employée à annihiler de tels risques par une sécurisation de l'entreposage (A) et des droits qui portent sur les marchandises (B).

A – La sécurisation de l'entreposage

La politique de sécurisation de l'entreposage n'est pas nouvelle en droit sénégalais[13]. L'avantage de la loi de 2017 portant Système de Récépissé d'Entrepôt se trouve dans la définition d'un cadre légal et des conditions d'ouverture, de fonctionnement et de cessation d'activité desdits entrepôts, et par l'aménagement d'un régime d'agrément qui constitue la pierre angulaire du dispositif.

L'exploitant d'une installation à usage d'entrepôt ne peut émettre des récépissés d'entrepôt et qualifier son installation d'entrepôt SRE qu'après l'obtention préalable d'un agrément délivré par l'Organe de Régulation du Système de Récépissé d'Entrepôt (ORSRE), institué par la loi de 2017[14]. A la demande d'un entreposeur, l'Organe de Régulation désigne les infrastructures, équipements ou les autres lieux clôturés, protégés, comme Entrepôts agréés en vertu de la loi. Dans la désignation des Entrepôts agréés, l'Organe de Régulation classe les Entrepôts désignés dans une des catégories prévues dans le cahier des charges et, conformément aux conditions requises ou aux normes prescrites.

---

https://documents1.worldbank.org/curated/en/470921563516905203/pdf/Implementing-Effective-Warehouse-Receipt-Financing-Systems-Lessons-from-a-Pilot-WRS-Project-in-the-Senegal-River-Valley.pdf; consulté le 23 juillet 2024.

[13] Art. 520 et s. COCC.

[14] L'Organe de Régulation est une autorité administrative indépendante dotée de la personnalité juridique et de l'autonomie de gestion, rattaché au Ministère chargé du Commerce ; v. art. 3 de la loi n° 2017-29.

L'entreposeur agréé, indique à un endroit placé bien en vue sur l'un des murs de l'entrepôt ou à proximité, les mots suivants : « ENTREPÔT AGREE SRE ». L'agrément est accordé pour une durée renouvelable de quatre années, sur demande. Avant d'accorder un agrément, l'Organe de Régulation s'assure de l'existence d'un entrepôt prévu à cet effet, de la conformité de celui-ci aux normes minimales prescrites par l'Organe de Régulation, de la souscription d'une police d'assurance[15], de la capacité financière et de la capacité à délivrer une caution en faveur d'un établissement de crédit[16] et, plus généralement, de l'importance des actifs nets du demandeur[17]. En outre, l'Organe de Régulation vérifie, par tout moyen, la probité morale du demandeur et ses compétences.

Le dispositif mis en place est ainsi une réponse à la hauteur du « risque tiers détenteur ». En effet, incontestablement, le comportement de l'entrepositaire influence la confiance des bailleurs. Il peut, par exemple, ne pas donner une situation réelle sur le stock ou ne pas disposer de moyens conséquents pour le sécuriser. En connivence avec le tiers détenteur, le débiteur peut aussi faire une surfacturation à l'acquisition du stock ou gonfler sa consistance.

Un entreposeur ne peut émettre un récépissé d'entrepôt qu'après la réception effective des marchandises au lieu d'entreposage. En outre, entre autres informations, le récépissé porte une déclaration par le déposant selon laquelle les marchandises sont libres de tout gage et ne font l'objet d'aucune clause de réserve de propriété, ainsi qu'en atteste le numéro et la date du certificat de non-inscription délivré par le greffe en charge du Registre du Commerce et du Crédit Mobilier compétent.

L'entreposeur est responsable, en bon père de famille, dans la limite de la quantité reçue, de la garde et de la conservation des marchandises qui lui sont confiées. Il est tenu pour toute perte ou dommage causé aux marchandises résultant du défaut de la conservation de ces dernières.

---

[15] Elle couvre tous les risques liés à la détention des marchandises dans l'entrepôt, notamment, les pertes par incendie, explosion, risque de fraude des employés, cambriolage, vol et tout autre dommage prescrit par l'Organe de Régulation.

[16] Le demandeur d'un agrément d'entreposeur produit un cautionnement ou une garantie autonome contre tout dommage, délivré par un établissement de crédit ou une compagnie d'assurance.

[17] Un agrément peut, exceptionnellement, être accordé à un entreposeur sans référence spécifique à un entrepôt, sous réserve que, dans un délai de deux ans, il dispose d'un entrepôt dont il est propriétaire ou locataire.

Sa responsabilité n'est écartée qu'en cas de force majeure ou de stipulations prévues dans le contrat d'entreposage.

En cas de suspension ou de retrait de l'agrément d'un entreposeur, l'Organe de Régulation prend toutes les dispositions utiles aux fins de contrôler l'entrepôt et les opérations de l'entreposeur.

Après avoir été informé de l'insolvabilité, de la suspension ou du retrait de l'agrément de tout entreposeur, les déposants et les autres titulaires de droits sur les marchandises ont le droit de récupérer leurs marchandises dans un délai de trente jours, sans avoir à payer de pénalité à l'entreposeur pour leur retrait anticipé.

Par ailleurs, l'Organe de Régulation définit la forme des récépissés d'entrepôt. Cela permet d'éviter les risques de fraude qui pourraient les décrédibiliser.

Chaque entreposeur agréé dépose auprès de l'Organe de Régulation les noms, prénoms et les spécimens de signature de toute personne autorisée à administrer les carnets de récépissés de l'entrepôt. Toute modification à ces autorisations est immédiatement portée à l'attention de l'Organe de Régulation.

B – La sécurisation des droits portant sur les marchandises

L'entreposeur livre les marchandises à la personne habilitée, en vertu du récépissé d'entrepôt. Si, seule une partie des marchandises représentées par un récépissé est livrée, le récépissé d'entrepôt original est annulé par l'entreposeur. Celui-ci en émet un nouveau couvrant le reste ou la partie non livrée des marchandises. Le nouveau récépissé comporte la mention « observation » ainsi qu'un numéro de série désignant que les marchandises ont été, préalablement, couvertes par un récépissé original avec le numéro de série de celui-ci. L'entreposeur peut, également, porter sur le récépissé d'entrepôt original, la déclaration selon laquelle une partie des marchandises ou des colis a été livrée. Faute de procéder à la diligence requise, il répond du préjudice subi par toute personne détentrice du document par négociation. Il sera responsable de la non-livraison de toutes les marchandises telles que indiquées sur le récépissé original, à toute personne qui en est acquéreur.

Un entreposeur ne doit pas, sans excuse légitime, manquer ou refuser de livrer sur demande légitime, les marchandises à un déposant ou à un autre titulaire de droits sur les marchandises en vertu d'un récépissé d'entrepôt valable. Il lui est également interdit, sauf disposition prévue par la loi, de livrer à un déposant ou à un autre titulaire de droits, des marchandises qui ne correspondent pas à celles qui ont été déposées et indiquées sur le récépissé d'entrepôt. Il ne doit non plus livrer des marchandises si, avant cette livraison, il sait ou reçoit des informations fiables selon lesquelles le destinataire n'y a pas droit.

L'entreposeur ne doit enlever, livrer, enjoindre, aider ou permettre à une personne de livrer ou d'enlever des marchandises d'un entrepôt agréé de telle sorte que la quantité de marchandises dans l'entrepôt soit inférieure aux quantités de marchandises représentées par des récépissés non encore échus ou annulés.

L'entreposeur qui, sans y être obligé par une décision de l'Organe de Régulation, livre une partie ou la totalité des marchandises sans la présentation du récépissé d'entrepôt, répond de tout préjudice subi de ce fait par les tiers.

Le titulaire des droits sur les marchandises visées par le récépissé d'entrepôt qui se fonde sur leur description, peut obtenir de l'émetteur la réparation du préjudice causé par leur non-réception ou leur description fautive. Cependant, l'émetteur du récépissé d'entrepôt ne peut être recherché en responsabilité si le titre mentionne clairement qu'il ne sait pas si les marchandises ont été reçues en totalité ou en partie, ou indique qu'il ne sait pas si elles sont conformes à leur description, dans la mesure de la véracité de la mention.

Lorsqu'une description figurant sur les marchandises ou les emballages mentionne, selon la déclaration du déposant ou de son mandataire, qu'elles sont d'un certain type, ladite mention n'engage nullement la responsabilité de l'entreposeur, notamment quant à la nature, au genre ou à la qualité de ces dernières, à la condition qu'il n'ait pas connaissance desdits nature, genre ou qualité. Dans ce cas, le récépissé d'entrepôt porte une mention indiquant que l'entreposeur n'a pas pu vérifier la nature, le genre et la qualité des marchandises.

Lorsque les marchandises sont remises à l'entreposeur avec émission d'un récépissé d'entrepôt négociable par leur propriétaire ou par une personne ayant pouvoir de disposition sur elles, lesdites marchandises ne peuvent, tant que l'entreposeur les détient, faire l'objet d'une saisie qu'à la condition que le récépissé d'entrepôt ou son contrôle soit transféré à l'entreposeur ou à la juridiction compétente.

....

Le système de récépissé d'entrepôt est une innovation de plus en plus populaire qui a le potentiel d'améliorer considérablement les conditions de commercialisation dans le domaine agricole. Cependant, il devra être accompagné dans sa mise en œuvre surtout dans la mise en place des entrepôts et leur accessibilité. En effet, en plus d'une sécurisation des droits fonciers notamment en milieu rural, un dispositif national de stockage, adossé à un système coopératif solide, soutenu par des mécanismes appropriés de crédit stockage, peuvent constituer un tremplin pour une souveraineté alimentaire mais aussi offrir aux producteurs l'opportunité d'une agriculture rentable.

La saisie immobilière en droit OHADA : une voie d'exécution moderne et adaptée aux économies africaines ?

Fatou Kiné Camara

Maîtresse de Conférences titulaire en Droit privé à l'Université Cheikh Anta Diop

Membre du Laboratoire d'Étude et de Recherche Critiques sur le Droit en Afrique – Guy Adjété Kouassigan

« Je ne m'attarderai pas à vous prouver que le droit est l'un des éléments les plus importants de la culture. Il me suffit d'espérer que je ne serai pas contredit. Le droit est cela même qui canalise le devenir de toute société en ce que justement toutes les valeurs nationales se développent à travers ses institutions et ses principes. »

Abdoulaye Wade[1]

Résumé : Dans son préambule ainsi que dans son article 1er le Traité pour l'harmonisation en Afrique du Droit des affaires se donne pour mission la mise en place dans ses États membres d'un Droit des Affaires harmonisé, simple, moderne et adapté, en vue de créer un nouveau pôle de développement en Afrique. L'Acte uniforme portant organisation des procédures simplifiées de recouvrement et des voies d'exécution contribue-t-il efficacement à l'accomplissement de cette mission ? Le but de cet article est de démontrer qu'en ce qui concerne la saisie immobilière, les dispositions qui régissent cette voie d'exécution se révèlent à l'analyse néocoloniales et archaïques, en plus d'être spoliatrices dans la lettre comme dans l'esprit. L'analyse est menée avec une approche socio-anthropologique et sur le fondement des exigences des droits humains ou droits fondamentaux.

Mots clés : droits fondamentaux ou droits humains, droit de propriété, spoliation, néocoloniale, mimétisme

---

[1] A. Wade, « L'Afrique doit-elle élaborer un Droit positif ? », *revue présence africaine*, n° spécial, n° 89-10, juin-novembre 1956, *compte rendu du 1er Congrès International des Écrivains et Artistes Noirs, Paris-Sorbonne, 19-22 septembre 1956*, p. 301.

Face à la vision idéaliste de l'Organisation pour l'Harmonisation en Afrique du Droit des Affaires présentée par le préambule du Traité qui lui a donné naissance[2], il est *a priori* difficile d'envisager qu'un acte uniforme[3] puisse organiser un mécanisme de spoliation[4]. Néanmoins, c'est bien ce que nous entendons démontrer dans le présent article qui va analyser la saisie immobilière, telle qu'elle est prévue par l'Acte uniforme portant organisation des procédures simplifiées de recouvrement et des voies d'exécution[5]. En Droit, les voies d'exécution désignent les mesures de contrainte légalement instituées pour permettre à un créancier impayé de recouvrer sa créance. L'article 28 alinéa 3 de l'Acte uniforme portant organisation des procédures simplifiées de recouvrement et des voies d'exécution met en garde contre tout abus dans l'exécution de ces mesures en prévoyant la condamnation du créancier à payer des dommages-intérêts en cas d'exercice de ces mesures dans des conditions se révélant préjudiciables au saisi. Mais que faire lorsque c'est la mesure d'exécution prévue qui constitue en elle-même un abus de droit par son indifférence aux droits fondamentaux du débiteur défaillant ? Car c'est bien de cela qu'il s'agit avec la saisie immobilière en Droit OHADA,

---

[2] Traité relatif à l'harmonisation du droit des affaires en Afrique, adopté à Port-Louis (Île Maurice), le 17 octobre 1993, *Journal Officiel de l'OHADA* n° 4 du 1er novembre 1997 ; Traité portant révision du traité relatif à l'harmonisation du droit des affaires en Afrique, adopté le 17 octobre 2008 à Québec (Canada), *Journal Officiel de l'OHADA*, n° 20 du 1er novembre 2009.

[3] Les actes uniformes sont les règles communes adoptées par le Conseil des Ministres de l'OHADA pour régir une matière identifiée comme faisant partie du Droit des affaires. Ils sont directement applicables et obligatoires dans les États-membres, nonobstant toute disposition contraire de droit interne, antérieure ou postérieure. Cf. articles 1er, 5 et 6 du Traité OHADA, préc.

[4] *Vocabulaire juridique*, (dir.) G. Cornu, PUF, 2e édition, 1990 : « Spoliation – 1. Confiscation ou nationalisation non reconnue parce que contraire au Droit international ou à l'ordre public 2. spéc. Acte accompli dans les territoires occupés par l'ennemi sur son ordre ou sous son inspiration et qui, même d'apparence légale, a eu pour résultat de dépouiller d'un bien ou d'un droit un national, un allié ou un neutre. ».

[5] Le premier Acte uniforme portant organisation des procédures simplifiées de recouvrement et des voies d'exécution a été adopté le 10 avril 1998, *Journal officiel de l'OHADA* n°6, 1er juillet 1998. Le nouvel Acte uniforme portant organisation des procédures simplifiées de recouvrement et des voies d'exécution a été adopté le 17 octobre 2023, *Journal officiel de l'OHADA*, n° spécial, 15 novembre 2023.

en dépit du formalisme rigoureux qui caractérise sa procédure[6] ; une évaluation objective de la prise en compte des intérêts des parties en cause ne pouvant se faire sans une prise en compte égale de leurs droits humains, droits culturels compris. Sans faire référence à ces droits, certains auteurs ont quand même souligné l'inadaptation de la saisie immobilière au contexte africain. C'est le cas de Kouakou Stéphane Bohoussou qui invoque les valeurs morales comme facteur explicatif :

> « Au plan sociologique, nous savons qu'en Afrique, il existe au sein des sociétés des valeurs morales qui sont ancrées dans nos mentalités. Il convient tout d'abord de faire observer que la réalisation n'aboutit presque jamais dans la plupart des cas. La pratique montre, en effet, que le créancier préfère toujours un « arrangement », un règlement à l'amiable, et c'est seulement lorsque celui-ci échoue que s'ouvre la procédure judiciaire. Finalement, comme cette dernière est très longue, il arrive qu'entretemps le débiteur règle sa dette. Seules des raisons sociologiques permettent d'expliquer, en partie une telle situation. »[7]

Toutefois, la répugnance africaine envers la saisie immobilière ne tient pas uniquement à l'attachement ancestral à la médiation comme méthode de règlement des conflits[8]. Elle s'explique aussi par des raisons intrinsèques à cette voie d'exécution ainsi que le note le même

---

[6] « En raison de la nature particulière du bien sur lequel porte cette voie d'exécution, il est nécessaire de prévoir un formalisme strict, seul susceptible de protéger les intérêts en jeu.

Ces intérêts sont d'abord ceux du débiteur dont l'immeuble constitue le plus souvent l'unique élément de fortune. Ce sont, ensuite, ceux des tiers qui ont sur l'immeuble des droits qu'il convient de sauvegarder. Ce sont enfin ceux des acquéreurs qui ont besoin d'un droit inattaquable.

La nécessité de préserver ces divers intérêts explique l'existence des nombreuses formalités qui s'imposent au créancier saisissant et qui font de la procédure de la saisie immobilière une procédure longue et complexe, même lorsqu'il n'y a pas d'incidents. » ; A.-M.-H. Assi-Esso et Nd. Diouf, *OHADA. Recouvrement des créances*, Bruylant, Bruxelles, 2002, p. 191.

[7] K.-S. Bohoussou, *Réflexion critique sur l'efficacité des sûretés réelles en droit OHADA : proposition en vue d'une réforme du droit OHADA des sûretés réelles*, Bordeaux, thèse mult., 2015, p. 136.

[8] A. Cissé et F.-K. Camara « Arbitrage et médiation dans les cultures juridiques africaines : entre la propension à dénouer et la mission de trancher », *Revue de l'Arbitrage,* 2009, n° 2, pp. 285-316.

auteur, qui nous informe par ailleurs - observation à retenir - que les banques en sont très généralement les bénéficiaires :

> « En plus, il serait mal vu de voir expulser des gens de leur maison. On se dit peut-être que ce serait son tour un jour. Ce sont toutes ces raisons qui font que les citoyens n'aiment pas acquérir des immeubles provenant d'une vente forcée. Le plus souvent, c'est la banque qui se retrouve adjudicataire. »[9]

Le même exposé des réalités sociologiques africaines se retrouve sous la plume du professeur Filiga Michel Sawadogo. Son analyse a l'avantage d'inclure l'importance que revêt l'immeuble en Afrique tout en énonçant clairement que, selon « les Africains » - c'est-à-dire en fait, selon le Droit africain, un Droit fondé sur les concepts de vérité, d'équité, d'ordre et d'harmonie[10] - les biens saisis et vendus aux enchères sont considérés comme des biens volés :

> « En conclusion sur la saisie immobilière, l'on peut constater que les immeubles ont perdu de leur place dans les pays développés à l'heure de l'économie numérique mais sans que leur place dans les fortunes ne soit devenue négligeable ; dans les pays en voie de développement, leur place demeure tout à fait essentielle. Malheureusement, il ne se constitue pas un véritable marché hypothécaire en raison des difficultés de réalisation des garanties (lenteurs, lourdeurs), et surtout des résultats décevants de celle-ci. Soit les biens sont surévalués, soit, ce qui semble plus probable, les Africains ont tendance à considérer les biens saisis et vendus aux enchères un peu comme des biens volés ou des « biens porte-malheur » que l'on ne peut accepter d'acquérir qu'à vil prix. »[11]

---

[9] K.-S. Bohoussou, *Réflexion critique sur l'efficacité des sûretés réelles en droit OHADA : proposition en vue d'une réforme du droit OHADA des sûretés réelles*, préc. p. 137.

[10] O.-N. Mbaye, *L'identité du Droit africain. Le socle de l'Égypte antique*, P.U.D. et L'Harmattan – Sénégal, 2021, 174 p. ; Y. Somet, *L'Égypte ancienne, un système africain du monde*, préface de T. Obenga, postface de S. Quirke, Teham éd., France 2018, 576 p.

[11] F.-M. Sawadogo, *Étude des actes uniformes de l'OHADA portant sur l'organisation des procédures simplifiées de recouvrement et des voies d'exécution et sur l'organisation des procédures collectives d'apurement du passif*, p. 47. https://biblio.Organisaton pour l'Harmonisation en Afrique du Droit des Affaires.org/pmb/opac_css/doc_num.php?explnum_id=823 (consulté le 15 mars 2023).

Dans un article intitulé « Étude sur les difficultés de recouvrement des créances dans l'espace UEMOA : cas du Bénin, Burkina-Faso, Mali et Sénégal », le professeur Moussa Samb fait une constatation qui se nourrit des résultats de l'étude menée :

> « En somme, il faut une législation adaptée aux réalités de l'Afrique et non une réception mal négociée d'un droit étranger alors que les réalités sociales sont complètement différentes. » [12]

Au vu du consensus ainsi dégagé et de la mission de l'OHADA d'élaborer pour ses États membres des « règles communes simples, modernes et adaptées à la situation de leurs économies »[13], il y a lieu de se demander pourquoi la saisie immobilière est maintenue comme voie d'exécution dans l'espace OHADA ? L'autre point qui laisse perplexe est la solution proposée par les auteurs cités en traitement du mal qu'ils ont diagnostiqué. Ainsi, pour le professeur Sawadogo, c'est à la population de renoncer à ses valeurs morales pour s'adapter au droit OHADA et non l'inverse[14] ; en effet, il fonde ses propositions de réforme de la saisie immobilière sur les deux exigences suivantes :

> « [I]l faut que, d'une part, les mentalités évoluent afin que la « normalité » de ces opérations soit perçue et acceptée et, d'autre part, la réalisation des sûretés ou garanties soit facilitée et accélérée dès lors qu'elles ne renferment aucune fraude aux droits du débiteur ou des personnes garantes. »[15]

---

[12] M. Samb, « Étude sur les difficultés de recouvrement des créances dans l'espace UEMOA : cas du Bénin, Burkina-Faso, Mali et Sénégal », *revue de l'ERSUMA, n°1, juin 2012, Dossier : Le recouvrement des créances dans l'espace UEMOA,* http://revue.ersuma.org/no-1-juin-2012/dossier-le-recouvrement-des/ETUDE-SUR-LES-DIFFICULTES-DE (consulté le 12 mai 2019).

[13] Article 1er du Traité relatif à l'Organisation pour l'Harmonisation en Afrique du Droit des Affaires, préc.

[14] Il y a lieu de rappeler la recommandation des rédacteurs du Code civil suivant laquelle : « les lois sont faites pour les hommes, et non les hommes pour les lois ; qu'elles doivent être adaptées au caractère, aux habitudes, à la situation du peuple pour lequel elles sont faites », *Discours préliminaire du premier projet de code civil*, Présenté en l'an IX par MM. Portalis, Tronchet, Bigot-Préameneu et Maleville, membres de la commission nommée par le gouvernement, https://www.justice.gc.ca/fra/pr-rp/sjc-csj/pji-ilp/code/index.html (consulté le 21 janvier 2019).

[15] F.-M. Sawadogo, *Étude des actes uniformes de l'OHADA portant sur l'organisation des procédures simplifiées de recouvrement et des voies d'exécution et sur l'organisation des procédures collectives d'apurement du passif,* préc.

Pour ce qui est du docteur Bohoussou, l'argumentaire qu'il avance semble pour le moins contradictoire. Alors que l'on s'attendrait à ce qu'il propose la suppression de la saisie immobilière en conclusion de ses constatations, c'est la transparence et la rigueur de la procédure de saisie, donc son maintien qui est pour lui la solution :

> « [I]l convient de retenir que l'importance de la terre n'a pas changé, mais au contraire, elle est devenue rare, donc plus importante, et nécessite une plus grande protection. L'expropriation ne doit pas être hâtive, mais sérieusement préparée, avec la connaissance du saisi, du débiteur de ce qui se passe. »[16]

Il s'agit donc, pour les auteurs cités, non pas de remettre en cause les saisies immobilières mais d'en relancer l'efficacité dans la transparence ; cette transparence devant suffire à protéger les intérêts du débiteur. Nous verrons qu'il n'en est rien, dans la mesure où, les dispositions de l'Acte uniforme portant organisation des procédures simplifiées de recouvrement et des voies d'exécution s'avèrent, en ce qui concerne les saisies immobilières, spoliatrices dans la lettre comme dans l'esprit (II), ce qui s'accorde à leur caractère néocolonial[17] et archaïque (I).

I – Des dispositions néocoloniales et archaïques

Il est essentiel de poser d'emblée que tout système économique est un fait de civilisation, l'économie ne pouvant, ni ne devant être analysée comme un phénomène détaché de toute emprise culturelle. Ce postulat nous amène à démontrer que, contrairement à la mission de l'OHADA telle que proclamée en préambule de son Traité[18], les dispositions de

---

[16] K. S. Bohoussou, *op. cit.* p. 137.

[17] L'adjectif « néocolonial » se justifie par le fait que les forces à l'origine de l'Organisation pour l'harmonisation en Afrique du Droit des affaires sont issues de, et parfois se confondent avec, l'ancien occupant colonial. Citant divers auteurs, le professeur Patrice Samuel Aristide Badji a pu faire le récapitulatif suivant : « L'OHADA est fortement inspiré du droit français car il doit sa naissance à l'expertise et aux investisseurs français. Il n'est donc pas né *ex nihilo* et l'influence du modèle juridique français a été favorisée par plusieurs facteurs tels que l'adoption du Traité de l'OHADA en marge de la francophonie, le rôle considérable joué par la France et/ou les juristes français dans l'initiation, le financement, et l'élaboration des règles du droit africain des affaires. », *L'avenir du modèle juridique privé français en Afrique noire francophone*, L'Harmattan 2024, p. 123.

[18] V. Préambule du Traité OHADA, préc. : « déterminés à accomplir de nouveaux progrès sur la voie de l'unité africaine et à établir un courant de confiance en faveur des économies de leurs pays en vue de créer un nouveau pôle de développement en

l'Acte uniforme portant organisation des procédures simplifiées de recouvrement et des voies d'exécution régissant la saisie immobilière sont clairement dépassées (A), un caractère qui va de pair avec le néo-colonialisme dont elles servent indubitablement les intérêts (B).

A – Des dispositions archaïques : issues d'un monde dépassé

> "[C]amarades, ne payons pas de tribut à l'Europe en créant des États, des institutions qui s'en inspirent.
>
> L'humanité attend autre chose de nous que cette imitation caricaturale et dans l'ensemble obscène.» Franz Fanon[19]

Dans l'Acte uniforme portant organisation des procédures simplifiées de recouvrement et des voies d'exécution en général et dans les règles régissant la saisie immobilière en particulier, l'« imitation caricaturale » des normes de l'ancien État colonisateur est on ne peut mieux illustrée par la vente aux enchères et le rituel qui l'enveloppe, la « vente à la bougie » (1). Mais le mimétisme juridique[20] se manifeste également dans la consécration du principe de l'unité du patrimoine dont le caractère dévastateur pour l'esprit d'entreprise et la paix des familles (2) n'a pas empêché les inspirateurs de l'Acte uniforme portant organisation des procédures simplifiées de recouvrement et des voies d'exécution de le pousser jusqu'au bout de sa logique (3).

1 – La vente à la bougie : un rituel révélateur

L'article 283 de l'Acte uniforme portant organisation des procédures simplifiées de recouvrement et des voies d'exécution ne peut que laisser stupéfaite toute personne, juriste ou non, qui s'attendrait à découvrir des règles modernes. La vente forcée et aux enchères du « bien » le plus important en Afrique[21] est opérée avec, comme instruments de mesure

---

Afrique ; (…) persuadés que la réalisation de ces objectifs suppose la mise en place dans leurs États d'un Droit des Affaires harmonisé, simple, moderne et adapté, afin de faciliter l'activité des entreprises ; … »

[19] F. Fanon, *Les Damnés de la Terre*, éd. La Découverte / Poche, Paris, 2002, p. 304.

[20] M. Alliot, « L'influence des Facultés françaises de droit dans les États d'Afrique noire francophones », *Revue d'histoire des Facultés de droit*, 1994, pp. 175-186 ; P.-S.-A. Badji, *L'avenir du modèle juridique privé français en Afrique noire francophone*, L'Harmattan 2024 ; A.-A. Diouf « Repenser le Droit civil en Afrique noire francophone », *R.I.D.C.* 2-2022, pp. 369-387 ; A. Wade, « L'Afrique doit-elle élaborer un Droit positif ? » préc., pp. 301-319.

[21] Cf. Paul Ourliac : « La terre dans laquelle nous ne voyons qu'un objet de propriété est, en Afrique, un bien sacré (…) Plus qu'au droit romain classique, il faut penser à l'antique *fas* et aux cultes agraires : l'occupation comporte un rite religieux, car elle scelle une alliance entre les possesseurs et les esprits de la terre. Le « maître de la

du temps, des bougies ! En cette ère de technologie avancée, l'usage de bougies est suffisamment incongru pour mériter que l'on s'y attarde. Il apparaît alors, après de brèves recherches, que la vente aux enchères ainsi que la vente à la bougie peuvent être rattachées respectivement aux traditions romaines de pillage de territoires conquis[22] ainsi qu'à une coutume originaire de Flandre[23]. L'héritage culturel du monde dit

terre » est le gardien de l'alliance : il représente l'ancêtre fondateur dont il est le plus proche descendant et, au moins dans ces régions où les ethnies demeurent homogènes, il est reconnu comme chef politique. Même la conquête ne s'étend pas au sol, car elle ne peut rompre le pacte initial. » Préface de l'ouvrage de G.-A. Kouassigan, *L'homme et la terre - Droits fonciers coutumiers et droit de propriété en Afrique occidentale*, O. R. S. T. O. M. éd. Berger-Levrault, Paris, 1966, p. 2.

[22] Cf. Pline L'Ancien, *Histoire Naturelle*, tome second, livre XXXV, chap. VIII, traduction française É. Littré, https://www.remacle.org/bloodwolf/erudits/plineancien/livre35.htm (consulté le 10 juin 2024) : « La vogue des tableaux étrangers, Rome, date de L Mummius, à qui sa victoire valut le surnom d'Achaïque. En effet, pour vendre le butin il fit des lots, et le roi Attale donna 600.000 sesterces (126.000 fr.) d'un tableau d'Aristide représentant Bacchus ; Mummius, surpris de la grandeur de la somme, et soupçonnant qu'il y avait dans ce tableau quelque vertu qu'il ne connaissait pas, rompit le marché malgré toutes les plaintes d'Attale, et plaça le tableau dans le temple de Cérès : ce fut, je crois, le premier tableau étranger rendu public à Rome. ». Le portrait de « L. Mummius » est particulièrement révélateur quant à la mentalité à l'origine de la vente aux enchères : « Le consul et général en chef Lucius Mummius est surtout connu pour avoir détruit la ville grecque de Corinthe en 146 avant Jésus-Christ, mettant fin à la guerre dite Achaïque et assurant la domination romaine en Grèce centrale. C'est cette victoire que commémore son *cognomen*, « surnom », *Achaicus.* À la suite de cette conquête, Mummius aurait « importé » à Rome et en Italie une masse incroyable d'œuvres d'art (tableaux, statues, objets), qui constituaient le butin de guerre. Pourtant, il est présenté par plusieurs sources antiques comme un homme *rudis*, « mal dégrossi », rendu ridicule par sa méconnaissance de l'art et de sa valeur. », Catherine Baroin, « Mummius Achaicus : modèle et contre-modèle du rapport des Romains à l'art grec », *in*, *Figures de l'identité – Naissance et destin des modèles communautaires dans le monde romain*, (dir.) M. Blandenet, C. Chillet, C. Courrier), ENS éditions, Lyon, 2010, p. 167-193, https://books.openedition.org/enseditions/37128?lang=fr#:~:text=1Le%20consul%20et%20g%C3%A9n%C3%A9ral,%C2%AB%20surnom%20%C2%BB%2C%20Achaicus1 (consulté le 11 juin 2024).

[23] « [L]'on adjugeait le décret, après avoir allumé *« un poulce de chandeille,* » jusqu'à l'extinction duquel les enchères étaient reçues (note 1 - C'était le mode généralement suivi en Flandre pour les adjudications …) . », J. Tambour, *Des voies d'exécution sur les biens des débiteurs dans le droit romain et dans l'ancien droit français,* tome second, Paris, 1856, p. 283- 284, gallica.bnf.fr / Bibliothèque nationale de France, https://gallica.bnf.fr/ark:/12148/bpt6k6464819x/f9.image.texteImage (consulté le 14 janvier 2020).

occidental est donc présent et préservé dans l'Acte uniforme portant organisation des procédures simplifiées de recouvrement et des voies d'exécution, qu'en est-il de l'héritage culturel africain ?

Il devient clair à partir de cet exemple, qui n'est que la pointe émergée de l'iceberg, qu'en se donnant pour mission la promotion de normes modernes, l'Organisation pour l'harmonisation en Afrique du Droit des affaires cible exclusivement l'élimination de son arsenal juridique des règles issues de la tradition africaine. En revanche, la tradition juridique française irrigue tout le droit OHADA des voies d'exécution, notamment avec la consécration du principe de l'unité du patrimoine.

2 – L'unité du patrimoine : un principe dévastateur

> « Que va devenir notre pays si nous sommes incapables de choisir notre politique et notre chemin ; si nous sommes incapables de protéger nos commerçants et nos productions ? »
>
> Doudou Ndoye[24]

Sans pour autant reprendre la formulation de l'article 2092 du Code civil de 1804[25], l'Acte uniforme portant organisation des procédures simplifiées de recouvrement et des voies d'exécution en garde l'esprit en recopiant, en son article 50, l'article L 112-1 du Code français des procédures civiles d'exécution[26], qui lui aussi repose sur le principe de l'unité du patrimoine[27]. Les inconvénients de ce principe ne sont plus

---

[24] D. Ndoye, *Notre terre et ses vérités*, Editons littéraires africaines, avril 2013, p. 52.

[25] Art. 2092 du Code civil de 1804 (Article 2284 depuis 2006) : « Quiconque s'est obligé personnellement, est tenu de remplir son engagement sur tous ses biens mobiliers et immobiliers, présents et à venir ».

[26] Art. L112-1 Code des procédures civiles d'exécution : « Les saisies peuvent porter sur tous les biens appartenant au débiteur alors même qu'ils seraient détenus par des tiers.

Elles peuvent également porter sur les créances conditionnelles, à terme ou à exécution successive. Les modalités propres à ces obligations s'imposent au créancier saisissant ».

[27] Définition du patrimoine : « Ensemble des biens et des obligations d'une même personne, de l'actif et du passif envisagé comme formant une universalité de droit, un tout comprenant non seulement ses biens présents mais aussi à venir (c. civ. art. 2092). » *Vocabulaire juridique*, *op. cit.* En vertu de la théorie de l'unité du patrimoine, appelée théorie classique du patrimoine en opposition à la théorie dite moderne du patrimoine d'affectation, le patrimoine est une universalité de droit indissociable de la personne. En conséquence : toute personne a nécessairement un patrimoine, tout patrimoine a nécessairement une personne à sa tête et toute personne ne peut avoir

discutés[28] mais son utilité dans l'espace OHADA peut être assimilée au rôle qu'a eu le Code civil français dans les territoires africains sous le joug de l'occupation et de l'exploitation françaises (A.O.F. et A.E.F.)[29] ; un rôle que le futur Président de la République du Sénégal, Abdoulaye Wade, résumait de la manière suivante :

> « Le moins qu'on puisse dire du Code civil c'est que les Africains en ont été bien souvent les victimes. » [30]

Entrant dans les détails, il s'explique et l'on comprend alors en quoi son jugement sur le Code civil concerne l'Acte uniforme portant organisation des procédures simplifiées de recouvrement et des voies d'exécution et, plus particulièrement, les saisies immobilières :

> « Avant de parler d'adopter ou non le Code, voyons à quoi il sert pratiquement aux Africains…
>
> En ce qui concerne les biens, il était nécessaire pour la puissance coloniale que ce chapitre entrât dans la compétence de son droit. Il ne pouvait d'ailleurs en être autrement et pour cause.
>
> Quant aux contrats, nous ne surprendrons personne en affirmant que la plupart d'entre eux sont passés entre des éléments étrangers au pays ou entre ces derniers et les Africains. Mais on

---

qu'un seul patrimoine. Cf. G. Cornu, *Droit civil, Introduction, les personnes, les biens*, ed. Montchrestien, 1980, pp. 313 ss.

[28] Cf. P. Malinvaud : « Ce principe de l'unité du patrimoine conduit à dire qu'un commerçant, par exemple, ne peut pas limiter le droit de poursuite des créanciers commerciaux à certains biens seulement, ceux affectés au commerce, et soustraire à leur action ceux affectés à sa vie privée ; l'affectation d'une partie de ses biens à l'exercice de telle ou telle activité est tout à fait licite, mais elle n'entraîne pas à elle seule création d'un second patrimoine.», *Le cadre juridique des relations économiques, introduction*, Librairies Techniques, Paris, 3e édition, p. 122 ; R.-E. Okomen Tsague : « La règle du patrimoine gage général des créanciers malgré son intérêt, semble nocive au développement et à l'épanouissement dans les sphères économiques. Il s'agit d'une règle qui se présente aujourd'hui comme un spectre, une épée de Damoclès sur la tête des entrepreneurs individuels. Ne lit-on pas déjà dans la littérature juridique, qu'elle peut conduire ces derniers et toutes leurs familles à la ruine ou à la rue. », « La protection du patrimoine de l'entrepreneur individuel dans l'espace juridique OHADA », *RDJA* n° 1, Mars 2021, https://legiafrica.com/download?action=print&idtexte=42187 (consulté le 14 mai 2024).

[29] L'occupation militaire et l'exploitation consécutive du continent africain et de ses habitants étaient officiellement consacrées par les termes d'Afrique occidentale française (A.O.F.) et d'Afrique équatoriale française (A.E.F.).

[30] A. Wade, « L'Afrique doit-elle élaborer un Droit positif ? » préc., p. 310.

devine qui sera dupe dans ce marché. Les célèbres contrats du Crédit Foncier qui procèdent progressivement et « légalement » à l'expropriation des Africains, les locations ventes des Sociétés Immobilières, les contrats de commerce, les crédits d'hivernage en sont l'illustration. À cette catégorie d'opérations, il faut évidemment le Code civil. Quant à la question des hypothèques elle ne souffre point de discussions. Les Africains étant les débiteurs, il n'est pas étonnant que leurs propriétés soient celles-là mêmes qui sont grevées de sûretés et susceptibles de saisies au profit des créanciers. » [31]

De la période de l'occupation coloniale à nos jours, bien des appellations juridiques ont été modifiées mais, les situations telles que celles décrites par le futur Président Wade ont-elles changées ? La saisie immobilière sous l'Acte uniforme portant organisation des procédures simplifiées de recouvrement et des voies d'exécution ne continue-t-elle pas de servir à procéder « progressivement et « légalement » à l'expropriation des Africains » ? Nous pensons que la réponse positive s'impose et le docteur Renaud Etiennis Okomen Tsague semble le penser aussi, au vu du doute qu'il exprime sur les réelles motivations des inspirateurs de l'OHADA :

> « Selon Manuella Bourassin, le droit de gage général qui résulte de l'article 2284 du Code civil français (…) doit être observé comme une menace à l'endroit des entrepreneurs, un frein à la création d'entreprise[32]. Une situation face à laquelle le législateur ne saurait demeurer longtemps insensible ; si tant est que l'OHADA, au-delà de la sécurité juridique, poursuit l'objectif de développement économique de l'Afrique. »[33]

Le jeune avocat d'alors, Me Wade, ne se perd pas en conjectures. Il est précis lorsqu'il qualifie juridiquement les faits précédemment exposés :

> « Ainsi le code, une fois de plus, nous apparaît comme un compagnon nécessaire pour conférer le caractère légal à la

[31] A. Wade, « L'Afrique doit-elle élaborer un Droit positif ? » préc., pp. 310-311.

[32] M. Bourassin, « *L'opposabilité de la déclaration d'affectation aux créanciers de l'EIRL* », Hal. Archives Ouvertes de France, 2011, p.1 *hal-univ-paris10.archives-ouvertes.fr* , cité en note, note 71, par R.-E. Okomen Tsague, préc.

[33] R.-E. Okomen Tsague, « La protection du patrimoine de l'entrepreneur individuel dans l'espace juridique OHADA » préc.

dépossession, à l'expropriation des Africains et l'appropriation de leurs biens par … les auteurs mêmes du code. »[34]

En l'occurrence, s'agissant de l'Acte uniforme portant organisation des procédures simplifiées de recouvrement et des voies d'exécution, c'est en ne prenant pas garde aux effets dévastateurs du mimétisme juridique, surtout lorsqu'il se limite à des normes dépassées, qu'une fois de plus, comme au temps de l'occupation coloniale, le légalisme sert à déposséder les Africains de leur « bien » le plus universellement convoité.

3 – L'unité du patrimoine : un principe poussé au bout de sa logique

La logique du principe de l'unité du patrimoine implique que tout bien du débiteur qui n'est pas déclaré insaisissable est saisissable. Or, il est à noter que, contrairement aux innovations législatives françaises des deux dernières décennies[35], aucun immeuble, pas même l'immeuble d'habitation du débiteur et de sa famille, n'est compris dans la liste des biens déclarés insaisissables par l'Acte uniforme portant organisation des procédures simplifiées de recouvrement et des voies d'exécution,

---

[34] A. Wade, « L'Afrique doit-elle élaborer un Droit positif ? » préc., p. 311. Résumant son évaluation, il affirme, sur la même page : « À côté du Code civil, qui comme nous l'avons déjà dit, ne sert pas directement à grand'chose pour la grande masse des Africains, à côté de ce droit qui incontestablement sert beaucoup plus l'étranger que l'autochtone le droit pénal apparaît comme un droit plus *nécessaire* mais inadapté. »

[35] En Droit français, c'est l'insaisissabilité encadrée des biens immobiliers des entrepreneurs qui participe à la promotion de l'initiative économique, avec : la **loi n° 2003-721 du 1er août 2003 pour l'initiative économique** complétant le titre II du livre V du code de commerce par un chapitre VI intitulé : « De la protection de l'entrepreneur individuel et du conjoint » (articles L. 526-1 à L. 526-4, *J.O.R.F.* n°179 du 5 août 2003, page 13449 texte n° 1) ; la Loi n° 2008-776 du 4 août 2008, loi de modernisation de l'économie, *J.O.R.F.* n°0181 du 5 août 2008 ; Loi 2015-990 du 6 août 2015 pour la croissance, l'activité et l'égalité des chances économiques, *J.O.R.F.* du 7 août 2015. Surtout, prenant en compte « l'exception culturelle », la France a consacré l'insaisissabilité totale des biens immobiliers dans son « territoire d'Outre-mer » de Wallis-et-Futuna. Article L641-3 du Code des procédures civiles d'exécution : *Pour son application à Wallis-et-Futuna, le premier alinéa de l'article L. 112-1 est ainsi rédigé :*
" Les saisies peuvent porter sur tous les biens appartenant au débiteur, alors même qu'ils seraient détenus par des tiers, à l'exclusion des biens immeubles et des fonds de commerce. " (Ordonnance n° 2011-1895 du 19 décembre 2011, https://www.legifrance.gouv.fr/affichCodeArticle.do?cidTexte=LEGITEXT000025024948&idArticle=LEGIARTI000025026244 (consulté le 12 octobre 2018).

qu'il s'agisse de l'ancien (datant de 1998) comme du nouveau (2023)[36]. Ainsi, faute d'être déclarés insaisissables, les immeubles se retrouvent dans le patrimoine du débiteur au même titre que tous les autres éléments d'actif de ce dernier. Le patrimoine servant de gage général aux créanciers et le principe « classique » français de l'unité du patrimoine opérant, l'entrepreneur qui n'a pas utilisé la forme sociétale pour mener ses activités n'a aucun moyen de distinguer son patrimoine civil ou familial d'un patrimoine entrepreneurial qui serait seul accessible aux créanciers de l'entreprise. Le docteur Okomen Tsague pose avec pertinence le fait que « la problématique de la protection en s'érigeant en nécessité révèle l'insuffisance de la règle de l'unité du patrimoine »[37]. S'éloignant d'une telle démarche de protection, les inspirateurs de l'Acte uniforme portant organisation des procédures simplifiées de recouvrement et des voies d'exécution ont non seulement maintenu le principe « classique » français de l'unité du patrimoine, ils ont accentué les dispositions en faveur des « investisseurs ».

B – Des dispositions néocoloniales : pour les « investisseurs »

Au niveau national et communautaire, les États membres de l'OHADA en général et le Sénégal en particulier œuvrent expressément à asseoir un climat des affaires conforme aux attentes (aux directives ?) des « investisseurs » [38]. C'est donc dans ce cadre qu'il convient d'analyser la combinaison des articles 248 de l'Acte uniforme portant organisation des procédures simplifiées de recouvrement et des voies d'exécution et 7 de la Loi sénégalaise n°2020-14 modifiant la loi sur les

---

[36] V. Articles 51, 52, 53, 177 et 178 du nouvel Acte uniforme portant organisation des procédures simplifiées de recouvrement et des voies d'exécution.

[37] R.-E. Okomen Tsague, « La protection du patrimoine de l'entrepreneur individuel dans l'espace juridique OHADA » préc..

[38] A. Cissé : « La corrélation entre le « marché de la loi » et l'avènement du droit uniforme de l'OHADA n'est pas *a priori* manifeste. Mais avec un recul d'une décennie, il est possible de percevoir une focalisation du législateur africain sur l'investisseur étranger au détriment de l'investisseur local, partant sur les acteurs du marché financier international. Ainsi, à la veille du dixième anniversaire de l'Organisation, ses membres n'ont pas manqué de souligner lors de la conférence internationale sur le commerce et l'investissement tenue à Dakar en avril 2003, l'instrumentalisation de l'OHADA au service de la sécurisation des investissements en Afrique. », « L'harmonisation du droit des affaires en Afrique : L'expérience de l'OHADA à l'épreuve de sa première décennie », *revue internationale de droit économique*, 2004/2, t. XVIII, (pp. 197-225), §5 https://www.cairn.info/revue-internationale-de-droit-economique-2004-2-page-197.htm (consulté le 27 novembre 2023).

Tribunaux de commerce et les Chambres commerciales d'Appel (2) en plus de celle des articles 253 de l'Acte uniforme portant organisation des procédures simplifiées de recouvrement et des voies d'exécution et 35 de la Loi sénégalaise n°2011-07 portant régime de la propriété foncière (1).

1 – La combinaison des articles de l'Acte uniforme portant organisation des procédures simplifiées de recouvrement et des voies d'exécution et 35 loi 2011-07 portant régime de la propriété foncière

Au Sénégal, en vertu des dispositions de l'article 380 du Code des obligations civiles et commerciales du Sénégal et des articles 19 et 20 de la Loi n° 2011-07 du 30 mars 2011 portant régime de la Propriété foncière, pour être légalement reconnu un droit réel doit être inscrit au livre foncier, l'inscription impliquant l'immatriculation préalable de l'immeuble concerné. Il s'ensuit que seul un immeuble immatriculé peut faire l'objet d'une saisie. L'article 253 de l'Acte uniforme portant organisation des procédures simplifiées de recouvrement et des voies d'exécution fait mine de respecter cette règle en l'énonçant dans les termes suivants :

> « Si les immeubles devant faire objet de la poursuite ne sont pas immatriculés et si la législation nationale prévoit une telle immatriculation, le créancier est tenu de requérir l'immatriculation à la conservation foncière après y avoir été autorisé par décision du président de la juridiction compétente de la situation des biens ou du juge délégué par lui, rendue sur requête et non susceptible de recours ».

Au Sénégal, la loi de 1964 relative au domaine national[39] a expressément - quoiqu'inconstitutionnellement[40] - fermé la porte à

[39] Loi n° 64-46 du 17 juin 1964 relative au domaine national, *Journal officiel.* n° 3692, pp. 905 s.

[40] Cf. l'avis de la Cour suprême du 16 mars 1962 : *Affaire 49/A/62*, résumé à lire dans *Les Cours suprêmes en Afrique, tome IV, Droit de la terre et de la famille, Droit commercial, Droit pénal, Droit musulman*, ECONOMICA, Paris, 1990, M. Caverivière et M. Debène, « La Cour suprême du Sénégal et la terre », p. 13. Dans l'exposé des motifs de la loi sur le domaine national rédigé par le Ministre des Finances et des Affaires économiques du Sénégal, André Peytavin, il est écrit : « Eu égard à l'avis exprimé par la Cour, le gouvernement se trouve placé devant le dilemme suivant : retenir un projet efficace mais forcément inconstitutionnel ou un projet conforme à la Constitution mais forcément inefficace », cité par M. Debène, « Regard

toute demande d'immatriculation émanant d'une personne autre que l'État[41]. Toutefois, près de 40 ans après l'interdiction formelle faite aux autochtones de se revendiquer propriétaires des terres que leur ont légué leurs ancêtres[42], et après avoir réitéré que seul l'État peut requérir l'immatriculation à son nom des immeubles aux livres fonciers[43], la loi n°2011-07 portant régime de la propriété foncière tente de s'insérer dans la brèche que semble lui offrir l'article 253. D'où un article 35 ainsi libellé :

> « Peut également requérir l'immatriculation, le créancier du débiteur remplissant les conditions fixées par l'article 3 alinéa 2 de la loi n° 64-46 du 17 juin 1964 précitée, lorsque le tribunal a ordonné l'accomplissement de cette formalité préalablement à la mise en adjudication ».

---

sur le droit foncier sénégalais : un seul droit pour deux rêves », *Revue internationale de Droit comparé*, 1986, p. 81.

[41] Loi sur le domaine national, art. 3 :
« Les terres du domaine national ne peuvent être immatriculées qu'au nom de l'État.
Toutefois, le droit de requérir l'immatriculation est reconnu aux occupants du domaine national qui, à la date d'entrée en vigueur de la présente loi, ont réalisé des constructions, installations ou aménagements constituant une mise en valeur à caractère permanent.
L'existence de ces conditions est constatée par décision administrative à la demande de l'intéressé. Cette demande devra, sous peine de forclusion, être formulée dans un délai de six mois à compter de la date de publication du décret d'application de la présente loi. Ce décret précisera notamment les conditions requises pour qu'une mise en valeur soit considérée comme suffisante ».
Décret n°64-574 du 30 juillet 1964 portant application de l'article 3 de la loi n° 64-46 du 17 Juin 1964, relative au domaine national autorisant, à titre transitoire, l'immatriculation au nom des occupants ayant réalisé une mise en valeur à caractère permanent, *Journal officiel* du 5 septembre 1964, p. 1167 et s.

[42] Il faut entendre cette revendication au sens de celle d'une propriété inaliénable et collective, partagée avec les membres du lignage ou du village, cf. G.-A. Kouassigan : « Il y a un fait qu'il faut toujours avoir présent à l'esprit pour comprendre les droits fonciers traditionnels négro-africains, c'est que la notion de propriété individuelle de la terre n'y existe pas. La terre appartient à une communauté, le canton, le village ou la famille élargie, mais jamais à un individu à titre privatif et exclusif. Tous les membres de la communauté villageoise ou familiale y ont des droits strictement égaux. C'est un fait que l'on peut généraliser, sans redouter d'être contredit », *op. cit.*, p. 54.

[43] Art. 34 de la loi 2011-07 du 30 mars 2011 portant régime de la Propriété foncière, *Journal officiel* n° 6607 du samedi 13 août 2011.

Maître Doudou Ndoye n'a pas manqué d'attirer l'attention sur les graves problèmes de Droit que pose cet article car, à l'expiration du délai de forclusion s'ajoute le non-respect des exigences tenant à la nature du droit de propriété. Il s'agit d'un droit fondamental ou droit humain[44] dont le régime ne saurait être, pour cette raison, de la compétence d'un organe communautaire créé par un Traité qui ignore totalement les droits fondamentaux. Il n'en est fait mention ni dans le préambule, ni dans les dispositions du Traité OHADA. Pourtant l'Acte uniforme portant organisation des procédures simplifiées de recouvrement et des voies d'exécution, au moyen de son article 253, s'immisce dans les conditions d'accès à la propriété foncière en imposant que la décision se prononçant sur le droit de requérir l'immatriculation à la Conservation foncière soit prise par une ordonnance « rendue sur requête et non susceptible de recours » ; alors que la rapidité et l'absence du contradictoire qui caractérisent l'ordonnance sur requête[45] sont incompatibles avec les effets mêmes de l'immatriculation[46]. Garantir la sécurité du crédit[47] ne peut pas

---

[44] Art. 2 Déclaration des droits de l'homme et du citoyen (intégrée à la Constitution du Sénégal) : « Le but de toute association politique est la conservation des droits naturels et imprescriptibles de l'Homme. Ces droits sont la liberté, la propriété, la sûreté, et la résistance à l'oppression ».
Art. 17 Déclaration universelle des droits de l'homme (intégrée à la Constitution du Sénégal) :
« 1. Toute personne, aussi bien seule qu'en collectivité, a droit à la propriété.
2. Nul ne peut être arbitrairement privé de sa propriété ».
Art. 14 Charte africaine des droits de l'homme et des peuples (intégrée à la Constitution du Sénégal) : « Le droit de propriété est garanti. Il ne peut y être porté atteinte que par nécessité publique ou dans l'intérêt général de la collectivité, ce, conformément aux dispositions des lois appropriées ».
La Charte africaine des droits de l'homme et des peuples est adoptée le 1er juin 1981 à Nairobi (Kenya) par l'Organisation de l'unité africaine ; elle est ratifiée par tous les États membres de l'Union africaine, à l'exception du Maroc, v. état des ratification sur https://au.int/sites/default/files/treaties/36390-sl-african_charter_on_human_and_peoples_rights_2.pdf (consulté le 15 juin 2024), texte de la charte disponible sur https://au.int/sites/default/files/treaties/36390-treaty-0011_-_african_charter_on_human_and_peoples_rights_f.pdf (consulté le 15 juin 2024).
[45] cf. art. 820-1 et 820-2 du Code de procédure civile.
[46] V. La loi 2011-07 portant régime de la propriété foncière, préc., notamment ses articles 42 , 43 et 44.
[47] Seydina Issa Sow : « … les matières énumérées et ayant fait l'objet d'Actes uniformes intéressent directement le cadre normatif de l'entreprise et la protection du crédit. Le développement a besoin du crédit et de la mobilité de la créance. La

l'emporter sur le devoir qu'a tout État de garantir la protection et le respect des droits fondamentaux des individus et des peuples[48], en l'occurrence il s'agit du droit de propriété du débiteur défaillant et néanmoins humain. Nous comptons pour indiscutable l'affirmation de Maître Doudou Ndoye selon laquelle : « La sécurité du Sénégalais propriétaire de sa terre, est le premier capital de celui-ci, … »[49] Aucune loi, et encore moins un acte uniforme, ne saurait fermer la voie d'un recours tendant à la protection judiciaire d'un droit fondamental[50]. En

---

circulation de la créance assure la mobilisation et la disponibilité des ressources au profit des ménages, des entreprises et de l'État. Mais la mobilité du crédit est tributaire de l'exécution des engagements. On comprend dès lors l'intérêt à adopter des dispositions propres à garantir l'exécution des engagements souscrits. Cet intérêt est d'autant plus avéré que « l'exécution forcée est encore la voie la plus importante du recouvrement de créance ». », *Le traitement judiciaire des incidents de la saisie immobilière*, préface par M. Ndiaw Diouf, Postface par M. Papa Oumar Sakho, CREDILA, 2017, p. 22.

[48] Commission africaine des droits de l'homme et des peuples : « Les idées acceptées au plan international concernant les diverses obligations créées par les droits de l'homme indiquent que tous les droits, civils et politiques, sociaux et économiques, créent au moins quatre niveaux d'obligations pour un État qui s'engage à adopter un régime de droits, notamment le devoir de respecter, de protéger, de promouvoir et de réaliser ces droits. Ces obligations s'appliquent universellement à tous les droits et imposent une combinaison de devoirs négatifs et positifs. », *Communication 155/96 Social and Economic Rights Action Center (SERAC) and Center for Economic and Social Rights (CESR) / Nigeria*, §44 https://www.achpr.org/public/Document/file/French/achpr30_155_96_fra.pdf (consulté le 1er novembre 2022).

[49] D. Ndoye, *Notre terre et ses vérités*, préc., p. 47.

[50] Art. 2, Pacte international sur les droits civils et politiques : « Les États parties au présent Pacte s'engagent à :

a) Garantir que toute personne dont les droits et libertés reconnus dans le présent Pacte auront été violés disposera d'un recours utile, alors même que la violation aurait été commise par des personnes agissant dans l'exercice de leurs fonctions officielles ;

b) Garantir que l'autorité compétente, judiciaire, administrative ou législative, ou toute autre autorité compétente selon la législation de l'État, statuera sur les droits de la personne qui forme le recours et développer les possibilités de recours juridictionnel;

c) Garantir la bonne suite donnée par les autorités compétentes à tout recours qui aura été reconnu justifié ». Le Pacte international relatif aux droits civils et politiques (PIDCP), adopté par l'ONU le 16 décembre 1966, entré en vigueur le 23 mars 1976, il est ratifié par tous les États membres de l'OHADA à l'exception des Comores, v. état des ratifications sur le site officiel des Nations unies https://treaties.un.org/pages/ViewDetails.aspx?src=IND&mtdsg_no=IV-3&chapter=4&clang=_fr (consulté le 13 juin 2024).

Art. 7 Charte africaine des droits de l'homme et des peuples, préc. : « 1. Toute personne a droit à ce que sa cause soit entendue. Ce droit comprend :

tout état de cause, en cas de défaillance des juridictions nationales à assurer leur mission constitutionnelle[51], des instances juridictionnelles régionale[52] et sous-régionale[53] de protection des droits fondamentaux des individus et des peuples ont été mises en place à cet effet en Afrique.

---

a. le droit de saisir les juridictions nationales compétentes de tout acte violant les droits fondamentaux qui lui sont reconnus et garantis par les conventions, les lois, règlements et coutumes en vigueur ; ».

[51] Constitution du Sénégal, article 91 : « Le pouvoir judiciaire est gardien des droits et libertés définis par la Constitution et la loi ».

[52] Protocole portant création d'une cour africaine des droits de l'homme et des peuples Article 3 – Compétence de la Cour : « 1. La Cour a compétence pour connaître de toutes les affaires et de tous les différends dont elle est saisie concernant l'interprétation et l'application de la Charte, du présent Protocole, et de tout autre instrument pertinent relatif aux droits de l'homme et ratifié par les États concernés.

2. En cas de contestation sur le point de savoir si la Cour est compétente, la Cour décide ».

Le Protocole relatif à la Charte africaine des droits de l'homme et des peuples portant création d'une Cour africaine des droits de l'homme et des peuples est adopté par l'Assemblée des Chefs d'État et de gouvernement de l'OUA à Ouagadougou (Burkina Faso) le 9 juin 1998. Texte disponible sur https://www.african-court.org/wpafc/wp-content/uploads/2020/10/2-PROTOCOLE-PORTANT-CREATION-DE-LA-COUR-AFRICAINE-DES-DROITS-DE-LHOMME-ET-DES-PEUPLES.pdf (consulté le 08 juin 2024). À ce jour, il a été ratifié par tous les membres de l'OHADA à l'exception du Centrafrique, de la Guinée et de la Guinée Équatoriale, https://www.african-court.org/wpafc/wp-content/uploads/2023/03/36393-sl-PROTOCOL_TO_THE_AFRICAN_CHARTER_ON_HUMAN_AND_PEOPLESRIGHTS_ON_THE_ESTABLISHMENT_OF_AN_AFRICAN_COURT_ON_HUMAN_AND_PEOPLES_RIGHTS_0.pdf (consulté le 08 juin 2024). Huit des États ayant ratifié le Protocole, dont cinq membres de L'OHADA (Burkina-Faso, Gambie, Guinée-Bissau, Niger, Mali), ont déposé la déclaration reconnaissant la compétence de la Cour pour recevoir des requêtes introduites directement par des ONG et des individus, https://www.african-court.org/wpafc/declarations/?lang=fr (consulté le 08 juin 2024).

[53] Depuis 2005, toute personne qui s'estime victime d'une violation de ses droits fondamentaux, commise sur le territoire de l'un des États membres de le CEDEAO, peut saisir directement la Cour de justice de la CEDEAO (Article 4 PROT. AD - A/SP.1/01/05, Saisine de la Cour). « Il n'est pas nécessaire, pour saisir la cour d'une requête en violation des droits de l'homme, d'avoir la nationalité d'un État-membre » Alioune SALL, *Le contentieux de la violation des droits de l'homme devant la Cour de justice de la CEDEAO*, L'Harmattan, Sénégal, 2019, p. 18 ; l'épuisement des voies de recours internes n'est pas non plus une condition à la saisine de la Cour, cf. CJ CEDEAO, *affaire Hadijatou Mani Koraou c/ Rép. Niger*, 27 octobre 2008. Le 9 Juin 1998, https://caselaw.ihrda.org/fr/entity/mu1dunqircq3f3pivocpaatt9?page=1 (consulté le 27 mai 2024).

Cependant, ce sont encore les intérêts des « investisseurs » qui se profilent entre les lignes des articles 248 de l'Acte uniforme portant organisation des procédures simplifiées de recouvrement et des voies d'exécution et 7 de la Loi sénégalaise n°2020-14 modifiant la loi sur les Tribunaux de commerce et les Chambres commerciales d'Appel.

2 – La combinaison des articles 248 de l'Acte uniforme portant organisation des procédures simplifiées de recouvrement et des voies d'exécution et 7 de la Loi n° 2020-14 modifiant la loi sur les Tribunaux de commerce et les Chambres commerciales d'Appel

Suite à la controverse relative à la compétence des tribunaux de commerce du Sénégal en matière de saisies immobilières[54], le législateur a tranché. En modifiant l'article 7 de la loi de 2017 portant création, organisation et fonctionnement des tribunaux de commerce et des chambres commerciales d'Appel [55], la loi de 2020 a inclus les saisies immobilières dans le champ de compétence des tribunaux de commerce et des chambres commerciales d'appel, sous les conditions suivantes, énoncées au dernier alinéa de son article 7 :

> « Ils connaissent également des instances relatives à l'exécution fondée sur une décision de justice d'une juridiction

---

[54] P.-A. Touré, « Le débat de la compétence du tribunal de commerce en matière de saisie immobilière devant la cour d'appel : à propos de l'arrêt de la cour d'appel de Dakar n° 13 du 20 mars 2019, *SNR c/ Société les Bâtisseurs SARL*, https://ordredesavocats.sn/debat-de-competence-tribunal-de-commerce-matiere-de-saisie-immobiliere-devant-cour-dappel-a-propos-de-larret-de-cour-dappel-de-dakar-n-13-20-mar/ (consulté le 27 mai 2024) ; Ndèye Coumba Madeleine Ndiaye : « La question de la compétence juridictionnelle a été source d'interprétation avec l'ancien Acte uniforme. Particulièrement, un débat houleux s'est posé à propos de la compétence du tribunal de commerce en matière de saisie immobilière. Avec le nouvel Acte uniforme, le doute est effacé puisque l'article 248 prévoit que la vente est poursuivie devant la juridiction compétente pour trancher les litiges en matière de saisie immobilière. Ainsi, la question de la qualification de la juridiction ayant plénitude de juridiction est dépassée. », « Présentation des innovations du nouvel Acte uniforme portant organisation des procédures simplifiées de recouvrement et des voies d'exécution », *Lexbase Afrique-OHADA* n° 72 du 28 mars 2024 : Voies d'exécution, N8842BZI.

[55] Exposé des motifs Loi n° 2017-24 du 28 juin 2017 portant création, organisation et fonctionnement des tribunaux de commerce et des chambres commerciales d'Appel, *Journal officiel* n° 7023 du samedi 1er juillet 2017 : « Le présent projet de loi vise à poursuivre ces améliorations pour renforcer la protection des investisseurs et réduire les délais d'exécution des contrats ».

commerciale ou un acte notarié constituant une garantie en matière commerciale, dont la saisie immobilière ».[56]

En vertu de cette disposition, il suffit que le titre exécutoire émane d'une juridiction commerciale pour que la saisie immobilière soit de la compétence du tribunal de commerce, il en va de même du prêt hypothécaire souscrit par un commerçant auprès d'une banque. Pour claire que soit cette attribution de compétence, elle n'en est pas pour autant à l'abri des critiques. Dans un article à l'intitulé évocateur[57], Maître Doudou Ndoye s'insurge contre la mise en place d'un tribunal de commerce compétent en matière de saisies immobilières alors que, affirme-t-il avec raison :

> « [l]es saisies immobilières constituent en général des systèmes de voies d'exécution qui ne mettent en œuvre que des règles de droit civil ou de procédure civile, en référence au droit de propriété garanti par la Constitution dont la protection ne peut relever que des magistrats, de même que les décisions de nature à priver les citoyens de cette propriété. » [58]

Pour apprécier la portée de cette attribution de compétence, il est en effet nécessaire de la mettre en parallèle avec la composition des tribunaux de commerce et des chambres commerciales d'appel[59]. La loi

---

[56] Loi n° 2020-14 du 08 avril 2020 modifiant la loi n°2017-24 du 28 juin 2017 portant création, organisation et fonctionnement des tribunaux de commerce et des chambres commerciales d'appel, *Journal officiel* n° 7299 bis, mercredi 08 avril 2020, pp. 811-814.

[57] D. Ndoye « Tribunal de commerce, banques et juges, nouvelle loi sénégalaise inadmissible », *site Impact.sn*, https://www.impact.sn/Tribunal-de-commerce-banques-et-juges-une-nouvelle-loi-senegalaise-inadmissible_a4129.html#google_vignette (consulté le 17 mai 2024). *Contra*, P.-S. A. Badji, A.-B. Touré, « Commentaire de la loi n° 2017-24 du 28 juin 2017 portant création, organisation et fonctionnement des tribunaux de commerce et des chambres commerciales d'appel », *Annales africaines*, volume 1, avril 2020, n°12, pp. 493-505.

[58] D. Ndoye « Tribunal de commerce, banques et juges, (…) », préc..

[59] Exposé des motifs Loi n° 2017-24 du 28 juin 2017 préc. : « L'originalité essentielle des tribunaux de commerce et des chambres commerciales d'Appel est d'être composée de juges, magistrats professionnels et de juges consulaires. Ces derniers ne sont pas des magistrats de carrière mais des commerçants choisis pour une durée déterminée par la Chambre nationale de Commerce, d'Industries et de Services et les Chambres régionales de Commerce, d'Industries et de Services après concertation avec les associations d'opérateurs économiques légalement constituées ».

exige que les juges consulaires y soient constamment majoritaires[60] or, non seulement le fait d'être commerçants ne garantit pas qu'ils bénéficient d'une formation juridique solide[61] mais encore et surtout, le serment de respecter la Constitution de l'État du Sénégal ne leur est même pas exigé[62]. Ce n'est certes pas sur la base de ces arguments que la controverse relative à la compétence des tribunaux de commerce en matière de saisie immobilière s'est développée. Les auteurs ont généralement préféré porter la discussion sur l'identification de la juridiction « ayant plénitude de juridiction » à laquelle donnait compétence l'ancien article 248 de l'Acte uniforme portant organisation des procédures simplifiées de recouvrement et des voies d'exécution. Toutefois, ce parti-pris doctrinal a l'inconvénient d'esquiver les pertinentes objections avancées par le grand avocat,

---

[60] Art. 14 et 27 de la Loi n° 2017-24. Les juges professionnels sont également minoritaires dans le Conseil de surveillance, l'organe chargé du suivi et de l'évaluation des tribunaux de commerce et des chambres commerciales d'Appel. Il a également comme mission de statuer comme conseil de discipline des juges consulaires mais non des juges professionnels qui eux relèvent du Conseil supérieur de la magistrature). Cf les articles 34, 35, 36, 37 de la Loi n° 2020-14 du 08 avril 2020, *Journal officiel* n° 7299 bis, mercredi 08 avril 2020, pp. 811-814.

[61] Cette condition n'est pas citée dans les critères d'aptitude à la fonction de juge consulaire cf. les articles 9, 10 Loi n° 2017-24 préc.

[62] Art. 11 alinéas 2 et 3 de la Loi n° 2020-14 : « Les juges consulaires prêtent, au cours d'une audience solennelle, devant le tribunal de commerce où ils sont appelés à siéger, le serment suivant :
« Je jure de bien et fidèlement remplir mes fonctions, de les exercer en toute impartialité, de garder scrupuleusement le secret des délibérations et de me conduire en tout comme un digne et loyal juge ».
Les juges consulaires appelés à siéger dans un tribunal de commerce nouvellement créé prêtent serment devant ledit tribunal composé exclusivement de magistrats professionnels... ».
Art. 9 Loi organique n° 2017-10 du 17 janvier 2017 portant Statut des magistrats , *Journal officiel* n° 6986 du mercredi 18 janvier 2017: « Avant d'être installé dans ses premières fonctions, le magistrat prête serment en audience solennelle devant la cour d'appel à laquelle il est affecté, en ces termes :
« Je jure de bien et loyalement remplir mes fonctions de magistrat, de les exercer en toute impartialité dans le respect de la Constitution et des lois de la République, de garder scrupuleusement le secret des délibérations et des votes, de ne prendre aucune position publique, de ne donner aucune consultation à titre privé sur les questions relevant de la compétence des juridictions et d'observer, en tout, la réserve, l'honneur et la dignité que ces fonctions imposent. »
Il ne peut, en aucun cas, être relevé de ce serment.
Toutefois, pour le magistrat directement nommé à la Cour suprême, le serment est prêté devant cette juridiction ».

ancien Garde des sceaux et Ministre de la Justice sénégalais. Elles ne sauraient être balayées par un simple toilettage de l'article 248, la formule « la juridiction (...) ayant plénitude de juridiction » étant remplacée par « la juridiction compétente ». La solution ainsi trouvée ne doit certainement pas nous détourner des maux identifiés par l'éminent juriste avec ces mots qui tonnent avec la force du juste courroux (ou courroux du juste) :

> « C'est aussi une hérésie dans l'usage des concepts juridiques et des règles d'organisation judiciaire hérités du droit français que de livrer la propriété immobilière à des juges consulaires désignés par des chambres de commerce.
>
> Ce texte pour les banques constitue une agression directe contre nos juges d'une compétence avérée, et contre toutes les personnes morales et physiques qui travaillent au Sénégal avec les banques.
>
> Qui t'a fait Roi ?
>
> William Shakespeare au Roi LEAR. » [63]

C'est à raison que les banques internationales[64] se retrouvent sur le banc des accusés car, dans l'espace OHADA, le contentieux des saisies immobilières implique majoritairement, sinon exclusivement, les banques ; en dépit, ou du fait de dispositions qui leur sont largement et indûment favorables[65].

II – Des dispositions spoliatrices dans la lettre et dans l'esprit des textes

La procédure de la saisie immobilière est si disproportionnellement en faveur du créancier poursuivant que le qualificatif de spoliation s'impose, autant à l'analyse des conditions de l'adjudication (A), qu'avec le constat de l'absence d'harmonisation de l'Acte uniforme portant organisation des procédures simplifiées de recouvrement et des voies d'exécution avec les dispositions de l'Acte uniforme portant

---

[63] D. Ndoye « Tribunal de commerce, banques et juges, (...) », préc.

[64] Ces banques qui, souligne Me Ndoye, prêtent « avec l'épargne des Sénégalais pour rapatrier leur bénéfice à l'étranger », « Tribunal de commerce, banques et juges, nouvelle loi sénégalaise inadmissible », préc.

[65] Les Wolof disent : « *Kenn du la jox lépp, nga jél lépp, ndax kon ñu dab la* » (« Quand on te donne tout, ne prends pas tout, car alors, tu seras poursuivi et rattrapé »).

organisation des sûretés[66], protégeant la résidence principale et/ou l'immeuble à usage d'habitation (B).

A – Des dispositions spoliatrices : attentatoires à toute notion de procès équitable et de respect du droit de propriété

La logique du « législateur » OHADA consistant à faire la part belle aux créanciers pour un climat des affaires favorable aux « investisseurs » se retrouve dans l'exigence de rapidité de certaines procédures. Or, le procès équitable, présenté comme étant à la source du droit à l'exécution[67], implique que toutes les précautions soient prises pour que les prétentions des parties en cause et des tiers concernés (tiers détenteur, tiers propriétaire) puissent être entendues et traitées (2) dans un délai raisonnable certes, mais sans que l'impératif de célérité puisse justifier la violation des droits fondamentaux des propriétaires des immeubles saisis (3), tout manquement en la matière étant par ailleurs aggravé par la problématique fixation de la mise à prix (1).

1 – La problématique fixation de la mise à prix

La mise à prix est le prix de départ dans une vente aux enchères, c'est-à-dire le prix à partir duquel les offres supérieures de prix, appelées enchères, vont être faites[68]. À défaut d'enchères, l'immeuble

---

[66] Acte uniforme portant organisation des sûretés, du 15 décembre 2010, *Journal officiel de l'OHADA*, n° 22, 15 février 2011.

[67] Rapport de présentation du *Décret n°2015-389* du 20 mars 2015 portant statut des huissiers de justice, *Journal officiel* du 06 juin 2015, pp. 549 ss.

L'exécution, qui est le fait de donner effet à des décisions de justice, ainsi qu'à d'autres titres exécutoires, fait partie intégrante du droit de l'être humain à un procès équitable dans un délai raisonnable.

Cour européenne des droits de l'homme, *Hornsby c/ Grèce*, 19 mars 1997, n°18357/91 *L'exécution d'un jugement ou arrêt, de quelque juridiction que ce soit, doit donc être considérée comme faisant partie intégrante du "procès" au sens de l'article 6 (art. 6)*, site JURICAF, https://juricaf.org/arret/CONSEILDELEUROPE-COUREUROPEENNEDESDROITSDELHOMME-19970319-1835791, (consulté le 15 décembre 2019).

[68] Acte uniforme portant organisation des procédures simplifiées de recouvrement et des voies d'exécution

Art. 1.1. : « Enchères : offres successives et de plus en plus élevées présentées par des personnes qui désirent acquérir un bien saisi mis en vente ; ».

Art. 282 : « La vente de l'immeuble a lieu aux enchères publiques à la barre de la juridiction compétente ou en l'étude du notaire convenu.

Toute personne qui désire acquérir l'immeuble fait une ou plusieurs enchères. Celle qui fait l'offre la plus importante est déclarée adjudicataire.

est automatiquement adjugé au créancier poursuivant pour le montant de la mise à prix, à moins qu'il ne réclame une nouvelle mise aux enchères[69]. Si, à la suite de cette nouvelle vente aux enchères, l'immeuble ne trouve toujours pas acquéreur, alors il est définitivement adjugé au créancier poursuivant, toujours au montant de la mise à prix[70]. Il apparaît ainsi nettement que ce montant est l'enjeu fondamental de la procédure ; pourtant, il est fixé de façon à la fois inique (b) et totalement partiale (a).

a – La fixation de la mise à prix par le créancier poursuivant

En faisant du créancier poursuivant la personne chargée de fixer la mise à prix de l'immeuble saisi, l'article 267 de l'Acte uniforme portant organisation des procédures simplifiées de recouvrement et des voies d'exécution [71] le constitue juge de la meilleure mise à prix alors qu'il est déjà partie, et pas n'importe quelle partie puisqu'il est l'acheteur potentiel au prix qu'il aura lui-même fixé - hypothèse de l'absence d'enchères prévue à l'article 283. Or, il est une règle élémentaire de bonne justice qu'une personne ne saurait être à la fois juge et partie. Que cette mise à prix doive être au-dessus d'un taux plancher n'y change rien, le fait suivant demeure : le créancier poursuivant a intérêt à ce que, quelle que soit la valeur de l'immeuble, la mise à prix soit suffisamment élevée pour couvrir le montant de sa créance (frais, capital et intérêts compris), mais sans le dépasser car alors, s'il se retrouve adjudicataire, il sera contraint de payer au débiteur la différence entre le montant de la créance et celui de la mise à prix[72]. En

---

Les offres sont portées par ministère d'avocat ou par les enchérisseurs eux-mêmes ; le même avocat peut représenter plusieurs enchérisseurs lorsque ceux-ci désirent se porter co-adjudicataires ».

[69] Art. 283 avant dernier alinéa de l'Acte uniforme portant organisation des procédures simplifiées de recouvrement et des voies d'exécution.

[70] Art. 283 dernier alinéa préc.

[71] Art. 267 de l'Acte uniforme portant organisation des procédures simplifiées de recouvrement et des voies d'exécution : « Le cahier des charges contient, à peine de nullité :

(…)

10) la mise à prix fixée par le poursuivant, laquelle ne peut être inférieure au quart de la valeur vénale de l'immeuble ; la valeur de l'immeuble doit être appréciée, soit au regard de l'évaluation faite par les parties lors de la conclusion de l'hypothèque conventionnelle, soit, à défaut, par comparaison avec les transactions portant sur des immeubles de nature et de situation semblables ».

[72] Art. 324 alinéa 2 de l'Acte uniforme portant organisation des procédures simplifiées de recouvrement et des voies d'exécution.

revanche, pour la même raison, le débiteur a tout intérêt à ce que la mise à prix atteigne le montant le plus élevé possible. Le recours à un tiers neutre est donc nécessaire[73] et tout à fait possible puisque c'est ce qui était prévu en Droit sénégalais[74] et c'est aussi ce qui est prévu dans le cadre de l'Acte uniforme portant organisation des procédures collectives d'apurement du passif[75]. Une fois la décision de liquidation des biens rendue, la réalisation des immeubles suit des règles plus soucieuses d'équité que celles régissant la saisie immobilière. Bien qu'il soit précisé à l'article 150 de l'Acte uniforme portant organisation des procédures collectives d'apurement du passif qu'à défaut de « clause d'exécution extrajudiciaire conformément à l'Acte uniforme portant organisation des sûretés », la vente des immeubles aura lieu « suivant les formes prescrites en matière de saisie immobilière » ; c'est le juge-commissaire qui va fixer la mise à prix après avoir recueilli, entre autres observations, celles du débiteur. Il peut dans les mêmes conditions, décider d'autoriser la vente, soit par adjudication amiable sur la mise à prix qu'il fixe, soit de gré à gré aux prix et conditions qu'il détermine[76]. Il n'est donc pas pertinent d'affirmer l'impartialité des conditions de fixation de la mise à prix énoncées par l'Acte uniforme portant organisation des procédures simplifiées de recouvrement et des

[73] La partialité de la règle chargeant l'acquéreur de décider du montant de la mise à prix est aussi mise en lumière par la disposition qui prévoit qu'en cas de pluralité de saisies (articles 302 et 303 de l'Acte uniforme portant organisation des procédures simplifiées de recouvrement et des voies d'exécution), s'il y a collusion, fraude, négligence ou autre cause de retard imputable au premier saisissant, le second saisissant pourra lui être subrogé (articles 304 et 305) et bénéficier à son tour du droit de fixer, donc de modifier la mise à prix (Article 307) dans le respect des dispositions des articles 267, 10e et 307.

[74] Art. 492 bis alinéa 3 du Code de procédure civile : « La mise à prix fixée par le président du tribunal régional est égale au quart de la valeur approximative qu'il estime devoir retenir, en même temps qu'il détermine le montant des enchères. Cette fixation est souverainement faite par le président du tribunal régional sans recours, en aucun cas, à expertise ou évaluation ».

Mais il est vrai que tel qu'il est rédigé, il n'est pas un progrès par rapport à l'article 267 de l'Acte uniforme portant organisation des procédures simplifiées de recouvrement et des voies d'exécution.

[75] Acte uniforme portant organisation des procédures collectives d'apurement du passif, adopté le 10 avril 1998, *Journal officiel de l'OHADA* n°7 du 1er juillet 1998 ; révisé le 10 septembre 2015, *Journal officiel de l'OHADA* numéro spécial du 25 septembre 2015.

[76] Sur la réalisation des immeubles dans le cadre de la procédure de liquidation des biens, v. G.-S. Tsetsa, *Guide pratique de la saisie immobilière en Droit OHADA*, L'Harmattan, Paris, 2022, pp. 34-38.

voies d'exécution, en se fondant sur la possibilité offerte au débiteur d'en contester le montant à l'article 272 car en fait, il s'agit uniquement de lui permettre de remettre en cause l'évaluation de l'immeuble[77]. Il ne lui est pas permis de procéder, comme peut le faire le créancier poursuivant, au calcul de la mise à prix la plus avantageuse pour lui compte tenu de la valeur de l'immeuble par rapport au montant de sa dette. Ajoutant l'iniquité à la partialité ainsi démontrée, l'Acte uniforme portant organisation des procédures simplifiées de recouvrement et des voies d'exécution autorise, qu'avec toutes les conséquences qu'elle entraîne, la mise à prix puisse être fixée au quart de la valeur de l'immeuble.

b – La fixation du montant plancher de la mise à prix au quart de la valeur de l'immeuble

Par rapport aux législations de l'espace OHADA qui admettaient que la mise à prix puisse être fixée par le créancier poursuivant sans que la loi n'indique de minimum, il va sans dire que toute restriction apportée à la liberté de fixation du prix est à saluer[78]. Cependant, en dépit des mesures prises pour que l'évaluation de l'immeuble se fasse sur des bases objectives, l'iniquité demeure. Ce qui est contestable, ce n'est pas que la mise à prix puisse être d'un montant bien inférieur à la valeur de l'immeuble, puisqu'il est autorisé qu'elle soit fixée au quart de la valeur vénale de l'immeuble[79] ; ce qui est difficilement admissible c'est que l'immeuble puisse être vendu, sans le consentement de son propriétaire, à un prix aussi bas. Dans un tel cas, comment ne pas qualifier la vente de bradage ? L'iniquité ainsi notée est amplifiée par la non-reconnaissance au débiteur du droit de demander l'organisation de nouvelles enchères.

---

[77] « La désignation d'un expert chargé d'évaluer, en toute objectivité, la valeur vénale de l'immeuble permet de concilier les intérêts divergents des deux parties. Encore faut-il que le débiteur contestataire puisse avancer les frais de l'expertise, ce qui n'est pas évident. La saisie immobilière étant l'ultime mesure d'exécution à laquelle le créancier a recours, le débiteur saisi se trouvant souvent dans un état d'impécuniosité assez prononcé. » ; G.-S. Tsetsa « Le formalisme de la saisie immobilière en Droit OHADA », *Revue de l'ERSUMA : Droit des affaires - Pratique Professionnelle*, N° 6 - Janvier 2016, *Doctrine*, http://revue.ersuma.org/no-6-janvier-2016/doctrine/article/le-formalisme-de-la-saisie (consulté le 02 février 2019).

[78] Cf. A.-M. H. Assi-Esso, N. Diouf, *op. cit.*, p212.

[79] Art. 267, 10° de l'Acte uniforme portant organisation des procédures simplifiées de recouvrement et des voies d'exécution.

2 – L'attribution exclusive au créancier poursuivant du droit de requérir une nouvelle adjudication

Si l'exécution fait partie intégrante du droit à un procès équitable, comment expliquer que seul le créancier poursuivant soit autorisé à requérir une nouvelle adjudication, une demande à laquelle le juge est en outre tenu de faire droit[80] ? Le débiteur saisi est pourtant intéressé au premier chef, dans la mesure où, à défaut d'enchérisseur le créancier poursuivant est déclaré adjudicataire pour la mise à prix et non au prix de la valeur estimée de l'immeuble[81]. Le docteur Guy Saturnin Tsetsa fait sur ce point des observations qui mettent en exergue le poids qui est donné aux intérêts du créancier poursuivant, dans l'indifférence totale de ceux du propriétaire du bien saisi :

> « En cas de remise, si aucune enchère n'est portée lors de la nouvelle adjudication le poursuivant est déclaré adjudicataire pour la première mise à prix. Cette disposition appelle quelques précisions : rappelons que lors de l'audience éventuelle, le tribunal a pu réévaluer la mise à prix de l'immeuble suite à un dire formulé par le saisi dans ce sens. Dans ce cas, la vente est poursuivie non pas sur la mise à prix fixée par le poursuivant mais sur celle fixée à l'audience éventuelle. En application de l'article 283, le poursuivant devra être déclaré adjudicataire sur cette mise à prix qu'il peut estimer exagérée à raison ou par pure mauvaise foi. Ne pouvant se porter adjudicataire pour une mise à prix qu'il n'a pas approuvé, il est en droit de solliciter une remise de la vente. Après quoi le poursuivant doit réitérer les formalités de publicité. Advenue cette audience, s'il n'y a pas d'enchérisseurs, le poursuivant sera déclaré adjudicataire, mais pour la première mise à prix, c'est-à-dire celle par lui initialement fixée. Évidemment, prise au pied de la lettre, cette disposition peut donner lieu à beaucoup d'abus de la part du poursuivant. D'où la nécessité pour le saisi de veiller à la mise en œuvre des formalités de publicités afin d'intéresser un nombre considérable d'adjudicataires potentiels. »[82]

---

[80] Art. 283 avant dernier alinéa *in fine* de l'Acte uniforme portant organisation des procédures simplifiées de recouvrement et des voies d'exécution.

[81] Art. 283 deux derniers alinéas de l'Acte uniforme portant organisation des procédures simplifiées de recouvrement et des voies d'exécution.

[82] G. S. Tsetsa, « Le formalisme de la saisie immobilière en Droit OHADA », préc.

Laisser à penser qu'il n'est pas en soi abusif de considérer que l'adjudicataire ne saurait acquérir un immeuble pour un prix qu'il n'a pas lui-même fixé est déjà plus que critiquable, pour les raisons déjà exposées. Cependant, la solution proposée est tout aussi condamnable. Elle repose sur le préjugé selon lequel, le saisi n'a à s'en prendre qu'à lui-même si son immeuble est adjugé à vil prix, l'absence d'enchères démontrant qu'il a failli à son devoir « de veiller à la mise en œuvre des formalités de publicités afin d'intéresser un nombre considérable d'adjudicataires potentiels. ». Cela revient en outre à considérer que tout débiteur saisi devrait être automatiquement assimilé à un promoteur immobilier ou à un courtier chevronné. C'est aussi oublier le tabou qui entoure en Afrique l'achat de biens immobiliers saisis[83]. Le raisonnement au fondement de la « solution » avancée est néanmoins celui qui a été retenu par le nouvel Acte uniforme portant organisation des procédures simplifiées de recouvrement et des voies d'exécution. L'article 276 a ajouté la publicité par voie audiovisuelle ou électronique à la publicité par encarts dans les journaux d'annonces légales et affichages. Une telle augmentation des supports de publicité du cahier des charges[84], quelle que soit son étendue[85], ne change pourtant rien au fond du problème, le déséquilibre de la balance de la justice en faveur du créancier poursuivant demeure. Il ne peut être valablement justifié ni par le désir d'encourager l'investissement, ni par l'impératif de célérité[86], l'obligation de respecter le droit fondamental qu'est le droit de propriété ne devant être occulté.

---

[83] V. les auteurs cités dans l'Introduction sur ce sujet.

[84] Article 1.1 Acte uniforme portant organisation des procédures simplifiées de recouvrement et des voies d'exécution : « Cahier des charges : document rédigé et signé par l'avocat du créancier poursuivant ou par l'huissier de justice ou l'autorité chargée de l'exécution qui précise les conditions et modalités de la vente d'un bien saisi ».

[85] Art. 279 Acte uniforme portant organisation des procédures simplifiées de recouvrement et des voies d'exécution : « Le président de la juridiction compétente ou le juge délégué par lui peut, par décision non susceptible de recours, rendue sur requête, restreindre ou accroître la publicité légale, suivant la nature et la valeur des biens saisis ».

[86] Préambule du Traité OHADA : « [C]onscients qu'il est essentiel que ce droit soit appliqué avec diligence, dans les conditions propres à garantir la sécurité juridique des activités économiques, afin de favoriser l'essor de celles-ci et d'encourager l'investissement ; … ».

2 – L'alibi de la célérité contre le respect du droit de propriété

L'action en distraction est celle qui permet à un tiers de demander à la juridiction au greffe de laquelle est déposé le cahier des charges, de soustraire de la liste des biens immobiliers saisis, celui ou ceux dont il revendique la propriété. En la soumettant d'une part à un délai préfix et d'autre part, à l'inexistence de l'action en revendication dans l'État du lieu de situation de l'immeuble, l'Acte uniforme portant organisation des procédures simplifiées de recouvrement et des voies d'exécution assume le risque de spoliation du tiers propriétaire (b) ; un risque que met également en lumière le délai préfix pendant lequel les revenus d'un immeuble peuvent suffire à rembourser une créance impayée (a).

a – Le délai préfix posé à l'article 265 de l'Acte uniforme portant organisation des procédures simplifiées de recouvrement et des voies d'exécution

Le débiteur saisi peut demander la suspension de la saisie de son immeuble lorsqu'il parvient à prouver que les revenus dudit immeuble suffiront, au terme d'un délai de deux ans, à rembourser intégralement sa créance, capital, frais et intérêts compris ; il suffit alors qu'il en délègue la perception au créancier poursuivant[87]. Que l'on se place du côté du créancier poursuivant, comme de celui du débiteur saisi, la règle ainsi posée est marquée du sceau de la mesure, de l'équité car, chaque partie y gagne. Le créancier a l'assurance de recevoir le paiement intégral de sa dette, tandis que de son côté le propriétaire de l'immeuble conserve son bien. En outre, toute tentative de manœuvre dilatoire de la part de ce dernier est déjouée par la disposition selon laquelle la poursuite de la saisie pourra être reprise s'il survient le moindre obstacle ou une quelconque opposition au paiement[88]. La règle ainsi posée aurait donc été parfaite n'eût été ce détail, de taille[89] : la limitation à deux ans de la base de calcul. Qu'est-ce qui justifie cette limite à deux années du calcul du montant des revenus alors qu'un immeuble peut produire à

[87] Art. 265 alinéa 1er l'Acte uniforme portant organisation des procédures simplifiées de recouvrement et des voies d'exécution.

[88] Art. 265 alinéa 2.

[89] Cf. L'adage « le diable est dans les détails ».

perpétuité des fruits et revenus de toutes sortes [90] ? Les Lébu[91] disent à ce sujet, « *Suuf du nëb* » (« La terre ne pourrit pas », elle est éternelle)[92] et une deuxième question surgit dès que l'on met en avant le caractère éternel du bien immobilier par nature : sur quel fondement le créancier, devenu adjudicataire[93], continuera-t-il de percevoir les revenus de l'immeuble, après l'extinction de sa dette « en capital, frais et intérêts » ? Si l'on considère que c'est parce qu'il y a eu transfert de propriété suite à l'adjudication, étant dans un cadre de vente forcée ou d'expropriation pour cause d'utilité privée, la cause étant en l'espèce l'exécution forcée d'une obligation de paiement, une fois le paiement effectué dans son intégralité, la cause aussi disparaît. En pareille hypothèse, le retour de l'immeuble dans le patrimoine du saisi devrait être non seulement possible mais surtout impératif. Le parallèle avec l'expropriation pour cause d'utilité publique indique que cette possibilité devrait être prise en compte[94] car, au nom de quel principe

---

[90] Art. 263 al. 1er l'Acte uniforme portant organisation des procédures simplifiées de recouvrement et des voies d'exécution : « Les fruits naturels ou industriels, les loyers et fermages recueillis postérieurement au dépôt du commandement ou le prix qui en provient sont, sauf l'effet d'une saisie antérieure, immobilisés pour être distribués avec le prix de l'immeuble. Ils sont déposés, soit à la caisse des dépôts et consignations, soit entre les mains d'un séquestre désigné par le président de la juridiction compétente ou le juge délégué par lui ».

[91] Les Lébu sont une communauté ethno-linguistique du Sénégal, traditionnellement spécialisée dans la pêche et l'agriculture.

[92] C'est aussi ce qui fait dire aux Lébu, à propos de la terre, « *Ku jaay ñàkk* » (« Qui vend, perd »). Le bien immobilier est « La poule aux œufs d'or », le « trésor caché », tant qu'on la détient on a des revenus garantis, on peut s'enrichir sans fin. Cf. « Le laboureur et ses enfants », « La poule aux œufs d'or », *Fables d'Ésope* https://remacle.org/bloodwolf/fabulistes/esope.htm (consulté le 18 octobre 2023). Ésope (> *Aethiops,* Éthiopien, littéralement « qui a le visage brûlé », https://www.cnrtl.fr/definition/%C3%A9thiops (consulté le 24 octobre 2023).

[93] V. articles 283 et 307 de l'Acte uniforme portant organisation des procédures simplifiées de recouvrement et des voies d'exécution.

[94] Loi n° 76-67 du 02 Juillet 1976 relative à l'expropriation pour cause d'utilité publique et aux autres opérations d'utilité publique, *Journal officiel* n°4506 du 28 juillet 1976), article 3 : « L'utilité publique est déclarée par décret qui fixe le délai pendant lequel l'expropriation devra être réalisée. Ce délai ne peut être supérieur à trois ans.

Les effets de la déclaration d'utilité publique peuvent être prorogés par décret pour une durée au plus égale à deux ans ».

Art. 31 (modifié par la Loi n° 85-02 du 03 Janvier 1985 remplaçant le premier alinéa de l'article 31 de la loi n° 76-67 du 2 juillet 1976 relative à l'expropriation pour cause d'utilité publique et aux autres opérations foncières d'utilité publique, *Journal officiel* n° 5053 du 25 décembre 1985) : « Si les immeubles expropriés en application de la

une personne privée, fut-elle un créancier, aurait-elle plus de droits qu'un État ? Le fait est que, faute de prévoir la rétrocession de l'immeuble au saisi, une fois que le créancier adjudicataire aura recouvré l'intégralité de sa créance (capital, frais et intérêts), l'Acte uniforme portant organisation des procédures simplifiées de recouvrement et des voies d'exécution facilite l'enrichissement sans cause ou la spoliation, au bénéfice des banques. Cela est d'autant moins acceptable que le Droit traditionnel africain prévoit la rétrocession au débiteur des terres lui appartenant mais laissées à son créancier, le temps nécessaire à ce dernier pour l'exploiter en paiement de sa créance[95]. Si l'OHADA était au service des populations africaines, c'est leur Droit qui aurait dû servir de modèle à adapter ou moderniser en fonction des besoins et opportunités du temps présent. Tout au contraire, c'est la loi des établissements de crédit qui se manifeste et prévaut dans la mesure où, le délai de deux ans tient au fait que « la réglementation bancaire ne leur permet pas la gestion des immeubles hors exploitation au-delà de deux ans. »[96]. Toutefois, laisser le pouvoir de légiférer aux banques ou aux « investisseurs », c'est-à-dire aux détenteurs de capitaux, revient à confondre le Droit avec la loi favorable

---

présente loi ne reçoivent pas dans un délai de cinq ans, à compter du procès-verbal d'accord amiable ou de l'ordonnance d'expropriation, la destination prévue par la déclaration d'utilité publique, ou si l'expropriant publie avant l'expiration de ce délai sa décision de renoncer à leur donner cette destination, les anciens propriétaires ou leurs ayants droit à titre universel peuvent en demander la rétrocession pendant un délai de cinq ans à moins qu'intervienne une nouvelle déclaration d'utilité publique.
Ils doivent dans ce cas, et dans le mois de la fixation du prix de rétrocession, soit à l'amiable, soit par décision rendue par le juge des expropriations dans les forme et procédure prévues au chapitre III de la présente loi, passer le contrat de rachat et payer le prix, le tout à peine de déchéance.
Les dispositions qui précèdent ne sont pas applicables aux immeubles qui auront été acquis sur la réquisition du propriétaire en vertu de l'article 26 ci-dessus et qui resteraient disponibles après exécution des travaux ».

[95] Cela a été documenté par Kouassigan : « Il est même courant chez les Yorouba du Nigeria que tout prêt important soit assorti d'un gage portant sur la terre du débiteur. En fait il faut préciser que la sûreté porte davantage sur les utilités de la terre que sur celle-ci elle-même. Il en résulte que le créancier gagiste, qu'il accepte la dation en paiement ou non, ne peut disposer de la terre. Le gage sur la terre ne se réalise pas. C'est là une conséquence directe de l'inaliénabilité. Et selon Olawalé Elias, dans le système indigène le créancier gagiste obtient la possession de la terre depuis le début même de la transaction et peut aussi jouir de l'usufruit de la terre aussi longtemps qu'il est jugé nécessaire pour qu'il ait l'équivalent de sa créance. », préc. p. 90.

[96] K.-S. Bohoussou, *op. cit.*, p. 137.

à ces derniers, les dispositions de l'article 299 en sont une autre illustration.

b – Les conditions de l'action en distraction : du délai préfix à l'existence de l'action en revendication dans l'État du lieu de situation de l'immeuble

En disposant qu'une demande en distraction d'un immeuble ne peut plus être présentée au juge dès que l'on est à moins de huit jours de l'adjudication, l'article 299 alinéa 2 de l'Acte uniforme portant organisation des procédures simplifiées de recouvrement et des voies d'exécution prend le risque de légaliser un vol, en permettant au créancier poursuivant, en collusion ou non avec le débiteur défaillant, de s'emparer du bien d'autrui sans que le vol ainsi effectué puisse être remis en cause dès l'instant que la date de l'adjudication est proche. Ce sont les conditions mises à l'exercice de l'action en distraction qui autorisent le qualificatif de vol légalisé. Elles sont au nombre de trois. Premièrement, il faut se prétendre propriétaire de l'immeuble saisi ; deuxièmement, il ne faut pas être tenu « *personnellement de la dette* », c'est-à-dire s'être porté caution du débiteur défaillant ; troisièmement, il ne faut pas non plus être tenu *« réellement sur l'immeuble »*[97], ce qui est le cas de l'immeuble inscrit en hypothèque. Il s'agit donc d'une action tendant à prouver que le créancier poursuivant a fait procéder à la saisie d'un ou de plusieurs immeubles qu'il n'est nullement en droit de saisir car étant la propriété d'un tiers absolu (ni caution, ni tiers acquéreur). Est-il alors légitime d'imposer un délai préfix à l'action en distraction alors qu'elle tend à prévenir le vol, par le créancier poursuivant et/ou par le débiteur défaillant, d'un bien ou de plusieurs biens immobiliers ? Car, qu'est-ce que le vol, sinon le fait de prendre, sans autorisation, un bien appartenant à autrui ? En l'occurrence, en l'absence d'hypothèque ou de caution, faire saisir le bien d'autrui afin qu'il soit procédé à son adjudication et que le prix de vente revienne au créancier saisissant à hauteur du montant de sa créance, revient à légaliser un vol pur et simple. Le fait que ce vol se fasse sous couvert de la loi ne fait que changer la qualification en spoliation du fait de son caractère général et surtout permanent. Même si la célérité est devenue

---

[97] Art. 308 al. 1er de l'Acte uniforme portant organisation des procédures simplifiées de recouvrement et des voies d'exécution.

« le nouveau paradigme du droit procédural »[98] , il est utile de rappeler à ce sujet, l'observation suivante faite par Abdoulaye Wade alors que le Sénégal était encore sous le joug de l'occupation coloniale :

> « Partout où elle parle de justice en Afrique, l'administration française rappelle que son premier souci a été d'instituer une procédure rapide et peu onéreuse étant donné « la mentalité peu évoluée » des populations autochtones. »[99]

Il est difficile de ne pas penser que la mentalité coloniale, fondée sur la volonté d'appropriation des riches terres africaines, est encore à l'œuvre quand on sait qu'en Droit français, l'action en distraction est possible jusqu'au moment de l'adjudication[100] ; tandis que le Droit OHADA n'admet cette possibilité que pour la saisie-vente d'un bien mobilier[101], l'action en distraction d'un bien immobilier étant soumise au délai précité.

La soumission de la recevabilité de la demande en distraction à l'existence de l'action en revendication dans l'État du lieu de situation de l'immeuble correspond à cette même logique coloniale de spoliation.

---

[98] Nd.-C.-M. Ndiaye, « Mais si la célérité est un nouveau paradigme du droit procédural, elle fait l'essence des procédures simplifiées de recouvrement conformément au droit à l'exécution du créancier.
Ainsi, des délais précis s'imposent désormais à tous les acteurs de la procédure, à savoir le juge, le créancier et le débiteur. », préc.

[99] A. Wade, préc., pp. 307-308.

[100] Art. R311-8 du Code des procédures civiles d'exécution : « La demande en distraction de tout ou partie des biens saisis peut être formée jusqu'à la vente du bien saisi ».
En droit français, cela n'est même pas matière à discussion, cela va de soi comme l'explique Claude Brenner : « Comme en cas de saisie de meubles corporels, le tiers qui se prétend propriétaire de biens saisis peut demander leur distraction avant qu'ils ne soient vendus. Certes, après la vente, il peut encore agir en revendication contre l'adjudicataire qui n'a pu acquérir d'autres droits que ceux du saisi. Mais formée à titre d'incident, la demande en distraction a l'avantage, outre sa simplicité, d'éviter que le jugement d'adjudication ne confère un juste titre à l'adjudicataire. », *Procédures civiles d'exécution*, Dalloz, 2013, pp. 215-216.

[101] Art. 142 de l'Acte uniforme portant organisation des procédures simplifiées de recouvrement et des voies d'exécution [saisie-vente de meubles corporels] : « L'action en distraction cesse d'être recevable après la vente des biens saisis ; seule peut, alors, être exercée l'action en revendication.
Toutefois, le tiers reconnu propriétaire d'un bien déjà vendu peut, jusqu'à la distribution des sommes produites par la vente, en distraire le prix non diminué des frais ».

En effet, l'article 308 alinéa 2[102] nie ce que l'article 299 a admis, à savoir le droit de revendiquer la propriété de son bien en justice, même s'il l'a enfermé dans un délai. Qu'est-ce que l'action en revendication si ce n'est très précisément l'« [a]ction en justice par laquelle on fait établir le droit de propriété qu'on a sur un bien, en général pour le reprendre d'entre les mains d'un tiers détenteur »[103]. Interdire une telle action revient à ôter sa protection judiciaire au droit fondamental qu'est le droit de propriété. Comment une organisation dont la mission proclamée est de créer « un nouveau pôle de développement en Afrique »[104] peut-elle se donner comme limite le respect des droits fondamentaux des individus et des peuples de ses propres États membres ? Comment l'OHADA peut-elle espérer échapper au qualificatif d'organisation néo-coloniale quand elle emprunte aux envahisseurs du passé, d'un passé qui tarde encore à passer, ses outils et son idéologie ?

La volonté de faire fi des droits fondamentaux des propriétaires fonciers, en faveur de la primauté des intérêts des établissements de crédit, ne peut plus être mise en doute face à l'absence d'harmonisation de l'Acte uniforme portant organisation des procédures simplifiées de recouvrement et des voies d'exécution avec les articles de l'Acte uniforme portant organisation des sûretés protégeant les résidences familiales.

B – Des dispositions volontairement non harmonisées avec l'Acte uniforme portant organisation des sûretés[105]

La force de la logique de prédation foncière mise en œuvre par l'Acte uniforme portant organisation des procédures simplifiées de recouvrement et des voies d'exécution est illustrée, d'un côté par l'absence de prise en compte de la solution d'équité posée à l'article 200 de l'Acte uniforme portant organisation des sûretés (2) et de l'autre côté par l'absence d'inclusion de la résidence principale ou de l'immeuble à usage d'habitation dans la liste des biens insaisissables en

---

[102] Art. 308 al. 2 de l'Acte uniforme portant organisation des procédures simplifiées de recouvrement et des voies d'exécution : « Toutefois, la demande en distraction n'est recevable que si le droit foncier de l'État partie dans lequel est situé l'immeuble consacre l'action en revendication ou toute autre action tendant aux mêmes fins ».

[103] *Vocabulaire juridique*, *op. cit.*.

[104] Cf. Préambule du Traité OHADA.

[105] Acte uniforme OHADA portant organisation des sûretés, du 15 décembre 2010, *Journal officiel OHADA*, n° 22, 15 février 2011.

vue d'une harmonisation avec les articles 198 et 199 de l'Acte uniforme portant organisation des sûretés (1).

1 – L'absence d'harmonisation de l'article 51 de l'Acte uniforme portant organisation des procédures simplifiées de recouvrement et des voies d'exécution avec les articles 198 et 199 de l'Acte uniforme portant organisation des sûretés

L'Acte uniforme portant organisation des procédures simplifiées de recouvrement et des voies d'exécution a expressément consacré l'insaisissabilité des « biens mobiliers nécessaires à la vie du débiteur et de sa famille »[106]. Considérant à juste titre que des biens immobiliers peuvent aussi présenter ces mêmes caractères de nécessité relativement à la vie du constituant et de sa famille[107], l'Acte uniforme portant organisation des sûretés interdit formellement que l'immeuble à usage d'habitation ou que l'immeuble qui constitue la résidence principale du constituant puisse faire l'objet d'un pacte commissoire[108] ou d'une attribution judiciaire[109]. Les rédacteurs de l'Acte uniforme portant

---

[106] Art. 51,6) de l'Acte uniforme portant organisation des procédures simplifiées de recouvrement et des voies d'exécution.

[107] À quelle logique respectueuse des droits humains correspond le fait de déclarer insaisissables « les biens mobiliers nécessaires à la vie du débiteur et de sa famille » si, l'immeuble qui les abritaient étant saisi, ces biens sont mis à la rue, avec la famille qui les utilisaient ?

Art. 18 de la Charte africaine des droits de l'homme et des peuples, préc. : « La famille est l'élément naturel et la base de la société. Elle doit être protégée par l'État qui doit veiller à sa santé physique et morale ».

Art. 25, 1 de la Déclaration universelle des droits de l'homme : « Toute personne a droit à un niveau de vie suffisant pour assurer sa santé, son bien-être et ceux de sa famille, notamment pour l'alimentation, l'habillement, le logement, les soins médicaux ainsi que pour les services sociaux nécessaires ; elle a droit à la sécurité en cas de chômage, de maladie, d'invalidité, de veuvage, de vieillesse ou dans les autres cas de perte de ses moyens de subsistance par suite de circonstances indépendantes de sa volonté ».

[108] Art. 199 al. 1er Acte uniforme portant organisation des sûretés : « À condition que le constituant soit une personne morale ou une personne physique dûment immatriculée au Registre du Commerce et du Crédit Mobilier et que l'immeuble hypothéqué ne soit pas à usage d'habitation, il peut être convenu dans la convention d'hypothèque que le créancier deviendra propriétaire de l'immeuble hypothéqué ».

[109] Art.198 Acte uniforme portant organisation des sûretés : « À moins qu'il ne poursuive la vente du bien hypothéqué selon les modalités prévues par les règles de la saisie immobilière, auxquelles la convention d'hypothèque ne peut déroger, le

organisation des sûretés ont vu ce qu'il n'est apparemment pas autorisé aux rédacteurs de l'Acte uniforme portant organisation des procédures simplifiées de recouvrement et des voies d'exécution ancien et nouveau de considérer, c'est-à-dire, si ce n'est la spécificité des biens immobiliers en général, au moins celle des immeubles nécessaires au respect de la dignité de la personne humaine, en particulier.

L'absence de l'immeuble à usage d'habitation ou de l'immeuble qui sert de résidence principale au constituant, ou au saisi, de la liste des biens insaisissables dressée par l'Acte uniforme portant organisation des procédures simplifiées de recouvrement et des voies d'exécution dissuade, *de facto*, de recourir aux articles 198 et 199 de l'Acte uniforme portant organisation des sûretés. Plus la valeur de l'immeuble hypothéqué sera supérieure au montant de la créance due et moins le créancier hypothécaire aura intérêt à opter pour le pacte commissoire ou pour l'attribution judiciaire. Contrairement à ces deux modes de réalisation de sa garantie, la saisie immobilière échappe à la règle d'équité posée à l'article 200 de l'Acte uniforme portant organisation des sûretés.

2 – La non prise en compte de la solution d'équité posée à l'article 200 de l'Acte uniforme portant organisation des sûretés

Avec la vente aux enchères publiques du ou des immeubles du débiteur, la saisie immobilière a atteint son objectif : obtenir les sommes nécessaires pour permettre aux créanciers saisissants de recouvrer le montant de leurs créances. Si la somme obtenue est supérieure au montant des sommes dues, le solde sera remis au saisi[110]. Auparavant, les créanciers (poursuivant, inscrits et privilégiés) auront été intégralement payés[111]. Si le produit de la vente est inférieur au montant de la créance exigible (toutes créances confondues), les créanciers se répartiront la somme selon les modalités prévues aux articles 324 et 325 de l'Acte uniforme portant organisation des procédures simplifiées de

---

créancier hypothécaire impayé peut demander en justice que l'immeuble lui demeure en paiement.
Cette faculté ne lui est toutefois pas offerte si l'immeuble constitue la résidence principale du constituant ».

[110] Art. 324 Acte uniforme portant organisation des procédures simplifiées de recouvrement et des voies d'exécution.

[111] Art. 325 Acte uniforme portant organisation des procédures simplifiées de recouvrement et des voies d'exécution.

recouvrement et des voies d'exécution, tandis que le débiteur restera redevable du reliquat. Pourtant, il a subi la vente forcée de son immeuble, à un prix pouvant être aussi bas que le quart de sa valeur. Dans tous les cas où un immeuble saisi est adjugé à un prix inférieur à sa valeur estimée, le débiteur saisi est lésé. Pour éviter ce résultat juridiquement inacceptable - la loi ne devant pas être un instrument de spoliation mais un moyen de protection des droits fondamentaux de chacun, sans discrimination, l'acte uniforme portant organisation des sûretés énonce en son article 200 les normes suivantes :

> « Dans les cas prévus aux deux articles précédents, l'immeuble doit être estimé par expert désigné amiablement ou judiciairement.
>
> Si sa valeur excède le montant de la créance garantie, le créancier doit au constituant une somme égale à la différence. S'il existe d'autres créanciers hypothécaires, il la consigne. Toute clause contraire est réputée non écrite ».

Qu'est-ce qui a empêché le nouvel Acte uniforme portant organisation des procédures simplifiées de recouvrement et des voies d'exécution de prévoir la même règle en matière de saisie immobilière ? En vérité, les créanciers seraient moins prompts à recourir aux saisies immobilières, pour recouvrer des sommes d'un montant très inférieur à la valeur des immeubles saisis, si une telle règle existait. Or, le but de toute la réglementation des saisies immobilières est justement de pousser les établissements de crédit à mettre en œuvre cette voie d'exécution. C'est ce but, évidemment non avoué, que notre article a voulu dévoiler en démontrant que, sous couvert de voie légale d'exécution il s'agit, par la voie de la saisie immobilière, de faciliter un processus de spoliation foncière en cours en Afrique depuis l'occupation coloniale.

Pour le moment, et jusqu'à ce qu'il y ait une réforme de l'Acte uniforme portant organisation des procédures simplifiées de recouvrement et des voies d'exécution intégrant, comme l'a fait l'Acte uniforme portant organisation des sûretés, l'impératif de protection des résidences principales et/ou des immeubles à usage d'habitation, il appartient à chaque État membre de l'OHADA de prendre ses responsabilités en déclarant l'insaisissabilité de ces immeubles[112].

---

[112] Au Sénégal, seuls les syndicats sont parvenus à faire reconnaître l'insaisissabilité de leurs immeubles en vertu de l'article L. 17 alinéa 2 de la loi 97 – 17 du 1er décembre

……..

« L'argent existe en abondance dans le Monde, cherchant des endroits où s'investir. » Doudou Ndoye[113]

La logique attentatoire au respect du droit de propriété foncière des débiteurs qui irrigue les dispositions relatives à la saisie immobilière de l'espace OHADA, est justifiée par la référence à une conception du développement aussi dépassée qu'inefficace quant aux résultats promis : favoriser le crédit comme outil de développement. Le fait est que ce sont par des modes de financement solidaires et éthiques que les entreprises africaines pourront croître en capital et en production. Le capital-risque ou capital-investissement est une sorte de crédit non bancaire par lequel l'investisseur prend réellement le risque de financer une entreprise, petite ou moyenne, au vu de son potentiel. Il injectera alors du capital dans cette entreprise, non en lui fournissant un prêt à intérêts sans risque aucun pour lui puisque garanti par une hypothèque de premier rang, mais en achetant des parts sociales de cette entreprise ou en lui fournissant une avance remboursable, c'est-à-dire un financement sans garantie et à taux zéro[114]. Son bénéfice sera ainsi lié au succès de l'entreprise dont il aura donc tout intérêt à aider la croissance (par l'accès à ses réseaux, l'assistance technique, la formation …).

Le modèle protégé par l'Acte uniforme portant organisation des procédures simplifiées de recouvrement et des voies d'exécution est voué à disparaître et à laisser la place aux investisseurs et aux modes de financement véritablement porteurs de développement. Pour accompagner et accélérer ce mouvement, les facultés de l'espace

---

1997 portant Code du travail de la République du Sénégal, *Journal officiel* n°5776, 13 décembre 1997, pp. 503-537 :

Les immeubles et objets mobiliers nécessaires à leurs réunions, à leurs bibliothèques et à leurs cours d'instruction professionnels sont insaisissables.

[113] D. Ndoye, *Notre terre et ses vérités*, préc., p. 16.

[114] Association Française de la Gestion financière, « Le Capital Investissement » https://www.afg.asso.fr/presentation-3/ (consulté le 1er mai 2024) ; Bercy infos, « Renforcer son capital : pensez au capital risque ! », publié le 8 décembre 2022, https://www.economie.gouv.fr/entreprises/renforcer-fonds-propre-capital-risque# (consulté le 1er mai 2024). Au Sénégal, en mars 2016, un groupe de femmes d'affaires sénégalaises lance un fonds d'investissement dévolu au soutien à l'entrepreneuriat féminin en Afrique de l'Ouest, en se focalisant sur les PME. Cf. « Women Investment Club : Au service de l'entrepreneuriat féminin » Publié le 3 octobre 2022, https://entreprendre.sn/women-investment-club-au-service-de-lentrepreneuriat-feminin/ (consulté le 9 juin 2024).

OHADA doivent orienter la formation juridique et économique de sorte à mettre fin au dogme du développement par le crédit, celui à taux d'intérêts qui enrichit les banques internationales et appauvrit leurs clients des pays riches en matières premières et en entrepreneures[115] mais non en capitaux.

115 « Selon un rapport établi par la Fondation Women in Africa Philanthropy, l'Afrique compte plus de femmes entrepreneures que les autres continents de la planète. En effet, on dénombre 24% de femmes entrepreneures en Afrique, contre seulement 11% par exemple pour l'Asie du Sud-est et 6% pour l'ensemble géographique Europe-Asie Centrale. Ces statistiques démontrent clairement que l'Afrique détient le record mondial en matière d'entrepreneuriat féminin et que le chemin des affaires est de plus en plus prisé par les femmes du continent. Mais pour réussir leur aventure entrepreneuriale et parvenir à mettre en place des entreprises impactantes, ces femmes ont besoin de capital, de trésorerie, de formation et d'un accompagnement technique. Malheureusement, sous nos cieux, peu de femmes ont les moyens de s'offrir une formation en entrepreneuriat ou encore moins de constituer des fonds pour lancer un business à impact considérable. » par Eliane, « Le WIC Sénégal : Premier fonds d'investissement dédié aux femmes entrepreneures d'Afrique de l'Ouest », publié le 23 mai 2022,
https://askan.co/2022/05/wic-senegal-femmes-entrepreneurs-afrique-de-louest/ (consulté le 9 juin 2024).

Les règles morales dans le Code sénégalais des obligations civiles et commerciales

Gilbert Coumakh FAYE
Docteur en droit privé
Université Cheikh Anta DIOP de Dakar

Résumé : Le Code sénégalais des obligations civiles et commerciales est un texte qui s'imprègne à n'en pas douter des réalités morales. La formation du contrat, son exécution et les mécanismes du droit de la responsabilité civile sont ainsi autant de paramètres à travers lesquels le législateur réserve une place de choix à la morale. Les notions de bonne foi, de bonnes mœurs, de force obligatoire du contrat, de délai de grâce, de dommages et intérêts suffisent par ailleurs pour se convaincre de la place éminemment importante de cette valeur dans le COCC. Il faut cependant faire remarquer que malgré les efforts législatifs consentis dans ce domaine, il y a encore du chemin à faire surtout dans le droit de la responsabilité civile.

Mots clés : Morale-contrat-force obligatoire- bonne foi, dommages et intérêts

En matière contractuelle, *aimez-vous les uns les autres*[1]. Telle peut être la philosophie[2] qui innerve le COCC[3]. Faisant partie des rares pays

---

[1] Expression biblique tirée en Jean 13 :34.

[2] L. Perret, « une philosophie nouvelle des contrats fondée sur l'idée de justice contractuelle », *Revue générale de droit,* 1980, vol. 11 (2), p. 538.

[3] Le Code des Obligations Civiles et Commerciales du Sénégal (COCC) était une construction homogène comprenant quatre parties conçues de façon évolutive pour remplacer progressivement les anciennes législations françaises applicables à la colonie du Sénégal devenue indépendante.
La première partie du COCC adoptée par la loi n° 63-62 du 10 juillet 1963 couvrait les règles générales du droit des obligations. Elle est entrée en vigueur le 15 janvier 1967 en même temps que :
La seconde partie (Loi n° 66-70 du 13 Juillet 1966) relative aux contrats spéciaux : la vente et les autres contrats translatifs de propriété - les contrats d'entreprise - le mandat – les intermédiaires de commerce – le dépôt - le prêt -le transport terrestre - l'assurance – les contrats aléatoires - les sociétés civiles - les associations
La troisième partie est consacrée à la garantie des créanciers (Loi n° 76-60 du 12 Juin.

après les indépendances à rompre avec l'application du droit français sur son territoire en mettant en place un Code des obligations civiles et commerciales[4], le Sénégal a pris l'option d'y intégrer un certain nombre de valeurs cardinales. C'est ainsi qu'en 1963[5], l'idée de la rédaction d'un texte régissant la matière a germé chez les nouvelles autorités politiques du Sénégal indépendant[6]. A ce propos, le professeur Yaya Bodian fait remarquer que le Sénégal est l'une des rares anciennes colonies françaises à avoir osé adopter un Code des obligations civiles et commerciales[7]. Avec l'entrée en vigueur de cette nouvelle législation[8], le Sénégal a pénétré le Saint des saints, touché d'une main

---

1976) : - le cautionnement - les suretés mobilières les suretés immobilières – règlement judiciaire et liquidation des biens).

La quatrième partie (Loi n° 85-40 du 29 Juillet 1985) portant Code des Sociétés et du Groupement d'intérêt Économique, bouclait le processus d'ensemble de cette législation éditée sous le Titre Unique de Code des Obligations Civiles et Commerciales.

Toutefois, l'uniformisation et l'harmonisation du droit des affaires en Afrique intervenue à travers le Traité de l'OHADA dont le Sénégal est un pays signataire, a conduit à l'élaboration des Actes Uniformes conçus comme des lois supranationales, couvrant ainsi des domaines assez variés dont une frange importante du COCC dont la partie relative au droit des sociétés commerciales et du groupement d'intérêt économique.

[4] J.-L. Corréa, « Contribution à l'étude de l'obligation de donner en droit sénégalais des obligations », *Annales africaines, nouvelle série*, vol. 2, 2014, p. 225.

[5] Cette loi est entrée en vigueur le 15 janvier 1967.

[6] R. Sakrani, « Codifier la morale ? La morale dans les Codes civils français et tunisien », *Revue internationale du droit comparé, Persée*, vol. 60, n° 2, 2008, p. 461.

[7] Y. Bodian, « Variation sur quelques effets des obligations dans le Code des obligations civiles (COCC) : (A propos de la compensation des créances) », *in Le droit africain à la quête de son identité,* Mélanges offerts au professeur Isaac Yankhoba Ndiaye, L'Harmattan, 2021, p. 181.

[8] Réalité historique en effet, la codification des obligations civiles et commerciales au Sénégal rentre dès lors dans un contexte particulier. Il s'agit de celui de se doter d'un corpus législatif propre en se déliant d'un système juridique institué par le colonisateur, mais également de mettre sur pied un ensemble de règles susceptibles d'attirer les investisseurs et des partenaires d'affaires sur le territoire sénégalais afin d'assurer son développement économique. Les codificateurs étaient investis d'une seule ambition, celle de rédiger un code qui tient compte de toutes les réalités, économiques, sociales, religieuses, coutumières, et surtout des usages inhérents à la nation sénégalaise. Sous ce prisme, le professeur Isaac Yankhoba Ndiaye écrit que « les buts assignés à une législation nouvelle dans le contexte des indépendances pouvaient se ramener à un tryptique : favoriser le développement, favoriser la cohésion nationale et faciliter les relations avec autrui ». La doctrine, sous la plume de Decottignies estime que « Tant il est vrai que le développement est une œuvre à laquelle chacun doit participer, sans pouvoir tirer son épingle du jeu ». Ainsi, la prise

sacrilège aux tables de la Loi et a renié le Dieu napoléonien et ses prophètes de l'exégèse[9]. Une lecture attentive du Code des obligations civiles et commerciales permet de constater une prise en compte prégnante de certaines valeurs cardinales au titre desquelles la morale. Il serait ainsi intéressant après plus de cinquante ans d'application[10] de voir dans une perspective analytique l'appréhension des règles morales dans le COCC.

Il faut commencer par dire que l'étymologie du mot « morale » vient du latin *Moralis*, traduction par Cicéron du grec *ta èthica* qui désigne ce qui a trait aux mœurs et de façon générale, aux règles de conduite. La morale se présente comme un ensemble d'idées à « caractère normatif » permettant d'éclairer et de justifier les actions humaines en les associant à la recherche du bien et du juste[11]. Elle est distincte du droit, mais n'est pas ignorée par celui-ci car ce dernier se fonde généralement sur des considérations de justice et de bien social[12].

En effet, la morale, dans sa définition courante, est une recherche d'un bien idéal, individuel ou collectif. Elle traite tant des règles de conduite que des fins de l'action humaine[13]. Pour Aristote, la caractéristique de la morale est celle du « juste milieu »[14]. Ce juste

---

en compte de tous ces facteurs tend à intégrer des valeurs dans le COCC au chapitre desquelles celles morales occupent une place de choix. Si le codificateur français a dépouillé la morale de la transcendance religieuse dans un esprit qui conçoit la codification comme un acte scientifique, son homologue sénégalais a intériorisé cette morale dans la norme codifiée pour non seulement contrebalancer la liberté contractuelle, mais également pour instaurer la justice en matière de responsabilité civile. Cependant, il faut préciser que le COCC ne fait pas apparaitre expressément des valeurs morales qui trouvent souvent refuge à travers certaines notions employées par le législateur. C'est ainsi qu'il imprime au droit des contrats une coloration morale en lui appliquant certaines notions y relatives.

[9] R. Decottignies, « Réflexion sur le projet de Code sénégalais des obligations », colloques des facultés de droit, 23-26 mai 1962, *Annales Africaines*, 1962, 1, p. 172.

[10] I.-Y. Ndiaye et *alii* (dir.), *Code des obligations civiles et commerciales du Sénégal (COCC) : cinquante ans après*, *op. cit.*, p. 11 et ss.

[11] Elle est censée guider les conduites des individus dans leur vie personnelle comme dans leur vie sociale. La morale est habituellement valorisée dans les idéologies conservatrices qui y voient un ferment de l'unité de la société.

[12] H. N'sinto, A.-T. Lawson, « La morale dans l'office du juge constitutionnel en Afrique francophone », *Recht in Afrika – Law in Africa – Droit en Afrique* 22 (2019), p. 45.

[13] F. Rouvière, « L'argument moral en droit », *RRJ*-2017-5, *Cahiers de méthodologie juridique*, p. 1931.

[14] *Ibid.*

milieu concerne la conduite de l'homme[15]. C'est ainsi que la morale s'intéresse aux comportements de l'homme en tant que « science des comportements vertueux »[16]. Il existe ainsi deux sortes de comportements vertueux : les comportements bons ou les comportements justes[17]. L'objet matériel de la morale est donc relatif aux actes[18]. La règle de moralité est cette règle idéale d'après laquelle nous distinguons les actes humains bons ou mauvais suivant leur conformité à celle-ci[19]. Pour Philippe Jestaz, la morale entend « diriger les comportements ; en agissant sur les consciences »[20]. En effet, par sa conscience[21], l'individu est « auteur ou récepteur des normes »[22].

---

[15] Le nouveau petit Robert, 2008, *v° Morale* (2nde définition) : la morale est « ensemble de règles de conduite considérées comme bonnes de façon absolue » ; A. Lalande, *Vocabulaire technique et critique de la philosophie*, 3e éd., coll. Quadrige dicos poche, Paris, PUF, 2013, *v° Morale* (3ème définition, § D), précise que cette conduite permet la réalisation d'une vie plus humaine et d'une justice plus grande dans les relations sociales.

[16] A. Sériaux, *Le Droit-une introduction*, Ellipses, 1998, p. 39. Le nouveau petit Robert, 2008, *v° Morale* (1ère définition) : « science du bien et du mal ; théorie de l'action humaine en tant qu'elle est soumise au devoir et a pour but le bien » ; A.-H. Collin, *Manuel de philosophie thomiste*, t. 2, Téqui, 1940, p. 210, n° 652 : la morale est « la science qui dirige les actes humains vers la fin dernière de l'homme, suivant l'ordre de la raison » ; L. de Naurois, « Discordances entre droit et morale », *Revue Théologique de Louvain*, 1971, fasc. 3, p. 107 : « La morale peut être définie comme la science normative du comportement de l'homme dans la perspective de sa « fin dernière », celle à laquelle sont subordonnées les autres fins qu'il peut se proposer ».

[17] A. Seriaux, *Le Droit – une introduction*, *op. cit.*, p. 39. A. Lalande, *Vocabulaire technique…*, *op. cit.*, note sur « Morale » : « La vraie morale, n'est-ce pas ici le sentiment vif et juste, l'évidence intérieur du bien et mal ? ».

[18] A.-H. Collin, *Manuel de philosophie thomiste*, *op. cit.*, p. 179, n° 624. Pour apprécier la moralité d'un acte, trois éléments sont à prendre en compte : l'objet, la fin et les circonstances de l'acte (*Ibid.*, p. 210, n° 652).

[19] A.-H. Collin, *Manuel de philosophie thomiste*, *op. cit*, p. 179.

[20] Ph. Jestaz, « Pouvoir juridique et pouvoir moral », *RTD civ.*, 1990, p. 632. Pour l'auteur la morale entend « diriger les comportements ; en agissant sur les consciences ; sans souci d'organisation concrète, ni surtout globale » ; v. aussi Ph Jestaz, « Les frontières du droit et de la morale », Conférence prononcée le 24 janvier 1983 au Centre de Philosophie du Droit de la Faculté d'Aix en Provence, où l'auteur définit la morale comme « l'art de diriger les comportements humains du point de vue de la conscience individuelle et sans souci de l'organisation sociale »

[21] Une autrice définit dans sa thèse la conscience comme « la faculté, intuitive ou raisonnée, qu'à l'individu de déterminer sa morale personnelle, de fixer la conduite à adopter ou de juger ses actes en fonction de cette morale » ; D. Laszlo-Fenouillet, *La conscience,* coll. Bibliothèque de droit privé, Paris, LGDJ, 1993, n° 10.

[22] *Ibid.*

Sous un autre registre, d'un point de vue philosophique, la morale est définie comme étant un ensemble de règles, de normes et de comportement relatives au bien et au mal, au juste et à l'injuste, en usage dans un groupe humain[23]. En sociologie, elle est appréhendée comme un ensemble de normes et de valeurs qui régissent les comportements des membres d'une même société les uns à l'égard des autres[24]. Dans une conception juridique, le centre national des ressources textuelles et lexicales définit la morale comme des règles ou principes de conduite, la recherche d'un bien idéal, individuel ou collectif, dans une société donnée[25]. Globalement, les règles morales dans le COCC peuvent être considérées comme un ensemble de principes de jugement, de règles de conduite relatives au bien et au mal, de devoirs, de valeurs, que la société sénégalaise se donne et qui s'imposent autant à la conscience individuelle qu'à la conscience collective et qui transcende les règles juridiques régissant à la fois le droit civil et commercial au Sénégal.

Il faut dire que le législateur sénégalais n'ignore pas la morale dans les relations contractuelles. Il existe, une réelle prise en compte des données morales dans le COCC. Néanmoins, est-ce que la prise en compte des règles morales dans son cadre a atteint un degré satisfaisant ? Quoi qu'il en soit, on sanctionne alors ces comportements moralement incorrects. La règle morale dans les obligations civiles contribue alors à apporter aussi « la protection nécessaire due au contractant qui se trouve en état d'infériorité et qui est exploité par l'autre partie »[26].

Du point de vue théorique, la morale dans le COCC est un sujet qui a fait l'objet de plusieurs débats doctrinaux par lesquels chaque doctrinaire tente d'apporter son propre point de vue. Selon un auteur[27],

---

[23] Y. Samb, « La genèse du COCC : Entre legs colonial et réalités locales », *in* I.-Y. Ndiaye et *alii* (dir.), *Code des Obligations Civiles et Commerciales du Sénégal (COCC) : cinquante ans après*, vol. 2, *op. cit*., p. 517.

[24] H.-P. Müller, « Société, morale et individualisme. La théorie morale d'Émile Durkheim », *Trivium* [En ligne], 13 | 2013, mis en ligne le 28 février 2013, consulté le 03 novembre 2023. URL : http:// journals.openedition.org/trivium/4490; DOI : https://doi.org/10.4000/trivium.4490

[25] https://www.cnrtl.fr/definition/morale consulté le 03 novembre 2023 à 12h 33 mn.

[26] Th. Diatta, « La protection des consommateurs par le Code des obligations civiles et commerciales », *in* Isaac Yankhoba Ndiaye et *alii* (dir.), *Code des obligations civiles et commerciales du Sénégal : cinquante ans après*, *op. cit*, p. 219.

[27] A.-A. Diouf, « La peine privée en droit sénégalais de la responsabilité civile extracontractuelle », *in* Isaac Yankhoba Ndiaye et *alii* (dir.), *Code des Obligations Civiles et Commerciales du Sénégal (COCC) : cinquante ans après*, *op. cit.*, p. 272.

la conception de la morale ne trouve pas son terrain de prédilection dans la responsabilité civile à travers le COCC, en ce sens que le mode de réparation voulue par le législateur est en disharmonie avec la morale en tant que moyen de rétablir la victime dans son état originel. Par contre pour d'autres[28], le législateur à travers la réparation intégrale comme réalité positive et le principe indemnitaire a intériorisé la morale dans la responsabilité civile. Du point de vue pratique, la morale dans le COCC consiste à rechercher non seulement un équilibre et la justice contractuelle, mais également à protéger la victime du dommage en le remettant dans l'état qu'il était avant le dommage. En effet, en matière contractuelle, le législateur a consacré l'autonomie de la volonté des parties et pour établir l'équilibre dans les relations contractuelles, celui-ci a prévu des règles limitant cette liberté contractuelle[29].

La morale est présente dans le COCC[30] et le droit positif à travers certaines règles et expressions que le législateur a insérées aussi bien dans la partie des contrats que dans la partie relative à la responsabilité civile. L'obligation d'information[31], de loyauté, le respect de certaines valeurs sociales en matière contractuelle, la réparation intégrale du dommage causé sont autant de règles prévues par le législateur pour garantir et préserver les valeurs morales. Cependant, on peut noter que le degré de la prise en compte de la morale dans la rédaction du COCC n'est pas le même selon qu'on est en matière contractuelle ou en matière de la responsabilité civile.

Deux vérités ont vocation à être constatées alors dans le cadre de cette étude. Les règles morales dans le COCC comme une réalité positive dans le droit des contrats d'une part (I) mais aussi comme une réalité minimaliste dans le droit de la responsabilité civile d'autre part (II).

---

[28] J.-L. Corréa, « La réparation intégrale dans le code des obligations civiles et commerciales », *in* I.-Y. Ndiaye et *alii* (dir.), *Code des Obligations Civiles et Commerciales du Sénégal (COCC) : cinquante ans après*, *op. cit.*, p. 137 ; v. aussi Ch. Coutant-Lapalus, *Le principe de réparation intégrale en droit privé*, Dijon, Thèse mult., p. 126, n* 128.

[29] L'article 42 du COCC dispose : « Libres de contracter ou de ne pas contracter, d'adopter toute espèce de clauses de modalités, les parties ne peuvent cependant porter atteinte par conventions particulières à l'ordre public ou aux bonnes mœurs ».

[30] A.-A. Diouf, « Étude critique de l'impossibilité morale dans la preuve des actes juridiques en Afrique noire francophone », *Revue droit sénégalais*, n° 11, 2013, p. 155.

[31] L'obligation d'information est presque inexistante dans le COCC. Cependant, la loi n° 2008-08 du 25 janvier 2008 sur les transactions électroniques s'y réfère.

I – Une réalité en matière contractuelle

À travers l'ensemble des dispositions organisant les relations contractuelles dans le COCC, la morale s'observe par l'exigence faite par le législateur de respecter certaines règles en matière contractuelle (A), tout en édictant des sanctions notamment en cas de violation de ces règles impératives (B).

A – Une réception positive des règles morales exigée lors de la formation du contrat

L'exigence du respect des règles morales dans les relations contractuelles participe d'une réalité positive observée en droit sénégalais. Fort de ce constat, il faut dire que la moralisation du droit des contrats dans le COCC s'observe aussi bien à travers le respect de l'intégrité du consentement dans les relations contractuelles (1), que du respect des bonnes mœurs dans lesdites relations (2).

1 – Une exigence manifeste du respect de l'intégrité du consentement dans les relations contractuelles

La question du respect de l'intégrité du consentement dans sa dimension morale est double : comment évalue-t-on moralement la pertinence du consentement ? de quelle manière le droit doit-il traduire cette évaluation ? Certes, ces deux questions sont loin d'être identiques : comme Herbert Hart[32] l'a rappelé il y a longtemps, de ce qu'une situation, même consentie, est moralement blâmable il ne suit pas nécessairement que le droit devrait l'interdire et, de même de ce qu'une situation, même contrainte, est moralement souhaitable, il ne suit pas nécessairement que le droit devrait chercher à la favoriser. L'intervention du droit a toujours un coût : le droit est lui-même coercitif[33].

En droit positif sénégalais, le droit des contrats est entièrement fondé sur la libre volonté des parties. Cette liberté contractuelle s'illustre à travers le principe de l'autonomie de la volonté qui signifie que la volonté exprimée librement est la mesure des droits et des charges de l'individu. C'est cette conception qui a été admise par le législateur sénégalais à la lecture des articles 41, 42 et 96 du COCC[34]. L'admission d'une telle liberté contractuelle au sein d'une société dans laquelle le

---

[32]*Law, Liberty and Morality*, Oxford Univ. Press, 1991 [1963], cité par M. Carpentier, « La valeur juridique et morale du consentement », *inédit*.

[33] Sauf la catégorie des *soft laws*.

[34] J.-P. Tosi, *Le droit des obligations au Sénégal*, Nouvelles éditions africaines, 1981, p. 45.

fort opprime le faible a amené le législateur, dans un souci d'établir un équilibre contractuel entre les parties, à tenir compte de certaines considérations morales. Ces dernières s'inscrivant dans un but de moraliser le droit des obligations au Sénégal, met à la charge des parties un certain nombre d'obligations pouvant encadrer la libre volonté de celles-ci en matière contractuelle. La morale en droit des contrats s'observe en général non seulement dans la phase précontractuelle mais également dans la phase de formation et de l'exécution du contrat. Le COCC encadre faiblement la phase précontractuelle dans laquelle la morale est beaucoup prise en considération en raison de la liberté que chaque partie a de se retirer des pourparlers ou même de la négociation du contrat sans pour autant engager leur responsabilité[35]. Sous ce rapport, Roger Decottignies faisait remarquer que « le législateur sénégalais n'est pas insensible aux différents facteurs d'élaboration du droit des obligations »[36]. Pour l'auteur, « on retrouvera dans le nouveau Code les principes moraux sur lesquels repose le rapport obligatoire. La bonne foi, le respect de la parole donnée la nécessité de sanctionner les fautes ont une valeur universelle qui transcende singulièrement les frontières nées de la décolonisation »[37].

Au demeurant, le respect de l'intégrité du consentement a été consacré dans le COCC à travers l'article 61[38]. Ainsi, comme c'est de coutume dans tous les contrats, le consentement doit être valable en étant exempt des vices tels que l'erreur, le dol et la violence. L'exigence du respect de l'intégrité du consentement dans les relations contractuelles malgré la liberté contractuelle qui est reconnue aux parties montre l'importance que le législateur du COCC accorde à certaines notions telles que l'équilibre, l'équité et la justice en matière contractuelle. Les vices du consentement tels que énumérés plus haut enlèvent à tout contrat sa valeur juridique en ce sens que dans la logique consensualiste, là où la volonté n'a pas été libre et éclairée il n'y a pas de véritable source à son engagement[39]. Ainsi, la sanction telle qu'imposée par le législateur dans le cadre des vices de consentement se justifie largement en ce sens que la morale et l'équité qui ont guidé l'esprit du législateur dans le COCC imposent un principe de bonne foi

---

[35] Sauf si la rupture est abusive.
[36] « Réflexion sur le projet de Code sénégalais des obligations », *op. cit,* p. 173.
[37] *Ibid.*
[38] « Il n'y a point de consentement valable si le consentement n'a été donné que par erreur, s'il a été surpris par dol ou extorqué par violence »
[39] *Ibidem,* p. 70.

dans les relations contractuelles. En effet, toute relation contractuelle doit reposer sur la confiance, sur le principe selon lequel chaque cocontractant doit être sincère l'un envers l'autre. Autrement dit, en matière contractuelle, chaque partie est tenue d'une obligation de loyauté. Étant une notion relevant des rapports entre le droit et la morale, la loyauté oblige les cocontractants à être sincères entre eux et à l'égard des tiers. Au défaut de sincérité, sont rattachés beaucoup de cas d'erreur sur la substance, de dol et surtout de réticence[40]. C'est notamment pour encadrer ce devoir de loyauté[41] que le législateur a institué dans le COCC la théorie des vices du consentement pour sanctionner l'immoralité dont ferait preuve l'une des parties pour amener l'autre partie à contracter en cas de dol. La doctrine fait remarquer que lorsque l'on consulte la plupart des ouvrages de langue courante ou de philosophie, le devoir a souvent une connotation morale, on se doit de faire quelque chose ou, au contraire de ne rien faire au nom d'une certaine éthique, du sens que l'on a de l'honneur, de la probité ou de la droiture[42], un devoir que l'on impose à soi-même en quelque sorte, sans que le contrat ou la loi y soient pour quelque chose mais qui en cas de manquement ne serait assorti d'aucune sanction particulière[43].

[40] C.-A.-W. Ndiaye, « Libre propos sur la protection du consentement cinquante années après », *in* I.-Y. Ndiaye et *alii* (dir.), *Code des Obligations Civiles et Commerciales du Sénégal (COCC) : cinquante ans après*, *op. cit.*, p. 395.

[41] La jurisprudence et la doctrine utilisent plusieurs expressions comprenant le vocable loyauté. On parle de « principe de loyauté », « obligation de loyauté », « exigence de loyauté », « devoir de loyauté » ; v. G.-C. Faye, *La faute de gestion en droit OHADA de sociétés commerciales*, UCAD, thèse mult., 2019, p. 62.

[42] Faisons remarquer que cette possibilité permet d'établir par toutes les voies possibles un contrôle de moralité et de justice dans les contrats. C'est un guide précieux, qui joue un rôle d'incitation et de prévention. Il a été jugé à plusieurs reprises qu'« une clause résolutoire n'est pas acquise, si elle a été mise en œuvre de mauvaise foi par le créancier » (Civ. 1ère, 31 janvier 1995, n° 92-20654 ; v. Y. Picod, « La clause résolutoire et la règle morale », *JCP* 1990, I 3447), par exemple, à un moment où le créancier savait que le débiteur ne pourrait pas y répondre, dans l'unique but de l'empêcher d'exécuter dans les délais (Civ. 3ème, 16 oct. 1973, *Bull. III*, n° 529) ou lorsque le bailleur a provoqué lui-même les retards de paiement en ne délivrant pas les quittances (Civ. 3ème, 17 juill 1992, n° 90-18810).

[43] H. Le Nabasque, « Les devoirs de l'actionnaire », *Gazette du palais,* n* hors-série, Lextenso, p. 6.

Par ailleurs, les parties étant tenues du devoir de loyauté[44] entre elles, le législateur intervient à travers l'article 63 du COCC pour sanctionner ces actes jugés immoraux. Contrairement au droit positif sénégalais où la rareté du contentieux des tromperies sur le terrain du droit civil a rendu difficile l'établissement d'une jurisprudence en la matière, le dol civil a connu un heureux rebondissement à travers la jurisprudence française[45]. C'est ainsi que la réforme du droit des contrats intervenue en France[46] a marqué un tournant important dans la consolidation de l'exigence d'une justice contractuelle dans le respect de l'impératif de sécurité juridique[47]. A la différence de l'article 63 jamais modifié, l'article 1116 du code civil a été profondément aménagé dans l'unique but de prendre en compte des solutions jurisprudentielles, mais également pour trancher des controverses doctrinales[48]. En France, la jurisprudence tout en tenant compte de la nouvelle définition donnée au dol[49] à travers la réforme de 2016 a élargi le champ d'application du dol en ce que la Cour de cassation a admis « qu'un simple mensonge non appuyé par des actes extérieurs, peut constituer un dol »[50]. Par contre, en droit sénégalais cette assimilation du dol[51] à un mensonge n'a pas

---

[44] Le devoir de loyauté a été découvert pour la première fois par le célèbre arrêt de la Cour de cassation française dit arrêt *Vilgrain* (Com., du 27 février 1996, 94-11.241, Publié au bulletin). En l'espèce, mandaté par un actionnaire minoritaire pour l'aider à vendre ses actions, M. Vilgrain s'en était personnellement porté acquéreur avant de les vendre quelques jours plus tard à un prix sensiblement supérieur. La Cour de cassation française a considéré qu'en dissimulant les négociations parallèles qu'il avait engagées pour la vente de sa participation, il s'était rendu coupable de réticence dolosive et avait « manqué au devoir de loyauté qui s'impose au dirigeant d'une société à l'égard de tout associés en particulier lorsqu'il est intermédiaire pour le reclassement de sa participation ». Dans les relations entre le dirigeant et les associés, le devoir de loyauté connaissait ses premières applications jurisprudentielles ; v. G.-C. Faye, *La faute de gestion en droit OHADA de sociétés commerciales*, préc.,, p. 64.

[45] Civ. 3ème, 22 juin 2005, n° 04-10415, *Sté Simco c/. Sté de Saint-Pray*, *LPA* 24 janvier 2006, p. 9.

[46] L'ordonnance n° 2016-131 du 10 février 2016, *JORF* n° 0035 du 11 février 2016.

[47] B. Niang, « L'intention dolosive », *in Code des obligations civiles et commerciales du Sénégal (COCC), cinquante ans après, vol.2, op. cit.*, p. 485.

[48] *Ibid.*

[49] V. Art. 1137 al. 1 dispose que « Le dol est le fait pour un contractant d'obtenir le consentement de l'autre par des manœuvres ou des mensonges ».

[50] Civ.. 3ème, 20 juillet 1970, pourvoi n° 69-11665.

[51] V. art. 63 COCC : « Le dol est une tromperie provoquée par des manœuvres que l'un des contractants a pratiquées à l'encontre de l'autre pour l'amener à donner son consentement ».

été admise par la jurisprudence[52] et c'est d'ailleurs ce qui a soulevé des critiques doctrinales par rapport à la décision de la Cour de cassation du Sénégal de l'époque qui estimait que « les manœuvres dolosives, vice du consentement, doivent non seulement être caractérisées et prouvées mais également déterminantes de la volonté de la partie qui s'engage »[53]. Ces critiques sont légitimes. En effet, Cour n'est pas sans ignorer que toute relation contractuelle est basée sur la bonne foi des parties. Et le simple fait pour le législateur de prévoir dans sa codification le dol civil en tant que vice de consentement montre l'importance que ce dernier accorde à la morale. Cette morale passe nécessairement par la garantie de la bonne foi des parties dans toute relation contractuelle. Tout comme le dol, l'erreur et la violence ont été sanctionnés par le législateur dans le but d'interdire la recherche de gains immoraux. Notons que la moralisation du droit des contrats à travers l'introduction des vices de consentement dans les différents codes des obligations date de belle lurette en ce sens que depuis le code civil de 1804, le législateur français a consacré ces vices de consentement pour assurer l'équité contractuelle et la stabilité des transactions[54]. Le législateur sénégalais a emprunté le même chemin que son homologue français en prenant en compte ces vices de consentement pour influencer et encadrer la libre volonté des parties dans les relations contractuelles.

Cette prise en compte des règles morales s'observe aussi à travers une exigence accrue du respect des bonnes mœurs dans les relations contractuelles.

2 – Une exigence accrue du respect des bonnes mœurs dans les relations contractuelles

Le respect des bonnes mœurs institué par le législateur sénégalais est une limite apportée à la liberté contractuelle des parties. En effet, le législateur à travers l'article 42 du COCC qui pose le principe : « (….) les parties ne peuvent cependant porter atteinte par conventions particulières à l'ordre public ou aux bonnes mœurs », interdit aux parties dans la formation de leur contrat, de porter atteinte aux bonnes mœurs. Il y est noté une prise en considération non seulement des valeurs

[52] Cour de cassation (Sénégal), 17 mars 1999, arrêt n° 78, *aff. Moulins SENTENAC c/. H. Hawili-Zen Fawaz*, *Bulletin des arrêts de la Cour de cassation n° 7 – année 1998-1999*, avril 2005, p. 31.

[53] B. Niang, « L'intention dolosive » préc., p. 489.

[54] R. Sakrani, « Codifier la morale ? La morale dans les Codes civils français et tunisien » préc., p. 481.

traditionnelles du pays, mais également introduit la notion de morale sociale en interdisant que certains contrats portent sur un objet ou une cause contraire aux bonnes mœurs sénégalaises. L'admission de la morale à travers l'article 42 du COCC est d'une importance remarquable. Elle est invoquée surtout, pour préserver les bonnes mœurs, c'est-à-dire les coutumes des honnêtes personnes en ce sens que le Sénégal étant un pays intimement lié à la religion et à sa coutume, certaines pratiques immorales dont le concubinage[55] et les conventions tendant au commerce ou à la divulgation de faits intéressants la sexualité sont interdites[56]. Néanmoins, il faut souligner qu'à travers les dispositions organisant le droit des contrats dans le COCC, le législateur a inséré certaines règles d'ordre moral tenant aussi bien au respect de l'intégrité du consentement, qu'au respect des bonnes mœurs dans les relations contractuelles.

Les bonnes mœurs de la tradition juridique font référence à un ensemble de valeurs socialement partagées dont le respect s'impose à tous les membres de la société. La traduction de ces valeurs en termes juridiques a donné de multiples règles de conduite formulées en termes de loyauté, de probité, de conscience, de décence, d'honnêteté *etc.* tendant à moraliser les rapports sociaux d'ordre contractuel[57]. La codification du droit des contrats à travers le COCC a pris en considération de nombreux aspects d'ordre abstrait et subjectif. Ces derniers reflètent des conceptions sociales, morales et religieuses que l'expertise juridique proprement dite tend à s'effacer. Parmi ces notions, celle de bonnes mœurs apparaît extrêmement complexe, très fluctuante dans la mesure où elle est douée d'une capacité englobante autorisant l'interférence des prescriptions de toute origine : normes morales, valeurs sociales ; autant de règles qui ont pu pénétrer indistinctement dans le champ du droit grâce à la souplesse du système juridique sénégalais. Ainsi, le législateur sénégalais au-delà de poser le principe du respect de l'ordre public et de bonnes mœurs, impose en son article 47, 3° et 4° que l'objet et la cause soient licites pour la validité de tout

---

[55] F.-B. Dia-Biaye, « Observations critiques sur les infractions privées », *Annales africaines*, 2019, vol. 2, n° 11, p. 43.

[56] J.-P. Tosi, *Le droit des obligations au Sénégal, op. cit.*, p. 115

[57] E. Géraud-Llorca, « L'introduction des bonnes mœurs dans le code civil », p. 70, disponible sur www.U-picardie.fr , consulté le 04 octobre 2023.

contrat[58]. La cause du contrat énoncé à l'article 76 du COCC exige en son alinéa premier[59], une cause morale et licite, car le motif déterminant de la volonté des parties ne peut être contraire ni à l'ordre public, ni aux bonnes mœurs. Le caractère déterminant du motif s'apprécie par rapport aux circonstances de formation du contrat que les parties ne pouvaient ignorer la cause. En effet, la licéité de l'objet implique que la volonté des parties soit soumise aux limites de la liberté contractuelle[60]. Cette condition est d'ordre général en ce sens qu'elle oblige toutes les parties contractantes de porter leur relation contractuelle sur un objet qui prend en considération les lois impératives et les bonnes mœurs. De même, les parties au contrat doivent veiller à ce que la cause de leur engagement soit licite c'est-à-dire conforme à l'ordre public et aux bonnes mœurs. La cause est le fondement principal de l'engagement des parties en ce sens qu'il serait inadmissible et même immoral que ce fondement contractuel soit basé sur des considérations non admises par les lois, les coutumes, ainsi que les traditions sénégalaises. Ainsi, le législateur sanctionne tout contrat ayant une cause ou un objet immoral ou illicite lorsque le motif déterminant de la volonté des parties est contraire à l'ordre public ou aux bonnes mœurs[61].

Par ailleurs, la morale tend aussi à protéger la partie la plus faible. En effet, l'article 57 du COCC dispose que « Toute personne peut contracter, si elle n'en est déclarée incapable par la loi » ; le COCC, en ne déterminant pas explicitement les personnes incapables, fait un renvoi implicite au Code de la famille sénégalais[62]. Par incapable, il faut entendre toute personne physique ne pouvant pas accomplir par elle-même des actes de la vie civile. Ainsi, le mineur non émancipé et les majeurs incapables sont les deux catégories de personnes vulnérables que le législateur sénégalais a voulu protéger en matière contractuelle. Cette protection s'étend aussi bien à la personne qu'à ses biens en ce sens qu'il serait inadmissible et malsain qu'un mineur non émancipé ou

---

[58] V. art. 47, 3° du COCC « Un objet déterminé et licite, formant la matière du contrat et des obligations » ; v. art. 47, 4° du COCC : « Une cause licite pour le contrat et les obligations qui en résultent ».

[59] Ce texte dispose que « Le contrat est nul pour cause immorale ou illicite lorsque le motif déterminant de la volonté des parties est contraire à l'ordre public ou aux bonnes mœurs ».

[60] Art. 73 du COCC.

[61] Art. 76 du COCC.

[62] Loi n° 72-61 du 12 juin 1972 portant code de la famille sénégalaise, *J.O.* 1972, p. 1295.

un majeur incapable s'engage ou affecte son patrimoine dans une relation contractuelle dont il ne mesure pas la teneur et la portée de son engagement. Pour rétablir l'équilibre contractuel, la loi prévoit que ces incapables soient représentés par une tierce personne au cours de la formation du contrat auquel ils font partie ou ils affectent leurs biens[63]. Cette représentation, en ce qui concerne le mineur non émancipé est par principe assurée par la puissance parentale[64] ou par un tuteur en cas de décès ou d'incapacité des deux parents[65]; pour ce qui des majeurs incapables, la représentation se fait soit par la tutelle[66], soit par la curatelle[67].

En marge de ces observations, certaines critiques méritent d'être adressées au législateur sénégalais. En effet, dans sa codification du droit des obligations, il n'a pas prévu la phase précontractuelle en l'occurrence la phase de la négociation ou des pourparlers bien que cette phase soit reconnue être la période au cours de laquelle la morale est beaucoup prise en compte à travers les notions telles que le droit d'information, la bonne foi et le principe de loyauté, à cause de l'étendue de la liberté dont bénéficie les parties. Au cours de la période de négociation, les parties ont la faculté de se retirer sans pour autant engager leur responsabilité. Ainsi, pour encadrer le désordre pouvant résulter de cette liberté, toute négociation doit être soumise à la bonne foi et à la loyauté des parties. En France, c'est avec la réforme de 2016 sur le droit des contrats que la négociation a été prise en compte avec la consécration d'une partie sobrement intitulée « la négociation » comportant en son sein trois articles[68]. Le législateur français n'a pas changé la règle cardinale de la négociation qui reste dominée par le principe de liberté, et affirmé par le nouvel article 1112 du Code civil. Toutefois, il soumet ce principe de liberté à des limites dont « l'exigence de la bonne foi » qui impose à chaque partie d'adopter un comportement loyal vis-à-vis de son partenaire pendant les discussions. Au-delà de la bonne foi et de la loyauté, le législateur français à travers l'article 1112-1 introduit un devoir général d'information pendant la négociation en estimant que la partie qui connaît une information essentielle pour l'autre partie doit l'en informer dès lors que « cette

---

63 Art. 48 et 49 du COCC.

64 Art. 283 de la loi n° 72-61 du 12 juin 1972 portant code de la famille du Sénégal.

65 Art. 279.

66 V. art. 353.

67 Art. 359.

68 Art. 1112, 1112-1 et 1112-2 du code civil français.

dernière ignore cette information ou fait confiance à son cocontractant ». Les informations « essentielles » censées être révélées au partenaire se limitent à celles sur le contenu du contrat ou la qualité des parties. La négociation implique donc de révéler les informations importantes sur le bien ou le service vendu et, en particulier, les éléments que le partenaire considère comme essentiels pour conclure le contrat. L'information doit donc être adaptée à la situation particulière de chaque partenaire[69]. Au-delà des nuances qui les distinguent, la bonne foi et la loyauté sont aujourd'hui des principes structurants de l'ensemble du droit contractuel contemporain[70]. C'est ainsi que le législateur sénégalais doit pour renforcer la morale dans le COCC, suivre l'exemple de la France qui a, avec la reforme, admis la bonne foi comme principe de tout engagement contractuel nonobstant sa réception dans la phase d'exécution du contrat.

B – Une réception positive des règles morales dans l'exécution du contrat

Les règles morales telles qu'insérées par le législateur du COCC à travers le droit des contrats sont impératives pour la plupart relativement à la validité du contrat. Les sanctions prévues en cas de violation des règles morales (1) et la possibilité reconnue au juge d'octroyer des délais de grâce ainsi que la force obligatoire du contrat (2) traduisent sans doute cet état de fait.

1 – Une modulation de la sanction inhérente à la dimension morale caractérisant la faute

Dans le COCC comme dans le droit OHADA, les règles relatives à la sanction des obligations contractuelles ne constituent pas un corps homogène. Dans le COCC par exemple, on note l'existence en matière d'inexécution du contrat des règles communes à celui-ci. Ce faisant, la faute à l'origine de l'inexécution peut être intentionnelle ou dolosive,

---

[69] A. Thomas-Derevoge, « Le cadre légal de la négociation contractuelle depuis la réforme du droit des contrats entrée en vigueur le 1er octobre 2016 », publié le jeudi 26 janvier 2017 disponible sur www.village-justice.com , consulté le 05 octobre 2019.
[70] F. Campagnola, « Bonne foi et loyauté en droit des contrats », publié le vendredi 16 septembre 2016 disponible sur www.village-justice.com , consulté le 30 octobre 2023.

lourde, inexcusable, simple ou légère et les sanctions propres aux contrats synallagmatiques[71].

Même si le législateur ne le mentionne pas expressément, les obligations doivent être exécutées de bonne foi. La majorité de la doctrine[72], reconnaît que le contrat tire plutôt sa force obligatoire de la loi[73], bien que l'on reconnaisse un rôle important au consentement et à l'accord des volontés dans la formation de celui-ci[74]. Sans la reconnaissance légale, la partie qui désire faire exécuter la convention conclue ne bénéficie que d'une sanction morale et non d'une sanction légale. Autrement dit, le contrat ne peut s'imposer aux parties que parce que la loi lui donne un tel effet en permettant la sanction judiciaire et l'exécution de celui-ci. L'article 96 du COCC prévoit d'ailleurs que « le contrat légalement formé crée entre les parties un lien irrévocable ». Or, les conditions de validité du contrat sont justement définies par la loi. Cette simple constatation est suffisante pour démontrer la soumission de la force obligatoire des contrats à la loi. Celle-ci constitue ainsi une norme de droit positif supérieure au contrat et peut donc intervenir pour le réglementer, effectuer les aménagements nécessaires ou même le

---

[71] P.-S.-A. Badji, « La mise en en cohérence des règles relatives à la sanction de l'inexécution des obligations », *in* I.-Y. Ndiaye et *alii* (dir.), *Code des obligations civiles et commerciales du Sénégal (COCC) : cinquante ans après*, *op. cit.*, p. 45.

[72] M.-A. Grégoire, « Les sanctions de l'obligation de bonne foi lors de la formation et de l'élaboration du contrat », *Revue du notariat*, 2002, 104(2).

[73] V., notamment en droit français, A. Colin et H. Capitant, *Traité de droit civil,* t. II, Paris, Librairie Dalloz, 1959, n° 815, p. 455 ; F. Terré, Ph. Simler et Y. Lequette, *Droit civil, Les obligations*, 7e éd., Paris, Dalloz, 1999, n° 24 et s., p. 30 et s. ; J. Ghestin, « La notion de contrat », *D.* 1990, chron. 147, p, 154 ; C. Thibierge-Guelfucci, « Libres propos sur la transformation du droit des contrats », *RTD civ.* 1997, pp. 357-365 ; en droit québécois, B. Lefebvre, *La bonne foi dans la formation du contrat*, Cowansville, Éditions Yvon Blais, 1998, p. 38 et s..; du même auteur, « Liberté contractuelle et justice contractuelle : le rôle accru de la bonne foi comme norme de comportement », dans *Développements récents en droit des contrats*, Service de la formation permanente, Barreau du Québec, Cowansville, Éditions Yvon Blais, 2000, 53-55; J.-L. Baudoin et P.-G. Jobin, *Les Obligations,* 5e éd., Cowansville, Éditions Y. Blais, 1998, n° 82 et s., p. 103 et s.

[74] Sur le rôle de l'autonomie des volontés lors de la conclusion du contrat, v. J. Ghestin, « La notion de contrat », *D.* 1990, chron.147, p. 150 et s. L'auteur met en relief le fait que, bien qu'elle ne constitue pas le fondement du contrat, le contrat ne peut être formé que par la volonté des parties, même en l'absence de toute négociation. Ainsi, l'accord des volontés devient-il le critère essentiel de la formation du contrat.

prohiber[75] dans certains cas[76]. Le législateur fait donc le choix conscient de ne pas faire reposer la force obligatoire des contrats sur la seule autonomie des volontés. Par le biais de la loi, il rééquilibre les forces en présence, en protégeant notamment la partie la plus faible afin d'empêcher que ses intérêts ne soient lésés[77]. C'est à juste titre qu'un auteur[78] faisait déjà remarquer que la bonne foi est un moyen permettant au législateur et aux tribunaux de « faire pénétrer la règle morale dans le droit »[79]. La doctrine[80] sous la plume de Perret démontre que le principe de l'autonomie de la volonté ne peut servir d'explication unique pour justifier la force obligatoire du contrat. Celui-ci doit en effet être complété par l'idée de justice et de loyauté, du fait des nombreuses références du Code civil à la notion de morale, de bonne foi et de sécurité, qui protègent à la fois la confiance, notion morale et le crédit, besoin social et économique. L 'auteur ajoute que ceci est d'autant plus vrai depuis que l'on peut constater en droit des contrats le déclin du principe de l'autonomie de la volonté[81].

En plus de la bonne foi, l'interprétation du contrat permet de réceptionner un certain nombre de valeurs morales dans le droit positif sénégalais. Le contrat étant un accord de volontés, la doctrine classique considère que le juge, saisi d'un conflit relatif à l'interprétation du contrat, doit se borner à rechercher les droits et obligations que, d'un commun accord, les parties ont voulu créer entre elles[82]. En matière contractuelle, l'interprétation est l'opération qui consiste à conférer une signification à une clause du contrat. Aussi, conviendra-t-il d'interpréter le contrat, soit pour en élucider le sens, soit pour en

---

[75] Par exemple en droit étranger, le contrat de gestation pour autrui.

[76] B. Lefebvre, *La bonne foi dans la formation du contrat, op. cit.*, n° 82 et s., p. 103 et s.

[77] J.-L. Baudoin et P.-G. Jobin, *Les Obligations, op. cit.*, n° 84, p. 104 ; J. Mestre, « D'une exigence de bonne foi à un esprit de collaboration », *RTD civ.*, 1986, p. 100.

[78] P. De Christ Koundé Ebene, S.-P. Dunking Amfouo, « La bonne foi : notion-cadre régulatrice du comportement du débiteur dans les procédures collectives OHADA », *Recueil LGA,* n° 9, Août 2023.

[79] A-F. Tjouen, « La graduation des finalités du droit OHADA des entreprises en difficulté », *La lettre juridique,* n° 710, 7 septembre 2017, p. 9.

[80] L. Perret, « Une philosophie nouvelle des contrats fondée sur l'idée de justice contractuelle », op. cit., p. 540.

[81] *Ibid.*

[82] M. Van de Kerchove (dir.), *L'interprétation en droit : Approche pluridisciplinaire,* Nouvelle édition, Bruxelles, Presses de l'Université Saint-Louis, 1978, n° 1.

combler les lacunes. C'est l'article 103 du COCC qui donne le ton en disposant « qu'en l'absence de volonté exprimée, le contrat oblige à toutes les suites que la loi, les usages, la bonne foi ou l'équité donnent à l'obligation d'après sa nature. Si toute autre interprétation se révèle impossible, les stipulations du contrat sont réputées faites en faveur de celui qui s'oblige ». En cas de lacunes et de silence du contrat, il est illusoire de rechercher la commune intention des parties qui, par définition, n'a probablement pas été exprimée par elles. Aussi, le juge n'aura-t-il d'autre choix que d'adopter la méthode objective d'interprétation, soit pour combler le vide contractuel, de se rapporter à des valeurs extérieures à l'acte, telles que la morale, l'équité ou la bonne foi. En somme, cette disposition autorise le juge à découvrir des obligations qui s'imposent aux parties alors mêmes qu'elles n'avaient pas été envisagées lors de la conclusion du contrat : c'est ce que l'on appelle le forçage du contrat. C'est ainsi qu'en application de l'article 103 alinéa 2 du COCC que la Cour d'appel de Dakar a estimé dans un arrêt en date du 19 octobre 1973 que *« les stipulations du contrat en cas de lacune ou d'obscurité, sont réputées faites en faveur de celui qui s'oblige »*[83].

Il faut par ailleurs dire que pour rechercher le sens, en raison de l'autonomie de la volonté, le juge doit savoir ce que veulent les parties pour éclairer et lever les ambiguïtés et les contradictions. Ainsi, par le biais d'une interprétation du contrat, le juge les met en lumière[84]. En réalité, sous couvert de recherches de signification, il rajoute des obligations en se référant directement à l'équité dans les contrats, pour rééquilibrer des rapports inégaux[85]. Il fait alors un forçage du contrat, une entorse à l'intangibilité du contrat. L'exemple le plus célèbre reste bien évidemment la découverte de l'obligation de sécurité du transporteur[86].

---

[83] Cour d'appel de Dakar, arrêt n° 221 du 19 octobre 1973, inédit.

[84] Th. DIATTA, « La protection des consommateurs par le Code des obligations civiles et commerciales » préc., p. 216.

[85] J. Mestre, A. Laude, « L'interprétation « active » du contrat par le juge », *in Le juge et l'exécution du contrat*, Colloque IDA, Aix-en-Provence, 28 mai 1993, cité par Th Diatta, « La protection des consommateurs par le Code des obligations civiles et commerciales » préc., p. 217.

[86] Civ. 21 novembre 1911, *DP* 13.1.249 note L. Sarrut, Sirey 1912, 1, 73 note Ch. Lyon- Caen, cité par Th Diatta, « La protection des consommateurs par le code des obligations civiles et commerciales », *in* Code des obligations civiles et commerciales du Sénégal (COCC) : cinquante ans après », vol. 1, *op. cit.,* p. 217.

Faisons remarquer par ailleurs qu'« Il n'est donc pas interdit de penser que la règle de l'interprétation *contra proferentem*[87] est avant tout l'expression d'une politique jurisprudentielle [...] qui n'est pas nécessairement la manifestation d'un parti pris, mais plutôt la traduction de l'exigence de la « règle morale » dans l'interprétation des contrats »[88]. On peut penser dès lors que l'article 103 du COCC conférant un pouvoir d'interprétation au juge en cas de lacune du contrat tire l'essentiel de son autorité de deux facteurs que sont l'équité ou la morale. La prise en compte de la force obligatoire du contrat et des délais de grâces dans la législation sénégalaise des obligations civiles et commerciales manifeste aussi cette prégnance de la morale dans le COCC.

2 – Une prise en compte prégnante de la bonne foi et des délais de grâce

La prise en compte de la bonne foi et des délais de grâce traduit aussi la présence de la morale dans le COCC. Résultant de la force obligatoire du contrat, Georges Ripert considère d'ailleurs que le respect de la convention est un des premiers fondements de la morale[89]. Ce principe de la force obligatoire du contrat trouve son siège dans l'article 96 COCC qui dispose que « le contrat légalement formé crée entre les parties un lien irrévocable ». La formulation de la règle traduit son importance et ce principe signifie que les parties au contrat régulièrement formé sont tenues d'exécuter leurs engagements jusqu'à leur terme, et aucune d'elles ne peut ni rompre ni modifier le contrat unilatéralement. Le principe de la force obligatoire est le fondement même de la sécurité juridique dont toutes les relations économiques découlent[90].

Cependant, ce principe n'a de valeur que si on le concilie avec les exigences morales lesquelles le rendent supportable et compatible avec nos rapports économiques et sociaux. C'est pour dire que les parties au contrat se doivent de respecter, sur la base de la morale, leurs paroles

---

[87] Il consiste pour le juge à trancher le litige en faveur de l'adhérent ou du consommateur ; v. D. Lluelles, « Les règles de lecture forcée « *contra proferentem* » et « *contra stipulatorem*»: du rêve à la réalité », *R.J.T.,* 2003, 235, p. 240.

[88] Ph Délebecque, *Les clauses allégeant les obligations dans les contrats*, thèse, mult., 1981, n° 127.

[89] G. Ripert, *La règle morale dans les obligations civiles*, Paris, L.G.D.J., 1949, pp. 39-40.

[90] Y. Picod, *Le devoir de loyauté dans l'exécution du contrat*, Paris, LGDJ, 1989, p. 9.

données lors de la conclusion du contrat. Autrement dit, elles sont tenues au respect des obligations telles que la loyauté, la confidentialité durant tout le processus contractuel. D'où l'instauration de la notion de bonne foi dans les relations contractuelles. La règle morale du respect de la parole donnée peut être ainsi justifiée par son utilité sociale et morale. Mais cette règle est également considérée comme juste. La force obligatoire du contrat vient donc également de ce qu'il est juste. Le respect de la parole donnée est une règle morale, qui, dans son principe tout au moins, paraît admise de façon unanime, même si elle n'est pas toujours respectée. Elle apparaît naturellement comme le prolongement de la liberté de contracter. Certes, le législateur dans les dispositions du COCC n'a pas expressément disposé que la formation et l'exécution du contrat doivent se faire de bonne foi contrairement au droit français où le code civil met en exergue la notion de bonne foi en ce qui concerne l'exécution du contrat. A cet effet, l'alinéa 3 de l'article 1104 dispose que « les contrats doivent être exécutées de bonne foi ». Cette dernière, c'est-à-dire la bonne foi, vue comme la nouvelle moralité contractuelle, est définie par le doyen Ripert comme « l'un des moyens utilisés par le législateur et les cours et tribunaux pour faire pénétrer la règle morale dans le droit positif »[91]. « Tout simplifier » et « tout prévoir » est une tâche impossible et, de surcroit, dangereuse car elle risque d'anéantir le recours à « la raison naturelle », synonyme de morale, et par conséquent le travail du juge »[92]. Le codificateur sénégalais a-t-il fait sienne cette affirmation de Portalis ou bien a-t-il considéré qu'il allait de soi que le contrat devait être exécuté de bonne foi. Loin de toute chiromancie[93], il suffit d'observer pour se rendre compte que le législateur n'a prévu aucune disposition qui invite les parties à faire preuve de bonne foi dans l'exécution de leur contrat[94]. Est-ce à dire que les parties n'y sont pas tenues ? Nous ne le pensons pas car la jurisprudence n'hésite pas à leur rappeler l'obligation de

---

[91] G. Ripert, *La règle morale dans les obligations civiles*, *op. cit.*, p.157.

[92] R. Sakrini, « Codifier la morale : la morale dans les codes civils français et tunisien », préc., p. 461.

[93] La chiromancie est une [pratique divinatoire] consistant à interpréter les lignes et les autres signes de la paume de la main. Chaque élément étudié (la forme des mains, les monts et les sillons, les ongles et la position des doigts) est rattaché à un aspect de la personnalité. La chiromancie est l'une des plus anciennes techniques de divination, apparue en Orient il y a plus de 5 000 ans.

[94] De l'article 96 à l'article 99 il n'est fait état de la morale.

bonne foi[95] pesant sur elles dans l'exécution de leur prestation. Cette promotion de la bonne foi assure une certaine équité et rétablit une justice contractuelle qui n'était suffisamment garantie par les dispositions du droit positif. Sous ce prisme, on constate dans la pratique que le juge fait souvent recours à la bonne foi pour réduire ou équilibrer les prestations des parties, au lieu d'annuler le contrat pour cause de lésion.

En effet, le délai de grâce est une autorisation donnée par le juge à un débiteur, qui permet de reporter le terme d'une dette ou d'obtenir un échelonnement des délais de paiement d'une dette normalement due, tout en fixant les modalités de paiement du report[96]. Des modalités accessoires peuvent ainsi accompagner le délai de grâce, et prendre la forme d'une réduction sinon d'une suppression des majorations et des intérêts de retard[97]. Dès lors l'affirmation des délais de grâce dans le COCC participe de la moralisation des obligations civiles et commerciales. Il faut dire dans cette perspective que lorsque la date d'exigibilité a été fixée par les parties, le juge peut la reporter en accordant un délai de grâce. L'évolution de cette possibilité traduit bien les atteintes croissantes portées à la force du contrat. A l'origine, le juge ne pouvait octroyer que des délais modérés et en usant de ce pouvoir avec une grande réserve[98]. L'article 173 du COCC, en disposant que « Toutefois, en dehors de la volonté du créancier et quelle que soit la nature de l'obligation, le débiteur peut bénéficier de délais de paiement par suite d'un moratoire légal ou d'un délai de grâce que lui accorde le juge », imprime une certaine moralité dans l'exécution des obligations civiles et commerciales en droit sénégalais. C'est ainsi qu'en dehors du recouvrement des dettes fiscales et sauf dispositions contraires de la loi, les juges peuvent, en considération de la situation du débiteur, en usant de ce pouvoir avec une grande réserve, accorder des délais modérés ne

[95] Cour suprême (Sénégal), arrêt n° 50 du 7 juillet 2016, aff. *BHS c/. Sci Padrino et consorts*, « (…) Dès lors, seule la fraude du vendeur de l'immeuble et la mauvaise foi de l'acquéreur permettent d'écarter l'application de l'article 381 du COCC, lorsque la mutation a été faite ; (…) ».

[96] L. Heinzmann, « Les choix des modalités de réparation du préjudice en droit de la responsabilité civile », *Revue générale du droit, Chronique de droit civil,* 2021, p. 2 et s.

[97]https://www.lemag-juridique.com/categories/divers-15532/articles/comment-fonctionne-le-delai-de-grace-4525.htm consulté le 30 octobre 2023.

[98] A. Bénabent, *Droit des obligations*,15ème éd., LGDJ, 2016, p. 258.

pouvant jamais excéder une année, pour le paiement de n'importe quelle obligation et surseoir à la continuation des poursuites[99].

Après avoir constaté l'inadéquation évidente des délais de grâce avec la force obligatoire des contrats, faisons remarquer que les auteurs du COCC adhèrent au mécanisme pour autant que le juge tienne compte de la position du débiteur, de la morale et use de son pouvoir avec grande réserve tout en accordant des délais de grâce. En droit OHADA cependant l'article 39 de l'Acte uniforme portant organisation des procédures simplifiées de recouvrement et des voies d'exécution dispose que « le débiteur ne peut forcer le créancier à recevoir en partie le paiement d'une dette, même divisible. Toutefois, compte tenu de la situation du débiteur et en considération des besoins du créancier, la juridiction compétente peut, sauf pour les dettes d'aliments et les dettes cambiaires, reporter ou échelonner le paiement des sommes dues dans la limite d'une année. Elle peut également décider que les paiements s'imputeront d'abord sur le capital. Elle peut en outre subordonner ces mesures à l'accomplissement, par le débiteur, d'actes propres à faciliter ou à garantir le paiement de la dette »[100]. Cette disposition permet au juge de prendre en compte la situation du débiteur et les besoins du créancier. Il peut en effet reporter purement et simplement la dette soit échelonner le paiement dans la limite d'une année ou décider que ce dernier s'impute sur le capital. Ces mesures sont très favorables au débiteur.

La morale s'appréhende aussi dans le COCC à travers le droit de la responsabilité civile.

II – Une réalité minimaliste dans le droit de la responsabilité civile

Les dispositions relatives à la responsabilité civile prévues dans le COCC ne sont pas indifférentes à la morale (A). Son rapport à la morale soulève cependant quelques difficultés. Cette conception d'ordre moral pose quelques difficultés invitant au constat d'un certain recul de sa prise en compte dans le COCC (B).

---

[99] V. art. 173 al. 2 du COCC.

[100] V. art. 39 de l'AUPSRVE, *Journal Officiel de l'OHADA*, 15 novembre 2023.

A – Une réalité constatée

La responsabilité civile impose à celui qui cause un dommage à autrui l'obligation d'en réparer les conséquences[101]. Principe indemnitaire (1) et fonction répressive de la responsabilité civile (2) ne semblent pas indifférents à la morale.

1 – Une réalité justifiée par le principe indemnitaire

La fonction d'indemnisation se rapporte à l'idée que tout dommage doit être réparé[102]. Il s'agit sinon de rétablir le *statu quo ante*. Au sens strict, il faut compenser ce qui ne peut être effacé conformément au principe de la réparation intégrale. On sait avec le temps que cette fonction indemnitaire s'est renforcée avec le mouvement victimologiste[103]. Il s'en est suivi un bouleversement conceptuel en droit de la responsabilité accru par l'apparition des fonds d'indemnisation[104].

La règle qui reste le droit commun dans notre droit de la responsabilité est celle de la réparation intégrale du préjudice. Ce dernier doit être apprécié *in concreto*. Elle paraît logique et satisfait l'esprit dans un régime de responsabilité à base de faute[105]. En effet, la responsabilité civile se veut aujourd'hui essentiellement indemnisatrice et le préjudice occupe désormais la place centrale au sein de cette discipline. Le principe de la réparation intégrale consiste à s'efforcer, de rétablir aussi exactement que possible l'équilibre détruit par le dommage et de replacer la victime dans la situation qui aurait été la sienne sans le dommage.

La réparation intégrale se présente comme un principe du droit de la responsabilité civile en ce sens qu'elle est la matrice, l'axiome, la pièce centrale, le fondement qui donne toute sa consistance et sa cohérence à

---

[101] V. A. Mure, *L'évolution du préjudice de la victime en droit de la responsabilité civile*, Grenoble-Alpes, thèse mult., 2016, p. 1.

[102] V. A. Tunc, « La fonction d'indemnisation de la responsabilité civile », *in Mélanges Dorhout Mees*, Deventer Kluwer, 1974, p. 143 et s. La fonction indemnitaire est parfois perçue comme plus réductrice, car elle suppose le versement d'une somme d'argent donc d'une indemnité. Nous considérerons ces deux formules comme identiques.

[103] En ce sens, L. Cadiet, « Les faits et méfaits de l'idéologie de la réparation », *in Mélanges Pierre Drai*, Dalloz, 1999, p. 495.

[104] Cf. M. Mekki, « Les fonctions de la responsabilité civile à l'épreuve du numérique : L'exemple des logiciels prédictifs », *inédit*.

[105] En ce sens, R.-O. Dalcq, « Propos sur la responsabilité civile », *Revue interdisciplinaire d'études juridiques*, 1989/1, vol. 22, p. 39.

une théorie[106]. Dans son sens premier, ce principe imposerait l'obligation de réparer l'entier préjudice subi par la victime d'un dommage mais rien que le préjudice[107]. Il faut dire que le principe de la réparation intégrale trouve son siège dans l'article 134 alinéa 1er du COCC. A s'en tenir à sa substance, il dispose que les dommages et intérêts doivent être fixés de telle sorte qu'ils soient pour la victime la réparation intégrale du préjudice subi. De ce texte, nul doute que ce n'est pas le comportement fautif ou pas du responsable qui est pris en compte pour la détermination du montant de la réparation, mais plutôt les conséquences économiques du préjudice[108].

La réparation doit être, en effet, proportionnelle au préjudice causé. C'est dans cette optique que l'on aperçoit l'idée de la morale dans le principe de la réparation intégrale. La réparation intégrale postule à une certaine conception morale de la justice sociale. Historiquement, la réparation intégrale du préjudice est d'origine romaine. Les Romains considéraient qu'il fallait rétablir un juste équilibre à la suite de la réalisation d'un dommage. La réparation est conçue comme l'obligation visant à rétablir un équilibre antérieur considéré comme juste. Elle prend donc appui sur la conception de la justice corrective. Il revient à l'individu ayant rompu l'équilibre préexistant de le rétablir. La réparation pèse sur l'auteur d'un dommage considéré comme injuste[109].

En effet, en droit sénégalais, les articles 133 et 134 du COCC dégagent les bases légales de la réparation intégrale. L'article 134, qui nous semble plus explicite, dispose que « les dommages et intérêts doivent être fixés de telle sorte qu'ils soient pour la victime la réparation intégrale du préjudice subi ». Cette disposition se veut très dirigiste, en ce sens que l'on ne peut douter de sa portée normative, sa rédaction ne laissant aucun doute quant à son caractère coercitif[110] et moral. En disposant que « les dommages et intérêts doivent être fixés de telle sorte que… », la locution conjonctive ici utilisée « de telle sorte que » signifie

---

[106] V. J.-B. Prevost, *Aspects philosophiques de la réparation intégrale*, *Gazette du palais*, 10/04/2010, n°100, p. 7.

[107] V. J.-L. Correa, « La réparation intégrale dans le code des obligations civiles et commerciales » préc., p. 139.

[108] V. A.-A. Diouf, « La peine privée en droit sénégalais de la responsabilité civile extracontractuelle » préc., p. 278.

[109] V. R.-E. De Munagorri, « Propos sur le sens de la réparation en droit français de la responsabilité », *Revue générale de droit*, vol. 33, n° 2, 2003, p. 213.

[110] V. M. Fabre-Magnan, F. Brunet, *Introduction générale au droit*, Pris PUF, Coll. « Thémis », 2017, p. 450.

« essayer de », « s'arranger pour », faire « de telle sorte » que les dommages et intérêts réparent intégralement le préjudice subi par la victime. Il est fixé ainsi au juge un objectif à atteindre, remettre la victime dans l'état où elle se trouvait avant la réalisation du dommage. La réparation par « équivalent ainsi opérée doit être, à la fois, satisfactoire et compensatoire »[111].

En vertu de l'article 133 du COCC, il envisage la réparation intégrale sous le prisme d'une adéquation, voire d'une proportionnalité entre le dommage et sa réparation, en disposant, en son alinéa 1er que « le préjudice est en principe réparé par équivalence en allouant à la victime des dommages et intérêts ». Consécration plus subtile, elle n'en révèle pas moins deux choix importants faits par le législateur. Une supériorité principielle de la réparation par équivalence sur la réparation en nature concernant le préjudice né d'un dommage extracontractuel. Ce qui attesterait d'une primauté de la responsabilité délictuelle sur la responsabilité contractuelle. Il est vrai que concernant la réparation d'un dommage consécutif à un délit civil, le versement d'une somme d'argent destinée à combler la perte éprouvée ou le gain manqué semble plus réaliste que la contrainte exercée sur le débiteur pour exécuter sa prestation. Il en irait autrement d'une responsabilité contractuelle pour laquelle le débiteur ne devrait pas avoir le choix entre exécuter et ne pas exécuter. En raison de la force obligatoire du contrat, il devrait payer ce à quoi il s'était engagé[112]. C'est peut-être cette conception globale de la responsabilité civile qui a conduit le législateur à viser dans l'article susvisé l'expression précautionneuse « en principe ». Par cette expression, le législateur retient que la réparation du dommage peut se faire autrement que par la seule réparation par équivalence, laissant ouverte la porte à la réparation en nature. Une telle position au risque de nous répéter, est conforme à l'architecture univoque du droit sénégalais de la responsabilité civile. Dès lors, on peut lire, en creux de l'article 133 du COCC, la possibilité de réparer un dommage consécutif à une responsabilité civile extracontractuelle par les moyens de la

---

[111] J.-L. Corréa, « La réparation intégrale dans le code des obligations civiles et commerciales » préc., p. 143.

[112] En ce sens, Y.-M. Laithier, « La nature de la sanction : satisfaction du bénéficiaire par des dommages et intérêts ou primauté de l'exécution forcée en nature ? », *RDC*, 1er avril 2012, n° 2, p. 681.

réparation en nature[113]. Pour la réparation par équivalence, elle se réalise suite à l'allocation des dommages et intérêts.

La fonction répressive de la responsabilité civile permet aussi d'appréhender la morale dans le COCC.

2 – Une réalité justifiée par la fonction répressive de la responsabilité civile

Le droit de la responsabilité civile au Sénégal a une base essentiellement morale dans sa dimension répressive. Cela est vrai tant en matière délictuelle que contractuelle. L'article 118 du COCC pose avec force un principe essentiel : « celui qui par sa faute cause un dommage à autrui est tenu de le réparer ». On a souvent, et à juste titre, souligné la richesse d'application incluse dans un principe aussi général. Il n'est pas de domaine juridique où la victime ne puisse s'en prévaloir à défaut d'un texte particulier. L'article 118 permet ainsi de soulever un véritable mode répressif. Or un tel texte est extrêmement moral et avant tout chrétien : « Tu ne feras pas à autrui ce que tu ne voudrais pas qu'autrui te fît »[114]. C'est la charité chrétienne, l'amour du prochain sanctionné par le législateur[115]. La valeur morale de ce texte est même accentuée : l'indemnité ne sera due que si l'auteur de l'acte préjudiciable à autrui pouvait distinguer le bien du mal, c'est à-dire avait une conscience morale.

En marge de cette observation liminaire, il faut dire que réprimer l'auteur fautif du dommage constitue un autre versant du droit de la responsabilité civile. A ce titre, la doctrine fait remarquer que les instruments qui constituent le droit de la responsabilité civile sont mobilisés substantiellement pour remettre la victime dans la situation antérieure où elle se trouvait avant la survenance du préjudice, tout en se préoccupant du comportement de l'auteur du dommage, et ce, quelle que puisse être sa gravité ou sa dangerosité[116].

Au regard de ce premier argument, il faut dire que la faute et le préjudice seraient « *l'alpha et l'oméga* » de la responsabilité civile. La responsabilité a évolué d'une dette de responsabilité à une créance de

---

[113] J.-L. Corréa « La réparation intégrale dans le code des obligations civiles et commerciales » préc., p. 141.

[114] V. Luc 6 : 31.

[115] P. Azard, « Le donné moral en matière de responsabilité civile », *Les Cahiers de droit*, 1968, 9(3), 671–688. https://doi.org/10.7202/1004515ar

[116] V. A.-A. Diouf, « La peine privée en droit sénégalais de la responsabilité civile extracontractuelle » préc., p. 267.

réparation. Ce processus est à l'origine de l'idéologie de la réparation que l'on a d'abord vénérée avant de prendre conscience de ses dérives[117]. Dans le COCC, le législateur a certainement voulu endiguer d'éventuels flots de cette nature en posant comme règle « le dommage est générateur de responsabilité s'il porte atteinte à un droit »[118]. Le professeur Abdoul Aziz Diouf fait remarquer à ce propos ce qui suit : « prévenir punir et réparer tel est le tryptique autour duquel le discours officiel de la responsabilité civile revendique sa construction. Dans sa concrétude, cependant la responsabilité civile se nourrit principalement de la réparation au point de se confondre, voire même de se fondre dans cette dernière »[119]. L'idéologie de la réparation a beaucoup contribué à mieux protéger la victime de dommage, elle comporte aussi ses envers en déformant notamment certains principes de la responsabilité[120]. La centralité de la fonction répressive en droit de la responsabilité civile renferme l'idée de la morale[121]. Sans aucun besoin d'approfondissement spécifique, un simple survol des articles 118 à 156 fait observer la notion de la morale du fait que le législateur, dans son ambition principielle était de protéger la victime de prime abord mais aussi de réprimer l'auteur du dommage. Ce bilatéralisme qui innerve la responsabilité civile renforce la question de la morale[122].

Fort de ces observations, l'engagement de la morale qu'assume sans complexe la fonction répressive ne peut trouver son plein accomplissement que dans une société humaine. On ne peut pas ne pas citer, le continent africain même dans cette ère contemporaine qui demeure fortement arrimé à une morale[123]. L'instrumentalisation dans l'environnement de la réparation des dommages au Sénégal fait que l'auteur du préjudice est la principale source économique de la créance d'indemnisation de la victime. Nous pouvons trouver cela à travers l'article 118 COCC. La centralité du responsable dans la phase d'indemnisation et de répression revitalisent la question de la morale

---

[117] En ce sens, I.-Y. Ndiaye, « Leçon inaugurale : le COCC, cinquante ans après (regard furtif) » préc., p. 33.

[118] Y. Lambert-Faivre, « L'évolution de la responsabilité civile d'une dette de responsabilité à une créance d'indemnisation », *RTD civ.*, 1987, p. 1, cité par A.-A. Diouf, *ibid.*, p. 268.

[119] A.-A. Diouf, *ibid.*, p. 273.

[120] V. I.-Y. Ndiaye, *ibid.*, p. 35.

[121] En ce sens, L. Cadiet, « Sur les faits et les méfaits de l'idéologie de la réparation » préc., p. 495.

[122] V. A.-A. Diouf, *ibid.*, p. 268.

[123] V. F. Ewald, « La faute civile, droit et philosophie » *Droits,* n° 5,1987, p. 49.

dans le COCC. En marge de ces observations, la performance véritable de la fonction répressive en droit positif sénégalais est exclusivement tributaire de la consistance du patrimoine du responsable. Ici également, l'on peut conclure que cette fonction potentiellement s'apparente à une simple formule incantatoire du législateur. L'essentialisation de la victime dans la responsabilité civile contemporaine a pour corollaire de l'ériger en modèle dominant tout en passant par les fonctions préventives, et normatives que ladite discipline cherche par ailleurs à assurer. Au Sénégal, l'emphase mise par les articles 118 à 156 COCC prouve l'avènement d'une sécurité sociale susceptible de prendre en charge un certain nombre de dommages provenant du monde du travail à titre d'exemple[124]. Compte tenu de toutes ces observations, il faut dire la réception de la morale à travers la fonction répressive de la responsabilité civile concrètement se décline à travers la faute lucrative, la peine privée et les dommages et intérêts punitifs.

En effet, le professeur Isaac Yankhoba Ndiaye définit la faute lucrative, comme étant une faute stratégique que l'on commet volontairement pour obtenir un résultat identifié à l'avance. Il s'agit alors de tirer profit de la situation illicite créée[125]. Elle est pour l'auteur, un calcul, une évaluation entre le coût d'une procédure judiciaire et les gains obtenus par la violation de la loi ou de la morale[126]. C'est une catégorie de faute délibérée qui exige une motivation spéciale[127]. Inexistante en droit français[128], la faute lucrative est évoquée par la doctrine comme une faute qui rapporte[129]. Elle peut notamment consister en une inexécution délibérée du contrat, un acte de parasitisme, une tromperie sur les qualités substantielles d'un produit, un cartel sur les prix, *etc*[130]. En cela, la faute lucrative se rapproche de

---

[124] A.-A. Diouf, « La peine privée en droit sénégalais de la responsabilité civile extracontractuelle » préc., p. 276.

[125] I.-Y. Ndiaye, « Leçon inaugurale (..) » préc., p 35.

[126] *Ibid.*

[127] G. Viney, « Les principaux aspects de la responsabilité civile des entreprises pour atteinte à l'environnement en droit français », *JCP* 1996, I, 3900, cité par I.-Y Ndiaye, *ibid.* p 35.

[128] Projet de réforme du droit de la responsabilité en France, article 1266-1 qui consacre l'amende civile en cas de faute lucrative, v. https://www.lextenso.fr/petites-affiches/LPA128f3, consulté le 18 octobre 2018.

[129] V. J. Meadel, « Droit de la responsabilité, faut-il introduire la faute lucrative en droit français ? », *LPA,* 17 avril 2007, n° 77, p 6.

[130] V. N.-F. De Crouy, *La faute lucrative*, Economica, 2018, p. 1 et s.

la faute intentionnelle ou dolosive du droit de la responsabilité dans sa conception moderne. La faute lucrative[131] fait jouer à son auteur un rôle en cherchant à tirer profit de la commission de sa faute. C'est alors la problématique sur les fonctions de la responsabilité que pose ainsi l'appel aux dommages et intérêts punitifs, à la suite d'une faute lucrative.

Pour la peine privée, il faut dire que l'idée selon laquelle la responsabilité civile poursuivrait un but unique (l'indemnisation des dommages) est aujourd'hui un lieu commun. Il est donc rare que des auteurs s'intéressent à ce qui peut paraître, sous certains aspects, la « face cachée » de la responsabilité : sa fonction de moralisation des comportements. Il suffit pourtant d'examiner les différents domaines dans lesquels cette discipline est utilisée pour se rendre compte de ce que, loin d'être sur le déclin, sa fonction moralisatrice fait preuve d'une belle vitalité. Bien présente dans le droit qui régit les atteintes à la personnalité mais aussi dans celui qui organise les rapports entre professionnels et consommateurs d'une part, entre employeurs et salariés d'autre part, elle permet d'assurer la punition de nombreux comportements répréhensibles, par des condamnations diverses qui relèvent toutes de la catégorie des peines privées[132]. Sous ce rapport, le professeur Isaac Yankhoba Ndiaye faisait remarquer que la fonction punitive de la responsabilité est une vielle idée nouvelle. Déjà, Boris Starck avait, dans sa thèse, affirmé : « la peine privée n'est pas une survivance, un fantôme du passé, mais l'une des forces vives de la responsabilité civile »[133]. Sous le bénéfice de ces observations l'on peut dire la peine privée sanctionne un comportement qui n'est pas conforme à la morale.

Quant aux dommages et intérêts punitifs, elles sont les sommes imputées à un responsable au-delà des montants qui sont strictement nécessaires à la réparation intégrale des préjudices causés à autrui, lesquels relèvent pour leur part des dommages et intérêts compensatoires. Le critère d'évaluation de tels dommages et intérêts est avant tout fonction de la gravité de la faute commise par le responsable, contrairement à l'indemnisation de la victime. Ces dommages et intérêts punitifs, comme le souligne Geneviève Viney, « contribuent à

---

[131] En ce sens, N. Fournier De Crouy, *La faute lucrative*, Economica, 2018.
[132] S. Carval, *La responsabilité civile dans sa fonction de peine privée,* LGDJ, 1995, p. 1 et s.
[133] I.-Y. Ndiaye, « Leçon inaugurale (…) » préc., p. 36.

renforcer la fonction normative de la responsabilité civile dont l'effacement est souvent déploré aujourd'hui ». On les envisage prioritairement pour sanctionner toute faute particulièrement grave et délibérée[134]. D'un point de vue paradigmatique, cette théorie appelle à une déconstruction des lieux communs. On pourrait ainsi revivifier les fondements pénalistes de la responsabilité civile mettant ainsi à la charge de l'auteur des dommages et intérêts punitifs s'analysant en une sorte de peine privée. Le débiteur des dommages et intérêts punitifs est nécessairement l'auteur du dommage qui a pu réaliser un « gain ou une économie » grâce à la commission du dommage. Cependant, la question du créancier de la peine privée pose plus de difficultés. Supposons que son bénéficiaire soit la victime, il y aurait ici un enrichissement sans cause, étant entendu que le préjudice aura déjà été réglé sous le prisme de la réparation intégrale. Le principal reproche que la doctrine française faisait à la peine privée tenait en ce constat[135]. Il s'agit ici, dans un entendement liminaire, des dommages intérêts compensatoires ou indemnitaires qui s'inscrivent en droite ligne de la fonction indemnitaire de la responsabilité civile. Mais le renvoi à cette conception des dommages et intérêts permet de se questionner sur l'admissibilité des dommages intérêts punitifs. Pour s'en convaincre, il faudra s'attacher les dispositions de l'alinéa 2 de l'article 133 du COCC. Si l'alinéa premier de cette disposition prévoit, dans une consécration générale, la réparation du dommage, le second alinéa offre comme un pouvoir de modulation et d'adaptation du juge à la circonstance créée. C'est ainsi que le législateur permet au juge de « *prendre toute mesure destinée à réparer le dommage* ». Néanmoins, un recul de la morale est remarquable à l'examen de la responsabilité civile dans le COCC.

B - Un recul constaté

Le recul de la morale à travers la responsabilité civile dans le COCC se traduit par l'objectivation de la faute (1) et ensuite, par le principe de la réparation intégrale (2).

1 – Un recul justifié par l'objectivation de la faute

La notion de faute prise isolément a été déjà utilisée au moyen âge. L'histoire enseigne que le terme faute vient du bas-latin *fallita,* un

---

[134] V. P. Philippe, « Les dommages et intérêts punitifs ou restitutoires (en droit français et européen) », *Revue juridique de l'Ouest*, 2014-2. p. 23.

[135] V. J.-L. Corréa « La réparation intégrale dans le code des obligations civiles et commerciales » préc., p. 149.

dérivé du verbe *fallere*[136]. Il s'agit du fait de manquer à une règle, qu'elle soit morale ou technique ; il y a aussi une idée de défaut de manque comme par exemple faute d'argent. La faute renvoie donc à un code moral ou éthique. Sous le bénéfice de cette observation liminaire, l'analyse révèle que l'évolution de la responsabilité civile délictuelle n'a pas affecté que le système en général ; elle a aussi impacté de son sceau royal les membranes.

La doctrine fait remarquer que « d'une conception morale, subjective, la faute, pour les besoins de la réparation, est passée à une conception objective »[137]. A lire la loi du 26 mai 1977, elle a introduit un troisième alinéa à l'article 121 COCC. La nouvelle formulation de l'article 121 COCC laissait planer l'amorce d'une objectivation de la faute. C'est l'interprétation originelle qui en était proposée[138].

Cette objectivation de la faute posée par l'alinéa 3 de l'article 121 qui dispose que « Toutefois, tout acte peut obliger l'auteur du dommage à réparation ou être pris en compte pour l'exonération partielle ou totale prévue au présent titre », fait perdre la notion de la morale dans la responsabilité civile. De surcroit, nous ne comprenons pas comment un dément ou *infantes*[139] peut être responsable de leurs actes. Comment peut-on engager la responsabilité des personnes qui n'ont pas la capacité d'apprécier les conséquences de leurs actes ? C'est notamment cette interrogation qui explique le refus par les juges sénégalais d'appliquer cette règle depuis l'admission de cet alinéa dans le COCC. L'objectivation de la faute par l'introduction de cet alinéa 3 a fait perdre de vitesse les considérations morales qui étaient incluses à travers l'article 121 du COCC. En effet, l'article 121 alinéa 1er posait le

---

136 F. Besson et C. Kikuchi, « L'erreur, l'échec, la faute : introduction », *Questes, revue pluridisciplinaire d'études médiévales*, 30/2015, p. 14.

137 A.-A. Diouf, « La peine privée en droit sénégalais de la responsabilité civile extracontractuelle » préc., p. 275, L'auteur cite Ph. Le Tourneau, « Des métamorphoses contemporaines et subreptices de la faute subjective », *in Les métamorphoses de la responsabilité, sixième journée Savatier, Poitiers 15 et 16 mai 1997,* PUF, 1997, p. 23.

138 E.-H.-S. Ndiaye, « Retour sur le civilement responsable du fait d'autrui : l'exemple de la responsabilité parentale », *in Code des Obligations Civiles et Commerciales du Sénégal (COCC) : cinquante ans après, op. cit.*, p. 469.

139 S'agissant des *infantes,* les arrêts du 9 mai 1984 de la Cour de cassation française révélèrent que la conscience psychologique n'était plus une condition d'imputabilité de la responsabilité des mineurs en bas-âge. Quant aux majeurs incapables, en France, c'est par le biais de la loi du 3 janvier 1968 incarnée par l'article 489-2 du Code civil, que le législateur a fini d'engager la responsabilité civile des déments.

principe de l'exclusion d'une responsabilité pour les mineurs, les *infans*, les déments et les incapables qui ne pouvaient se voir imputer une responsabilité. On estimait qu'un mineur, ou un incapable ne pouvait pas causer un dommage en ayant conscience des conséquences qui en résulteraient. A ce titre, du fait qu'ils n'ont pas la conscience des conséquences de leurs actes, le législateur avait décidé alors de les exclure du champ des personnes pouvant être responsables. C'était la solution du COCC et c'est ce qui semblait juste au regard de l'objectif du législateur qui était d'incorporer la morale à travers la responsabilité civile.

L'alinéa 3 dispose que « tout acte peut obliger l'auteur du dommage à réparation ou être pris en compte pour l'exonération partielle ou totale prévue au présent titre ». A la lecture de cette disposition, actuellement il n'y a plus une distinction entre incapables, mineurs et les autres pour engager leur responsabilité. Cela veut dire que les mineurs et incapables jadis exclus par l'alinéa 1er de l'article 121, sont aujourd'hui responsables en application de l'alinéa 3 du même article. Cependant, l'admission de cet alinéa 3 fait naitre un conflit de lois car le législateur n'a pas abrogé l'alinéa 1, et a inséré une autre règle contraire de ce qui a été prévue par l'alinéa 1, il se pose la question de savoir comment ce conflit normatif sera résolu ?

L'objectivation de la faute et son dépassement ont été presque simultanément accompagnés par une dissolution des caractères du préjudice et une métastase de celui-ci : « l'évolution en matière de préjudice, a consisté, en définitive, à admettre que n'importe quoi puisse être réparé, de plus en plus facilement, n'importe comment »[140].

En outre, au-delà des limites visées ci-dessus, il en existe une autre, qui est le principe de la réparation intégrale.

2 – Un recul justifié par les limites du principe de la réparation intégrale.

En droit positif sénégalais, la réparation intégrale est analysée comme un mythe qui se révèle à travers des pratiques qui engendrent des conséquences relativement à la réparation du préjudice. En marge de cette remarque, il faut dire que cette conception principielle de la réparation, enrobée de bons sentiments, peut se heurter à des difficultés

---

[140] I.-Y. Ndiaye, « Leçon inaugurale (...) » préc., p. 34 ; L. Cadiet, « Les métamorphoses du préjudice », *in Les métamorphoses de la responsabilité,* PUF, 1997, p. 37 s.

pratiques de mise en œuvre relativement à la nature du préjudice ou à son évaluation correcte. La réparation intégrale présente de multiples démérites qui ont fait le lit des critiques formulées à son encontre. En effet, la mise en œuvre de la réparation intégrale a souvent donné lieu à des exagérations et autres incohérences dans la fixation des dommages et intérêts. Mais la plus grande variation que l'on note avec la réparation intégrale est la différence d'appréciation entre le préjudice moral, le préjudice corporel et les dommages qui portent atteinte à l'intégrité physique. Aux termes de l'article 134 du COCC, « Les dommages et intérêts doivent être fixés de telle sorte qu'ils soient pour la victime la réparation intégrale du préjudice subi »[141]. A lire cette disposition, la question qui se pose alors, comment quantifier un préjudice moral afin de le réparer intégralement ? Ceci montre d'une parfaite illustration les limites de la réparation intégrale.

Certes à travers la réparation intégrale, on sent de la part du législateur du COCC une prise en compte de la morale mais la question fondamentale est de savoir si cette morale qui traverse la réparation intégrale est effective. A cette interrogation, certains auteurs estiment que l'indemnisation versée à la victime a été toujours légèrement inférieure ou supérieure à la valeur réelle du dommage[142]. La perte d'une chance est très illustrative des limites du principe de réparation intégrale. Incapable de remettre la victime dans sa situation affective antérieure, l'argent qui lui sera donné ne lui permettra pas d'être dans sa situation initiale. Selon le professeur Abdoul Aziz Diouf, loin de l'indemniser, il faudra penser à sanctionner le responsable. Pour ce dernier, la peine privée apparait comme une solution satisfactoire qu'a une réparation en ce sens qu'à travers cette peine privée, on sent plus la morale que dans la réparation intégrale initiée par le législateur[143]. Ainsi, cette peine privée englobe à la fois la prévention du dommage, la réparation du dommage et la punition infligée à l'auteur du dommage.

Enfin, en réaction à ces difficultés, de nouvelles techniques vont rendre moins aléatoire la réparation du préjudice subi par la victime. La multiplication des dommages et leur importance vont alors favoriser

---

[141] J. Issa-Sayegh, « Nature et régime juridique des règles d'indemnisation des victimes d'accidents causés par des véhicules terrestres à moteur, (article 255 à 277 du code CIMA) », *Ohadata D-03-04*.

[142] A.-A. Diouf, « La peine privée en droit sénégalais de la responsabilité civile » préc., p. 279.

[143] *Ibid.*

une réaction du corps social avec le développement de l'assurance. C'est le cas notamment en Afrique francophone avec la création de la conférence interafricaine des Marchés de l'Assurances (CIMA) dont le Traité fondateur regroupant quatorze États est entré en vigueur le 15 février 1995. La barémisation est ainsi advenue dans le droit des assurances, notamment automobiles, pour apporter une réponse à des préoccupations marchandes. Dans l'absolu, elle peut sembler nécessaire. Dans un contexte africain de rareté des ressources financières, établir un barème et déterminer les dommages réparables est de nature à prédéterminer le montant des sommes à allouer aux victimes, d'une part, et aide le juge dans son office, d'autre part. A travers le barème CIMA, les États africains ont voulu répondre à l'imprévisibilité de la réparation intégrale dont se sont plaints de nombreux acteurs du système des assurances. A prendre le barème CIMA, celui-ci procède, dans bien des cas, à un plafonnement du montant de l'indemnisation en fonction du SMIG. Une telle entreprise peut se révéler négatrice des droits de la victime en ce que la réparation pourrait ne pas englober tous les préjudices subis. Elle est, dans ce cas, purement forfaitaire.

Si la réparation intégrale postule à une certaine conception morale de la justice sociale, elle n'en pose pas moins des problèmes, dans un contexte de nécessaire développement de l'entreprise et de l'initiative privée. En effet, il peut exister une difficulté d'articulation entre l'objectif de réparation d'un préjudice individuel et celui de prise en compte des impératifs collectifs liés à la vie ou à la survie d'une entreprise. Où l'on peut apercevoir que la réparation intégrale, soumise à la focale de l'analyse économique du droit, peut révéler quelques démérites[144]. Par ailleurs, le cas du préjudice moral[145] est aussi une limite inhérente à la réparation intégrale. En effet, le préjudice moral peut être défini comme une souffrance endurée par la victime à la suite d'une atteinte à un intérêt extrapatrimonial. Ce qui explique d'ailleurs que les juges du fond refusent parfois de l'apprécier, comme par exemple dans le cas extrême d'une victime en état végétatif chronique. Le principe de la réparation intégrale interdit que le montant de

144 J.-L. Corréa, « La réparation intégrale dans le code des obligations civiles et commerciales » préc., p. 138.

145 L. Bélanger-Hardy, « Responsabilité délictuelle et réparation du préjudice moral : où en est la *common law* canadienne ? », *Revue Générale de Droit*, vol. 32, 697-735, 2002, p. 699.

l'indemnité soit proportionné à la gravité de la faute de l'auteur du dommage[146].

....

L'appréhension de la morale dans le Code sénégalais des obligations civiles et commerciales interpelle à plus d'un titre. Les éléments mobilisés pour conduire la réflexion ont conduit à relever avec force que la morale dans le COCC constitue un baromètre aussi bien pour le législateur que pour le juge. De fait, il existe une prise en compte prégnante de la morale dans le droit des contrats même si elle est moins présente dans le droit de la responsabilité civile. C'est un instrument de moralisation toutefois. Cette mutation est hétérogène et certaines formes juridiques se développent plus que d'autres. C'est le cas du contrat devenue une catégorie universelle teintée de morale.

Aussi bien en droit des contrats et de la responsabilité civile, les auteurs d'inspirations les plus diverses s'accordent sur le fait que le sentiment interindividuel le plus caractéristique de la vie morale est celui du « respect ». Par contre, les divergences se sont faites jour quant à la question des rapports entre le respect et la loi normative elle-même. A l'évidence la morale joue un rôle régulateur dans le Code sénégalais des obligations ce qui nous pousse à dire dans cette matière que « nul n'est censé ignorer la morale ».

---

[146] Cependant, l'analyse des jurisprudences démontre que les juridictions confèrent un rôle important à la gravité de la faute dans l'appréciation du préjudice moral lorsqu'il y a atteinte à un droit de la personnalité. Cette prise en compte ne se justifie que dans les hypothèses où le comportement fautif a aggravé la douleur morale de la victime et donc son préjudice. Par exemple, la faute de l'auteur du dommage est prise en compte en matière de journalisme, lorsque les faits présentés sont faux ou déformés de sorte que cela aboutit à présenter l'intéressé sous un jour défavorable aux yeux du public. En revanche, le caractère fautif du comportement du défendeur ne doit pas être pris en compte lorsqu'il n'a aucune incidence sur l'étendue du préjudice subi par la victime.

Chronique de jurisprudence

D'un syllogisme inexact à une obstination troublante (A propos de certaines décisions de licenciement et de divorce qui continuent à déranger)

Isaac Yankhoba NDIAYE
Professeur Titulaire des Universités en droit privé

Cour suprême du Sénégal
Arrêt n° 51 du 24 juin 2020
(inédit)

La Cour suprême, Après en avoir délibéré conformément à la loi ; Attendu que X B C conteste la recevabilité du pourvoi aux motifs que d'une part, l'hôtel Aa Ab a reçu le 7 juin 2019 une correspondance à laquelle était jointe la décision attaquée et, d'autre part, l'action est éteinte, l'hôtel Aa Ab AG ayant acquiescé à l'arrêt attaqué en entamant son exécution ; Attendu que la lettre du 7 juin 2019, accompagnée d'un décompte des intérêts de droit, a été envoyée aux conseils, en appel, de l'hôtel Aa Ab ; qu'il ne résulte pas des pièces de la procédure que l'arrêt ait été notifié à l'hôtel Aa Ab AG ; Et attendu que le paiement d'une somme au titre de l'exécution partielle d'une décision exécutoire dont la preuve de la notification n'est pas rapportée, ne fait pas obstacle à l'exercice d'un pourvoi ; Qu'il s'ensuit que le pourvoi est recevable ; Attendu, selon l'arrêt attaqué, que X B C, responsable des espaces publics de l'hôtel Aa Ab, licenciée pour violation des « procédures et standards », a attrait son employeur devant le tribunal du travail pour l'entendre déclarer son licenciement abusif et condamner l'hôtel au paiement de diverses indemnités ; Sur le moyen soulevé d'office, en application de l'article 73-4 de la loi orga- nique susvisée, et tiré de la violation des articles 119 du code des obligations civiles et commerciales (COCC), L 51 et L 56 du code du travail ; Vu les articles 119 du COCC, L 51 et L 56 du code du travail ; Attendu, selon ces textes, que la faute est un manquement à une obligation préexistante de quelque nature qu'elle soit et, qu'un licenciement, fondé sur un motif légitime, n'est pas abusif ; Attendu que pour déclarer le licenciement abusif, l'arrêt relève qu'en se permettant de rappeler au président de la République les services qu'elle avait accomplis en sa faveur alors qu'il était directeur de PÉTROSEN, X B C a violé l'obligation de réserve qui pesait sur elle en vertu du règlement intérieur, puis énonce que « dans l'exposé des motifs de la loi n° 97-17 du 1" décembre 1997 portant code du travail, le législateur s'est expressément référé à la notion de cause réelle et sérieuse ce qui per- met au juge de contrôler la proportionnalité de la sanction à la faute du salarié (...) nonobstant les dispositions de l'article 16 de la convention collective qui ne peuvent exclure le contrôle de proportionnalité au risque de transformer le pouvoir discrétionnaire de l'employeur dans le choix de la sanction en pouvoir arbitraire », et retient que la dame C a commis une faute légère qui toutefois, ne méritait pas un licenciement au regard de l'ancienneté de 18 ans 7 mois acquise, des échelons gravis et des fonctions qu'elle a occupées sans avoir encouru une quelconque sanction ; Qu'en statuant ainsi, alors que toute faute constitue un motif légitime de licenciement, la cour d'Appel a violé les textes susvisés ; Par ces motifs :Et sans qu'il soit besoin d'examiner les moyens du pourvoi : casse et annule l'arrêt n° 297 du 7 mai 2017 de cour d'Appel de Dakar ; renvoie la cause et les parties devant cour d'Appel de Saint Louis.

....

Tribunal d'instance Hors Classe de Dakar

14 février 2024

Aff. M. X. c/. Mme Y.

(inédit)

(…)

Attendu que par requête enregistrée au Greffe le 21 décembre 2023, M. X. a saisi le Tribunal de céans d'une action en divorce dirigée contre son épouse Mme Y.

Attendu que la défenderesse citée à domicile n'a pas comparu ; qu'il convient de statuer par défaut à son égard ;

En la forme

Attendu qu'à l'audience du 23 janvier 2024, le juge conciliateur a constaté la non-conciliation des époux et déclaré ouverte la phase contentieuse ;

Que l'action ayant été initiée dans les forme et délai de la loi, il convient de la recevoir ;

Au fond

Sur le lien conjugal

Attendu qu'il est constant comme résultant des pièces de la procédure notamment du certificat de mariage n*XXX/2019 délivré par l'officier d'état civil de la commune de Wakhinane-Nimzatt que M. X. et Mme. Y. ont contracté mariage le 15 mai 2019 à Guédiawaye, sous l'option de la monogamie et le régime de la séparation de biens ;

Que de leur union, il n'est pas issu d'enfant ;

Sur les prétentions et moyens des parties

Attendu que dans sa requête et dans ses écritures en date du 11 décembre 2023 M. X. a exposé que son épouse a quitté le domicile conjugal depuis le 23 octobre 2022 ; que cet abandon a été constaté par le procès-verbal d'huissier en date du 14 décembre 2023 ;

Qu'il a souligné que la dame s'est finalement installée aux États-Unis ;

Qu'il a sollicité le divorce soit prononcé pour ses causes ;

Attendu que la dame Y. jugée par défaut n'a pas pu faire valoir ses moyens de défense ;

Sur le divorce

Attendu que le divorce peut être prononcé pour l'une des causes prévues par l'article 166 du Code de la famille, notamment pour abandon de domicile conjugal et incompatibilité d'humeur ; que l'incompatibilité d'humeur est une cause permettant à l'époux qui n'a pas d'autres griefs d'obtenir le prononcé à ses torts exclusifs ;

Attendu que le procès-verbal constat en date du 14 décembre 2023 de Maître Joséphine Kambe SENGHOR ne renseigne guère sur les circonstances du départ de la dame Y. ; que la simple absence de la femme ne permet pas d'établir l'abandon de domicile ; Qu'en application des dispositions de l'article 30 du C.O.C.C. et 132 et suivants du C.P.C., les déclarations de tiers même recueillies par un huissier ne peuvent avoir la valeur d'un témoignage ; que le demandeur avait la latitude de faire comparaître ses témoins devant le Tribunal ; Qu'aucun élément du dossier n'établit que la défenderesse aurait quitté le domicile sans intention de la regagner ; qu'il convient de rejeter cette cause ;

Attendu cependant que l'époux a suffisamment manifesté sa volonté de rompre le lien conjugal en initiant son action ; qu'il est de principe que nul ne peut être contraint à demeure dans les liens du mariage ; Qu'il convient dès lors de prononcer le divorce pour incompatibilité d'humeur aux torts exclusifs de l'époux demandeur ;

Sur le délai de viduité

Attendu qu'il résulte de l'article 112 du code de la famille que la femme qui obtient le divorce, observe un délai de viduité de 300 jours et qu'en cas de dissolution du mariage par le divorce, ce délai peut être ramené à 3 mois ; Attendu qu'il est constant comme jugé ci-dessus que le divorce entre les parties est prononcé ; Qu'il échet de dire que la défenderesse observera un délai de viduité de trois mois.

Par ces motifs :

Statuant publiquement, par défaut à l'égard de la défenderesse en matière civile et de famille et en premier ressort, après débats en chambre du conseil ;

En la forme

Reçoit l'action

Au fond

Vu l'ordonnance de non-conciliation

Prononce le divorce pour incompatibilité d'humeur aux torts exclusifs du mari

Fixe le délai de viduité à 3 mois à compter du jour où le présent jugement sera définitif ;

Ordonne la mention du divorce intervenu et l'indication de la date de l'ordonnance de non-conciliation en marge de l'acte de mariage et de l'acte de naissance de chacun des époux par l'officier d'état civil à compter du jour où le jugement sera définitif ;

(…)

....

Il n'y a rien de plus affligeant que de cohabiter avec une erreur qui s'éternise ; et si c'est le Droit qui est en cause, il faut imaginer le degré d'injustice vécu.

Sous ce regard, l'actualité saillante des tribunaux nous renvoie malheureusement à cette figure qu'on souhaite ne plus rencontrer, surtout lorsqu'elle atteint les deux principales séquences de la vie : la vie professionnelle et la vie personnelle. Notre propos ici n'envisage pas de revenir sur la difficile articulation contemporaine entre ces deux termes, ou plus exactement de rechercher le nécessaire équilibre qui devrait les gouverner[1]. Il se veut moins technique à travers un regard sur chaque terme, tout en essayant de rester suffisamment significatif pour bousculer l'immobilisme déconcertant qui les couvre et que rien ne justifie.

En effet, depuis déjà plusieurs années maintenant, la Justice persiste dans l'erreur lorsqu'elle est amenée à se prononcer sur ce qui nous est le plus cher dans nos vies[2]. Le temps est peut-être venu d'essayer, encore une fois, de la sortir de sa torpeur et de lui faire abandonner son obsession malheureuse à vouloir s'y cantonner. Le choix se porte d'abord sur la rupture du contrat de travail par l'employeur (I) avant de mettre en relief ce que le juge fait dire au droit de la famille en matière de divorce (II).

I – D'un syllogisme judiciaire inexact…

Le droit du travail a toujours été présenté et enseigné comme un droit de parti pris en faveur du salarié. Ce dernier est en effet sous une subordination acceptée[3] que le droit essaie de réguler par divers mécanismes de protection. On trouve ainsi plusieurs illustrations de cette orientation aussi bien dans les rapports individuels que collectifs du travail[4]. Cette perception du droit du travail s'est maintenue mais sans pour autant parvenir à devenir exclusive. Le droit du travail renferme aussi une dimension économique qui ne peut être méconnue[5]. C'est à travers cette ambivalence que l'équilibre doit être recherché afin de pouvoir apprécier l'exacte portée du droit du travail.

Sous ce registre, il arrive que dans la mise en œuvre, l'employeur puisse mieux s'en tirer… essentiellement par le fait du juge. En effet, ce dernier, à partir d'une appréciation profondément légère, ne semble pas avoir une claire vision de ce qui doit se faire lorsque le licenciement est fondé sur la faute. Il y a sur ce point un amas

---

[1] V. R. Spire, « Hyper connexion et contrat de travail : quand les sphères personnelle et professionnelle se confondent », *Dr. ouv.*, 2019, n° 848, p. 135 et s.

[2] V. nos différentes réflexions sur les sujets respectifs, I.-Y. Ndiaye, « le juge contre la protection de l'emploi », note, sous l'arrêt C.A. Dakar n° 135, mars 1980, *Rev. EDJA* n° 20 juin 1992, pp. 6-20 ; I.-Y. Ndiaye, « Réflexions critiques sur une cause de divorce : l'incompatibilité d'humeur », *Rev. EDJA* n°13, 1987, p. 2 et s.

[3] En ce sens, A. Supiot, « Les nouveaux visages de la subordination », *Dr. Soc.*, 2000, p. 139

[4] V. I. Meyrat, « Droits fondamentaux et droit du travail. Réflexions à partir d'une problématique ambivalente », *Dr. ouv.*, 2002, p. 343 et s.

[5] T. Sachs, *La raison économique du droit du travail. Contribution à l'étude des rapports entre le droit et l'économie*, LGDJ, tome 58, 2013, 500 p.

jurisprudentiel contestable qui s'est constitué depuis longtemps que reproduit l'arrêt annexé à la présente note[6].

Et pourtant, aucun texte, en droit du travail sénégalais, ne dispose expressément qu'une faute prouvée imputable au travailleur dans l'exécution du contrat de travail suffit à rendre légitime le licenciement. Au-delà, il y a tellement de choses qui peuvent être dites sur cette orientation.

En premier lieu, et en réalité, le juge fonde sa décision sur un syllogisme lourdement inexact :

« Les licenciements effectués sans motif légitimes… sont abusifs »[7].

Toute faute constitue un motif légitime.

Le licenciement d'un salarié fautif est légitime.

Ce raisonnement judiciaire ne contient qu'une seule vérité : la majeure posée par l'article L56 alinéa 2 ; la mineure a été inventée de toute pièce, et donc tout naturellement, la conclusion devient une hérésie.

Il faut ensuite rappeler, qu'il appartient à l'employeur d'établir la légitimité du motif en cas de contestation[8] ; or le juge semble tenir pour établie la légitimité du motif dès l'instant que la faute est prouvée ; ce qui signifie littéralement que l'existence de la faute équivaut à la légitimité du motif de licenciement. En adoptant la démarche qui est la sienne dans plusieurs décisions, le juge se dispense de ce que la loi lui impose.

---

[6] Cour suprême (Sénégal), 31 juillet 2012, arrêt n* 20, aff. *Axa Assurances c/. Nd. K. G.*, inédit. La Cour a décidé : « Toute faute, quel que soit son degré de gravité constitue un motif légitime de licenciement, dès lors que les faits imputés au travailleur sont établis et sont bien constitutifs de faute ; Attendu qu'en droit sénégalais du travail, tout fait, si minime soit-il, dès lors qu'il est qualifié de faute, rend le licenciement légitime ; Qu'en statuant ainsi alors que toute faute constitue un motif de licenciement, la Cour d'Appel a violé les textes sus visés ».
Cour de cassation (Sénégal), 1 septembre 1996, *TPOM*, n* 870, p. 187. Il y a été soutenu « Que l'article 16 de la CCNI qui prévoit des sanctions disciplinaires applicables au personnel laisse toute latitude à l'employeur d'infliger au travailleur la sanction qu'il juge la plus appropriée et la jurisprudence considère que toute faute du travailleur quel que soit le degré de gravité, constitue un motif légitime de licenciement, dès lors que les faits imputés au travailleur sont établis et sont bien constitutifs d'une faute ».

[7] Art. L56 alinéa 2 du Code du travail.

[8] Art. L 56 alinéa 3.

Par ailleurs, on comprend difficilement dans cette occurrence quel est le sens de la gradation des sanctions que l'on retrouve formellement dans la CCNI. Ces sanctions ne retrouvent leur finalité que lorsqu'elles sont corrélées à une gradation des fautes. Sinon, c'est reconnaître à l'employeur son droit d'être « seul juge » quant à la sanction à retenir, nonobstant la caractérisation de la faute.

Une telle doctrine a pu prospérer jadis lorsque le droit du travail était encore sous emprise ; aujourd'hui, l'employeur ne devrait plus avoir la possibilité de sanctionner en fonction de ses simples humeurs de circonstance : toute sanction devrait être objectivée, surtout à un moment où il est de plus en plus reconnu au salarié des droits et des libertés fondamentaux, même dans son lieu de travail.

Le droit « métropolitain » qui nous sert encore de référence ne s'y est pas trompé, depuis 1993, en exigeant pour le licenciement une cause réelle et sérieuse, formule ayant conduit, sans réserve, dans l'esprit de la doctrine et de la jurisprudence confondues, à la nécessité d'opérer un contrôle de proportionnalité entre la faute commise et la sanction retenue.

Pourtant la même formule se retrouve dans le Code du travail sénégalais de 1997, notamment dans l'exposé des motifs ; il y est précisé en effet que le Code du travail : « réaménage le licenciement de droit commun en introduisant une distinction entre l'irrégularité de forme, comme l'inobservation de la formalité de notification écrite de la rupture ou l'indication du motif et le caractère réel et sérieux ou non de la rupture.

C'est ainsi que l'irrégularité de la forme n'ouvre droit qu'à une indemnité laissée à l'appréciation du juge, les dommages intérêts étant alloués en cas de licenciement abusif, intervenu sans causes réelles et sérieuses ».

L'argumentaire repoussoir du juge est d'affirmer, ou de croire, que l'exposé des motifs est dépourvu de toute valeur normative ; mais on sait bien que cet artifice de mauvais aloi renseigne sur la méconnaissance de sa portée éclairante, qui constitue le ressort le plus expressif de l'intention du législateur.

Enfin, il serait opportun de relever que la démarche du juge n'est point exempte de contradiction : il est rare que le juge évoque le principe de proportionnalité pour le rejeter ; bien souvent, il se prononce sur l'existence et la gravité de la faute pour décider de la légitimité ou non du licenciement ; or si la seule faute suffit à rendre légitime le licenciement, pourquoi s'évertuer à la caractériser, en dehors de l'hypothèse de la faute lourde ou grave. Cette position devrait, en toute orthodoxie, être renversée.

C'est pourquoi, on retient avec enthousiasme que des juridictions inférieures résistantes aient pu avoir cette lecture :

« L'employeur aurait dû, dans un premier temps, lui infliger une sanction moins sévère comme la mise à pied »[9].

« Que quand bien même, le sieur NDAO aurait reconnu avoir omis d'assurer le suivi du stock, il n'est pas avéré que son acte revêt une certaine gravité rendant indispensable son licenciement au regard surtout de ses qualités professionnelles longtemps… »[10].

« Que l'acte du salarié, fut-il considéré comme un manquement professionnel par l'employeur ne saurait, à lui seul, justifier la sanction suprême que constitue le licenciement, vu son ancienneté et son passé dans la société »[11].

« La seule absence de la journée du 21 mai 2015 ne peut légitimement fonder le licenciement du demandeur qui n'a jamais fait l'objet de sanction quelconque durant les six (06) années de service ; que la sanction est disproportionnée par rapport aux faits »[12].

Et l'on sait aussi que, parallèlement, le juge administratif est dans cette dynamique depuis un certain temps[13]. Le contexte semble aujourd'hui davantage favorable pour envisager un véritable contrôle de proportionnalité entre la faute commise et la sanction infligée avec la perspective de finalisation d'un nouveau de Code du travail.

On pourrait ensuite s'interroger, avec le même étonnement, en droit de la famille.

II … à une obstination judiciaire troublante

Le droit sénégalais de la famille est aujourd'hui cinquantenaire ; sa philosophie de compromis n'a jamais été remise frontalement en cause.

---

[9] Cour d'appel Dakar, 9 mai 2011, arrêt n° 2, *aff. RCI c/. Café de Rome*.

[10] Tribunal du travail, 22 février 2017, jugement n° 185, *aff. M. Nd. c/. Société Ph. Morris Sénégal*, inédit.

[11] Tribunal du travail Hors classe Dakar, 8 février 2017, jugement n° 140, aff. *M. Y. c/. Mme S. F. Ng.*, inédit.

[12] Tribunal du travail, 5 octobre 2015, jugement n° 753/25, aff. *I. B. c/. Boulangerie Jape,* inédit.

[13] Cf. Nd.-M.-F. Diagne, *Les méthodes et les techniques du juge en droit administratif sénégalais*, UCAD, thèse mult., 1995.

A cet égard, il n'est pas exagéré de croire qu'il a presque bénéficié d'un long état de grâce[14]. Et pourtant, les griefs que l'on a pu soulever, ici ou là, étaient loin d'être impertinents ; certains d'entre eux ont même révélé leur effet contrariant sur la volonté du législateur. C'est, sans aucun doute, le cas avec l'impérativité du divorce judiciaire, même pour ceux qui n'ont pas fait constater leur mariage[15].

Sur ce point, le droit du divorce n'a pas été épargné par certains relents du passé qu'on voulait jeter par-dessus bord[16]. L'histoire a pour prétexte un jugement récent qui n'est cependant que le modèle constant d'une série analogue. C'est le tribunal d'instance hors classe de Dakar en date du 2 février 2024 joint à la présente note qui en porte le... fardeau.

Des époux ont contracté mariage le 15 mars 2019 sous l'option de monogamie et de séparation des biens ; le 14 décembre 2023, le mari a fait constater par huissier la non-présence de l'épouse au domicile conjugal, depuis le 24 octobre 2022 ; par requête du 21 décembre 2023, il sollicite le divorce pour cette cause. La phase contentieuse est ouverte le 23 janvier 2024, à la suite de l'échec de la conciliation. A l'audience, l'épouse, qui serait partie aux États-Unis, ne se présente pas, et le juge prononce le divorce par défaut. Jusque-là, on est en présence d'une affaire classique, voire banale, si l'on prend en référence les dernières statistiques déclarées[17].

Pour tout le reste, le juge ne peut échapper à une mise à l'index. Il se refuse à trouver une motivation adéquate susceptible de légitimer sa décision. D'abord, sur l'abandon de domicile conjugal, il fait remarquer que le constat d'huissier et les témoignages recueillis ne peuvent établir que l'épouse, « absente » depuis plus d'un an, n'avait pas manifesté l'intention de ne plus revenir ; pourtant, le juge a eu l'opportunité d'en savoir plus lors de la tentative de conciliation qui a échoué et durant

---

[14] V. A.-T. Ndiaye, « Le Code de la famille du Sénégal, quarante ans après sa mise en vigueur, *Annales Africaines*, vol. 2, n° 3, p. 172 et s.

[15] Cour suprême (Sénégal), 20 juillet 1977, Penant 1978, note S. Guinchard, p. 395 et s.

[16] V. I.-Y. Ndiaye, « Réflexions sur une cause de divorce : l'incompatibilité d'humeur » préc., n° 13, p. 2 ; Nd. Diouf, I.-Y. Ndiaye, *Jurisclasseur de droit comparé*, fascicule 1, 1995 ; I.-Y. Ndiaye, « Le mariage à l'épreuve du droit traditionnel », *RSD* n° 36, p. 1 et s.

[17] Cf. P.-T. Fall, « Réflexions critiques sur le divorce en droit sénégalais (Étude de jurisprudence) », *Annales Africaines*, 2015, n° 2, p. 305 et s.

laquelle l'épouse n'a jamais eu à contester ce qui lui est reproché ; par ailleurs, durant la phase contentieuse, l'épouse n'a pas donné suite à sa convocation et n'a pas été non plus représentée. On peut toujours arguer qu'il ne s'agit là que de simples faits laissés à la souveraine appréciation du juge. Mais si l'abandon de domicile conjugal n'est pas retenu, l'action du mari aurait dû logiquement être rejetée.

Mais le juge prend le soin de rappeler la vieille rengaine : « l'incompatibilité d'humeur est une cause permettant à l'époux qui n'a pas d'autres griefs d'obtenir le prononcé à ses torts ». Et donc il ajoute : « Attendu cependant que l'époux a suffisamment manifesté sa volonté de rompre le lien matrimonial en initiant son action ; qu'il est de principe que nul ne peut être contraint à demeurer dans les liens du mariage ; qu'il convient dès lors de prononcer le divorce pour incompatibilité d'humeur aux torts exclusifs du demandeur ».

Par suite, même si l'incompatibilité n'est pas invoquée, le juge peut y recourir, dès l'instant que la cause sollicitée fait défaut. C'est en quelque sorte faire jouer à l'incompatibilité d'humeur un rôle de... « subsidiarité » à mettre en œuvre toutes les fois où aucune autre cause de divorce ne peut prospérer.

Il semble que ce n'est pas une surprise, car on sait que « la majeure partie des décisions dépouillées... sont fondées sur l'incompatibilité, lorsque les allégations du demandeur en divorce ne sont corroborées par aucun élément de preuve »[18]. Le juge a tendance à considérer que « toutes les causes de divorce sont réductibles à l'incompatibilité d'humeur ».

Et aujourd'hui, on découvre qu'il n'est d'ailleurs pas nécessaire de la prouver, car l'incompatibilité se présume par le simple fait d'initier une action en divorce. Toute cette contorsion démonstrative permet enfin d'aboutir à la conclusion que le divorce doit être prononcé aux torts exclusifs du demandeur.

Il nous a été déjà donné l'occasion de souligner, avec d'autres, le caractère permissif et déstabilisateur de cette cause de divorce[19]. On a aussi eu à relever la forte parenté de cette cause de divorce avec la

---

[18] V. P.-T. Fall, « Réflexions critiques sur le divorce en droit sénégalais. Étude de jurisprudence » préc. ; *Adde*, A.-T. Ndiaye, « le Code de la famille du Sénégal, quarante ans après sa mise en vigueur » préc.

[19] I.-Y. Ndiaye, « Réflexions sur une cause de divorce : l'incompatibilité d'humeur » préc., n° 13, p. 2 ; Nd. Diouf, I.-Y. Ndiaye, *Jurisclasseur de droit comparé*, fascicule 1, *op. cit.* ; I.-Y. Ndiaye, « Le mariage à l'épreuve du droit traditionnel » préc.

répudiation : nous écrivions, il y a déjà trente ans que « l'incompatibilité d'humeur, telle qu'elle est perçue par le juge avec l'onction du législateur, constitue une répudiation déguisée que le voile des mots ne parvient guère à couvrir... Ainsi lorsque dans les profondeurs du Sénégal, on continue à répudier comme naguère, il n'y a pas à s'en offusquer outre mesure ; c'est aussi le Code de la famille qu'on applique sans le savoir »[20].

Il n'est pas besoin d'en rajouter ; mais il est impérieux de rappeler ce que l'orthodoxie impose. Aux termes de la loi, l'incompatibilité doit rendre intolérable le maintien du lien matrimonial[21]. Ainsi, cette cause doit exister, et cette existence doit être tellement pesante que les époux ne peuvent rester ensemble. Aucune de ces conditions ne semble constituer une entrave pour le juge ; ce dernier instaure donc une jurisprudence *contra legem* qu'il amplifie en imputant des torts à l'un ou/et l'autre époux, bien qu'il soit reconnu que l'incompatibilité d'humeur n'est pas une cause fautive de divorce.

Il y a finalement lieu de constater une obstination dans l'erreur dont il est temps de se départir, sans que l'on ait besoin d'attendre la réforme envisagée et souhaitée du Code la famille[22].

---

[20] I.-Y. Ndiaye, « Réflexions sur une cause de divorce : L'incompatibilité d'humeur », préc.

[21] Art. 166 CF.

[22] V. I.-Y. Ndiaye, « Plaidoyer pour une réforme du Code la famille », Mélanges en l'Honneur du juge Kéba Mbaye, *Administrer la justice. Transcender les frontières du droit,* Presses de l'Université de Toulouse 1 Capitole, 2018, p. 606 et s.

Chronique des professions juridiques

Le devoir de réserve du magistrat (Libres propos)

Demba KANDJI

Magistrat à la retraite
Médiateur de la République du Sénégal

Dans les sociétés en voie de démocratisation comme les nôtres, les libertés les plus revendiquées sont celles d'aller, de venir et de s'exprimer librement. Elles sont en retour les droits fondamentaux les plus difficiles à garantir du fait des restrictions qu'ils suscitent sur le plan normatif. Dans les États d'Afrique francophone qui s'ouvrent à la gestion néolibérale de ces droits, les assujettis à l'obligation de réserve, comme les magistrats, sont de plus en plus confrontés au désir d'exposition, ou au besoin de défendre leurs causes de façon polémique ; ils ne manquent souvent pas l'occasion d'être rappelés à l'ordre par leur hiérarchie s'ils ne sont simplement pas désapprouvés par l'opinion publique excédée par le mauvais usage qu'ils font de leur droit à la parole.

Il faut convenir que dans n'importe quelle collectivité humaine organisée, parler librement et sans limite n'est permis à aucun membre, plus particulièrement dans les sociétés africaines où la retenue est une qualité très souvent enseignée. La conduite souvent rigide imposée à l'Africain dès le bas âge, outre le respect de ses engagements, est destinée à lui inculquer la retenue et la discrétion, vertus qui lui permettront plus tard de soigner sa prise publique de parole (Samm sa kàddu, xamm bu ca yemm, en langue ouolof du Sénégal).

C'est là l'expression d'une prise de conscience des effets destructeurs de la parole si elle est faite à tous sens ou sans délicatesse. Les humoristes ivoiriens dont le génie mérite d'être enseigné ne s'y trompent pas, eux qui, souvent dans leurs *sketchs, avertissent* les adeptes des plateaux de télévision et des réseaux sociaux en rappelant à suffisance que « la bouche n'a pas de gomme ».

Les mises en garde et précautions à prendre dans la prise de parole dans les différentes collectivités africaines, ou ailleurs, sont destinées à prévenir le citoyen d'un monde où la parole est désormais un outil de « promotion de soi », du mauvais usage de la liberté d'expression et des limites qu'il doit lui-même s'assigner. C'est certainement ce qui explique, que pendant longtemps dans les sociétés traditionnelles en Afrique, pour éviter les dommages très souvent irréversibles causés par la parole publique, on confiait cet art à des maîtres appartenant à la caste des griots.

Ces précautions prises et ces interdictions édictées en vue du bon usage de la liberté de la parole et au-delà du comportement qui peut être parfois plus expressif que le discours, sont accentuées chez le magistrat par le serment qu'il prête et qui l'engage toute sa vie.

Aujourd'hui, plus qu'hier, l'obligation de réserve du magistrat est de plus en plus difficile à respecter et à faire respecter du fait de la multiplication des moyens audio et télévisuels et du désir croissant de se faire voir et apprécier sous son meilleur jour.

En conséquence, les atteintes qui lui sont portées ne se comptent plus et ont cessé d'émouvoir les opinions publiques africaines francophones, blasées de voir un personnage jusqu'ici « ami de l'ombre et du silence », se comporter de manière permissive. Il en résulte du coup, un sentiment d'indifférence qui, au-delà même de la personne du magistrat, impacte l'image de l'institution judiciaire tout entière.

Là où le secret professionnel astreint au silence presque absolu, le devoir de réserve autorise d'en dire le moins possible dans la limite de la délicatesse. Dans cette perspective, il y a intérêt à tenter de cerner l'obligation de réserve dans ses divers aspects, notamment à l'égard des magistrats qui, en connaissance de cause, se sont engagés à adopter un comportement empreint de retenue, tout en acceptant de souffrir en silence de la parole de l'autre qui peut les accabler même injustement. La vigueur de cette obligation statutaire serait certainement mieux appréciée à travers la mise en relief de ce que traduit le devoir de réserve à partir sa physionomie (I). Bien qu'il ne s'agisse point d'une exclusion du débat public ou d'une mise à l'écart, le devoir de réserve semble, aujourd'hui, de plus en plus difficile à faire respecter (II).

I – La physionomie du devoir de réserve

Le devoir de réserve du magistrat a un soubassement (A) indiscutable qui n'a pas cependant permis de circonscrire avec précision son contenu(B).

A – Le fondement du devoir de réserve

Le devoir de réserve a un double fondement : l'un est textuel, l'autre est philosophique.

Sur le plan textuel, c'est la loi organique n* 2017 du 17 janvier 2017 portant statut de la magistrature qui sert de référence. On n'y retrouve pas en réalité une disposition spécifique visant le droit de réserve, mais plutôt un bloc d'obligations où le droit de réserve est cité furtivement, accompagné de directives, d'interdictions, et d'incompatibilités : « Avant d'être installé dans ses premières fonctions le magistrat prête serment en audience solennelle, devant la cour d'appel à laquelle il est affecté, en ces termes : « Je jure de bien et loyalement remplir mes fonctions de magistrat, de les exercer en tout impartialité dans le respect de la Constitution et des lois de la République, de garder scrupuleusement le secret des délibérations et des votes, de ne prendre aucune position publique, de ne donner aucune consultation à titre privé sur les questions relevant de la compétence des juridictions et d'observer, en tout, la réserve, l'honneur et la dignité que ces fonctions imposent. » Il ne peut, en aucun cas, être relevé de ce serment… »[1]. Un autre article de cette loi d'ajouter : « Les magistrats peuvent, sans autorisation préalable se livrer à des travaux scientifiques, littéraires, artistiques ou d'arbitrage. Il leur est interdit de traiter dans les médias des sujets autres que ceux d'ordre professionnel ou technique »[2]. Enfin l'article 14 alinéa 5 de la loi organique précitée dispose :

« Toute manifestation d'hostilité au principe et à la forme du gouvernement de même que toute démonstration politique incompatible avec la réserve que leur imposent leurs fonctions, leur sont également interdites. ».

Déjà à ce stade, il est opportun de se demander quelle est la philosophie que ces diverses dispositions couvrent. Pour appréhender cette doctrine, il est possible, à titre illustratif, de se laisser guider par l'Appel de Genève du 1er octobre 1996 initié par sept magistrats européens contre la corruption et pour la mise en place d'un véritable espace de coopération judiciaire en Europe. A la suite cet appel, un sénateur a interpellé le Garde des Sceaux français en ces termes[3] : « Ces déclarations constituent une sorte de mise en demeure adressée aux pouvoirs publics constitutionnels issus du suffrage universel et qui sont seuls, habilités à s'exprimer ès qualité sur ces sujets … quelles suites … réserver à ce grave manquement, tant auprès des juridictions compétentes qu'auprès du conseil supérieur de la magistrature, réuni en

---

[1] Art. 9.

[2] Art. 11 alinéa 3.

[3] Question et réponse, *JO Sénat*, 26 décembre 1996, p. 3518.

formation disciplinaire ». La réponse du Garde des Sceaux ne se fit pas attendre[4] : « l'obligation de réserve ne constitue pas une obligation de silence, le magistrat, comme tout citoyen, jouissant des libertés d'opinion et d'expression corollaires de son indépendance (...) cette obligation de réserve impose au magistrat de façon prudente et mesurée, de s'abstenir de toute expression outrancière qui serait de nature à faire douter de son impartialité ou à porter atteinte à l'image et au crédit de l'institution judiciaire et des juges ».

Le but visé par la loi n'est donc pas de porter atteinte à la liberté d'expression du magistrat, mais de lui rappeler qu'il est au centre du projet d'édification de l'État de droit et que sa parole, délivrée avec mesure est, pour le justiciable, le gage d'une justice indépendante et impartiale qui sauvegarde l'image de l'institution judiciaire. Le devoir de réserve du magistrat est une garantie donnée aux justiciables en échange de la confiance qu'ils doivent placer dans la justice ; il fait défense au magistrat de formuler toute critique ou d'émettre toute expression ou tout comportement de nature à compromettre la confiance et le respect que ses fonctions doivent inspirer aux justiciables.

Finalement, il convient de retenir que l'obligation de réserve est destinée à protéger particulièrement l'image de l'institution judiciaire et la confiance qu'elle doit susciter auprès du public. Elle n'exclut pas le magistrat du débat public auquel il peut prendre part dans les limites circonscrites par son statut ; elle lui rappelle seulement la place que lui assigne son statut et lui fait défense de s'immiscer dans le champ de compétence des autres pouvoirs dans l'État.

L'exigence du devoir de réserve existe presque partout, même s'il peut varier d'une région à une autre, en raison des traditions juridiques et des contextes différents. Ainsi, est-il plus strictement surveillé chez les magistrats anglo-saxons qu'il ne l'est dans les pays de tradition romano-germanique. Les pays de la *Common Law* sont attachés à la préservation de l'impartialité du juge et restreignent en conséquence la liberté du juge jusque dans son cadre privé. Ainsi, pour un juge américain ou britannique, à la différence de leur homologue de tradition

[4] D'autant plus méritoire que le même magistrat, sur le même sujet des difficultés opposées à la coopération judiciaire internationale, s'était attiré « l'indignation » du même Garde des Sceaux un an auparavant du fait de ses protestations publiques : v. « Trois magistrats anti-corruption rappelés au devoir de réserve », *Le Monde*, 6 novembre 1995.

continentale, un engagement politique de quelque nature que ce soit serait une faute, et un engagement syndical impensable.

On peut néanmoins relever que le devoir de réserve présente un caractère apparent et permanent. Il appartient en effet à la catégorie des devoirs d'état du magistrat. Il est apparent par le fait d'être visible et constatable ; il est permanent par le fait qu'il n'est pas seulement lié à l'exercice des fonctions mais s'étend également à la vie personnelle. Le magistrat, où qu'il se trouve, peut être recherché pour manquement à ce devoir d'état compte tenu du serment qu'il a prêté. C'est là que réside le sens de la formule sacramentelle : « d'observer en tout… » incluse dans son serment.

Les obligations d'état ont pour but la sauvegarde de la dignité de la charge et l'autorité du magistrat. Il convient par ailleurs de relever la portée générale et le caractère absolu du devoir de réserve. Le devoir de réserve pèse de la même manière sur les magistrats du siège et du parquet ; les magistrats en devenir, comme les magistrats à la retraite y sont assujettis, de même que ceux qui sont en position de détachement, ou de disponibilité. Tous ces magistrats ont souscrit un engagement dont ils ne peuvent être déliés. En effet, le devoir de réserve est inclus dans le serment ; « en aucun cas », le magistrat ne peut en être délié, même dans le cadre d'une commission d'enquête parlementaire[5]. C'est à la limite un sacrement semblable à celui qui lie le prêtre de l'église catholique et l'empêche de livrer les secrets à lui confiés dans le confessionnal. La vigueur qui est attachée à une telle obligation statutaire incline à vouloir déterminer son contenu.

B – Le contenu du devoir de réserve

A priori, on pourrait être tenté de croire que le devoir de réserve est suffisamment encadré pour que son contenu soit facilement déterminable. En réalité, il ne procède pas d'une définition positive préalablement donnée par le législateur. Certes le dispositif mis en place laisse entrevoir un ensemble de directives, d'interdictions et d'incompatibilités ; mais ce dispositif ne constitue pas en soi un inventaire exhaustif qui prend en charge la totalité des situations susceptibles d'affecter le droit de réserve. C'est certainement ce qui a donné au juge disciplinaire la possibilité d'élargir le périmètre visé à partir des comportements qu'il estime contraires à la déontologie. Si l'on veut se permettre un raccourci, on pourrait affirmer que le droit de réserve consiste pour le juge à en dire ou en faire le moins possible et toujours avec délicatesse.

On peut, à partir de là, estimer que le devoir de réserve est la soumission stricte du magistrat aux dispositions statutaires qui le régissent et qui sont interprétées dans ce sens par le juge. Le statut du magistrat délimite ainsi à ce dernier un champ d'action précis duquel il ne doit pas sortir, sous peine de commettre une entorse à ses obligations déontologiques. Ce champ d'action va du serment aux interdits et incompatibilités édictés par le statut du magistrat.

Les interdits qui sont édictées contre sa liberté d'expression sont destinés à servir en retour de caution à la confiance du justiciable en son indépendance et impartialité. Qu'il s'agisse de la réserve à observer en tout, de l'interdiction de traiter dans les médias certains sujets visés par l'article 11 précité ou de celle tendant à éviter toute manifestation d'hostilité à la forme du gouvernement visée par l'article 14 précité, le but est de sauvegarder le crédit de l'institution judiciaire.

Ce sont pratiquement les mêmes formules et exigences que l'on retrouve dans les pays africains francophones. Ils sont inspirés du statut des magistrats français. Leur but n'est pas de porter atteinte à la liberté d'expression du magistrat mais de lui rappeler qu'il est au centre du projet de l'État de droit et que sa parole délivrée avec mesure est le gage d'une justice indépendante et impartiale pour le justiciable. Les restrictions apportées à la liberté d'expression des magistrats sont destinées à d'autres principes tout aussi fondamentaux comme l'indépendance et l'impartialité du pouvoir judiciaire selon un avis donné par le CSM français suite à une demande du Garde des Sceaux, ministre de la Justice.

Le devoir de réserve ne se limite pas seulement à la parole publique que le magistrat pourrait être amené à prendre à l'audience ou en dehors. Il a également trait à l'image, notamment, aux signes extérieurs que le magistrat pourrait refléter et qui sont susceptibles de révéler ses convictions religieuses ou politiques. La violation de l'obligation de réserve peut se lire à travers le port vestimentaire du magistrat qui l'identifierait à une confrérie religieuse, un parti politique ou même à une secte. Il s'agit là d'attitudes qui ont tendance à devenir presque banales chez nous et ailleurs : des effigies de guides religieux dans les bureaux de magistrats, sur les écrans d'appareils électroniques, des chapelets autour du cou ou de la main en salle d'audience. Ce sont des positions de plus en plus publiquement assumées par certains magistrats que l'on semble tolérer, mais qui ont le désavantage d'accentuer la mauvaise perception de la justice par le public.

Le devoir de réserve est donc finalement un ensemble d'éléments hétérogènes qui ont pour objectif de faire éviter tout ce qui serait de nature à affecter la justice dans sa représentation d'impartialité, d'indépendance et d'honorabilité.

Cependant, l'obligation de réserve n'est pas assimilable à la discrétion qui fait défense au magistrat de toute manifestation d'hostilité à la forme du gouvernement de la République, de même que toute démonstration de nature politique incompatible avec la réserve. La discrétion commande au magistrat d'observer de la retenue dans ses faits, gestes et paroles. Elle rejoint donc, dans une certaine mesure, le devoir de réserve qui l'englobe. Elle se distingue également du secret professionnel qui se définit comme « l'obligation pour les personnes qui ont eu connaissance de faits confidentiels dans ou à l'occasion de l'exercice de leurs fonctions de ne pas les divulguer, hors des cas où la loi impose ou autorise la révélation du secret »[6]. Le secret professionnel est intimement lié à l'activité juridictionnelle et au serment du magistrat. Il impose expressément, à la différence de l'obligation de réserve, de se taire sur ce qu'il a appris dans ou à l'occasion de l'exercice de ses fonctions, sous peine de sanctions[7].

Toutefois, il convient de relever ces trois obligations statutaires constituent des valeurs déontologiques qui participent de la même finalité : préserver l'image de la justice à l'égard de ceux pour qui elle est rendue. Elles méritent à ce titre d'être suffisamment protégées.

II – La protection du devoir de réserve

Le devoir de réserve, gage de la crédibilité du magistrat auprès du citoyen, est de plus en plus difficile à préserver dans une société marquée par l'évolution technologique, le désir de surexposition et de promotion de soi. Aujourd'hui, avec ce nouvel environnement, c'est à travers la liberté d'expression que le droit de réserve est souvent remis

---

[6] G. Cornu, (dir.), *Vocabulaire Juridique*, Ass. Henri Capitant, 6ème éd., PUF, Quadrige, 2004, *v.* * *Secret professionnel*.

[7] Art. 363 de la loi n°1965-60 du 21 juin 1965 portant Code pénal du Sénégal : « Les médecins, chirurgiens, ainsi que les pharmaciens, les sage-femmes et toutes autres personnes dépositaires, par état ou par profession ou par fonctions temporaires ou permanentes, des secrets qu'on leur confie, qui, hors le cas où la loi les oblige ou les autorise à se porter dénonciateurs, auront révélé ces secrets, seront punis d'un emprisonnement d'un à six mois et d'une amende de 50.000 à 300.000 francs ».

en cause (A). Mais lorsqu'il est entravé, sa protection reste toujours assurée (B).

A – Le défi de la liberté d'expression

La liberté d'expression est reconnue depuis longtemps comme un droit fondamental pour tous ; elle est consacrée aux niveaux international et local toujours avec la même solennité. Il est apparu donc très tôt la question de l'articulation entre cette liberté fondamentale et le devoir de réserve auquel sont assujettis les magistrats

Malgré la contrainte qu'il paraît être *prima facie*, le devoir de réserve n'est pas l'emmurement du magistrat dans un mutisme absolu. Il n'est pas non plus une obligation à l'indifférence, ni un mépris pour le magistrat, par rapport à la marche de sa société. Le magistrat est un homme qui doit vivre comme tous les autres les mêmes émotions que ses concitoyens ; il ne lui est pas interdit d'avoir des sentiments et de les exprimer. Il peut s'adonner à des loisirs comme tout le monde car, il y a une vie en dehors de la magistrature. Malgré tout, il ne lui est pas permis de le faire de manière immodérée, du fait de la réserve, dont il ne peut se départir. C'est ce qui a fait écrire que le devoir de réserve « … est certes une limite apportée à la liberté d'expression mais en aucun cas une obligation au silence ou au conformisme. Ce sont les seules expressions et critiques outrancières, c'est-à-dire violentes, grossières, injurieuses ou méprisantes, voire diffamatoires, de nature à inspirer au justiciable méfiance et irrespect qui sont proscrites »[8]

Dans les pays qui reconnaissent la liberté syndicale, il s'est avéré nécessaire de circonscrire cette difficile conciliation. Ainsi au Burkina, c'est d'abord la loi organique n° 050-2015/CNT du 25 aout 2015 portant statut de la magistrature qui en pose le principe : « Les magistrats jouissent des libertés publiques reconnues à tout citoyen burkinabé. Ils peuvent notamment créer des associations ou des syndicats, y adhérer et y exercer des mandats Toutefois, ils sont tenus d'exercer ces libertés dans le respect de l'autorité de l'État, de l'ordre public, des devoirs de leurs charges et dans la limite de la réserve qui s'impose à leur condition »[9]. C'est ensuite le Code de déontologie des magistrats qui le réaffirme en prenant le soin de souligner que la liberté d'association et syndicale, dont bénéficient les magistrats, doit

---

[8] J. Volff, *Droit et Déontologie des Magistrats*, 2022, LGDJ, p. 164.

[9] Art. 102.

s'exercer avec réserve[10]. En conséquence, les magistrats doivent s'interdire toute parole, tout écrit, toute critique, toute attitude ou toute expression outrancière, de nature à compromettre la confiance et le respect que leur fonction doit inspirer aux justiciables.

Ces rappels formels ne parviennent pas toujours à endiguer les escalades verbales ou écrites qui, bien souvent, caractérisent le militantisme syndical. Les militants actifs du mouvement tiennent, presque naturellement, dans leur discours des propos qui peuvent ne ménager aucun égard, ou ouvertement polémistes ou dérangeants. Ces postures suscitent très souvent des conflits ouverts avec leur hiérarchie et sont la cause des poursuites disciplinaires déclenchées contre eux. La question qu'il importe de se poser est de savoir s'il faut reconnaitre aux dirigeants syndicaux la liberté d'agir comme ils l'entendent au risque de violer leur devoir de réserve, et sanctionner tous les autres magistrats au moindre manquement ?

Il semble exister sous ce registre une sorte de conflit de logiques entre la liberté d'expression et le devoir de réserve. Et c'est certainement ce qui a pu pousser récemment le Ministre français de la justice à solliciter l'avis du Conseil Supérieur de la Magistrature. Celui-ci a rappelé que la liberté d'expression est un principe fondamental qui s'applique à tous, mais doit être concilié avec l'obligation de réserve dans les institutions publiques ; que l'obligation de réserve » s'impose à tous les agents publics et vise fondamentalement à préserver la confiance des citoyens dans une puissance publique impartiale » ; elle vaut davantage pour un magistrat à raison de la mission particulière qui lui est dévouée, et parce qu'il engage l'institution judiciaire dans son ensemble ». Le CSM conclut ainsi : « En dépit des limites que connaît son exercice, la liberté d'expression est essentielle pour garantir leur indépendance « et que cette liberté doit se faire dans le respect des

[10] Art. 17 Résolution n° 002-2017/CSM du 07 juillet portant code de déontologie des magistrats : « En tant que citoyen, les magistrats jouissent des libertés publiques reconnues à tout citoyen burkinabè. Cependant, au regard de l'importance de leur mission, ils sont tenus à un certain nombre de réserves prévues dans la loi organique portant statut de la magistrature ».
Art. 35 Résolution n° 002-2017/CSM du 07 juillet portant code de déontologie des magistrats : « Sous réserve de l'exercice des libertés d'association et des libertés syndicales, l'obligation de réserve interdit notamment au magistrat toute parole, tout écrit, toute critique, toute attitude ou toute expression outrancière de nature à compromettre la confiance, le respect que sa fonction doit inspirer à ses pairs et aux justiciables ».

impératifs que lui imposent son état et son statut, lorsque les valeurs et principe de l'État de droit sont en jeu »[11].

C'est dans la même dynamique que se situe la CEDH qui a eu à rappeler que les magistrats, en raison de leur statut, doivent exercer ce droit de manière responsable en tenant compte des règles d'impartialité et de réserve guidant leur fonction[12].

C'est aussi la position du juge disciplinaire qui, tout en reconnaissant la nécessité de protéger la liberté syndicale des magistrats du fait des polémiques qu'elle peut susciter, n'en prononce pas moins des condamnations pour manquements au devoir de réserve[13]. Le respect de l'obligation de réserve est à la fois une garantie de bonne justice et de préservation de la crédibilité de l'institution auprès du public. L'image de calme et de sérénité à laquelle renvoie le magistrat est le symbole d'une justice bien rendue devant le tumulte que provoque sa décision.

La justification du bien-fondé de la décision se trouve dans la motivation que les critiques avisés se chargeront de commenter. On peut donc convenir que la qualité de responsable syndical ou associatif comme au Sénégal ne dispense pas le magistrat du respect de son obligation de réserve.

Il ne serait pas cependant exclu de constater que l'appréciation de l'atteinte au devoir de réserve soit plus exigeante par rapport au magistrat simple militant ou non affilié à un syndicat ou à une association.

Il faut enfin relever que le glissement opéré de plus en plus vers les réseaux sociaux, expose davantage la liberté d'expression à des dérives attentatoires au devoir de réserve. Aujourd'hui avoir un compte dans un réseau social participe presque de la normalité ; les échanges et discussions qui s'y déroulent sont à la mesure de l'engouement suscité par ce nouveau mode d'expression d'accès et d'usage faciles, mais potentiel terrain de prédilection de nombreuses dérives langagières

[11] L. Garnerie, « CSM, avis de la formation plénière du Conseil supérieur de la magistrature », *Gazette du Palais*, 30 mai 2023, n° GPL450b5.

[12] R. Medioni, « Le droit à la liberté d'expression des magistrats : un droit fondamental réaffirmé qui se heurte à une obligation de réserve », disponible sur www.village-justice.com. Dernière consultation, le 5 août 2024.

[13] CE (France), 1er décembre 1972, *D.* 1972, note Robert, p. 190. Il y a notamment été décidé que « s'il peut être admis que la polémique syndicale puisse revêtir une forme très vive, il n'en demeure pas moins que cette tolérance n'autorise en aucun cas que les termes utilisés puissent créer un soupçon d'antisémitisme chez son auteur » traduisant un manquement à l'obligation de réserve et à la délicatesse.

ou/et imagées. Un usage immodéré de cet outil peut facilement conduire à une violation du droit de réserve plus prononcée, de par l'effet de publicité qui l'accompagne.

B – La sanction du devoir de réserve

La violation de l'obligation de réserve est devenue routinière devant le Conseil Supérieur de la Magistrature du Sénégal. Le législateur sénégalais a prévu une série de sanctions adossée à la gravité de la violation de l'obligation en cause. Ces sanctions se subdivisent en deux catégories[14].

La première comprend les sanctions les moins lourdes comme le blâme, la réprimande avec inscription au dossier et le déplacement d'office. Ces sanctions atteignent le magistrat non pas dans sa carrière mais dans son honneur et sa considération. Pour cette raison, elles sont qualifiées de sanctions « morales » ou « humiliantes.

La deuxième comprend l'interdiction temporaire de fonctions pour une durée de trois (03) mois à un (01) an, l'interdiction temporaire d'exercer les fonctions de juge unique pour une durée d'un à cinq ans, l'abaissement d'échelon, la rétrogradation, la mise à la retraite d'office ou l'admission à cesser ses fonctions lorsque le magistrat n'a pas droit à une pension de retraite, la révocation avec droits à pension et la révocation sans droits à pension.

Les sanctions de la deuxième catégorie portent atteinte à la carrière du magistrat à titre temporaire ou définitif. Toutes les sanctions sont constatées par décret à l'exception de la réprimande avec inscription au dossier qui relève de la compétence du Garde des Sceaux, ministre de la Justice.

Le recours à la sanction est la solution extrême. C'est pourquoi, le statut des magistrats a mis à la disposition des chefs de Cour et principalement du Premier Président de la Cour d'Appel, dans le but de lui permettre d'accomplir son devoir de veille déontologique, un outil efficace : l'avertissement[15]. C'est une sorte de mise en garde que cette autorité judiciaire peut adresser, chaque fois que de besoin, à un magistrat de son ressort, dont le comportement, bien que de faible gravité, est à la limite de l'indiscipline. Cette mesure relevant de

---

[14] V. art. 20 de la Loi organique n° 2017/10 du 17 janvier 2017 portant Statut des magistrats.

[15] Art. 19 de la loi préc. : « En dehors de toute action disciplinaire, les chefs de cour ont le pouvoir de donner un avertissement aux magistrats placés sous leur autorité. Si au bout de trois ans, aucun nouvel avertissement n'est intervenu, ladite sanction est retirée du dossier du magistrat ».

l'appréciation souveraine du Premier Président de la Cour d'Appel peut être classée au dossier du magistrat pendant trois ans avant d'en être retirée. On peut considérer qu'il s'agit d'une mesure *infra disciplinaire* qui reste une prérogative exclusive des chefs de Cour échappant à l'emprise du Garde des Sceaux, ministre de la Justice.

Le magistrat concerné peut cependant former un recours pour excès de pouvoir devant la juridiction administrative compétente. Au-delà de cette présentation, il faut reconnaître le dispositif mis en place devrait pouvoir être réaménagé sur certains points.

La discrétion entourant le déroulement des audiences disciplinaires qui se déroulent hors la présence du public fait croire que les magistrats enfreignant l'obligation de réserve sont assurés d'une impunité totale. Le législateur sénégalais, pour garantir un procès juste et équitable, se doit de combler cette lacune en ouvrant l'audience disciplinaire au public afin de lui permettre de savoir que les magistrats qui les poursuivent et les jugent sont également jugés en cas de manquement à leurs obligations déontologiques. Cette demande nous parait d'autant plus fondée que le procès disciplinaire obéit aux mêmes règles d'encadrement que son homologue du pénal. Il s'y ajoute que l'absence de publicité du procès disciplinaire pourrait, en cas de recours formé par un magistrat mis en cause contre une décision du Conseil Supérieur de la Magistrature, aboutir à une invalidation par la juridiction communautaire, pour non-respect d'une condition du procès juste et équitable.

En effet, le procès disciplinaire comme celui du pénal est fondé, en plus de la publicité et du contradictoire, sur la légalité et la règle de non-cumul des sanctions. Par ailleurs, il ne serait pas hors propos d'envisager une sanction contre les magistrats en position de retraite qui se sentent, à tort, déliés de leur serment et qui, parfois, sont auteurs de paroles débridées. Le devoir de réserve du magistrat, comme le serment, doit demeurer une mission sacerdotale au grand bénéfice de la Justice.

Structures éditoriales du groupe L'Harmattan

L'Harmattan Italie
Via degli Artisti, 15
10124 Torino
harmattan.italia@gmail.com

L'Harmattan Hongrie
Kossuth l. u. 14-16.
1053 Budapest
harmattan@harmattan.hu

L'Harmattan Sénégal
10 VDN en face Mermoz
BP 45034 Dakar-Fann
senharmattan@gmail.com

L'Harmattan Cameroun
TSINGA/FECAFOOT
BP 11486 Yaoundé
inkoukam@gmail.com

L'Harmattan Burkina Faso
Achille Somé – tengnule@hotmail.fr

L'Harmattan Guinée
Almamya, rue KA 028 OKB Agency
BP 3470 Conakry
harmattanguinee@yahoo.fr

L'Harmattan RDC
185, avenue Nyangwe
Commune de Lingwala – Kinshasa
matangilamusadila@yahoo.fr

L'Harmattan Congo
219, avenue Nelson Mandela
BP 2874 Brazzaville
harmattan.congo@yahoo.fr

L'Harmattan Mali
ACI 2000 - Immeuble Mgr Jean Marie Cisse
Bureau 10
BP 145 Bamako-Mali
mali@harmattan.fr

L'Harmattan Togo
Djidjole – Lomé
Maison Amela
face EPP BATOME
ddamela@aol.com

L'Harmattan Côte d'Ivoire
Résidence Karl – Cité des Arts
Abidjan-Cocody
03 BP 1588 Abidjan
espace_harmattan.ci@hotmail.fr

Nos librairies en France

Librairie internationale
16, rue des Écoles
75005 Paris
librairie.internationale@harmattan.fr
01 40 46 79 11
www.librairieharmattan.com

Librairie des savoirs
21, rue des Écoles
75005 Paris
librairie.sh@harmattan.fr
01 46 34 13 71
www.librairieharmattansh.com

Librairie Le Lucernaire
53, rue Notre-Dame-des-Champs
75006 Paris
librairie@lucernaire.fr
01 42 22 67 13

www.ingramcontent.com/pod-product-compliance
Lightning Source LLC
LaVergne TN
LVHW011449061026
849535LV00004BA/1019